CATHOLICISME ET CALVINISME

LA VICOMTÉ DE TURENNE

ET SES PRINCIPALES VILLES

BEAULIEU — ARGENTAT — SAINT-CÉRÉ — MARTEL

PAR

L'ABBÉ B.-A. MARCHE

CURÉ DE NESPOULS
MEMBRE DE LA SOCIÉTÉ DES LETTRES, SCIENCES ET ARTS DE LA CORRÈZE
MEMBRE DE LA SOCIÉTÉ FRANÇAISE D'ARCHÉOLOGIE

*Domine dilexi decorem domus tux
. . . ecclesiam malignantium.*
(Ps. XXV, 5, 8.)

CARTE ET ARMOIRIES DE LA VICOMTÉ
SEPT GRAVURES HORS TEXTE

TULLE
IMPRIMERIE CRAUFFON ADMINISTRATIVE ET COMMERCIALE
10, rue du Fouret et place Saint-Bernard, 1

1880

CATHOLICISME ET CALVINISME

LA Vicomté de Turenne

ET SES PRINCIPALES VILLES

BEAULIEU — ARGENTAT — SAINT-CÉRÉ — MARTEL

PAR

L'ABBÉ B.-A. MARCHE

CURÉ DE NESPOULS
MEMBRE DE LA SOCIÉTÉ DES LETTRES, SCIENCES ET ARTS DE LA CORRÈZE
MEMBRE DE LA SOCIÉTÉ FRANÇAISE D'ARCHÉOLOGIE

*Domine dilexi decorem domûs tuæ
et odivi ecclesiam malignantium.*
(Ps. XXV, 5, 8.)

TULLE
IMPRIMERIE CRAUFFON ADMINISTRATIVE ET COMMERCIALE
16, rue du Tourel et place Saint-Bernard, 1
—
1879

Voir la Lettre et la Table ci-contre

Tulle, 1er octobre 1879.

Monsieur,

Sous ce titre : *Catholicisme et Calvinisme, la Vicomté de Turenne et ses principales villes*, M. Marche, curé de Nespouls, membre de la Société française d'Archéologie, se propose de publier très prochainement un grand ouvrage dont vous trouverez plus loin la Table des Matières, qui suffira certainement à elle seule pour vous donner une idée exacte de l'intérêt de ce travail historique, ainsi que de l'importance matérielle du volume.

La dédicace du livre de M. Marche a été acceptée ces jours-ci par Mgr Denéchau, évêque de Tulle; en même temps, des suffrages précieux sont venus encourager l'auteur et le presser pour la publication de son œuvre; mais un volume sur un sujet aussi sérieux et dans des proportions aussi considérables ne comportant pas une vente courante en librairie, nous avons été autorisés à préparer son impression d'après les adhésions d'une souscription spéciale, *en faisant bénéficier les personnes inscrites de la remise d'éditeurs en usage pour les seuls dépositaires* (1).

La Vicomté de Turenne et ses principales villes formera un beau et très fort volume in-8° grand raisin, d'environ *cinq cents pages*, papier et caractère de cette lettre-ci; la publication faite, les souscripteurs pourront faire prendre livraison à Tulle, Brive, Cahors, Beaulieu, Argentat, Saint-Céré et Martel, au prix de CINQ FRANCS, au lieu de 7 fr. 50, tarif de librairie.

Après avoir parcouru les sommaires ci-contre et particulièrement ceux qui concernent votre pays, si vous désirez être inscrit sur la liste des souscripteurs, vous n'aurez qu'à détacher le Bulletin ci-joint et à le faire parvenir à l'une des adresses.

Agréez nos salutations empressées.

LES ÉDITEURS.

---

(1) Ce livre aura sa place marquée dans les bibliothèques communales ou paroissiales, et dans celles des maisons d'éducation de la Corrèze et du Lot; dès aujourd'hui même, il doit fixer l'attention des hommes de lettres et de tous ceux enfin qui tiennent à connaître le passé de leur pays, et l'histoire des grandes familles de France.

TABLE DES MATIÈRES

PREMIÈRE PARTIE

LES ABBÉS DE BEAULIEU ET LES VICOMTES DE TURENNE.

Beaulieu sous l'administration des abbés. — Vicomté de Turenne. — Saint Rodulphe et son abbaye de Saint-Pierre.

I. — Beaulieu sous l'administration des abbés.

Armes de la ville. — Sa position. — Son climat. — Goût des habitants. — Richesse du sol. — Les institutions. — Vie des bénédictins consacrée à faire le bonheur du peuple — Œuvres de bienfaisance établies par les religieux. — Hospitalières maltaises. — Instruction de la jeunesse. — Associations municipales. — Corporations bourgeoises ; corporations ouvrières. — Organisation de la prière ; confréries. — Regrets sur le glorieux passé.

II. — Vicomté de Turenne.

Armes de la vicomté. — Topographie du lieu. — Aspect de la forteresse. — Ancienne résidence des guerriers chrétiens. — Établissement d'une puissante vicomté. — Ténèbres qui enveloppent le berceau de la famille de Turenne. — L'arianisme dans les Gaules. — L'empire romain impuissant à lui résister. — Les Visigoths en Limousin. — Uzerche, Tintiniac, Roc-de-Vic et Turenne tombent en leur pouvoir. — Les Francs, les Gascons, les Arabes dans la vicomté. — Pépin établit à Turenne une colonie de Francs. — Charlemagne donne une juridiction aux seigneurs de Turenne. — Louis-le-Pieux investit du royaume d'Aquitaine Charles-le-Chauve et mécontente le clergé et la noblesse du pays. — Il vient combattre Rodulphe de Turenne et s'empare du château. — Charles-le-Chauve campe devant Turenne. — Les Capétiens érigent la seigneurie de Turenne en vicomté. — Alliance des Turenne avec les Comborn. — Droits régaliens et limites de la vicomté au XIe siècle. — La bannière anglaise arborée sur le donjon de Turenne. — Étendue de la juridiction des vicomtés au XVe siècle. — Droits suzerains ; cours d'appel. — Privilège concédé par les abbés de Saint-Martial de Limoges. — Le fief de Turenne vendu et réuni à la couronne de France. — Généalogie de la famille de Turenne.

III. — Saint Rodulphe de Turenne et l'abbaye de Beaulieu.

Armes de l'abbaye. — Naissance et enfance de saint Rodulphe. — Il embrasse le sacerdoce. — Dignités auxquelles il est élevé. — Il fait cesser les luttes et les divisions entre les seigneurs et les princes. — Il arrête les disputes théologiques sur l'erreur de Gothescale. — Il termine les différends entre l'archevêque de Sens et le roi Charles. — Il fait un capitulaire pour son diocèse. — Sa déférence pour le Pape lui mérite des félicitations. — Il refuse d'autoriser le divorce de Lothaire. — Il emploie son patrimoine à fonder des institutions religieuses. — Il veut édifier sur les ruines du vieux monde un édifice solide. — L'ordre de saint Benoît lui apparaît comme l'arche de salut. — Il fonde l'abbaye de Beaulieu. — Il trace le plan d'une vaste église abbatiale. — Il ajoute d'autres legs pour achever son œuvre. — Il est imité dans sa libéralité par ses parents, les propriétaires libres, les grands vassaux et les souverains. — Il met l'abbaye sous le protectorat des archevêques de Bourges, et menace d'excommunier les usurpateurs des droits de l'abbaye. — Il organise dans le monastère l'autorité de l'abbé, et le met en possession de la seigneurie et de la justice. — Résistance qu'oppose cette autorité aux empiétements des grands. — Prétention des seigneurs de Turenne ; transaction faite par le Pape. — Les consuls de la ville tentent de se dérober à la juridiction de l'abbé. — Le pouvoir ecclésiastique s'exerce pour le bonheur des habitants. — Hommages que les grands rendent à l'abbé. — Le vicomte de Turenne part pour les croisades et abandonne au monastère ses prérogatives. — L'apaisement causé par les croisades profite aux habitants de Beaulieu. — Nouvelles tracasseries après les croisades. — Protecteurs et défenseurs de l'abbaye. — Les calvinistes brisent la discipline des moines. — Désordres qui s'en suivent et qui appellent une réforme. — Expression de pieux sentiments envers saint Rodulphe.

DEUXIÈME PARTIE

INVASION DES CALVINISTES DANS LA VICOMTÉ DE TURENNE.

L'armée de Coligny. — La Réforme. — Retour de l'armée calviniste. — Occupation des autres places de la vicomté de Turenne. — Apostasie du vicomte. — L'armée royale à Beaulieu et dans la vicomté de Turenne.

I. — L'armée de Coligny.

Prospérité des peuples protestants faussement opposée à la

décadence des peuples catholiques. — Si les protestants ont la force et la richesse, ils n'ont ni la paix intérieure ni la dignité morale. — Le bonheur de l'homme fondé sur la vertu et non sur la prospérité matérielle. — La décadence des peuples catholiques date de l'époque luthérienne. — Arrivée des calvinistes à Beaulieu. — Les trésors de l'abbaye excitent la cupidité des novateurs. — La place de Beaulieu comme position stratégique pour les mouvements de leur armée. — Pillage du monastère; incendie des boiseries de l'église.

II. — La Réforme.

Les calvinistes veulent dominer sur les consciences. — Leurs invectives contre l'Église et son chef. — Ils sont poussés par une double pensée politique et religieuse. — Les nobles et les bourgeois de Beaulieu se joignent à eux pour se soustraire à la domination des abbés. — Le peuple les imite. — Ils oublient les bienfaits reçus et aident à dévaster le monastère.

III. — Retour de l'armée calviniste.

Les habitants de Beaulieu ne songent pas à profiter de l'éloignement de Coligny pour retourner au catholicisme. — Les bénédictins se reforment dans leurs cloîtres. — Ils cherchent à ramener les égarés. — Leur zèle est paralysé par les vexations des seigneurs. — Les luttes entre les partis empêchent le relèvement des ruines spirituelles, et servent à l'hérésie. — Les calvinistes cherchent à intimider les bénédictins. — Leur armée rentre pour la deuxième fois dans la ville. — Pillage du monastère; mort d'un religieux. — Pourquoi les seigneurs de Turenne ne portent pas secours à Beaulieu. — Le vicomte disgracié de son souverain et exilé de sa forteresse. — Mort de Charles IX; retour du vicomte à Turenne.

IV. — Occupation des autres places de la vicomté de Turenne.

Frayeur qu'inspire aux calvinistes le retour du vicomte de Turenne. — Motifs de leur défiance. — La noblesse et le clergé dépositaire de l'autorité divine, excitent la haine des hérétiques. — Il faut compter avec le système politique de la féodalité. — Les évêques de Tulle résistent aux calvinistes. — Le seigneur de Bort retarde la marche de leur armée. — Henri IV masse des troupes à Ségur. — Le vicomte de Turenne, formé aux habitudes de la cour, se fait une petite cour dans son château. — Respect universel dont il est entouré. — La politique fausse de Catherine de Médicis déconsidère le pouvoir royal et lui enlève la confiance des sujets. — Les religionnaires quittent Beaulieu et remontent la Dordogne. — La ville de Bort leur ferme les portes et les force à reculer. — Argentat, Saint-Céré tombent en leur pouvoir, comme les forteresses de Merle et de Cazillac. — Le vicomte de Turenne se porte sur Cazillac et s'en empare. — Les calvinistes de Beaulieu veulent les en chasser, mais ils sont repoussés. — Ici se ferme la page glorieuse du vicomte.

V. — Apostasie du vicomte de Turenne.

Le vicomte cesse de combattre les calvinistes. — Il opte pour l'hérésie par esprit de parti. — Cette apostasie livre les catholiques dans la vicomté. — La réforme, dès lors, se fortifie à Beaulieu et y est reconnue par les autorités civiles. — Lourdes charges créées à la ville par les exigences des ministres protestants. — Le vicomte continue à être débonnaire pour ses sujets catholiques. — Il recommande la bienveillance pour les prêtres qui n'agiraient pas contre le roi de Navarre. — Il est nommé maréchal de France par Henri IV. — Il aurait pu être un meilleur père pour ses sujets s'il fut resté catholique.

VI. — L'armée royale à Beaulieu et dans la vicomté de Turenne.

Les catholiques comptent peu sur le secours des troupes royales. — Mariage d'Henri IV avec Marguerite, sœur du roi. — Ce mariage excite la défiance des calvinistes et amène le massacre de la Saint-Barthélemi. — Affreuse conspiration des hérétiques avortée par suite de ce massacre. — Le parti protestant prend une nouvelle énergie. — Beaulieu appelle à grands cris un défenseur. — L'armée royale s'avance sous le commandement du duc de Maine. — La terreur le précède. — Le vicomte de Turenne la force à ralentir sa marche. — On emploie les promesses et les menaces pour gagner le vicomte et l'intimider. — Son orgueil en est blessé et il se prépare à faire une résistance désespérée. — La forteresse de Montignac se rend au duc de Maine. — Le vicomte de Turenne se voit menacé dans sa forteresse; il appelle Lamaury à son secours. — Les calvinistes de Beaulieu opposent une faible résistance aux troupes du duc. — Ils sont mis à contribution. — Lamaury tend une embuscade aux soldats royalistes; il y est tué par un des siens. — Le vicomte soutient la défense dans sa forteresse, tandis que ses commandants se défendent sur d'autres points. — Combats sous le château de Voutezac. — Les calvinistes chassés de l'église et du monastère de Saint-Robert. — Ils abandonnent Sainte-Ferréole. — Tulle se prépare à la résistance. — Le vicomte, vainqueur à Coutras, relève le courage des religionnaires. — Malheureux devant Sarlat, il n'ose attaquer Brive. — Alternative de succès et de revers. — Il réoccupe les places perdues et préside une assemblée générale à Argentat pour y dresser de nouveaux plans de campagne. — Cause des catholiques compromise. — Ils désirent la paix. — Henri III assassiné, le Bas-Limousin reconnait le roi de Navarre. — Comment l'armée royale n'a pas mieux profité de ses succès. — Reproche à ses soldats d'avoir été inhumains. — Ils n'ont pas relevé les ruines de Beaulieu. — Ils ont rendu les hérétiques plus insolents et plus audacieux.

TROISIÈME PARTIE

VANDALISME ET SCANDALES DES CALVINISTES.

Incendie de l'abbaye. — Mutilation des sculptures du portail. — Conspiration contre les catholiques. — Scandales dans les cimetières. — Souffle d'insubordination. — Perdition générale. — L'hérésie autour de Beaulieu. — Profanation des reliques.

I. — Incendie de l'abbaye de Beaulieu.

La maison des hérétiques ne peut produire que de mauvais fruits. — Ils ne se conduisent pas en disciples du Christ. — Leur mot d'ordre c'est la guerre à outrance à la vieille société chrétienne. — Ils veulent l'apostasie ou la mort. — Ils cherchent à étouffer la voix des bénédictins. — Pour cela ils les chassent de leur monastère; ils les poursuivent à Astaillac. — Les habitants de cette paroisse les obligent à s'éloigner; de dépit, ils ravagent les terres dépendant de l'abbaye; ils tuent un pauvre cultivateur; ils rentrent en ville le soir à la nuit et incendient le monastère.

II. — Mutilation des sculptures du portail.

Les nouveaux Iconoclastes méprisent les objets d'art. — Portail de l'église de Beaulieu : son plan, ses symboles, sa pensée principale. — Les calvinistes veulent déchirer cette page d'enseignement catholique. — Ils redoutent la colère des habitants. — Pour surprendre leur bonne foi ils déguisent leurs projets. — Ils s'introduisent dans le conseil municipal; obtiennent une délibération qui autorise la construction d'une halle devant le portail. — Badigeonnement qui masque les sculptures. — Les désirs des calvinistes sont satisfaits; la figure redoutable du souverain juge est voilée.

III. — Conspiration contre les catholiques.

On doit s'attendre à tout de la part des calvinistes. — Les bons exemples des catholiques les gênent. — Ils complotent leur extermination. — Tout est prêt pour un massacre général. — La conspiration est dévoilée. — Les portes des catholiques sont barricadées. — Ce complot reste impuni. — Plus d'énergie dans le pouvoir. — La république calviniste s'installe au sein de la monarchie.

IV. — Scandales dans les cimetières.

Règlements ecclésiastiques pour les cimetières. — Place refusée aux hérétiques. — Respect dû à ce lieu bénit. — Profanations dans le cimetière de Beaulieu. — Les catholiques invoquent les règlements. — Querelles pour empêcher les sépultures des calvinistes. — Plaintes portées au roi. — On fait un cimetière séparé pour les protestants.

V. — Souffle d'insubordination.

Les calvinistes cherchent à ébranler la vertu des catholiques. — Ils sapent le principe d'autorité. — Ils diminuent le prestige du prêtre ; s'élèvent contre le célibat ecclésiastique. — Ils proclament la liberté évangélique. — Toutes les autorités ressentent l'effet de ces doctrines, autant celle du vicomte que celle de l'abbé.

VI. — Perdition générale.

Les calvinistes introduisent la corruption des mœurs. — Ils jettent le ridicule sur les choses saintes. — Le peuple abandonne les préceptes ecclésiastiques et divins. — Les bénédictins oublient leurs devoirs. — L'évêque de Limoges veut porter la réforme dans l'abbaye. — Les religieux s'agrègent à la congrégation des exempts. — Contrat annulé par l'évêque et maintenu par les religieux. — L'infirmier du monastère et trois autres moines dénoncent les désordres de leurs frères à la diète de Limoges ; démarche pour avoir des religieux restée sans effet. — Le supérieur général des exempts les abandonne à leurs sens réprouvés. — Le cardinal de la Tour-d'Auvergne opère la réunion à la congrégation de Saint-Maur. — Les calvinistes établissent le désordre dans le clergé et le couvent des ursulines.

VII. — L'hérésie autour de Beaulieu.

Les calvinistes veulent étendre l'hérésie autour de Beaulieu. — Résistance des curés. — Plaintes portées à l'assemblée de Mont-Flanquin par les calvinistes contre l'inconduite de leurs ministres. — L'assemblée n'en fait nul cas. — Ce moyen lui paraît bon pour corrompre les catholiques. — Il réussit peu hors de Beaulieu. — Dons faits pour l'entretien d'une maison de missionnaires à Beaulieu. — Mémoire adressé à l'évêque de Limoges pour garder les jésuites. — L'affaire du sieur Boutin à Meyssac et Collonges. — Arrêt du parlement de Bordeaux prohibant le prêche hors de Turenne. — Contravention à cet arrêt. — Enquête ordonnée à ce sujet. — Prise de corps ordonnée contre le ministre. — Sursis à cet arrêt. — Pourvoi du sieur Boutin. — Redoublement d'audace de sa part. — Retour à Meyssac. — Mandat d'arrêt porté contre lui et signifié au gouverneur général du Limousin. — Refus d'y obéir.

VIII. — Profanation des reliques.

Les calvinistes comblent la mesure de leurs scandales. — Histoire des reliques de Beaulieu. — Saint Rodulphe à Rome. — A son retour il dépose le corps de saint Satyre au château de Gondom ; celui de sainte Perpétue au monastère de Dièves; celui de sainte Félicité en l'abbaye de Beaulieu. — Reliques de saint Emilien. — Leur disparition. — Vie du saint. — Monastère de ce nom. — Reliques des saints Primo et Félicien. — D'où furent-elles apportées. — Naissance, vie et mort de ces martyrs. — Analogie entre les martyrs romains et ceux d'Agen. — Légendes des bréviaires romains, agenais et limousins. — Rapports qui existent entre les récits des bréviaires. — Disparition des corps des martyrs de leur tombeau à Rome depuis le voyage de saint Rodulphe. — Translation des corps des martyrs agenais à Beaulieu. — Peut-on expliquer l'erreur faite sur ces martyrs. — Culte qu'on leur rend à Beaulieu. — Effets de leur protection. — Délivrance des Anglais et institution de la fête de la Protection. — Délivrance de la peste. — Description de la châsse des Corps-Saints. — Elle est enlevée par les calvinistes. — Invention des reliques. — Nouvelle châsse. — Autres reliques enlevées par les calvinistes. — Celles qui ont survécu aux guerres religieuses. — La révolution continue l'œuvre de destruction. — Culte rendu aujourd'hui aux reliques. — Faveurs obtenues. — Pièges tendus à la piété des pèlerins par les calvinistes. — Mauvais traitements qu'on leur fait subir; nouveaux pillage des reliques par les calvinistes et leur incendie.

QUATRIÈME PARTIE

ARGENTAT.

Origines d'Argentat. — Son organisation politique et religieuse. — Seigneuries et associations municipales. — Installation des calvinistes. — Efforts opposés et simultanés des calvinistes et des catholiques. — Retour au catholicisme.

I. — ORIGINES D'ARGENTAT.

Coup d'œil sur cette localité. — Tempérament et tremps d'esprit de ses premiers habitants. — Recherches sur son origine; conjectures; voie romaine; villa de Longor; camp romain et château fort de Monceaux. — L'idée chrétienne favorise son développement; miracle et mort de saint Sacerdoce. — Reliques du saint; vénération qui s'y attache.

II. — ORGANISATION POLITIQUE ET RELIGIEUSE DE CETTE VILLE.

Argentat rentre dans le plan politique de l'époque. — Le Bas-Limousin se ressent de ce système. — Etablissement des comtés et des vicairies. — Vicairie d'Argentat. — Autorité nouvelle introduite dans le droit public des nations; la souveraineté temporelle des papes sauve la société; dévouement du clergé; ses ressources. — Bienfaits de ce nouveau système d'autorité pour cette localité; Adémar d'Escals donne à l'abbaye de Tulle plusieurs terres considérables. —

Contestation entre ses héritiers et les abbés de Saint-Martin au sujet de l'église d'Argentat: recherche du bon droit dans un combat singulier. — Possessions de l'abbaye de Saint-Géraud d'Aurillac; discussion à ce sujet entre ses abbés et ceux de Tulle. — Donations à l'abbaye de Beaulieu; maison seigneuriale de Laurent; charte qui en fait foi. — Rentes de l'abbaye d'Obazine. — Les bénédictins de Carennac y établissent un prieuré claustral.

III. — SEIGNEURIES ET ASSOCIATIONS MUNICIPALES.

Deux seigneuries, laïque et ecclésiastique, se partagent l'autorité. — Abbé de Tulle. — Vicomte de Turenne. — Protection qu'ils donnent à la ville d'Argentat. — Établissement du consulat. — Restriction apportée à l'exercice de cette autorité. — Satisfaction donnée aux intérêts matériels des habitants. — Intérêts spirituels sauvegardés par les associations religieuses. — Bénédictins de Carennac; leur église; les efforts de leur zèle. — Physionomie nouvelle des habitants; jurandes; assistance publique; cultes.

IV. — INSTALLATION DES CALVINISTES DANS LA VILLE.

Moyens employés par les calvinistes pour s'installer dans la ville. — Opposition qui leur est faite; recours au parlement de Bordeaux. — Exercice de leur culte dans l'église paroissiale; protestation des habitants. — Prêche dans la maison commune. — Expulsion de ce domicile; ordonnance des tuteurs du duc de Bouillon. — Construction d'un temple. — Arrêt du parlement contre cette construction. — Contravention à cet arrêt; l'entreprise des travaux donnée à des femmes; nouvel arrêt du parlement. — Suspension des travaux. — Protestation des religionnaires; supplique aux commissaires députés par Sa Majesté pour l'exécution de l'édit de Nantes. — Assignation aux catholiques pour y répondre. — Requêtes successives des parties. — Exhibition de faux titres par les calvinistes. — Procédure irrégulières; absence d'un mandataire des religionnaires. — Nomination d'un syndic; reprise de la procédure. — Partage d'avis entre les juges-commissaires. — Interdiction définitive du culte protestant.

V. — EFFORTS OPPOSÉS ET SIMULTANÉS DES CALVINISTES ET DES CATHOLIQUES.

Ce qui distingue les sectaires; ténacité, force brutale, mensonge. — Pierre de Boysselance, type de ministre protestant. — Aperçu de sa doctrine et de sa morale. — Zèle des catholiques. — Bénédictins. — Franciscains. — Récollets. — Jésuites. — Clairettes; leur vie austère et mortifiée; leurs biens. — Ursulines; but de leur institut; leur mission à Argentat.

VI. — RETOUR AU CATHOLICISME.

Conversion des religionnaires empêchée par la confiance dans le triomphe de leur cause. — Leur espérance déçue. — Choix d'un missionnaire pour Argentat par l'évêque de Sarlat. — Autorisation et pouvoirs donnés par l'évêque de Tulle. — Plan d'instructions. — Henri de Roffignac livre sa première attaque aux mauvais catholiques. — La seconde aux hérétiques; moyens qu'ils prennent pour résister. — Prières des calvinistes pour la conversion de ce missionnaire. — Le ministre protestant provoqué à la discussion. — Défi de baser la doctrine hérétique sur la Bible. — Réplique annoncée vainement attendue. — Moyens pour assurer le succès de la mission.

CINQUIÈME PARTIE

SAINT-CÉRÉ.

Origines de la ville. — Seigneuries. — Consulat et syndicat. — Incursions des religionnaires. — Causes de l'introduction et de la suppression du culte calviniste. — Calvinistes et catholiques au parlement de Toulouse. — Extirpation de l'hérésie.

I. — ORIGINES DE LA VILLE

Armes de la ville. — Sa description. — Investigations sur les antiquités du pays; camps de Césarines. — Tours de Saint-Laurent; leur architecture. — Famille qui commanda la première dans ce fort. — Son occupation par les vicomtes de Turenne. — Luttes autour de cette forteresse; démêlés entre Sérénus et Elidius; guerre implacable entre Clarus, fils de Sérénus, et Elidius; réconciliation entre les antagonistes; martyre de sainte Espérie; à ce sujet, confiscation de cette terre seigneuriale à la famille de Sérénus. — Monument élevé par les chrétiens sur le tombeau de la vierge-martyre; culte qui y est rendu. — Construction d'une église sur cet emplacement.

II. — SEIGNEURS.

Transfert de la châtellenie de Saint-Sérénus à Sainte-Espérie; sa double dénomination. — Domination des comtes d'Aurillac; aventure d'Arland; magnanimité de saint Géraud à l'égard de son prisonnier. — Suzeraineté incontestée des vicomtes de Turenne; duel dans l'île de Beaulieu. — Les vicomtes à la croisade; serment de fidélité à saint Louis pour le château de Saint-Céré. — Attachement du vicomte au roi; refus de se ranger sous la domination anglaise; médiation du roi de France et succès de son entremise. — Confirmation des franchises de la vicomté par Philippe-le-Bel. — Edouard Ier respecte le traité fait avec son père. — Ratification par plusieurs rois de France des immunités de

Saint-Céré. — Plaintes contre les Anglais pour des déprédations. — Prétentions des comtes de Toulouse; protection des rois de France en faveur du vicomte de Turenne. — Douce administration des seigneurs de Turenne.

III. — Consulat et syndicat.

L'idée d'une organisation municipale. — Privilège d'élire des consuls accordé par le vicomte de Turenne; cette dignité relève de celle du sénéchal. — Différends entre les habitants de la châtellenie et le vicomte au sujet des libertés nouvelles; assemblées des notables; convention réglant les droits de chacun. — Efforts réunis des grands en faveur des petits. — Commune industrielle. — Nomination des syndics; leurs pouvoirs. — Confiance qu'ils gagnent par leur dévouement. — Leur esprit religieux. — Les syndics substitués aux consuls. — Rétablissement du consulat. — Administration des consuls. — Associations religieuses. — Confréries. — Communauté de prêtres; leur syndic; leur prieur; leurs rentes; leurs œuvres.

IV. Incursions des religionnaires.

Le tombeau de sainte Espérie attire les calvinistes. — Première incursion; le capitaine Bessonie arrive par Rocamadour. — Deuxième incursion; le capitaine de Maucastel arrive par Saint-Mélard et Autoire; emprisonnement des prêtres; saisie de tous les ornements des églises; rançon pour otages. — Troisième incursion; pillage de l'église de Sainte-Espérie; incendie des meubles et ornements; même ravage dans les autres églises; violation du cimetière; profanation des tombeaux; l'horloge et la cloche conservées. — Quatrième incursion; siège du château; résistance des catholiques; Esme de Gimel dégage le fort et reprend la ville. — Reconnaissance des habitants; indemnité promise à Esme de Gimel pour ses frais; retard et contestation pour le paiement. — Départ des troupes du vainqueur; installation à Saint-Céré du culte calviniste; dégradations à l'église paroissiale. — Translation du corps de sainte Espérie à l'abbaye de Lesterps en Limousin; il est la proie des flammes.

V. — Causes de l'introduction et de la suppression du culte calviniste.

L'apostasie du vicomte de Turenne. — Moyens employés pour empêcher l'application de l'édit de Nantes. — La longue vie du vicomte fait prendre racine au calvinisme. — Protestation de l'évêque de Cahors; cessation de l'exercice de la religion prétendue réformée dans l'église de Saint-Céré. — Règlement provisoire sur les sépultures dans le cimetière des catholiques. — Dispositions pour un temple dans la ville. — Autres dispositions pour l'acquisition d'un cimetière. — Abjuration du duc de Bouillon; exercice du culte calviniste défendu dans la ville; contravention à l'arrêt du parlement de Toulouse; nouvelle interdiction de la maison de l'Arnal et du cimetière. — Pourvoi en cassation à Castres; partage d'avis des juges. — Appel fait au parlement de Toulouse; ratification du premier jugement. — Recours au conseil d'Etat; production des pièces contradictoires; arrêt du roi réservant l'avis du duc de Bouillon. — Repos et paix de dix ans. — Ordonnance du marquis de Saint-Luc après les troubles en Guyenne. — Cassation de cette ordonnance par le parlement de Toulouse; requête des consistoires du Languedoc; violation du domicile par les calvinistes; mauvaise humeur du gouverneur; sa bonne foi surprise. — Assignation des parties devant lui; réclamation des religionnaires; 'réponse des catholiques. — Dernière résolution du gouverneur. — Dernier appel interjeté au parlement de Toulouse.

VI. — CALVINISTES ET CATHOLIQUES AU PARLEMENT DE TOULOUSE.

Appel interjeté entre le curé de Saint-Céré et le procureur général du parlement de Toulouse. — Demande d'interprétation des arrêts de la cour. — Choix de maître de Parisot pour défenseur du syndic; exposition des motifs en faveur de l'exercice du culte protestant et du cimetière. — Raison de l'opposition faite aux arrêts de la cour. — Preuve de l'exercice de ce culte avant la publication de l'édit de Nantes pour conclure à son maintien. — Réplique de Barrade, avocat du curé. — Considérations sur la mise en cause de sa partie. — Citation inadmissible contre le ministère public. — Explication de l'ordonnance de M. de Séguier. — Possession contestée du temple et du cimetière. — Plaidoirie du sieur de Maniban pour le procureur général. — Exposé sommaire de toute la question. — Réfutation successive des arguments des adversaires. — Arrêt de la cour.

VII. — EXTIRPATION DE L'HÉRÉSIE.

Ruine de l'édifice religieux. — Sa reconstruction par le prêtre; érection d'une confrérie de pénitents; leur chapelle. — Franciscains; leur prise de possession; leurs œuvres. Sollicitude pour la femme. — Couvent de la Visitation; la bienfaitrice; encouragements donnés par les notables; installation des religieuses; bénédiction de leur chapelle; dons qu'elles reçoivent. — Confrérie du Saint-Rosaire; ses ressources. — Instruction des jeunes filles; choix des demoiselles de l'école chrétienne; achat d'une maison par la commune; éloges qui leur sont décernés. — Hôpital Saint-Jacques; premières fondatrices; donations; construction d'un vaste bâtiment; son ameublement; sœurs grises de la Charité. — Justice royale; zèle de ses officiers.

SIXIÈME PARTIE

MARTEL.

Son origine. — Gouvernement de ses seigneurs. — Associations municipales. — Administration des consuls. — Sénéchaussée de Martel. — Calvinistes et royalistes. — Eglise de Saint-Maur.

I. — Son origine.

Armes de la ville. — Préambule. — Site. — Fondation. — Circonstances qui amènent Charles-Martel; les Sarrasins dans le Quercy; le duc d'Aquitaine et les Francs; victoire sur les Maures à Poitiers. — Retour des armées africaines dans le Quercy; les Francs les arrêtent et leur livrent combat à Murlat, près Martel; autre bataille à Combes-Sanguí; dispersion complète de l'ennemi à Condat. — Monuments commémoratifs des victoires remportées par les Francs; ermitage de Moradène; couvent de Barbaroux. — Eglise de Saint-Maur. — Formation de la ville de Martel. — Vieux-Martel. — Voie du Haut-Limousin à Rocamadour.

II. — Gouvernement des seigneurs.

Exercice des pouvoirs temporel et spirituel. — Révolte contre le vicomte de Turenne; son emprisonnement; son élargissement; châtiment infligé au révolté. — Ferment de discorde. — Douce administration des seigneurs de Turenne; privilèges accordés par eux. — Effet de la prédication des croisades; amélioration apportée dans les vieilles coutumes. — Charte de Raymond IV; articles basés sur la vertu chrétienne. — Autorité ecclésiastique. — Intervention de l'évêque de Limoges; l'évêque de Cahors auprès d'un prince d'Angleterre; querelle terminée par le pape. — Religieux bernardins d'Obazine; leurs propriétés et leurs couvents entre Brive et Martel. — Sentence arbitrale rendue par l'abbé d'Obazine; charte qui en fait foi. — Confiance absolue des habitants.

III. — Associations municipales.

Circonstances favorables à l'organisation municipale. — Commune politique et mixte. — Son affranchissement. — Députation des habitants à Avignon. — Effet de l'entremise du pape; les parties conviennent de faire un traité; choix des mandataires de la commune; conditions du traité demandées par les habitants de Martel au vicomte de Turenne; traité avorté. — Commune industrielle. — Assistance publique; hospice. — Corporations ouvrières soumises à l'autorité seigneuriale. — Garanties réclamées contre l'autorité consulaire. — Commune religieuse. — Confrérie de Notre-Dame. — Confrérie du Saint-Sacrement. — Confrérie des pénitents bleus de Saint-Gérôme; leur

réunion à celle du Saint-Sacrement; leurs offices séparés.
— Pélerinages à Rocamadour; suppliqué des pénitents à l'évêque de Cahors pour l'accomplissement d'un vœu à ce sanctuaire. — Autre forme d'association religieuse. — Bernardins. — Cordeliers. — Maltaises. — Demoiselles de l'école chrétienne.

IV. — Administration des consuls.

Souveraineté du pouvoir des consuls à Martel. — Leur élection; condition d'éligibilité. — Investiture du consulat; serment des consuls; serment des habitants. — Reddition de compte de gestion des consuls; initiation de leurs successeurs aux affaires communales. — Vêtement des consuls. — Pouvoir judiciaire des consuls. — Modération de ce pouvoir par le conseil municipal; délibérations de ce conseil. — Organisation financière de la commune; ressources ordinaires; ressources extraordinaires. — Pouvoir militaire; milice de Martel. — Dangers de l'autorité des consuls; leurs démélés avec les seigneurs de Turenne; conflits avec les prêtres de la paroisse. — Luttes avec les Anglais; horreur des Martellois pour cette domination; séjour et mort du prince Henri. — État de défense de la place; compagnie des habitants à la bataille de Poitiers. — Rançon de leurs prisonniers; nouvel essai de résistance; capitulation; contribution de guerre. — Dévouement des consuls récompensé par les rois.

V. — Sénéchaussée de Martel.

Pouvoir judiciaire dans l'association municipale. — Organisation de la justice à Martel; justice communale; justice seigneuriale; justice royale; traité avec Henri III d'Angleterre pour la tenue des assises à Martel. — Sénéchaussée organisée par les rois de France. — Sa composition. — Circonscription et étendue de son territoire; sa dépendance des parlements de Toulouse et de Bordeaux. — Inconvénient de ce système de recours; les députés quercinois aux états de Tours demandent la suppression de la sénéchaussée de Martel; lettres patentes de Charles VIII la supprimant; refus des officiers de ce siège de s'y soumettre; ordonnance royale rapportée. — Jurisprudence suivie dans cette cour; droit d'aubaine.

VI. — Calvinistes et royalistes.

Nulle trace de culte calviniste à Martel. — Antipathie des associations municipales pour la réforme. — Attachement aux coutumes religieuses; efforts des habitants pour se préserver de l'hérésie; la doctrine catholique fortifiée par la prédication. — Invasion des calvinistes. — Leur départ. — Mesures prises pour empêcher leur retour; lettre du vicomte de Turenne prescrivant des moyens de défense. — Délibération du conseil municipal à cet effet. — Les calvinistes n'osent tenter une seconde attaque. — Martel obéit aux prescriptions de la ligue. — Le duc de Maine est dirigé sur la vicomté de Turenne. — Embarras et crainte des Martellois à l'approche de l'armée royale. — Envoi des consuls à Salignac pour faire changer de route au duc. — Refus de cette demande; séjour des troupes à Martel. — Un corps d'armée remonte la Dordogne; un autre la descend. — Campement à Souillac; reddition des châteaux échelonnés sur la rivière; incendie de celui de Latrayne. — Départ du duc de Maine pour Sarlat.

VII. — ÉGLISE DE SAINT-MAUR.

Sa fondation. — Ses caractères archéologiques; trace d'architecture latine; plan primitif; croix latine; abside. — Sa transformation au XIV° siècle. — Son plan actuel. — Inspection des murs intérieurs. — Inspection des murs extérieurs. — Son clocher; la commune se charge de sa construction; son emplacement; sa forme. — Droits qu'y revendiquent les consuls. — Dégâts faits à l'église par les Anglais; mandement de l'évêque de Cahors au sujet de sa réparation. — Monographie du portail. — Ouverture de la porte. — Disposition du tableau. — Description du sujet; jugement dernier; le souverain Juge entouré des instruments de son supplice. — L'éclat de sa majesté. — Séparation des élus et des réprouvés.

ÉPILOGUE

TULLE, IMPRIMERIE CRAUFFON. 1879.

LA VICOMTÉ DE TURENNE

CATHOLICISME ET CALVINISME

LA VICOMTÉ DE TURENNE

ET SES PRINCIPALES VILLES

BEAULIEU — ARGENTAT — SAINT-CÉRÉ — MARTEL

PAR

L'ABBÉ B.-A. MARCHE

CURÉ DE NESPOULS

MEMBRE DE LA SOCIÉTÉ DES LETTRES, SCIENCES ET ARTS DE LA CORRÈZE
MEMBRE DE LA SOCIÉTÉ FRANÇAISE D'ARCHÉOLOGIE

*Domine dilexi decorem domûs tuæ
et odivi ecclesiam malignantium.*
(Ps. XXV, 5, 8.)

TULLE
IMPRIMERIE CHAUFFON ADMINISTRATIVE ET COMMERCIALE
10, rue de Fouret et place Saint-Bernard, 1

1880

A SA GRANDEUR

Mgr Henri-Charles-Dominique DENÉCHAU

xliiie évêque de tulle

A SA GRANDEUR

Mgr Henri-Charles-Dominique DENÉCHAU

xlme évêque de tulle

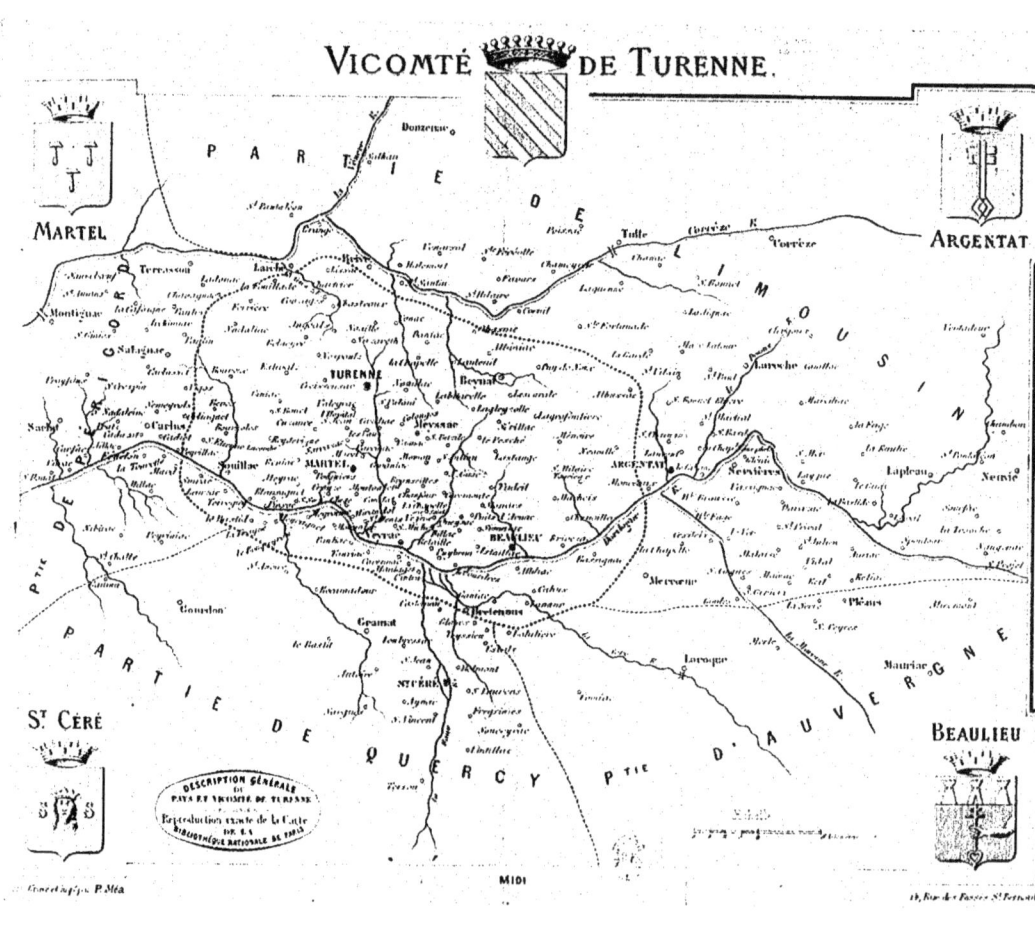

AVANT-PROPOS

Notre plan est tout tracé par le titre donné à notre ouvrage. En mettant en regard le Catholicisme et le Calvinisme dans la vicomté de Turenne, nous nous proposons de faire ressortir l'influence diverse qu'y exercèrent l'Église et la Réforme.

On a dit qu'il y avait dans la connaissance du passé une grande vertu d'apaisement et de concorde. On s'honore des sentiments et des actions louables de ses aïeux, et leur souvenir reste toujours gravé dans l'esprit et le cœur, comme les pieuses leçons et les tendresses d'une mère. Malgré les efforts tentés pour ruiner cet attachement aux vieilles traditions afin de mieux détruire l'esprit de famille, de nos jours encore, on est tout fier des parchemins qui racontent les glorieux exploits des ancêtres. Aussi nous ne pensons pas qu'on puisse léguer aux générations futures un plus riche patrimoine, d'autres titres plus recommandables. Ceux qui s'occupent de relever et d'étayer l'édifice social et national trouveront là dedans l'élément conservateur et restaurateur.

Mais si le souvenir du passé sert à maintenir les nobles traditions dans les anciennes familles composées de rameaux épars, quelle ne doit pas être son influence sur les tiges qui croissent sous le vieux toit qui en fut le berceau, près du même cimetière et à l'ombre du même clocher ?

Les paroisses rurales, surtout, où la solidarité existe si bien entre tous les membres qui la composent, sont glorieuses de tout ce qui se rattache à leurs foyers, à leur église.

On comprend pourquoi maintenant les hommes instruits et dévoués à leur pays se sont livrés sérieusement à la recherche des documents qui se rattachent à leur histoire locale. Nous espérons que ces efforts seront couronnés de succès, et que bientôt chaque famille et chaque paroisse s'honoreront de leur passé.

Peu de contrées de la France sont aussi riches en ces matières que le Bas-Limousin. Outre les archives départementales de la Corrèze qui doivent tant de beaux rayons aux soins assidus et intelligents de l'infatigable M. Oscar Lacombe, dont le cœur égale l'esprit, il y a encore dans les greniers, dans les études des notaires, dans les mairies et les sacristies, des mines inépuisables qui pourraient utilement occuper les loisirs de ceux qui peuvent tenir une plume.

Trop préoccupé souvent du succès d'une œuvre et de l'accueil que lui fera le public, on néglige, pour le point d'honneur, le véritable intérêt de son pays et l'instruction du peuple, qui serait plus confiant et aurait moins de préjugés s'il connaissait mieux les évènements qui se déroulèrent autour du presbytère et du monastère, comme autour du château.

Pour nous, mûs par le sentiment du devoir et comptant d'avance sur l'indulgence du lecteur bienveillant, nous venons réclamer une modeste place à côté de ces compatriotes, nos modèles et nos maîtres, qui, déjà, ont combattu les préjugés et dévoilé le mensonge par des récits très attachants.

Sans nous écarter de la vicomté de Turenne, comprise dans la plus riche contrée du Limousin et du Quercy, et qui était jadis la plus belle terre du royaume pour les droits et franchises, nous raconterons les épisodes des guerres religieuses qui la ravagèrent, de 1569 à 1660. Nous établirons principalement le champ de bataille à Beaulieu, chef-lieu de la vicomté, parce que ce fut surtout contre cette ville que furent dirigés les coups de la Réforme, à cause du caractère essentiellement religieux qu'elle présentait et de sa célèbre abbaye des bénédictins. Nous ferons voir auparavant le rôle considérable que jouèrent, dans les évènements politiques et religieux de ce pays, saint Rodulphe de Turenne, archevêque de Bourges, sa famille et les abbés du monastère de Saint-Pierre.

Nous visiterons ensuite successivement les autres places de la vicomté, savoir : Argentat, Saint-Céré, Martel. Nous y rechercherons toutes les traces du Christianisme, avant et après la Réforme. Et ce qui fixera davantage notre attention, ce seront les origines, les seigneuries, les associations municipales et les institutions religieuses de ces diverses localités. Sans nous arrêter à des définitions de mots ou à d'autres détails touchant exclusivement au côté matériel, nous irons droit à notre but qui est de mettre en relief l'action bienfaisante du Catholicisme et celle, au contraire nuisible du Calvinisme.

Les faits ne nous ont pas manqué pour exécuter notre plan. Nous avons été même obligé de réserver pour un second volume, que nous publierons plus tard, ce qui doit faire la contre-partie de cet ouvrage, et qui concerne la lutte engagée entre les jésuites et les hérétiques, où ces derniers furent vaincus. Les archives départementales de la Corrèze et du Lot, et les archives nationales de Paris, nous ont fourni de précieux documents. Nous exprimons ici notre vive reconnaissance aux trois directeurs qui nous ont prêté en cette occasion un concours si utile.

Nous ajoutons que la plus grande sincérité a présidé au choix des titres, à leur arrangement et à leur interprétation. Si nous avons adressé de sévères reproches aux calvinistes, nous n'avons jamais hésité à blâmer les catholiques, quand nous les avons vus excéder leurs droits et abandonner leurs devoirs, persuadé que la première qualité d'un historien c'est d'être vrai.

Un éminent ecclésiastique de notre diocèse, dont nous avons toujours bien apprécié les conseils, nous écrivait à propos de notre manuscrit : que c'était une des pages les plus précieuses de notre histoire limousine. « Ce qui est de vous, » disait-il, l'ordonnance des faits et les réflexions, est vrai- » ment digne d'éloge. J'ai été souvent frappé de votre ma- » nière d'apprécier les choses. Le lecteur n'est nullement » tenté de trouver que le cours du récit en soit ralenti. Il se » sent au contraire soulagé de voir stigmatisés comme ils » méritent de l'être, les ennemis de notre sainte religion, et » justement loués ceux qui défendent, contre leurs attaques » perfides et sauvages, leur foi et tout ce que l'homme a de » plus précieux sur la terre. »

Si nous joignons à cette appréciation le haut patronage du nouveau et très judicieux pasteur de l'Église de Tulle, qui a bien voulu nous permettre de lui dédier ce premier fruit de nos patientes recherches, nous aurons reçu assez d'encouragements et de récompenses. Nous serons autorisés, du moins, à croire que nous avons travaillé pour le bien, et cela nous suffit !

Nespouls, le 8 septembre 1890.

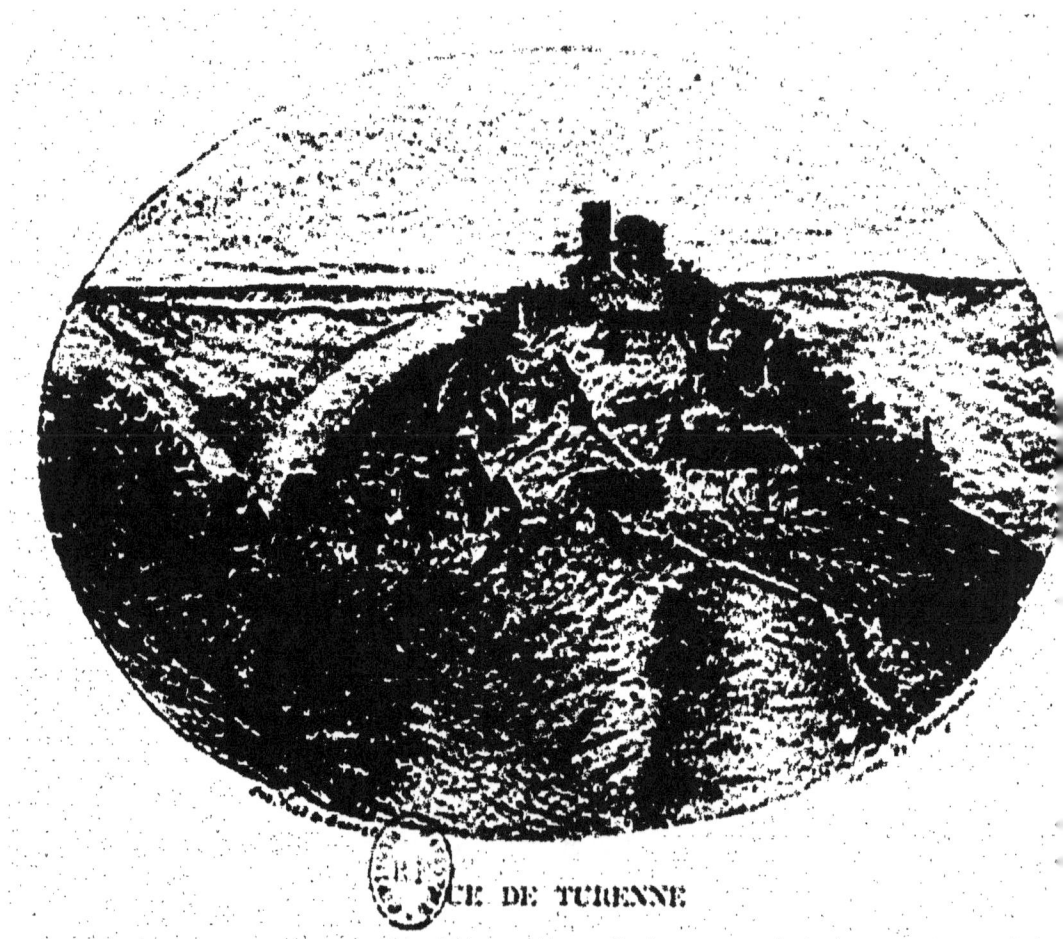

VUE DE TURENNE

(Dessin de M. le baron de Meynard, extrait du *Bulletin de la Société archéologique de la Corrèze*, siège à Brive).

PREMIÈRE PARTIE

LES VICOMTES DE TURENNE ET LES ABBÉS DE BEAULIEU.

Forteresse de Turenne. — Chronologie des seigneurs de Turenne. — Beaulieu. — Saint Rodulphe et son abbaye de Saint-Pierre.

I

FORTERESSE DE TURENNE

Armes de la vicomté. — Topographie du lieu. — Aspect de la forteresse. — Ancienne résidence des guerriers chrétiens. — Établissement d'une puissante vicomté. — Ténèbres qui enveloppent le berceau de la famille de Turenne. — L'arianisme dans les Gaules. — L'empire romain impuissant à lui résister. — Les Visigoths en Limousin. — Uzerche, Tintiniac, Roc-de-Vic et Turenne tombent en leur pouvoir. — Les Franks, les Gascons, les Arabes dans la vicomté. — Pépin établit à Turenne une colonie de Franks. — Charlemagne donne une juridiction aux seigneurs de Turenne. — Louis-le-Pieux investit du royaume d'Aquitaine Charles-le-Chauve et mécontente le clergé et la noblesse du pays. — Il vient combattre Rodulphe de Turenne et s'empare du château. — Charles-le-Chauve campe devant Turenne. — Les Capétiens érigent la seigneurie de Turenne en vicomté. — Alliance des Turenne avec les Comborn. — Droits régaliens et limites de la vicomté au XIe siècle. — La bannière anglaise arborée sur le donjon de Turenne. — Étendue de la juridiction des vicomtés au XVe siècle. — Droits suzerains; cours d'appel. — Privilège concédé par les abbés de Saint-Martial de Limoges. — Le fief de Turenne vendu et réuni à la couronne de France.

Les armes de la vicomté différaient de celles des Turenne et des La Tour d'Auvergne, et portaient: *Coticé d'or et de gueule.*

Lorsque vous quittez la jolie ville de Brive pour descendre dans les riches contrées du Midi, en quelques minutes vous arrivez, par la voie ferrée, à la petite station de Turenne. Là, vous découvrez un vallon resserré, un endroit solitaire, des prairies morcelées et quelques rangées d'arbres; et, croyant avoir tout vu, vous allez dire un adieu peut-être indifférent à ce pays des Lémovices, jadis si fécond en héros et en saints, sans connaître son plus beau fleuron et son plus fort rempart. Mais retournez-vous en arrière et contemplez un instant le paysage qui s'offre à vos regards; le spectacle est bien digne de votre attention.

Au milieu d'un large cercle de collines étroitement liées et enchaînées les unes aux autres, sur lesquelles apparaissent, de distance en distance, quelques restiges d'opulentes maisons, est enclavé un faisceau de riches coteaux dont les fronts chargés de fruits s'inclinent et s'embrassent pour former un trône à la Tour reine, *Turris regina* (1). Sur cet élégant piédestal repose un mamelon qui s'élève hardiment comme un toit, en tenant suspendues à ses flancs de vieilles tours et d'épaisses constructions, anciennes résidences des vassaux et des serfs, et, aujourd'hui, demeures du pauvre et du riche. Au sommet se dresse majestueusement, sur un plan allongé, un énorme rocher coupé à pic, qui domine toutes les hauteurs environnantes; et, aux deux extrémités de cette cime pierreuse, entourée d'escarpements considérables sont flanqués des restes précieux d'une forteresse inaccessible. D'un côté, au nord, apparaît une tour ronde et crénelée, dite Tour de César, vrai monument d'architecture romaine (2), qui, noircie par les siècles, ressort toute sombre, comme un grand mât, au milieu d'un ciel vaste et semble défier tous les vents et les tempêtes. A l'autre bout, se tient lourdement une espèce d'édifice carré, sans ornement et sans défense, appelée Tour de la Monnaie, et se rattachant

---

(1) Nous tirons cette étymologie de la prononciation du mot dans la langue patoise du pays, où l'on dit *Tour-reine*.

(2) Beauménil qui visita Turenne au dernier siècle n'a pas hésité à attribuer la Tour de César à l'époque romaine, même à César, en s'appuyant sur ce passage : *duas legiones in Lemovicum finibus non longe ab Avernis*.

à l'époque ogivale. Le tout forme un tableau ravissant parmi des ruines imposantes et sévères. On dirait une immense locomotive lancée dans l'espace, et emportant après elle un train de fourgons et de marchandises en désordre.

C'est là que prit son essor, sous l'égide de la foi, une noble pensée, ensemble religieuse et militante, qui, s'élevant au-dessus du monde et de ses abîmes, aimait à se trouver seule en face de Dieu et de ses œuvres : semblable à l'aigle qui recherche les lieux les plus élevés pour y respirer un air pur et y abriter ses petits. L'œil fixé sur de lointains horizons, le guerrier, décoré de la livrée du Christ, mettait sa gloire et son bonheur à protéger le travail et le repos des populations chrétiennes soumises à son autorité, et assises paisiblement à l'ombre des clochers ; tandis que, près de lui, de pauvres moines fortifiaient son courage par l'accent pénétré de leurs voix, et adoucissaient ses mœurs par l'exemple de leurs vertus (1).

Autour de ce rocher nu, que les secousses les plus violentes ont dégarni sans pouvoir entamer, se forma cette vaste et puissante vicomté de Turenne, jadis si respectée des souverains, si redoutée des turbulents, et au sein de laquelle se déroulèrent, dans des luttes sanglantes, tant de drames et d'intrigues. C'était peut-être la plus belle terre qui fût en France pour les privilèges, les franchises et les revenus. Elle était possédée en toute souveraineté par ses seigneurs, qui jouissaient du droit de papier timbré, de contrôle d'actes, et qui battaient monnaie à leur effigie.

Il est regrettable que les ténèbres aient enveloppé

---

(1) Un seigneur de Turenne avait fondé dans le château, au XII⁰ siècle, un prieuré conventuel sous le vocable de saint Paul. Plus tard ce prieuré conventuel fut converti en un couvent de capucins qui y sont restés jusqu'à la Révolution.

le berceau de l'illustre famille qui posséda ce riche héritage. Quelques-uns seraient peut-être tentés de la faire arriver de Rome, en compagnie des Comborn et d'autres chevaliers, pour faire escorte à saint Martial, apôtre d'Aquitaine. Trop respectueux pour les récits des légendaires, nous n'avons garde de contredire celui-ci ; il suffit qu'il soit arrivé jusqu'à nous à travers tant de révolutions. Mais, privé de documents anciens, nous nous contenterons de dire que le camp de Turenne fut occupé, dès les premiers siècles du christianisme, par des guerriers, qui, par leurs beaux exploits, conquirent la reconnaissance des peuples, l'amitié des princes, et les titres glorieux d'une noblesse dévouée à Dieu, au roi et à la patrie. Nous les verrons, en effet, presque toujours à côté de leurs chefs, et avec eux combattre les ennemis de l'Etat et de la religion.

Déjà trois siècles avaient affirmé, par des milliers de martyrs, la divinité de Jésus-Christ, quand un ambitieux hérésiarque, Arius, vint contester ce dogme et annoncer que le Verbe divin, créature distinguée et d'une nature plus sublime que les autres, n'était pas éternel, ayant été tiré du néant par son père. Selon lui, le Christ n'était pas Dieu : il était, comme nous, capable de vice et de vertu, et on ne pouvait pas l'adorer.

C'était attaquer du coup, à son fondement, l'édifice de notre sainte religion, et prononcer la séparation du monde avec Dieu.

Si absurde et si fausse que fût cette doctrine, les passions humaines s'empressèrent de l'accueillir et lui ouvrirent les portes des nations. De l'Afrique, elle passa bien vite en Asie ; et de l'Asie en Europe. De Bysance, il lui en coûta peu pour s'infiltrer chez les barbares de la Germanie, ordinairement si prompts à accepter l'erreur. De là, elle n'avait qu'à côtoyer les contrées occidentales pour fondre sur Rome. Vers le milieu du cinquième siècle elle apparut dans les

Gaules, sous les hordes des Visigoths, conduits par le cruel et implacable Euric, et sema partout la destruction.

Dieu, sans doute, veillait sur son Église ; mais il avait résolu de ruiner la puissance des empereurs romains, pour les punir des persécutions sanglantes qu'ils avaient formées contre les chrétiens, et le moment paraissait bien choisi pour cela. Rome, nous disent saints Jérôme et Salvien, ne pouvait plus rien faire pour ses peuples. Plus de civilisation nulle part, et pas de force pour résister. Les lois de la justice et de l'humanité étaient foulées aux pieds. Les veuves et les orphelins étaient tellement méprisés qu'on les voyait se réfugier chez les ennemis de leur religion, pour ne pas trouver la mort chez eux. Maîtres pour maîtres, ils en étaient venus à ce point de misère que peu leur semblait préférable d'être placés sous la servitude des Romains ou sous l'esclavage des nouveaux tyrans. Voilà pourquoi, dans l'intérieur des Gaules, un parti nombreux se livrait aux peuples du Nord ; le nom de citoyen romain, autrefois si envié, n'était plus qu'un titre honteux.

Les choses en étaient là quand les Visigoths ariens se présentèrent dans notre Limousin. Au-dessus, tout avait plié sous leurs armes et le danger était imminent. Sans plus de retard, il fallait opter pour ces nouveaux conquérants ou pour les anciens ; se rendre à l'hérésie ou lui opposer une résistance désespérée. Le choix cependant ne pouvait être douteux pour notre pays, où la croix plantée par saint Martial avait poussé de profondes racines et de nombreuses branches. Car si Rome malade se débattait dans les convulsions de l'agonie, on devait tenir compte de la faveur que ses empereurs, depuis quelques années, accordaient aux chrétiens, alors que leurs ennemis profanaient les églises et emportaient les saintes reliques dont le culte était le principal bien de la société et le premier élément de l'activité intellectuelle.

Il était donc urgent de construire des travaux de défense. Or, on vit soudain se dresser sur les hauteurs les plus inaccessibles des forts redoutables, qui devaient arrêter ces flots envahisseurs. Au nord de Tulle, étaient les camps d'Uzerche et de Tintiniac ; au midi, ceux de Roc-de-Vic et de Turenne. Les positions étaient fortes, mais les défenseurs étaient peu nombreux, et une armée immense comme celle des barbares ne pouvait être arrêtée par ces obstacles. Les deux premières places se rendirent après une résistance acharnée, laissant tous les passages ouverts et le pays livré à la merci d'un impitoyable vainqueur.

Il est vrai qu'une contrée guerrière comme la nôtre ne pouvait se décider à déposer les armes après deux défaites. Si les premières portes étaient forcées, d'autres restaient fermées. La Vézère et la Corrèze étaient franchies, mais il fallait braver le torrent de la Dordogne et briser les deux digues formidables qui protégeaient son cours. Les soldats chrétiens, postés et barricadés derrière ces derniers retranchements, attendirent l'ennemi de pied ferme, très résolus à lui tenir tête. Celui-ci se présenta en effet pour les en déloger ; il les attaqua simultanément avec des forces considérables, et, pendant sept ans, il eut le dépit de voir ses assauts repoussés. Seule, la famine put en venir à bout. Ce fut en 473 que Roc-de-Vic et Turenne tombèrent au pouvoir des Visigoths (1).

Désormais, que restait-il à faire ? Rien qu'à se résigner, avec une amère douleur, à voir fouler ce sol des Lémovices par des barbares de diverses nations. Après les Visigoths vinrent les Franks (507), qui devaient un jour améliorer le sort de nos chrétiens ; mais dont les mœurs sauvages ne pouvaient être de sitôt adoucies par la religion. « Il me déplaît, disait Clovis, que

---

(1) Don Vaissette (*Hist. du Languedoc*). — Marvaud (*Hist. du Bas-Limousin*).

les Ariens possèdent la meilleure partie des Gaules; » et, pendant que le corps de Théodoric, son fils aîné, soumettait le Bas-Limousin à sa domination, ses soldats dérobaient nos vases sacrés (1). — Nos églises étaient en partie dévastées, au moment où les fils de Clotaire se disputaient les États paternels. — La cruelle Frédégonde exerçait chez nous sa haine contre les partisans de Brunehaut. — Théodebert, en se rendant de Limoges à Cahors, pillait les couvents et livrait les religieuses aux passions effrénées de ses officiers. — Les troupes indisciplinées de Gondowald brûlaient la basilique de Saint-Martin de Brive, et commettaient toutes sortes d'atrocités. On eût dit que tous les partis, profitant de l'accablement de nos guerriers, avaient choisi notre pays comme un terrain libre, pour vider impunément leurs querelles dans des duels sanglants et impies.

A leur tour, les barbares, impétueux et ardents des provinces méridionales vinrent défiler sous nos murs et nos croisées. Vers l'an 676, on entendait les rugissements du farouche Lopo, duc des Gascons, qui fut chercher la punition de ses crimes près du tombeau de saint Martial. — En 732, les lueurs de l'incendie qui dévoraient les campagnes signalaient au loin l'arrivée des bandes arabes.

C'est ainsi que les éléments les plus divers se confondaient dans une épouvantable mêlée. Ce n'étaient plus seulement les Gallo-Romains qui étaient aux prises avec les Gallo-Franks, c'étaient les peuples du Midi qui le disputaient aux peuples du Nord, et se rencontraient dans les champs du Bas-Limousin. Du haut de nos forteresses on voyait briller les boucliers et les armes de ces conquérants. Tantôt c'était

---

(1) Un soldat de l'armée des Franks dérobe sur le tombeau de Saint-Martin de Brive la patène du calice donné par Valentinien. (GRÉG. DE TOURS).

Karl-Martel qui fondait sur les coursiers africains avec l'intrépidité d'un héros, et récompensait ses compagnons en les établissant sur nos terres. Tantôt c'était Pépin, l'élu de la nation, sacré à Soissons, qui, voulant anéantir les prétention de Guaifer, le dernier descendant de la dynastie déchue, et attacher toute l'Aquitaine à sa cause, exerçait d'affreux ravages dans notre contrée, qu'il arrachait ainsi à son rival. Mais ce fut à dater de cette époque que les évènements entrèrent dans une nouvelle phase; et que commença l'histoire proprement dite de la seigneurie de Turenne.

Le chef de la dynastie carlovingienne s'étant présenté comme le protecteur de l'Église et le défenseur du Saint-Siège, la lutte ne pouvait se prolonger plus longtemps dans les provinces chrétiennes de la Gaule. Nous voyons, en effet, que Brive s'empressa de lui ouvrir ses portes, et dut à sa prompte soumission le privilège de conserver ses remparts. Turenne, avant de se rendre, essaya vainement de résister, par dévouement pour son ancien souverain. Mais Pépin enleva cette place à l'ennemi; et, ayant reconnu l'avantage de sa position, fit des concessions à ses nobles défenseurs, et établit à côté d'eux une colonie de ses Franks, qui, dotés de grandes prérogatives, augmentèrent rapidement la population. Selon quelques auteurs, ce fut là le berceau de la puissante famille féodale qui fût mêlée à tous les évènements historiques de la province d'Aquitaine (1).

Quand Charlemagne prit dans ses mains robustes l'empire des Franks, il dut tourner ses regards vers le Limousin, où le souvenir des Mérovingiens avait laissé des germes de vie et d'indépendance. Le dernier rejeton de la race déchue reposait sous les voûtes de la basilique de Saint-Martial de Limoges, à côté

---

(1) *Art de vérifier les dates.*

de plusieurs autres princes de sa famille ; et les moines de l'abbaye ne cessaient de rappeler que l'Aquitaine était la terre des héros, toujours prêts à défendre la liberté du pays et la fortune de l'Église. L'empereur était trop intelligent pour froisser, sans motif, les sentiments si légitimes des populations de cette riche province de la Gaule. Pendant qu'il donnait un nouvel élan aux idées religieuses, et qu'il fortifiait l'autorité du Pape, il chargeait de l'administration les grands vassaux de cette contrée. C'est alors qu'il conféra aux Turenne les titres d'hommes de guerre et de seigneurs, leur attribuant ainsi des droits politiques et des terres immenses, avec une juridiction dans toute l'étendue de ces possessions.

Malheureusement les grands vassaux abusèrent bientôt de leurs droits, et se montrèrent ennemis de la monarchie qui les avait élevés. On sait que les dignités ont toujours aveuglé les hommes. Il est vrai que le souverain, moins habile que Charlemagne, avait eu le tort de les irriter par des actes injustes. C'est ainsi que le clergé, comme la noblesse d'Aquitaine, ne pardonnèrent pas à Louis-le-Pieux d'avoir investi de ce royaume le jeune Charle-le-Chauve, aux dépens de Pépin, pour satisfaire l'ambition de Judith, sa seconde femme. Rodulphe de Turenne lui-même, qui avait reçu de ce faible monarque le titre de comte de Querci (1), et qui aurait dû garder le souvenir de ce bienfait, fut plus ému du sentiment de la justice que de celui de la reconnaissance, et prenant parti pour le prétendant contre son bienfaiteur, se mit à la tête des mécontents. C'était une entreprise généreuse, mais téméraire, et où il ne fut pas heureux. Le vieil empereur vint le combattre dans sa

---

(1) Louis-le-Pieux conféra à Rodulphe le titre de comte de Querci, mais non les prérogatives et la juridiction attachées plus tard à la dignité comtale. (MABILLON).

forteresse et l'obligea à prendre la fuite et à congédier ses partisans.

L'occupation du château de Turenne fut le dernier acte d'une guerre faite dans le seul but de rétablir les droits d'un fils injustement déshérité. Quelques années après, en 840, Rodulphe recevait la sépulture dans l'église de Saint-Genès de Sarrazac, où Aiguà, sa femme, et Immena, sa fille, avaient fondé un monastère de religieuses bénédictines, et où elles prirent le voile et passèrent le reste de leurs jours (1).

Pépin II ne laissa pas que d'être, pour la famille de Rodulphe, le souverain légitime de l'Aquitaine, surtout lorsque la mort de Louis-le-Pieux eut ranimé la discorde entre les princes. Charles-le-Chauve s'en étant aperçu, et craignant que cette lutte de famille se compliquât de la haine des peuples mûs par des intérêts de nationalité, résolut d'en finir au plus vite. A la tête de son armée, il parcourut le Limousin en vainqueur, et vint camper devant le château de Turenne. Godefroi, qui en était le défenseur et le seigneur, soutint vaillamment le siège et ne se rendit qu'après une longue et vive résistance.

Sur ces entrefaites, Pépin ayant commis la faute d'appeler les Normands à son secours, les vicomtes de Turenne ne songèrent plus qu'à défendre le Bas-Limousin contre ces bandes païennes qui dévastaient les villes et les campagnes, en même temps qu'elles pillaient les églises et les monastères. Et pour preuve de l'intérêt que les vicomtes portaient aux objets religieux, nous voyons que les moines de Limoges transportèrent le corps de saint Martial dans la chapelle de leur château, où ils restèrent eux-mêmes en

---

(1) Immena y mourut peu de temps après son père. Elle vendit à son frère Rodulphe, archevêque de Bourges, ce qu'elle tenait par droit d'héritage à Estival, à Aujac, et la terre de Sigal qu'elle avait achetée dans le Quercy (*Hist. du Quercy.* — Baluze, *Hist. de Tulle*).

assez grand nombre, pour y garder ce précieux dépôt (1).

Néanmoins, en dépit de ces humiliantes défaites, subies pour le dévouement à l'ordre, les seigneurs de Turenne n'en avaient pas moins conquis un rang important parmi les hommes de guerre les plus célèbres de France. Désormais, nous verrons les souverains chercher à se les attacher par des faveurs, au lieu de les combattre. Eudes, fils de Robert-le-Fort, après avoir relevé la couronne tombée du front des Carlovingiens, s'empressa de descendre dans le Limousin pour chasser les Normands ; et un de ses premiers actes fut de conférer la dignité de vicomte à Adémar d'Escals, petit-fils de Rodulphe (2). Quelques temps après, lorsque la royauté carlovingienne eut sa restauration d'un moment avec Louis IV d'outre-mer, le jeune exilé songea tout de suite à gagner l'amitié des Turenne ; et, pour y arriver, il érigea définitivement leur terre en vicomté. C'était déjà comme un petit État composé d'une grande partie du Bas-Limousin, du Quercy et du Périgord, et divisé en vicairie de Turenne, d'Espagnac et de Cazillac. Au nord, la vicomté touchait à Donzenac et au Saillant ; à l'est, elle s'étendait jusques sous les murs de la forteresse de Ventadour ; à l'ouest, elle touchait à Sarlat.

Mais ce qui contribua le plus à son agrandissement, ce fut l'alliance qu'elle fit avec la seigneurie de Comborn, par le mariage de Sulpicia, fille de Bernard, avec Archambaud. Ce seigneur, qui avait été mêlé à tous les évènements de l'époque, et qui était peut-être le guerrier le plus redouté de son temps, rendit cette vicomté indépendante de la royauté, et en fit

---

(1) JUSTEL.

(2) Adémar était fils de Robert de Turenne, comte de Quercy ; le nom d'Escals, qui lui fut donné, venait de ce qu'il possédait le château de ce nom, situé au-dessus du monastère de Tulle, auquel il communiquait par une pente rapide. (MARVAUD).

une des principales de France, en y ajoutant les possessions de sa famille. Après lui, il est vrai, le grand fief se démembra et la vicomté de Turenne dut voir, à côté d'elle, celle de Comborn et de Ventadour, mais elle n'en resta pas moins puissante. La situation de son château, avantageuse aux guerres du temps, y fit réunir, comme à un centre territorial, plusieurs juridictions voisines, et les petits vassaux se placèrent sous sa protection. Enfin l'élévation de quelques-uns de ses seigneurs aux grandes dignités ecclésiastiques et à la papauté, l'empêcha d'être absorbé par la royauté (1).

Ainsi, riche et puissante, la famille de Turenne étendit ses rameaux sur toute la contrée. Au onzième siècle, elle jouissait de tous les droits régaliens, et commandait sur une immense étendue de pays. Sa vicomté comprenait les châtellenies de Montvalent, Floirac, Mirandol, Curemonte, Saint-Michel, Cazillac, Saint-Céré, Gignac, Bétaille, Ribérac, Espeluchat, Montfort, Carlux, Souillac, Creisse, Larche, Terrasson, Salignac, le pays de Brive, Martel et autres fiefs, depuis cette ville jusqu'à Cahors, comme aussi d'Egletons jusqu'à Limoges.

Ces limites furent un peu atteintes en 1231, à la suite d'altercations très vives entre Raymond VI et Hélie Rudel, son neveu qui, au nom de sa femme, prétendait à la vicomté. Les deux partis firent un compromis entre les mains de Blanche de Castille. Celle-ci, voulant terminer cette querelle, fit adjuger à Hélie Rudel les châtellenies de Ribérac, de Carlux, de Salignac, de Larche, de Terrasson et de Souillac. — Dans le même temps, saint Louis, qui doutait de la légitimité de ses droits sur les terres léguées par son père, dans ces contrées de la France, cédait par délicatesse de conscience, en se réservant l'hommage-lige,

---

(1) Ardiller ; discours sur les fiefs.

les trois diocèses de Limoges, de Sarlat et de Cahors; à Henri III d'Angleterre, fils de Jean-sans-Terre, sur lequel cette partie de la France avait été confisquée (1). Mais Raymond VI de Turenne refusait de reconnaître ce nouveau souverain; et ce ne fut que pour obéir à saint Louis qu'il consentit à lui rendre hommage. A ce titre seulement, et par respect pour le saint Roi, il alla jusqu'à remettre les clefs du château de Turenne et de Saint-Céré, et à laisser arborer la bannière anglaise sur son donjon. Quoiqu'elle fût faite à contre-cœur, cette soumission de Raymond fut si agréable à Henri III, qu'il accorda soudain au vicomte plusieurs immunités et privilèges avec une pension de quatre cents livres tournois sur son nouveau duché de Guyenne (BALUZE).

Malgré ces démembrements considérables et ces hommages rendus par les seigneurs de Turenne, la vicomté conservait toute sa juridiction dans les trois diocèses de Limoges, de Sarlat et de Cahors. Au quinzième siècle, après avoir changé souvent de maîtres, et passé rapidement dans les maisons de Comminges et de Beaufort, elle comprenait encore, dans le diocèse de Limoges, les châtellenies de Jugeals, Saint-Hilaire, Cornil, Chameyrac, les alentours de Brive, Venarsal, Vergi, Ussac, Cousage, Dampniac, Lanteuil, Mallemort, Noailles, Noaillac, Lignérac, Collonges, Saillac, Chauffour, Beynat, Meyssac, Saint-Basile, Marcillac, Saint-Julien, Lostange, Curemonte, La Chapelle-aux-Saints, Queyssac, Puy-d'Arnac, Nonards, Saint-Geniès, Tudeil, Beaulieu, Altillac, Mercœur, Lagarde, Chasteaux, Chartrier, Saint-Sernin, Estivals, Nespouls, Argentat,

---

(1) On voit encore, dans la paroisse d'Estivals, une borne qui était au bout des trois diocèses, et que l'on appelle *aux Trois-Évêques*. Une vieille tradition rapporte que trois évêques se réunirent en ce lieu: ne serait-ce pas à cette occasion?

Servières, Sarrazac, Bassignac, Sourzac; dans le diocèse de Cahors, toute la vaste étendue de pays formant un angle dont l'extrémité était la paroisse de Lentillac; dans le diocèse de Sarlat, toute la partie de l'arrondissement qui allait depuis le Limousin et le Quercy jusque sous les murs de cette ville.

Les ducs de Bouillon y établirent plus tard presque tous les droits que le roi faisait lever dans son royaume. Les impositions ordinaires y étaient réglées par les délibérations des Etats des pays convoqués par ordre et décrets du vicomte. La taille seule dépassait trente mille francs. Mais on percevait d'autres impôts considérables sur les droits de papier timbré, de contrôle, d'exploits, sans parler des dons gratuits faits de temps en temps par les Etats.

Au pied ou dans l'enceinte de la forteresse se tenait un juge châtelain, qui était aussi un juge d'appeau. — En qualité de juge châtelain, il connaissait en première instance des contestations entre les habitants d'un certain nombre de paroisses voisines, parmi lesquelles on en comptait huit qui étaient situées dans la partie quercinoise et le ressort de la sénéchaussée de Martel. Les appels de ses sentences étaient portés au sénéchal de Martel pour le surplus des paroisses de la partie quercinoise du vicomte, et à celui de Tulle pour les autres. — En qualité de juge d'appeau, il connaissait tout le premier des appels des jugements rendus par les juges ordinaires vicomtins ou seigneuriaux, et, après lui, les sénéchaux, par appel interjeté de ses sentences, en faisant exception toutefois pour les habitants des localités, qui, ressortissant immédiatement au sénéchal de Martel, ne relevaient absolument que de lui, ce qui faisait que beaucoup de personnes étaient obligées d'essuyer plusieurs appels : l'un devant le juge d'appeau de Turenne, l'autre devant les sénéchaux respectifs, et de là au parlement, tandis que d'autres n'en subissaient qu'un devant le sénéchal de Martel.

Nous devons mentionner ici une conjecture faite par le chroniqueur Bonaventure de Saint-Amable, au sujet du privilège d'anoblir que possédaient les vicomtes de Turenne. Il est croyable, dit-il, qu'ils avaient reçu ce privilège des abbés de Saint-Martial, qui, à l'exemple des souverains, avaient formé une milice de chevaliers. Ce qui paraît appuyer cette conjecture, c'est le témoignage de l'historien Justel, lorsqu'il dit : Cette seigneurie a été tenue en titre de souveraineté, ne relevant que de Dieu et de saint Martial. D'autre part, nous savons que les vicomtes de Turenne faisaient hommage de leur seigneurie aux abbés de Saint-Martial de Limoges, en retour de quelques prérogatives. C'est ainsi que Pierre de Beaufort fit hommage à l'abbé Jacques Jouviand du château de Turenne et de toute la vicomté, lui promettant de garder fidèlement toutes les choses qu'un vrai vassal doit promettre à son seigneur.

Ce fut surtout à partir du XVe siècle que cette vicomté reçut son plus beau lustre par les glorieux faits d'armes et les hautes dignités militaires des La Tour-Bouillon-Turenne. Nous ne suivrons pas sur ce terrain ces héros fameux, dont nos plus grands rois de France tenaient à s'entourer dans les combats. Il nous suffira de dire seulement qu'ils payèrent la gloire dont ils se couvrirent par la ruine de leur immense fortune. Le dernier vicomte de Turenne, qui se distingua dans toutes les campagnes du Rhin, en 1734, ne pouvant plus payer les nombreuses dettes qu'il avait contractées, réunit les États de sa vicomté, leur exposa ses besoins, et leur demanda le sacrifice d'une forte somme d'argent. Sur le refus formel qui lui en fut fait, il se décida, en 1738, à vendre à Louis XV ce fief, qui fut le dernier réuni à la Couronne de France.

Nous serons agréable à nos lecteurs en mettant sous leurs yeux l'analyse de cet acte de vente :

« Le huit mai mil sept cent trente-huit, — Bou-

» ron et son confrère, notaires, — Mgr le duc de
» Bouillon a vendu, cédé, transporté et délaissé à
» Sa Majesté, pour elle et ses successeurs les rois
» de France, ce acceptant les commissaires, sa
» terre et vicomté de Turenne, avec circonstances
» et dépendances et généralement tous les fiefs,
» terres et droits seigneuriaux appartenant audit
» seigneur duc de Bouillon, dans l'étendue des
» provinces de Limousin et du Querey, moyennant
» le prix et somme de 4,200,000 livres, que les
» commissaires s'engagent, pour et au nom de Sa
» Majesté, à employer au remboursement des dettes
» dudit duc de Bouillon, lesquels remboursements
» seront faits en la présence et du consentemen-
» dudit duc; et en cas qu'il ne se trouve pas suffi-
» samment de créances pour absorber en entier
» ladite somme de 4,200,000 livres, le surplus sera
» employé en acquisitions d'immeubles au profit
» dudit duc de Bouillon, qui seront par lui choisis
» et agréés par Sa Majesté. Il est convenu que le
» duc de Bouillon, ses hoirs et ses successeurs mâles
» pourront continuer de porter le nom et le titre de
» vicomte de Turenne nonobstant la présente vente. »

A l'époque de cette cession, le fief de Turenne comprenait encore quatre-vingt-quinze communes qui se faisaient représenter aux États par leurs syndics; celles d'Argentat et de Saint-Céré par leurs consuls, et celles de Meyssac et de Collonges par leurs juges ou procureurs fiscaux (1). Quant aux villes de Brive et de Martel, quoiqu'elles fussent comprises dans la vicomté de Turenne et qu'elles en relevassent, nous ne voyons pas qu'elles aient été constamment tributaires de ses seigneurs. Ce qui fait supposer que, à certaines époques, leurs habitants s'étaient rendus indépendants. Justel nous apprend, en effet,

---

(1) MARVAUD.

qu'en 1350, lorsque Cécile de Comminges, épouse de Jacques d'Aragon, vendit la vicomté de Turenne à Guillaume Roger de Beaufort, elle disait qu'elle croyait avoir des droits sur ces deux villes, mais qu'elle n'en jouissait pas d'une manière permanente.

—Ainsi finit cette vicomté qui comprenait encore quatre-vingt-quinze communes, se faisant représenter aux Etats par leurs syndics. Et telle était son importance qu'elle s'étendait non-seulement sur le Bas-Limousin, mais sur le Périgord et le Quercy. Nous avons vu le rôle considérable que jouèrent ses seigneurs dans les évènements politiques et religieux, l'appui qu'ils prêtèrent aux faibles, et les luttes qu'ils soutinrent constamment pour la cause de la justice.

II

CHRONOLOGIE DES SEIGNEURS DE TURENNE

Branche aînée : Turenne-Comborn-Comminges-Beaufort-La Tour. — Branche cadette : Turenne-d'Aynac.

Armes des vicomtes en 1?？？ : D'azur semé de fleurs de lis, à la tour d'argent, crénelée de trois créneaux, avec machicoulis, deux fenêtres et une porte, le tout maçonné de sable. (Baluze).

830. Rodulphe.
840. Godefroi.
880. Ranulphe.
897. Robert.
940. Adémar I.
950. Bernard I.
983. Adémar II.
986. Archambaud
992. Ebles
1030. Guillaume
1074. Boson I
1091. Raymond I
1122. Boson II
1143. Raymond II
1191. Raymond III
1212. Boson III
1219. Raymond IV
1243. Raymond V
1245. Raymond VI
1885. Raymond VII

} de Comborn.

1304. Marguerite I
1306. Marguerite II
1306. Bernard II
1335. Jean'
1340. Cécile
1350. Guillaume-Roger
1394. Raymond VIII
1400. Antoinette
1427. Eléonor
1430. Amanjeu
1431. Pierre } de Comminges, de Beaufort.
1444. Anne
1489. François I
1492. Antoine
1527. François II
1532. François III
1557. Henri I
1623. Frédéric-Maurice
1652. Godefroy-Maurice
1721. Emmanuel-Théodose
1730. Charles-Godefroy } de la Tour.
1737. Réunion de la vicomté à la couronne.

830. Rodulphe.

C'est le premier seigneur de Turenne que l'histoire nous fasse connaître. Il reçut de Louis-le-Pieux la dignité de comte qui semblait se reporter à la seigneurie de Turenne, que Pépin avait donnée à sa famille, déjà puissante dans le pays par les concessions faites par Charles-Martel. — Il mourut en 840 et fut enterré à Sarazac, *in pago Cadurcensi*, dans l'église de Saint-Genès, où Aigua, sa femme, et Immena, sa fille, avaient fondé un monastère de religieuses de l'ordre de Saint-Benoit. Il laissa, en mourant, six enfants, qui se partagèrent ses vastes possessions territoriales; car alors les fils des conquérants ne se contentaient plus pour tout patrimoine de quelques armes de luxe et de quelques chevaux de bataille. — Son fils, Rodulphe, lui-même, qui se destinait à la vie religieuse, reçut sa part d'héritage ; nous voyons son père invoquer, dans cette donation, l'autorité des lois et la constitution de ses ancêtres, « qui nous apprennent, disait-il, que les hommes, » quels qu'ils soient, dans tout pays soumis au joug » de la loi romaine, ont le droit de faire ce qu'ils » veulent de leurs biens, en se conformant à la volonté » de Dieu. »

840. Godefroi.

La seigneurie de Turenne lui échut par suite de la vocation de son frère aîné à l'état ecclésiastique. — Il fut, comme son père, qualifié de comte, dignité purement nominale qui était encore attachée à la personne et non au lieu, mais il porta aussi le titre de vicomte de Turenne. — Il tenta, par tous les moyens, d'augmenter sa puissance, luttant contre la royauté, attaquant ses voisins, et faisant des incursions sur les terres de Saint-Géraud, comte d'Aurillac. — Il donna refuge dans son château au corps de saint Martial de Limoges. — Il épousa Gerberge, dont il eut trois fils, Godefroi, Geoffroi et Ranulphe. — Les deux premiers étant morts probablement sans postérité, le dernier lui succéda.

880. Ranulphe.

Il épousa Élisabeth, et ne laissa pas d'enfants ; de sorte que la seigneurie de Turenne revint à son oncle Robert. — Quelques auteurs disent que ce Robert était son fils, mais nous croyons qu'ils se trompent.

897. Robert.

Il était le troisième fils de Rodulphe. — Il fut en

même temps comte du Querci et vicomte de Turenne, mais il fut privé du comté du Querci par Raymond II, comte de Toulouse, qui, ayant d'autres grandes possessions dans ce pays, y ajouta ce titre. — Il épousa successivement Blitgarde et Emessinde, desquelles il n'eut pas d'enfants; ce qui fait dire à quelques historiens qu'il n'eut pas de postérité. Mais nous voyons dans le manuscrit d'Armand Valest, prieur de Beaulieu, qu'il eut de Rotrude (une troisième femme sans doute), quatre fils : Adémar, Adalelme, Oldéric et Boson.

940. Adémar Ier.

Ce vicomte qui avait accompagné son oncle, Godefroi, dans ses premières expéditions contre Géraud d'Aurillac, voulut, comme lui, obliger ce seigneur à se reconnaître pour son vassal, pour les terres qu'il possédait dans les environs de Mercœur. Aidé de son frère Adalelme, il lui fit longtemps la guerre et, à ce sujet, fit de continuelles incursions en Auvergne, malgré les menaces de l'évêque de Cahors. — Il avait épousé Gausla, dont il eut Bernard. — Il fit d'importantes donations aux abbayes de Beaulieu et de Tulle, et mourut en 950.

950. Bernard Ier.

Il épousa Déda, de laquelle il eut Adémar qui suit, et deux filles, dont l'une fut mariée à Archambaud de Comborn, dit *Jambe-Pourrie*, et l'autre à Ranulphe d'Aubusson, surnommé *Cabridelli*. Voulant se soustraire à la suzeraineté des comtes de Toulouse, il échangea son titre de comte qui n'était que viager pour celui de vicomte, et fut reconnu en cette qualité par le roi de France, Louis d'Outre-Mer, qui le maintint dans toutes ses possessions et privilèges, sans lui imposer l'obligation de se reconnaître son sujet ou son vassal. Par cette concession, le vicomte de Turenne devenait ainsi libre de tout pouvoir étranger. — Il mourut en 983, et fut inhumé dans l'abbaye de Tulle, où sa femme donna une manse pour le repos de son âme.

983. Adémar II.

Ce vicomte, dont il est parlé dans une charte de l'abbaye de Tulle, fut bientôt attaqué par les comtes de Toulouse. Pour s'en défendre, il se mit sous la protection du roi de France, se soumit à sa puissance, tant pour lui que pour ses successeurs, à la charge qu'ils seraient conservés et maintenus en leurs franchises, libertés, droits et prérogatives qu'ils avaient sur leurs vassaux dans l'étendue de leurs terres. Depuis ce temps-là, la vicomté de Turenne a toujours relevé immédiatement de la couronne sous le simple hommage de fidélité; et, au moyen de cet hommage, nos rois ont toujours confirmé les vicomtes de Turenne dans la jouissance des droits réguliers. — Il mourut sans enfant en 986, laissant pour successeur, Archambaud de Comborn, son beau-frère. En lui finit la première race des vicomtes de Turenne originaires du pays. Il fut inhumé, comme son père et sa mère, dans l'abbaye de Tulle, sépulture ordinaire des vicomtes, tant qu'ils furent en possession de la dignité d'abbés laïques de ce monastère.

986. Archambaud.

On le croit fils de Raymond Ier, comte de Toulouse et du Querci, qui, le premier, aurait pris le titre de vicomte de Comborn. Cette famille était déjà une des plus anciennes et des plus puissantes de la contrée, rivalisant par l'étendue de ses possessions avec celle de Turenne. — Telle avait été son illustration dès les premiers temps de la conquête franque, que plusieurs familles féodales de l'Europe, nous dit Baluze, lui rapportaient leur origine. — Archambaud se montra digne de l'illustration de sa race, et il montra tant de valeur dans les combats, que le duc de Normandie, Richard-sans-Peur, lui donna sa sœur en mariage. Il n'eut pas d'enfant de cette femme, et il épousa, en secondes noces, Sulpicia, fille de Bernard. Il était alors possesseur des vicomtés de Comborn et de Ventadour. Sur ces entrefaites, son beau-frère étant venu à mourir sans enfants, il devint également possesseur de la vicomté de Turenne. Cet héritage, il est vrai, lui fut contesté par un beau-frère, Ranulfe, qui s'empara du château de Turenne et s'y fortifia. Archambaud vint l'y assiéger et le chassa; et comme une des portes de la citadelle, cédant sous ses coups, s'ouvrait devant lui, une de ses jambes se trouva engagée entre les deux battants. Il reçut une blessure grave dont il ne put jamais guérir, ce qui le fit appeler *Jambe-Pourrie*. — On croit qu'il mourut vers l'an 992. Sa seconde femme lui donna deux fils, dont l'aîné, du même nom que lui, le précéda au tombeau, et l'autre appelé Ebles, lui succéda en prenant le titre de vicomte de Turenne et de Comborn.

992. Ebles.

Il fit à Gaubert de Malemort une guerre à laquelle prirent part presque tous les grands vassaux du Limousin, et dont le peuple eut à souffrir. — Sa famille fut ensuite troublée par de sanglantes discordes dont il fut la première cause par la violence de ses passions. Il avait épousé Béatrix, fille de Richard, duc de Normandie, de laquelle il eut deux fils, Guillaume et Archambaud. — Il la répudia ensuite pour épouser Pétronelle dont il eut Ebles et Robert. — Il donna à Archambaud la terre de Comborn avec celle de Ventadour, et laissa à Guillaume la vicomté de Turenne. Mais il ne put établir l'union entre les enfants de ces deux lits; et sa maison fut souillée par un grand crime. Robert, son dernier né, étant l'objet de sa prédilection, éveilla tellement la jalousie d'Archambaud qu'il fut assassiné par lui. — Ebles mourut en 1030, après avoir pardonné au fratricide.

1030. Guillaume.

La vicomté de Turenne qui, augmentée des possessions de la famille de Comborn, pouvait être regardée comme une des principales terres de France, lui fut remise dans des conditions de limites bien amoindries. Il dut se résigner à voir ce grand fief démembré, et former les vicomtés de Comborn, de Turenne et de Ventadour, placées aux trois extrémités d'un triangle. La position de ces trois forteresses féodales fut le résultat d'un calcul tout politique. Tandis que Comborn et Ventadour protégeaient le Bas-Limousin contre les comtes du Périgord et les vicomtes de Limoges, Turenne le défendait contre les comtes de Toulouse. — Guillaume mourut en 1074, laissant un fils, Bozon, pour lui succéder.

1074. Bozon Ier.

Il fut souvent l'arbitre des abbayes, et jouit d'une grande réputation parmi les grands vassaux de son époque. Il signa un acte par lequel les religieux de Beaulieu se donnaient d'eux-mêmes, avec leur monastère, à Saint-Hugues, abbé de Cluny. Il entreprit le pélerinage de la terre sainte, d'où il ne revint pas. — Il mourut à Jérusalem la même année de son départ (1091). Justel lui attribue deux femmes, Comtor de Terrasson et Gerberge, dont il ignore la famille, mais qui était d'une grande naissance, puisqu'elle était qualifiée du titre féodal de comtorisse. Baluze, au contraire, assure qu'il n'en eut pas d'autres que Gerberge, la même que celle qui est désignée par le nom de Comtor, qualification donnée alors à quelques personnes de la première noblesse. — Il donna à l'abbaye d'Uzerche un alleu situé entre le château de Turenne et la colline, appelé vieux Turenne. — Il offrit à l'abbaye de Tulle son fils, Ebles, et donna aux moines pour son admission la moitié de la forêt d'Auriol. Il fit hommage à l'évêque de Cahors pour la vicomté de Brassac, près Martel. Il eut sept enfants : Raymond qui suit ; Archambaud, vicomte de Ribeires ; Guillaume ; Ebles, qui fut abbé de Tulle ; Alpaïde, femme de Bernard, comte d'Armagnac ; Etiennette, mariée à Hugues, seigneur de Belcastel ; Mathilde qui fut donnée au duc de Bourgogne, Hugues II.

1091. Raymond Ier.

Il marcha sur les traces de son père. — Lorsque le pape Urbain II accompagné de Pierre l'Ermite vint prêcher la croisade dans le Limousin, il fut le premier à exciter le zèle des grands vassaux pour la défense des Saints-Lieux. — Il se couvrit de gloire sous les murs de Jérusalem. On le rencontrait toujours là où était le péril, et on le reconnaissait à sa bannière brodée de gueules aux lions d'or. Suivi de ses hommes d'armes, il tailla en pièces un corps de trois cents Arabes ; sauva les vaisseaux francs qui étaient à l'ancre dans le port de Jaffa ; repoussa une attaque imprévue de sept mille Musulmans, et fut chercher des vivres dans la ville de Tortose jusqu'au milieu des ennemis. — A son retour de la Terre-Sainte, sept ans après, en 1203, presque toutes les abbayes reçurent des marques éclatantes de sa munificence. A celle d'Uzerche, il donna plusieurs terres situées à Saint-Pantaléon ; et à celle de Tulle il donna la moitié qui lui restait de la forêt d'Auriol. — Il reconnut toutes les donations faites par son père à l'église de Nadaillac. Il fonda une léproserie à Nazareth, et un hospice pour les pèlerins à l'Hôpital-Saint-Jean. Il avait entouré de murailles son rocher de Turenne, et faisait battre monnaie sur ses terres. — Tour à tour il fut pour et contre Adémar, vicomte de Limoges, dans ses démêlés avec Hélie Rudel, comte de Périgord, et Gaucelme de Pierrebuffière. — Il avait épousé Mathilde, fille de Geoffroi, comte de Perche, dont il eut Boson qui suit; 2° Marguerite, mariée d'abord à Adémar, vicomte de Limoges, ensuite à Ebles de Ventadour, et enfin à Guillaume, comte d'Angoulême; 3° Anne, mariée à Aymeri de Gourdon. — Il mourut en 1122.

1122. Boson II.

Il montra, dès sa jeunesse, beaucoup d'ardeur pour les combats, et se distingua dans toutes les guerres de l'époque. Sa mère Mathilde, craignant que cette valeur ne lui fût funeste, supplia le comte de la Marche de le détourner des guerres privées. Peu rassurée encore par cette précaution, et connaissant toute la témérité de son fils, la pauvre mère venait tous les jours s'agenouiller devant les autels, distribuait de larges aumônes aux pauvres et de larges offrandes aux moines. Emu de la tendresse de sa mère, Boson obéit à ses conseils, et tant qu'elle vécut resta paisible dans son château. Mais, aussitôt après sa mort, il prit les armes pour son beau-frère Adémar, vicomte de Limoges, contre Gui Flamenc. Il fut frappé, au siège de la Roche-Saint-Paul, d'une flèche qui lui perça la gorge et fut transporté à Turenne. Il eut le temps de faire un testament par lequel il donnait la manse de Tersac aux pauvres que l'abbaye d'Obazine nourrissait auprès de l'église de Sainte-Marie-de-Beaudran, de la paroisse de Nespouls. — Il avait épousé Eustorgie d'Anduze, qu'il laissa enceinte d'un fils qui fut Raymond II, et mourut en 1143.

1143. Raymond II.

Son règne fut long et glorieux. — Il envoya le capitaine Lobas déloger les Anglais de Ségur ; le château fut repris et les murailles d'enceinte abattues. — Avec le consentement de son gendre, Talleyrand, seigneur de Montignac, il céda à l'abbaye de Dalon la manse de Treille, par une charte signée à Martel. — Une croisade contre les Albigeois ayant été prêchée par les archevêque de Bourges et de Narbonne et par un cardinal-légat, il sortit le premier de son manoir pour les appuyer. — Il entra dans une ligue formée contre Richard-Cœur-de-Lion qui voulait forcer les seigneurs d'Aquitaine à le reconnaître pour suzerain, et, quelque temps après, il recevait à Martel son frère, Henri-au-Court-Mantel. — Il fit le siège de Brive, et fut repoussé par les hommes de la commune. — Il suivit le parti du roi Philippe-Auguste contre Richard, roi d'Angleterre, qui prit Turenne en 1187. — Par la paix faite entre les deux souverains, sa forteresse lui fut rendue, et il accompagna ces rois en Orient, où il mourut, dit-on, au siège de Saint-Jean-d'Acre, en 1191. — Avant son départ il avait fait réparation aux moines de Beaulieu pour certaines injures commises contre l'abbaye. — Il avait épousé Elise de Castelneau, dont il eut : Raymond qui suit ; Boson, mort quelques années après lui ; une fille qui fut l'épouse d'Elie, comte de Périgord, et Malthide qui fut mariée à Talleyrand de Montignac.

1191. RAYMOND III.

Il ne prit qu'une faible part aux évènements de l'époque. — Jean-sans-Terre, le lâche successeur de Richard, ayant irrité par ses désordres les barons anglais qui offrirent la couronne à Louis fils du roi de France, Raymond s'empressa de suivre la bannière de ce prince, suivi de treize chevaliers choisis sur ses terres. — Il avait épousé Alix, héritière de Séverac, dont il eut : 1° Boson qui suit ; 2° Raymond, aussi vicomte de Turenne ; 3° autre Raymond, seigneur de Servières ; 4° une fille mariée à Bernard de Casenac, seigneur de Montfort.

1212. Boson III.

Après la défaite des Albigeois, il promit fidélité et hommage à Simon de Montfort qui s'était enrichi des dépouilles de la maison de Toulouse ; il s'engagea à le suivre tous les ans pendant un mois, accompagné de douze chevaliers et de dix hommes d'armes, et à le soutenir dans toutes ses guerres. A ce prix Simon s'engagea à défendre, en tout et partout, la personne du vicomte et ses possessions. — Boson laissa raser la forteresse de Montfort, où était son beau frère, et accepta même ses terres dont il faisait hommage à l'homme du Nord qui les avait confisquées. — Soutenu par Simon de Montfort, il réclama et obtint de Matfred de Castelneau, hommage et serment de fidélité. — Il mourut en 1219, et ne laissa que deux filles : Marguerite, qui épousa Bernard, vicomte de Comborn ; et Dauphine, femme de Raymond, seigneur de Roquebrune. Mais elles furent exclues de la succession de leur père, à cause du droit de masculinité, établi depuis peu dans la vicomté et aboli bientôt après. Raymond, l'aîné de ses frères, lui succéda.

1219. Raymond IV.

Il suivit Louis d'Artois en Angleterre, et partit pour la Terre-Sainte avec Hugues, abbé de Saint-Martial, après avoir réformé les coutumes et franchises de la ville de Martel. A son retour, il fit à l'abbaye d'Obazine l'abandon de tous les droits qu'il avait sur les manses de Blénie et de Coirace. — Le comte de Toulouse étant rentré en possession d'une partie des états qui lui avaient été enlevés par Simon de Montfort, Raymond se reconnut pour son vassal pour la vicomté de Brassac (1), et pour les châteaux de Castelnau et de Salignac. — Il obtint du roi, Louis IX, un acte par lequel il ne pourrait être aliéné du vasselage de la Couronne. — Il avait épousé Elise d'Auvergne, et n'avait eu de ce mariage qu'une fille, nommée Elise, qui fut l'épouse d'Elie Rudel, seigneur de Bergerac, Blaye et Gensac, et que sa mère institua son héritière par son testament fait au château de Larche où elle habitait depuis la mort de son mari. — Raymond mourut en 1243, et fut remplacé par son frère, le seigneur de Servières.

1243. RAYMOND V.

En vertu du droit de masculinité, il se hâta de se mettre en possession de la vicomté. Elie Rudel fit valoir alors les droits de sa femme. Le vicomte de Limoges, consulté à cet effet, écrivit à la reine, Blanche de Castille, que jamais fille n'avait possédé la vicomté de Turenne, et Raymond fut maintenu dans cet héritage. — Il avait épousé Allemande de Malemort qui lui avait apporté quelques droits incertains sur la ville de Brive, droits qu'il engagea pour la somme de quatre mille sous au prieur de l'église de Saint-Martin, Gui de Maléfaïda. — Il laissa huit enfants : Raymond, qui suit ; Boson, qui eut Brive avec ses dépendances, excepté la terre de Chameyrac et le vieux château de Cousage ; Gui, qui eut pour tout héritage cent livres de rente ; Allemande, femme de Pons, seigneur de Gourdon ; Comtor, mariée à Bertrand de Cardaillac ; Elise, femme de Pierre de Cazillac,

---

(1) Brassac est situé dans la plaine de Montvalent (Lot) ; à côté du château était un couvent de dames Maltaises, qui, à la suite de démêlés avec le seigneur, quittèrent la plaine pour la montagne et se retirèrent aux Fieux.

et Marguerite, celle de Durand de Montal. — Il mourut en 1245, et fut enterré à l'hôpital Saint-Jean.

1245. Raymond VI.

Il rendit hommage à saint Louis, et fut le rejoindre dans la Palestine, où il paya noblement de sa personne. — Il céda à Elie Rudel une partie de sa vicomté par un traité que ratifia la reine Blanche. — Il fit hommage pour la vicomté de Brassac aux moines de Tulle, en déclarant qu'il la tenait en fief de l'abbaye. — Il devint vassal immédiat de la Guyenne par le traité de 1259, et il rendit, en conséquence, hommage à Henri III, roi d'Angleterre. — Il suivit le roi, Philippe III, à l'expédition d'Aragon. Il épousa, en premières noces, Agathe de Pons, dont il eut Raymond qui suit, et, en secondes noces, Laure de Chabanais, dont il eut Marguerite. — Il s'intitulait : vicomte « par la grâce de Dieu. » Il mourut en 1285, après avoir fait des dotations à la maison hospitalière de l'hôpital Saint-Jean, à l'abbaye de Coiroux, et après avoir recommandé que le château de la Garde ne fût pas séparé de la vicomté dont il devait être une place de guerre.

1285. Raymond VII.

Il prit possession de la vicomté au moment où l'Angleterre acquerrait de nouveaux droits sur le pays par la cession que faisait Philippe-le-Hardi, mais les priviléges de sa maison ne furent pas atteints. — Il ne fut émancipé que sept ou huit ans après la mort de son père. Dès lors il lutta avec opiniâtreté pour la défense de ses droits sur la ville de Brive. — Il enleva à l'archevêque de Bourges la suzeraineté du temporel sur la ville de Beaulieu. — Il épousa Létice, et Jeanne d'Eu, et eut de son premier mariage Marguerite qui suit. Il accompagna Philippe-le-Bel en Flandre, après avoir recommandé qu'on l'enterrât à l'hôpital Saint-Jean près de la tombe de son père. Il périt dans cette guerre.

1304. Marguerite Ire.

Par son mariage avec Bernard de Comminges, elle porta la vicomté dans cette maison. Charles-le-Bel et Philippe-de-Valois confirmèrent au nouveau vicomte l'exemption de certains subsides levés sur les habitants dans d'autres parties de la France. — Marguerite institua pour son héritier universel l'enfant qu'elle portait dans sein. Ce fut une fille qui reçut le nom de Marguerite, et que quelques auteurs disent être morte avant sa mère. Il est certain que sa vie fut courte, mais nous croyons qu'elle régna néanmoins un instant, en vertu du testament de sa mère.

1306. Marguerite II.

Elle mourut peu après sa naissance. Son père lui succéda en vertu de la substitution consentie par sa femme. On dit même que celle-ci, dans un second testament, avait laissé la vicomté à son mari. Il est plus probable qu'elle l'avait établi son héritier en cas de mort de la fille.

1306. Bernard II.

Pendant quinze ans il fut troublé dans cette possession par Bernard IV, sire de Pons. Ce seigneur, descendant de Marguerite de Turenne tante de Raymond VII et fille de Raymond VI, attaqua le testament de Marguerite Ire, et soutint qu'elle n'avait pas eu d'enfant de Bernard de Comminges; que sa fille était supposée. Le parlement repoussa l'accusation de supposition, et le différend se termina par l'arbitrage de Pierre, abbé de Cluny, qui ordonna que Renaud de Pons serait fiancé aussitôt avec Marguerite, fille de

Bernard de Comminges et de Marthe de l'Ile-Jourdain, et que le sire de Pons recevrait de plus, en compensation des droits réclamés sur la vicomté de Turenne, le château de Saint-Céré avec le droit de haute et de basse justice. — Ainsi la vicomté resta à Bernard qui mourut en 1335. Il laissa de Marthe quatre autres enfants : Jean, qui lui succéda au comté de Comminges et à la vicomté de Turenne; Cécile, Eléonor et Jeanne.

1335. JEAN.

Il s'intitulait « par la grâce de Dieu » vicomte de Turenne et comte de Comminges. — Il accepta la régence de sa mère que son père avait établie par testament pour écarter les nouvelles prétentions de la maison de Pons. — Il vécut peu de temps et ne contracta pas d'alliance. Sa sœur Cécile lui succéda en 1340.

1340. CÉCILE.

Elle ne succéda qu'à la vicomté de Turenne. — Elle fut troublée dans la jouissance du comté de Comminges par son oncle, Pierre Raymond. Le roi de France étant intervenu comme médiateur, le différend se termina par le mariage de Raymond II de Comminges avec Jeanne sœur de Cécile, et par la renonciation de celui-ci aux droits de sa femme sur la vicomté de Turenne. — Cécile épousa Jacques d'Aragon, comte d'Urgel, frère de D. Pédro IV, roi d'Aragon. — Elle rendit hommage à Philippe-de-Valois. — Elle ne voulut pas que sa terre passât aux princes d'Espagne. Aussi après la mort de son mari, ne craignit-elle pas d'en déshériter son fils pour la léguer au mari de sa sœur Eléonor, Guillaume Roger de Beaufort, pour le prix de cent quarante-cinq mille florins d'or. — Elle mourut en 1350.

1350. Guillaume Roger.

Son père, plus connu sous le nom de seigneur de Rosiers, possédait depuis cinquante ans la terre de Maumont, et eut l'honneur de donner à l'Eglise un pape, Pierre Roger, qui prit le nom de Clément VI. — Guillaume commença par rendre hommage au roi de France, Jean-le-Bon, qui confirma tous les privilèges de la vicomté, et le droit d'y lever les finances. Un de ces privilèges était de faire payer le droit de franc-fiefs et les amortissements. — En 1362, la Guyenne ayant été cédée aux Anglais, il rendit hommage au prince de Galles. Mais cette province ayant été réunie à la Couronne, en 1370, il le renouvela au roi Charles V. — Le Pape Grégoire XI avait appelé le vicomte auprès de lui à la cour d'Avignon, et avait obtenu pour lui, de Jeanne de Naples, de belles terres dans la Provence qui furent déclarées exemptes de toute réunion au domaine royal. — Guillaume rendit hommage à l'évêque de Tulle de la vicomté de Brassac, et il mourut en 1394 : laissant Raymond qui lui succéda ; Eléonore, qui fut l'épouse d'Edouard de Beaujeu ; Cécile, femme de Louis de Valentinois ; Jeanne, mariée à Raymond de Beaux et à Gui de Chavigni ; Marguerite, femme d'Armand de Polignac.

1394. Raymond VIII.

Il fit la guerre à Louis II, roi de Sicile et duc d'Anjou. Il fut excommunié pour cette raison par Clément VII, et absous par Benoît XIII, après la paix avec ce prince. — Il poursuivit pendant quelque temps de sa haine sa fille et son gendre Boucicaut, à cause de leur refus de le seconder dans ses attaques contre la maison de Naples et d'Anjou. — Il réclama avec ardeur ses droits sur la ville de Brive. Celle-ci porta ses plaintes au parlement de Paris, et le vicomte fut condamné à lui payer une forte indemnité. — Raymond faisait battre monnaie et accordait des lettres de grâce. — Il épousa Marie d'Auvergne, et mourut en 1400, laissant une fille, Antoinette, qui lui succéda, et un fils illégitime, Hector, qu'il ordonna par son testament de faire légitimer, et qui commença la branche des Turenne-d'Aynac.

1400. Antoinette.

Elle poursuivit de nouveau les prétentions de sa famille sur la ville de Brive, et obligea les consuls, en 1414, à venir lui présenter les clefs de leur ville, nu-tête et à genoux. — Elle avait épousé, du vivant de son père, Jean le Meingre de Boucicaut, maréchal de France, vice-roi de Gênes. — En 1413, elle fit don à son mari de l'usufruit de la vicomté. Celui-ci fut fait prisonnier à Azincourt, et mourut peu après, n'ayant eu qu'un fils mort jeune. — La vicomtesse mourut en 1427.

1427. Éléonor.

Les uns la font nièce d'Antoinette, et d'autres, avec plus de raison, la font sa tante et fille de Guillaume-Roger. — Elle fut veuve d'Édouard de Beaujeu, seigneur de Perreux, dont elle n'eut point d'enfants. — Elle fit hommage de la vicomté à Charles VII. — Par son testament, elle donna les terres de la maison de Turenne à son cousin Amanjeu de Beaufort, fils de Nicolas de Beaufort, seigneur de Limeuil, et frère du pape Grégoire XI ; et, en cas qu'il n'eût pas d'héritier, elle lui substituait son frère, Pierre de Beaufort.

1430. Amanjeu.

Il fut troublé dans sa possession par Alix de Baux qui prétendait à la vicomté, comme fille de Raymond de Baux et de Jeanne, sœur d'Eléonor. — Il mourut avant la décision du procès, en 1431, laissant un fils, Jean, qu'il déshérita pour avoir embrassé le parti de l'Angleterre. — Son frère, Pierre, lui succéda.

1431. Pierre.

Il obtint un arrêt qui débouta Alix, et il resta en possession de la vicomté. En 1432, il épousa Blanche de Gimel, dont il eut deux filles : Anne, qui lui succéda, et Catherine, mariée à Louis, seigneur de Ventadour. — Il rendit d'importants services à Charles VII qui l'avait chargé de faire rentrer sous son obéissance toutes les places occupées par les Anglais dans une partie de la Guyenne, avec la promesse d'avoir la jouissance, à titre viager, de tous les manoirs qu'il pourrait enlever à l'ennemi. Il s'acquitta admirablement de sa mission et eut la joie de voir les Anglais chassés du pays. — Il maria Agne de La Tour avec sa fille, Anne, et fit cesser toutes les prétentions qui pouvaient venir de ce côté à la vicomté de Turenne. — Il mourut ensuite, en 1444, faisant passer ainsi dans la maison de La Tour le comté de Beaufort et la vicomté de Turenne.

1444. Anne.

Elle épousa, par dispense du pape Eugène IV, l'an 1444, Agne de La Tour, seigneur d'Orliergues, descendant des comtes d'Auvergne, qui fut conseiller et chambellan du roi Louis XI. — René d'Anjou prétendit que le comté de Beaufort devait être réuni à l'Anjou, et l'obtint par un arrêt du Parlement, moyennant trente mille écus d'or. — Plusieurs barons d'Auvergne suivirent la famille de La Tour dans la vicomté de Turenne. Le château retentissait alors du bruit des fêtes somptueuses, au milieu d'une famille nombreuse. — Agne fit son testament en 1479, et

mourut en 1489, laissant cinq fils et plusieurs filles :
1° François qui lui succéda ; 2° Gilles, chanoine de
Rhodes, prieur de Saint-Géry et abbé de Vigeois ;
3° Agnet, seigneur de Servières ; 4° Antoine, vicomte
aussi de Turenne, et qui continua la lignée ; 5° Antoine-Raymond, qui fut la tige des seigneurs de
Murat ; 6° Anne, mariée à Jacques de Lomagne ;
7° Marguerite, mariée à Jean Talleyrand, prince de
Chalais ; 8°, 9°, 10° Isabelle, Louise et Gabrielle,
religieuses au prieuré de Prouille ; 11° Catherine,
qui épousa Antoine de Pompadour ; 12° Françoise,
femme de Jacques de Castelnau, et 13° Marie qui fut
mariée au seigneur de Dourefort.

1489. François Ier.

Il ne se maria point. Il devait hériter du château
et de la châtellenie de Servières, après la mort de son
frère Agnet, et il mourut avant lui, à Donzi, en 1492.
Son frère Antoine lui succéda.

1492. Antoine.

Il fut conseiller et chambellan du roi Charles VIII,
et de Louis XII. Il épousa, l'an 1494, Antoinette de
Pons fille de Gui de Pons et de Jeanne de Châteauneuf. Il mourut l'an 1527, laissant quatre enfants :
1° François qui suit ; 2° Gilles, tige des seigneurs
de Limeuil, 3° Madeleine, mariée à Pierre de Clermont ; 4° Anne, religieuse au monastère de Fieux en
Querci.

1527. François II.

Il fut chevalier de l'ordre du roi, capitaine de cent
gentilshommes de la maison du roi, gouverneur de
Gênes. Il rendit des services considérables à François Ier qui l'envoya en ambassade extraordinaire en
Angleterre, et lui fit ensuite traiter la paix entre le

Pape et les Vénitiens. Nommé ambassadeur d'Espagne en 1529, il ratifia le mariage de François Ier avec Éléonor d'Autriche. Il épousa Catherine d'Amboise, et Anne de la Tour-d'Auvergne. Il mourut au château de Villanche en Bretagne, après avoir reçu le commandement de l'armée de Picardie. — Il laissa de sa seconde femme, quatre enfants : 1° François qui suit ; 2° Claude, mariée à Just, seigneur de Tournon ; 3° Antoinette, mariée à Louis-le-Roi, seigneur de Chavigny ; 4° Renée, religieuse au prieuré de Saint-Louis-de-Poissy. Il fut inhumé sur sa demande avec ses ancêtres dans l'église des Cordeliers de Brive.

1532. François III.

Il fut chevalier de l'ordre du roi, gouverneur de Bresse. Il épousa Éléonor de Montmorency, fille aînée d'Anne de Montmorency, connétable de France, et de Madeleine de Savoie. Il fut blessé à la bataille de Saint-Quentin, et mourut de sa blessure trois jours après en 1557, laissant deux enfants : Henri qui suit ; et Madeleine qui fut mariée à Honorat de Savoie, sénéchal et gouverneur de Provence. — Pour reconnaitre ses services, Henri II exempta ses enfants de fournir un contingent du ban et de l'arrière-ban exigé pour leurs terres, fiefs et seigneuries dans les sénéchaussées d'Auvergne, de Limousin, de Périgord et de Querci.

1557. Henri Ier.

Il fut grand guerrier, grand politique, et voulait se faire chef des Calvinistes, lorsque Henri IV eut abjuré le Calvinisme. Il apostasia la Foi de ses ancêtres et favorisa l'établissement de la Réforme dans la vicomté. Son église paroissiale de Turenne fut pillée et incendiée par les Huguenots avec sa complicité. Il avait fort aidé Henri IV contre la Ligue. Il fut gouverneur de Touraine et maréchal de France. — Il avait épousé, en 1591, Charlotte de la Mark, duchesse de Bouillon et princesse de Sédan, qui mourut sans postérité, en 1594, l'établissant son héritier. — Il se remaria avec Elisabeth de Nassau, fille de Guillaume de Nassau et de Charlotte de Bourbon Montpensier. — Il mourut en 1623, laissant huit enfants : 1° Frédéric-Maurice qui suit; 2° Henri, maréchal de France; 3° Louise, morte dans le jeune âge; 4° Marie, femme d'Henri de la Trémouille, duc de Thouars; 5° Julienne-Catherine, femme de François de la Roche-Foucauld comte de Roucy; 6° Elisabeth, femme de Guy Aldonce de Durasfort comte de Duras et de Lorge; 7° Henriette, femme d'Amaury Gouyon, marquis de la Moussaye; 8° Charlotte, morte sans alliance.

1623. Frédéric-Maurice de la Tour, duc de Bouillon.

Il fut grand capitaine, mais moins politique que son père. Il était duc de Bouillon, prince souverain de Sédan et de Raucourt, vicomte de Turenne. Il commença ses premiers exploits de guerre sous Maurice et Henri-Frédéric de Nassau, princes d'Orange, ses oncles, sous lesquels il acquit beaucoup de réputation. — Louis XIII lui donna le commandement de la cavalerie de l'armée du Brabant, et le nomma ensuite lieutenant-général de l'armée d'Italie. — Il épousa Eléonor de Berg, fille de Frédéric de Berg, gouverneur de la Frise, et de Françoise de Ravenel. — Impliqué dans l'affaire de Cinq-Mars, il fut arrêté et contraint, pour sauver la vie, de céder Sédan au roi. Il mourut à Pontoise, en 1652, laissant dix enfants : 1° Godefroy-Maurice qui suit; 2° Frédéric-Maurice qui épousa Henriette-Françoise de Zollern; 3° Emmanuel-Théodose, cardinal et grand aumônier de France; 4° Constantin-Ignace, tué dans une rencontre à Belle-Isle; 5° Henri, prince d'Evreux; 6° Elisabeth, femme de Charles de Lorraine; 7° Louise, demoiselle de

Bouillon; 8°, 9° Emilie et Hyppolite, religieuses aux Carmélites du faubourg Saint-Jacques, à Paris; 10° Mauricette, mariée avec le duc Maximilien de Bavière.

1652. Godefroy-Maurice de la Tour,
duc de Bouillon.

Il fut grand chambellan de France. Il épousa Marie-Anne Mancini, dont il eut : 1° Louis, prince de Turenne, tué à Stinkerque, en 1692, ne laissant pas d'enfants d'Anne de Lévy-Ventadour; 2° Emmanuel-Théodose qui suit; 3° Frédéric-Jules, chevalier de Malte; 4° Henri-Louis, comte d'Evreux, colonel général de la cavalerie. — Il mourut en 1721.

1721. Emmanuel-Théodose de la Tour,
duc de Bouillon.

Il fut grand chambellan. Il épousa Marie-Armande-Victoire de la Trémoille, dont il eut Frédéric-Maurice-Casimir, prince de Turenne, mort en 1723; et Charles-Godefroy qui suit. Il mourut en 1730.

1730. Charles-Godefroy de la Tour,
duc de Bouillon.

Il fut grand chambellan de France. Il fut seigneur de Turenne jusqu'en 1737, qu'il en céda la propriété au roi, s'en réservant le nom pour lui et pour sa postérité. Les privilèges du comté de Montfort, qui étaient les mêmes que ceux de Turenne, dont il dépendait, se trouvant révoqués par la vente de la vicomté, les princesses de Léon et de Pons, filles du Maréchal de Roquelaure, le vendirent aussi au roi.

ARMES DES SEIGNEURS D'AYNAC : D'argent à la bande d'azur, accompagnée de six roses de gueules en orle. (DE BERGES-LA-GARDE).

1399. Hector.
1463. Pierre.
1504. Annet.
1531. Gailhot.
1591. François.
1642. Flotard.
1695. Louis.
1698. Jean-Paul.
1733. Jean-Louis.
1769. Marie Joseph-René.
1799. Henri-Amédée-Mercure.
1833. Gustave-Edouard Joseph-Romuald.
1874. Etienne Guy.

1399. HECTOR.

Il était issu des Roger-Beaufort, vicomtes de Turenne. La nature de son extraction et l'époque précise de son entrée en possession de la seigneurie d'Aynac ne sont pas clairement déterminées par les auteurs. — Un acte de 1379 indique un certain Deodat, seigneur d'Aynac, comme parent (probablement par les femmes) de Guillaume Roger, et lui rendant hommage pour les terres d'Aynac et de Molières, qui devaient appartenir au vicomte, dans le cas de décès de Deodat sans héritiers mâles. — D'autre part, l'auteur de l'*Art de vérifier les dates* (T. X, p. 280) nous apprend que Guillaume, troisième fils de Boson Ier, mort en 1105, fut la tige des seigneurs d'Aynac. Mais s'il faut en croire les descendants actuellement vivants de cette famille, nous devrons attribuer leur origine à cet Hector qui est nommé dans leurs titres, de 1399 à 1463. A ce sujet, les auteurs parlent d'un Hector seigneur de Saint-Hilaire, Ussac et Vergy, qu'ils font fils naturel de Raymond VIII vicomte de Turenne, et qui aurait été légitimé, selon le désir formel du père, exprimé dans son testament. De nombreux titres soumis à Chérin pour la présentation à la Cour, en 1775, de la marquise de Turenne-d'Aynac, et admis par le généalogiste, indiquent au contraire un Hector, seigneur d'Aynac et de Molières, non qualifié de bâtard, ni de seigneur de Saint-Hilaire, d'Ussac et de Vergy. — Quoiqu'il en soit, il fut pourvu par le Dauphin, en 1443, de la viguerie de Figeac. Il épousa Blanche d'Ornhac de Saint-Chamant, dont il eut plusieurs enfants, entr'autres, Pierre qui suit, et Agnet, seigneur de Sorsac, dont la postérité s'est éteinte vers 1600. — Il mourut en 1463.

1463. Pierre.

En cette même année, il rendit hommage à Agne de la Tour et à Anne de Beaufort, vicomte et vicomtesse de Turenne pour les châtellenies d'Aynac et de Molières, ayant justice haute, moyenne et basse. — Il est nommé dans des titres de 1463 à 1504. — Il épousa Anne de la Roche, en 1479, dont il eut Annet qui suit.

1504. Annet.

Il fut lieutenant d'artillerie et, plus tard, ambassadeur de François Ier auprès de Henri VIII, roi d'Angleterre. — Il épousa, en 1495, Jacquette de Genouillac. — Il fut nommé capitaine général de l'artillerie, et grand écuyer de France. — Il mourut vers 1539, laissant un fils, Gailhot qui suit.

1539. Gailhot.

Il fut chevalier de l'ordre du roi et commissaire de

l'artillerie. — Il épousa, le 15 mars 1548, Marguerite de Thémines. — Les titres qui parlent de lui, sont de 1531 à 1591, époque sans doute de sa mort. — Il laissa, pour lui succéder, François qui suit.

1591. François.

Il épousa, en 1593, Antoinette de Pontanier, dont il eut Flotard qui suit. — Il est nommé dans les titres, de 1566 à 1642.

1642. Flotard.

Il prit le titre de baron d'Aynac et autres lieux. Il épousa, en 1633, Claude, fille de messire Louis de Gourdon de Genouillac. Il fut chevalier de l'ordre, conseiller du roi, capitaine de cent hommes d'armes. — Il mourut en 1677, laissant plusieurs enfants, parmi lesquels Louis qui suit.

1677. Louis.

Il s'intitula marquis d'Aynac. Des titres de 1642 à 1698 nous font connaître sa vie. — Il épousa, en 1656, Marie-Hélène de Felzins-Montmurat, et mourut en 1697, laissant trois fils, dont un abbé de Chauvet, et Jean-Paul qui suit.

1697. Jean-Paul.

Il est cité dans des titres de 1681 à 1733. — Il fut capitaine dans le régiment du roi; se maria, en 1698, avec Victoire de Durfort-Clermont-Boissières. — Il mourut en 1733, laissant cinq enfants, dont un fut abbé, deux, chevaliers de Malte, et Jean-Louis-Anne qui lui succéda. Le cinquième fut sans doute une fille.

1733. Jean-Louis-Anne.

Il épousa, en 1733, Marie-Claude de Robert de Ligneyrac de Caylus. — Il mourut en 1769.

1769. Marie-Joseph-René.

Il épousa, en 1772, Gabrielle-Pauline de Baschi du Cayla. Son contrat de mariage fut signé par le roi et la famille royale. — En 1775, il fut présenté à la Cour sous le titre de comte, et non de marquis de Turenne. — Il mourut vers l'an 1799, laissant Henri-Amédée-Mercure qui suit.

1799. Henri-Amédée-Mercure.

Il fut chevalier de Malte de minorité, général de brigade honoraire, pair de France et comte de l'Empire. — Il épousa, en 1799, Claire-Elisabeth-Josephe-Françoise-Agathe de Brignac-Montarnaud, dont il eut : Gustave-Edouard-Joseph-Romuald qui suit, et Napoléon-Joseph-Gabriel, marié à Anne-Antoinette-Gabrielle de Ratties de Lacoste, dont le fils a épousé tout récemment Françoise de Fitz-James.

1833. Gustave-Edouard-Joseph-Romuald.

Il s'intitule marquis de Turenne. — Il épousa, en 1833, Jeanne-Louise-Adélaïde de la Tour du Pin-la-Charce, dont il a eu quatre enfants : 1° Etienne Guy comte de Turenne; 2° Sosthènes-Paul, secrétaire d'ambassade, chevalier de la Légion-d'honneur; 3° Gabriel-Louis, ancien lieutenant de cavalerie, chevalier de la Légion-d'honneur; 4° Albertine-Suzanne, mariée à Scipion comte de Nicolay.

1874. Etienne-Guy.

Désigné pour être l'héritier des droits paternels, il

s'intitule, du vivant de son père, comte du Turenne-d'Aynac. Lieutenant de vaisseau, officier de la Légion-d'honneur, il s'est retiré du service militaire et a épousé, en 1874, Elisabeth-Alexandrine-Marie Berthier, fille de Napoléon Berthier, prince de Wagram, et de Françoise-Zénaïde Clary.

Telle est, aussi exacte qu'elle puisse l'être, la double chronologie des seigneurs de Turenne et d'Aynac. Parmi les auteurs, les ouvrages et les manuscrits qui nous ont servi à l'établir, nous citerons : Baluze, Mabillon, Marvaud, Moréri, Piganiol de la Force, le généalogiste Chérin, *Chronique de Geoffroy*, prieur de Vigeois, *Gallia Christiana*, *Art de vérifier les dates*, manuscrit d'Armand Valest, et archives de la maison d'Aynac. Nous regrettons de ne pouvoir donner une biographie plus détaillée, sinon de tous les membres, du moins des plus hauts personnages de cette famille. Nous laissons ce soin à d'autres mieux à portée de recueillir les documents historiques. Pour nous, nous bornerons à détacher de cette galerie des Turenne, le portrait de saint Rodulphe, qui fut un des grands bienfaiteurs du peuple, et peut-être l'homme le plus remarquable de son siècle. Mais auparavant nous nous arrêterons un instant dans la ville de Beaulieu, qui fut le théâtre où notre saint déploya les ressources de son zèle et de sa charité, et qui devint ensuite le chef-lieu principal de la vicomté de Turenne.

III

BEAULIEU

Armes de la ville. — Sa position. — Son climat. — Goût des habitants. — Richesse du sol. — Les institutions. — Vie des bénédictins consacrée à faire le bonheur du peuple. — Œuvres de bienfaisance établies par les religieux. — Hospitalières maltaises. — Instruction de la jeunesse. — Associations municipales. — Corporations bourgeoises; corporations ouvrières. — Organisation de la prière; confréries. — Regrets sur le glorieux passé.

———

Armes de la ville de Beaulieu : De sable, à une croix patriarcale d'or, posée sur un cœur vidé de sable, portée par un bras d'incarnation; à un chef de gueule, chargé de trois tours crénelées d'argent avec la deuxième ouverte de gueule. — *Archives de M. Broquerie, extrait d'un cachet en cire apposé sur un acte public.*

Cette petite ville est située dans la partie la plus méridionale du Bas-Limousin. On la voit se déployer gracieusement, comme une éclatante mosaïque, sur la rive droite de ce large ruban argenté qui descend des pics majestueux du Mont-Dore, entre deux haies de hautes collines chargées de sapins, de chênes, de châtaigniers et de vignes, et coupées, de distance en distance, par de riants vallons et de fertiles plaines.

Fière de la beauté de son site, elle semble parfois mépriser les magnificences nouvelles de l'art, aimant mieux conserver, sous sa forme antique, le souvenir de son glorieux passé tout empreint des dons bien plus magnifiques de Dieu. Elle excelle, d'ailleurs, par les agréments et les avantages de son doux climat ; et difficilement on trouverait un séjour aussi délicieux, où, parmi les contractes les plus poétiques, l'âme pût contempler, avec autant de ravissement, les merveilles de la création.

La navigation et la culture de la vigne y furent toujours en grand honneur, et c'est ce qui lui donne une physionomie toute particulière, qui produit à chaque instant des impressions très favorables. Tout d'abord on serait tenté, en parcourant ses vieux quartiers, de croire que ses premiers habitants, sans souci du bien-être, n'avaient recherché que les plaisirs vulgaires de la pêche et la fraîcheur des eaux. Leurs modestes maisons qui, probablement, succédèrent à de pauvres cabanes où étaient suspendus l'épervier et la ligne du pêcheur, s'étendent du même côté en double rang serré que sépare une rue triste et inégale. On dirait que tous, à l'envi, s'étaient disputés une place sur ce beau rivage pour y accrocher un bateau. On n'est pas médiocrement surpris, lorsque, sous une enfilade de galeries basses, dressées en forme de balcons, on voit de vieux murs décrépits se baigner tranquillement au bord des abîmes et braver des courants sans cesse menaçants, comme s'ils avaient le don de les contenir.

Mais si le regard s'élargit, et surtout s'il plonge des hauteurs environnantes, on remarque bien vite que les anciens, non moins intelligents que les modernes, avaient pris place, en ce beau lieu, au banquet royal de la nature. On pourrrait même dire, sans vouloir les accuser d'égoïsme, qu'ils s'étaient assis, sans trop de frais, à une des tables les plus somptueuses, laissant au grand Paysagiste de l'univers le soin de distribuer tout autour ses peintures et les merveilles de son art inimitable. En vérité, on chercherait vainement un autre endroit, dans le diocèse de Tulle, où la Providence ait versé avec autant de profusion, dans une série de tableaux saisissants, des couleurs aussi vives, des teintes aussi douces et des perspectives d'un effet aussi admirable, rehaussé par des ombres profondes et parfaitement ménagées. En bas, de riches vallées couvertes de vertes prairies et de froments dorés, et entremêlées de coteaux ruisselants d'un vin généreux. Sur les flancs et derrière cette première broderie, parsemée d'épis et de raisins, un éclatant rideau de collines abruptes, dont les fronts ombragés vont se jouer capricieusement, en se mirant, dans les larges contours émaillés de la Dordogne avec les élégantes tourelles de ses manoirs et le dôme sévère et ajouré de son vieux moustier.

C'était là, sous ce clocher roman, à l'ombre de la prière, de la vertu et des pieux dévouements des disciples de saint Benoît, que s'abritait une population ardente, laborieuse, spirituelle et heureuse de transmettre à ses générations futures les traditions chrétiennes et nobles de ses prêtres et de ses seigneurs, lorsque le flot envahisseur de la plus redoutable hérésie vint inonder tout le pays et y détruire la paix et le bonheur en y détruisant la foi et les mœurs.

A l'époque où les calvinistes firent leur apparition dans la vicomté de Turenne, la ville de Beaulieu jouissait des privilèges et des institutions qui pouvaient garantir sûrement le bien-être et la tranquillité de ses habitants : au centre des murs circulaires qui l'entouraient veillaient des défenseurs infatigables, amis du riche, pères du pauvre ; au dehors et sur les avenues qui conduisaient aux lourdes portes de fer, se tenaient d'autres sentinelles pour protéger ceux qui n'avaient pu se caser dans l'enceinte fortifiée ; mais tant à l'extérieur qu'à l'intérieur des remparts les douces influences de la religion s'y faisaient sentir, et les inquiétudes de l'avenir comme les préoccupations du présent en étaient constamment bannies. Chefs temporels et spirituels, tous s'y disputaient l'honneur de soutenir les intérêts de leurs sujets et de leurs fidèles ; et, pour l'accomplissement de cette tâche, on sait d'ailleurs qu'ils étaient armés du droit et de la force. Un abbé bénédictin y partageait la puissance seigneuriale avec le vicomte de Turenne, et chacune de ces autorités y était secondée par une administration sage et bienveillante, défendue par une justice ecclésiastique et civile. A côté du procureur religieux du monastère, se plaçaient un bailli qui était le juge ordinaire de la juridiction de l'abbaye, et quatre bourgeois qui étaient chargés des affaires municipales, en compagnie et sous le contrôle de deux moines bénédictins. Pour empêcher ensuite les inconvénients qui résultent trop souvent du despotisme laïque, l'Eglise avait conservé la haute autorité dans la ville. C'est ainsi que l'abbé ne relevait d'aucun pouvoir terrestre; il était librement élu par les moines seuls, et les magistrats et officiers de la commune, et le vicomte lui-même, lui rendaient hommage et le reconnaissaient pour le seigneur suzerain (1).

On peut comprendre, par là, quel degré de civilisation fut apporté dans cette riche contrée du Bas-Limousin. La vie du bénédictin, toute de labeur et de mortification, était bien faite, assurément, pour fonder le bonheur d'un peuple par le travail et la vertu. Tour à tour armé de la cognée, de la bêche, de la faucille et du marteau, le moine bûcheron, agriculteur, maçon, architecte, en se fixant dans cette vallée, eut bientôt abattu les forêts qui l'encombraient inutilement, desséché les marais qui chargeaient l'air de vapeurs malsaines, relégué les sables dans le lit de la rivière et rendu à la culture des terres encore vierges; il eut bientôt construit ces habitations splendides que les révolutions ont presque entièrement effacées, et élevé ce temple magnifique dont la solidité

---

(1) Manuscrit du prieur Armand Valest. — Archives de M. Broquerie.

et les belles proportions nous étonnent aujourd'hui. Et, pendant que le bénédictin agriculteur arrosait le sol de ses sueurs, son frère, le bénédictin savant, enfermé, tantôt dans son oratoire, tantôt dans son écritoire, y défrichait les landes bien plus incultes de l'esprit et du cœur, et y préparait les âmes pour le ciel.

Ce souffle chaleureux et inspirateur fit éclore à Beaulieu les œuvres de bienfaisance et de charité. On vit bientôt ce que la pensée chrétienne a de puissance pour inspirer les dévouements. De tous les rangs surgirent d'intrépides auxiliaires qui vinrent joindre leurs efforts à ceux des moines. Ce que les uns ne pouvaient faire par eux-mêmes d'autres venaient l'entreprendre. Prêtres et laïques, religieux et religieuses, tous, à l'envi, avaient à cœur de soulager les malheureux, d'instruire la jeunesse, de protéger le travail et de se fortifier par l'union dans la prière. On eût dit des abeilles soigneusement occupées à cueillir le suc de toutes les fleurs pour le distiller dans une ruche commune.

Ce furent d'abord les vieillards, les orphelins et tous les pauvres délaissés de ce monde qui ressentirent les doux effets de cette charité chrétienne. Pendant longtemps, on le sait, l'Eglise avait dû se contenter, pour exercer les œuvres de miséricorde, des membres des confréries et des revenus formés par leurs cotisations annuelles; mais lorsque les associations ouvrières se furent organisées, il y eut plus de moyens, et on put régler autrement le service de l'assistance. Les hospitalières de Malte, qui s'appliquaient à suivre la règle de saint Benoît, vinrent, dit-on, se placer à côté du monastère, tout près de la porte méridionale, à l'endroit occupé aujourd'hui par les dames Ursulines (1). Ces femmes angéliques qui avaient su

---

(1) Récit de M. Broquerie, de Beaulieu, que nous ne pouvons confirmer par des titres écrits.

renoncer aux douceurs de la vie pour voler par excès d'amour et par une tendre compassion au secours de leurs frères souffrants, donnaient leurs soins à la fois aux indigents de la localité et aux pèlerins qui venaient visiter les saintes reliques de l'abbaye. Dès le xiii° siècle nous trouvons, en effet, à Beaulieu, un hôpital pourvu d'abondantes ressources. Les legs et dons des fidèles, les amendes encourues pour manquement aux statuts des métiers, les collectes faites à la porte des églises ou à domicile, et enfin certains revenus de la ville et des diverses corporations composaient son trésor. Nous voyons, par un contrat passé en l'année 1273, que les syndics, les prud'hommes, les consuls et tous les régisseurs de la commune, c'est-à-dire les jurandes et la municipalité, avaient attribué à cet établissement tous les profits provenant du pont situé au-dessus de l'église paroissiale (1).

Mais toutes les infirmités excitèrent également le zèle et la tendresse des serviteurs de Dieu dans ce chef-lieu de la vicomté de Turenne. Après le soin des pauvres et des malades, nous devons placer l'éducation de la jeunesse au rang des œuvres chrétiennes qui y furent établies. De l'avis de tous, c'était de là que dépendait l'avenir d'un peuple, et on eût été l'objet de l'exécration publique si on avait osé, comme de nos jours, priver de cet aliment substantiel la portion la plus précieuse de la famille du Christ. Il y eut des maîtres pieux et savants pour former à la vertu et à la science les enfants, qui, par la pureté de leurs sentiments et l'élévation de leurs idées, firent toujours l'ornement de la société et l'honneur des familles. Et ne demandons pas quels étaient ces instituteurs de la jeunesse. Ceux qui ne craignaient pas la lumière et qui la possédaient pouvaient seuls lui en ouvrir les sources et lui en communiquer les clartés. Dans ces

---

(1) Archives de M. Veyrières, de Beaulieu.

temps de luttes incessantes et de guerres intestines qui absorbaient tous les loisirs des grands, qui était docte et lettré comme le prêtre? et qui avait grâces autant que lui pour parler et plaire aux petits? D'ailleurs, le bénédictin, qui savait tout, était là, et il pouvait tout enseigner, depuis le calcul et la tenue des livres jusqu'aux notions les plus métaphysiques. Et, certes, il remplissait ce devoir avec une patience et un amour qui n'avaient d'égal que le dévouement des pères et des mères.

Nous devons supposer même, qu'à l'exemple des anciens et grands monastères des bénédictins, celui de Beaulieu avait son école cléricale, où étaient recueillis indistinctement les enfants des riches et des pauvres. Leurs parents ou leurs tuteurs venaient, selon l'usage pratiqué dans les maisons de l'ordre, les offrir à l'abbé qui était heureux de les accepter. Pour marquer qu'ils seraient consacrés au service de Dieu, il leur enveloppait les mains dans la nappe pendante de l'autel, et ensuite il appelait ces jeunes écoliers les *oblats* du monastère, c'est-à-dire les enfants offerts à Dieu par leurs parents.

Il est probable qu'il y avait aussi, à côté du monastère des bénédictins, un couvent de femmes chargées de l'éducation des jeunes filles; car nous savons que Rotrude, femme de Robert, frère de saint Rodulphe de Turenne, accablée de douleur de la perte de son époux et de ses enfants, se consacra à la vie religieuse, et fut inhumée dans le monastère de Beaulieu, plusieurs années avant que les constructions en fussent achevées. Peut-être trouverions-nous là l'explication de ce que nous avons dit plus haut au sujet des Maltaises.

Et, enfin, lorsque ces fraîches et intelligentes milices prenaient leur essor dans le monde pour y choisir une profession qui devait leur assurer une condition honorable, c'était encore la religion qui les recevait dans ses bras. Protectrice du travail et gardienne de la moralité, elle offrait aux adolescents tous les moyens d'instruction spéciale en même temps que de préservation, en se conformant, avant tout, à leurs goûts, à leurs ressources et à leurs aptitudes. Dès l'âge de quatorze ans, on pouvait être reçu dans les corporations religieuses, sortes de confréries de métiers, placées sous le patronage d'un saint, où s'offrait le spectacle d'une parfaite confraternité jointe à la distinction des rangs et à la protection des intérêts.

Le XIIe siècle avait donné un grand mouvement à ces associations, et les moines de Beaulieu en avaient profité pour fonder dans la ville, sous leur haute direction, les éléments d'un gouvernement tout paternel. Afin de se débarrasser des soins minutieux et absorbants de l'administration temporelle, ils avaient accordé aux bourgeois le droit de se réunir pour conférer des affaires publiques, avec l'autorisation d'authentiquer leurs délibérations et le moyen de les faire respecter. Ce système d'association, si louable qu'en fût le but, avait le tort de placer à côté de l'abbaye un second pouvoir avec lequel il faudrait compter plus tard. Par cette transmission de l'autorité, on préparait, entre la féodalité et la bourgeoisie, les luttes sanglantes qui nous ont conduit à ces gouvernements populaires où s'agitent trop librement les passions révolutionnaires. Mais quoi qu'il en soit de ce résultat initial qu'on ne pouvait prévoir, les abbés avaient organisé la commune politique, et, malgré les libertés qu'ils avaient cru devoir lui accorder, ils avaient conservé sur elle tous leurs privilèges et suzeraineté. Eux seuls ou leurs délégués nommaient les quatre consuls, appliquaient le sceau sur les actes publics, autorisaient les impôts jugés nécessaires, et la maison où se traitaient les affaires municipales n'était qu'un fief et arrière-fief du monastère (1).

---

(1) Manuscrit du prieur Armand Valest.

De là à l'organisation de la commune industrielle, il n'y avait qu'un pas. Pour l'artisan comme pour le bourgeois, il fallait établir la garantie du bien-être commun, qui, dans la société municipale, ne pouvait s'acquérir autrement que par le travail, source unique de la fortune. Les corporations de métiers furent créées et appuyées sur des principes chrétiens. En se conformant à la pratique suivie en ce temps-là, on fit des lois qui réglaient l'échange des produits, qui organisaient le travail et qui fixaient la rétribution. Dès ce moment, il s'établit, entre cette classe intéressante d'hommes et les autres, une grande fraternité basée sur des devoirs réciproques. Elles marchaient parallèlement sous les bannières de la religion et se prêtaient un mutuel secours. Des liens communs confondaient dans un même sentiment le propriétaire et l'ouvrier, le patron et l'apprenti; et rien ne pouvait troubler cette bonne harmonie, les attributions et les droits de chacun étant définis par des statuts que tous s'engageaient à respecter. Quarante syndics ou prud'hommes, chargés de la surveillance sur les ateliers et sur le travail confectionné, juraient sur les Évangiles de garder les règlements de l'association et de se bien et loyalement comporter dans les affaires du métier. Nommés seulement pour un an, ils devaient d'abord s'informer si le patron était suffisamment pourvu de savoir et de sens, afin d'instruire ses élèves. Puis ils convenaient du prix et du temps de l'apprentissage, pendant lequel le jeune homme devait être logé et nourri chez le patron. Lorsque cet apprenti avait terminé et présenté son chef-d'œuvre, et qu'il passait ouvrier, son travail et sa moralité relevaient encore de leur contrôle. Or, en même temps qu'ils lui imposaient des prescriptions hygiéniques pour les métiers insalubres, ils lui recommandaient le repos les jours de dimanche et de fêtes. S'ils lui permettaient de travailler à façon chez lui ou chez les bourgeois qui le requéraient, ils lui défendaient formellement d'aller chercher l'ouvrage dans les maisons particulières. Telle était la sage et puissante organisation des métiers, qui, placée sous la main des religieux bénédictins, sut arrêter constamment la coalition des ouvriers, empêcher la fluctuation des salaires, éviter les chômages et les grèves, et maintenir dans un état normal le prix des marchandises, en garantissant à la fois les droits et la conscience du vendeur et de l'acheteur.

Mais il fallait conserver à ces associations l'esprit religieux qui en était l'âme, et les préserver des idées d'émancipation ordinairement si funestes aux basses classes de la société. C'est pourquoi les abbés de Beaulieu, soutenus par les vicomtes de Turenne, exigeaient que les quarante syndics fissent acte de soumission tous les ans à la fête de Noël, en leur présentant et soumettant les candidats qui devaient partager avec eux la direction du travail (1).

Il ne restait plus, pour sauvegarder les intérêts spirituels et matériels des citoyens de cette localité, qu'à mêler essentiellement la religion et la vie privée aux affaires publiques en la faisant participer à la solidarité générale. L'organisation de la prière par les confréries pouvait seule répondre à ce but, et aussitôt l'Église en posa les fondements. Sans pouvoir marquer l'époque précise de cette manifestation du culte religieux, nous devons croire qu'elle coïncida avec l'institution des communes et des jurandes dont elle fut le complément, et que le xiie siècle les vit éclore, ici comme dans le reste du Limousin.

L'existence de deux grandes confréries fort anciennes nous est attestée par des documents irrécusables. Elles comptaient un nombre infini d'associés dans tous les sexes et dans tous les rangs, comme nous avons pu nous en convaincre par un fragment de liste sauvé

---

(1) Manuscrit d'Armand Valest.

peut-être de l'incendie dans lequel les calvinistes firent disparaître les titres de l'abbaye. L'une était érigée dans l'église abbatiale sous le titre des saints Prime et Félicien, et l'autre, dans l'église paroissiale, sous le titre de saint Eutrope.

Ces pieuses associations furent établies à l'instar des corporations ouvrières et bourgeoises, et les statuts furent calqués sur leurs règlements, si toutefois auparavant ils ne leur avaient pas servi de modèles. Chacune d'elles avait ses officiers, ses revenus, ses réunions, son trésor et son sceau; car on sait que les confréries avaient leurs armes comme les communes. Cet usage pourrait nous fournir l'explication de ces armoiries mystérieuses peintes sur le tombeau de l'autel des saints martyrs, et qui portent sur un champ écartelé : *le 1ᵉʳ et le 4ᵉ, de gueule au lion rampant d'or; le 2ᵉ et le 3ᵉ, d'azur à une palme d'or; à un chef de gueule chargé d'une étoile rayonnante d'or.* Pour être admis dans cette pieuse société, il fallait être habitant de la ville et être rangé parmi les adolescents. De plus, on devait avoir bonnes vie et mœurs et promettre de se conformer, selon son pouvoir, à toutes les prescriptions et pratiques. Dans ces conditions, tout le monde, hommes et femmes, ecclésiastiques et séculiers, pouvaient y être admis. Toutefois, si quelqu'un, après avoir été reçu, devenait indigne d'en faire partie, on le faisait d'abord avertir charitablement par les conseillers, et, s'il ne s'amendait pas après trois monitions, sa conduite était soumise à l'assemblée générale qui en décidait par la majorité des suffrages dans une élection consciencieuse. On n'avait pas à craindre, d'ailleurs, l'esprit d'insubordination qui se manifeste ordinairement dans les autres associations privées du souffle religieux, et qui crée trop souvent un danger pour l'autorité, car l'Église avait présidé à la fondation de ces confréries. Leur but et leurs constitutions avaient été soumis à l'approbation de l'évêque de Limoges et placées sous la garde des abbés et des autres prêtres de la paroisse. Non, leurs membres ne pouvaient songer à autre chose qu'à mériter les grâces et les indulgences qui leur étaient offertes. La charité chrétienne avait trouvé ici le moyen de combler les enfants de Dieu des plus célestes bénédictions, en leur faisant puiser à pleines mains dans les trésors spirituels qui leur étaient si largement ouverts. Toutes les œuvres de miséricorde présentaient un aliment à leur piété, en même temps qu'elles donnaient à leur cœur les plus douces satisfactions. S'il était consolant de voir, à certains jours de fête, une multitude d'hommes et de femmes, munis du pain eucharistique, marcher respectueusement sous les étendards de leurs saints patrons en faisant retentir dans les airs les joyeux cantiques, il n'était pas moins touchant de les voir courir aux demeures des pauvres et des malades pour prodiguer des secours et des consolations, et enfin accompagner au cimetière, en tenant un cierge à la main, les corps de ces confrères pour qui étaient terminées les épreuves et les angoisses de la vie. Ah! c'est ainsi que la religion catholique avait résolu le grand problème de l'accord, du rapprochement des diverses classes de la société et de leur embrassement dans le baiser de paix fraternelle.

Tel était le glorieux passé de cette ville qui fut à la fois dans la vicomté de Turenne la forteresse des corps et le refuge des âmes. C'est à peine si aujourd'hui elle conserve quelques vestiges de ses vieilles traditions chrétiennes, bien dignes de fixer l'attention des hommes éminents qui s'occupent de la régénération sociale et du bien-être matériel et moral des classes laborieuses. D'autres institutions, en s'inspirant des besoins du temps et en réclamant une petite part de la liberté commune, ont pu s'y établir sur les ruines des anciennes et y conserver encore un peu le sentiment religieux. Mais, si Beaulieu a perdu de son prestige et de sa grandeur, surtout si sa population, jadis si robuste dans sa foi, s'est étiolée dans une atmosphère trop terrestre, il ne faut en accuser que les ennemis du Christ.

IV

SAINT RODULPHE ET SON ABBAYE DE SAINT-PIERRE

Armes de l'abbaye. — Naissance et enfance de saint Rodulphe. — Il embrasse le sacerdoce. — Dignités auxquelles il est élevé. — Il fait cesser les luttes et les divisions entre les seigneurs et les princes. — Il arrête les disputes théologiques sur l'erreur de Gothescale. — Il termine les différends entre l'archevêque de Sens et le roi Charles. — Il fait un capitulaire pour son diocèse. — Sa déférence pour le Pape lui mérite des félicitations. — Il refuse d'autoriser le divorce de Lothaire. — Il emploie son patrimoine à fonder des institutions religieuses. — Il veut édifier sur les ruines du vieux monde un édifice solide. — L'ordre de saint Benoît lui apparaît comme l'arche de salut. — Il fonde l'abbaye de Beaulieu. — Il trace le plan d'une vaste église abbatiale. — Il ajoute d'autres legs pour achever son œuvre. — Il est imité dans sa libéralité par ses parents, les propriétaires libres, les grands vassaux et les souverains. — Il met l'abbaye sous le protectorat des archevêques de Bourges, et menace d'excommunier les usurpateurs des droits de l'abbaye. — Il organise dans le monastère l'autorité de l'abbé, et le met en possession de la seigneurie et de la justice. — Résistance qu'oppose cette autorité aux empiètements des grands. — Prétention des seigneurs de Turenne ; transaction faite par le Pape. — Les consuls de la ville tentent de se dérober à la juridiction de l'abbé. — Le pouvoir ecclésiastique s'exerce pour le bonheur des habitants. — Hommages que les grands rendent à l'abbé. — Le vicomte de Turenne part pour les croisades et abandonne au monastère ses prérogatives. — L'apaisement causé par les croisades profite aux habitants de Beaulieu. — Nouvelles tracasseries après les croisades. — Protecteurs et défenseurs de l'abbaye. — Les calvinistes brisent la discipline des moines. — Désordres qui s'en suivent et qui appellent une réforme. — Expression de pieux sentiments envers saint Rodulphe.

Armes de l'abbaye : D'azur à deux clefs en sautoir d'or, accompagnées de trois fleurs de lys de même, tenues par un dextrochère ; le tout surmonté d'une couronne ducale. — *Extrait des archives de M. de Veyrières.*

Saint Rodulphe de Turenne était le premier des six enfants de ce fameux guerrier, du même nom, qui avait cherché à soustraire l'Aquitaine aux injustes revendications de Louis-le-Débonnaire. Il naquit au château de Turenne, en l'an 800, au moment où allait s'ouvrir le IXe siècle, qui devait porter l'activité des esprits sur les questions les plus profondes de la théologie et de la philosophie. Dès sa jeunesse, il montra un grand amour pour l'étude, qui, secondée par les plus brillantes qualités de l'esprit, lui mérita ensuite de prendre rang parmi les hommes de son temps les plus versés dans les sciences. Son père qui possédait une étendue de terrain au moins égale à la moitié du Bas-Limousin, et qui joignait à sa seigneurie le comté du Quercy, jouissait en même temps de l'amitié des comtes de Toulouse, et était très redouté des empereurs francs.

Tant d'éclat et de fortune auraient pu justement flatter l'orgueil d'un fils aîné et lui faire ambitionner la succession paternelle. Rodulphe ne se laissa pas séduire par cette gloire mondaine, et il préféra bien plus l'héritage céleste que celui de sa famille. Tout jeune, nommé abbé laïque du monastère de Saint-Martin de Tulle, s'il faut en croire un historien qui est fortement contredit par l'auteur du cartulaire de l'abbaye de Beaulieu, il avait pu admirer, de bonne heure, ou du moins entendre louer la piété des religieux et concevoir le désir de les imiter. Il ne tarda pas, en effet, à déclarer à ses parents son attrait pour la vie religieuse. Cette déclaration ne les surprit pas, car ils avaient constamment remarqué en lui un souverain mépris pour les plaisirs du monde. Craignant donc de s'opposer aux desseins de la Providence, ils lui donnèrent leur consentement. De plus, voulant le rendre digne de cette belle vocation, ils le confièrent à l'abbé de Solignac, Bertrand, ou Ductran, etc., afin qu'il le préparât sérieusement aux devoirs qui font les saints prêtres et aux connaissances qui les font accomplis. Sous cette savante et pieuse direction, il fit de rapides progrès, et, en 823, fut admis aux ordres sacrés. Nous voyons, à cette occasion, dit l'historien Fleury, le premier exemple du titre patrimonial réclamé pour les clercs. Rodulphe reçut de son père, par donation solennelle, la cour seigneuriale de Belmont, dans la vicairie du Puy-d'Arnac; plusieurs terres sur les bords de la Dordogne; l'église de Saint-Projet, en Quercy; la cour ou manoir d'Estivals avec l'église, et d'autres possessions dans le territoire d'Aurillac (1).

Après son élévation au sacerdoce, il resta longtemps encore auprès de son précepteur, afin d'y perfectionner son éducation cléricale. C'est de ce grand noviciat qu'il fut tiré, pour être successivement nommé abbé de Saint-Médard de Soissons, abbé de Fleury et enfin archevêque de Bourges, où il remplaça Aigulfe, en l'an 842. Sa promotion à ce siège important fut accueillie partout avec joie, et nous verrons en effet qu'elle fut un bienfait pour toutes les Gaules.

Il apaisa les querelles des seigneurs, les réunit sous un sceptre commun et contribua ainsi fortement à détourner les invasions qui menaçaient la nation. En toute circonstance, il déploya tant de prudence et de ménagements qu'il mérita, dit la légende du bréviaire, d'être surnommé le père de la patrie.

---

(1) Manuscrit d'Armand Valest. — *Histoire de l'Église gallicane.*

Sa sollicitude se porta d'abord sur les démêlés que les seigneurs du Bas-Limousin avaient avec les princes et les souverains du royaume; démêlés qui amenèrent des luttes sanglantes dans toute l'Aquitaine, et principalement dans la vicomté de Turenne, où ils troublèrent gravement la tranquillité et le bien-être des populations. Les Normands, venus en cette contrée, pour y combattre les armées de Charles-le-Chauve, n'étaient pas disposés, à se retirer sans un large butin. Aussi, pendant que les habitants des campagnes, économes et prévoyants, se réfugiaient avec leurs troupeaux dans les villes; le clergé, non moins soucieux et rangé, s'enfonçait dans les forêts, emportant les reliques et les vases sacrés. En attendant, les champs abandonnés ne donnaient plus de récoltes, et le pain était devenu si rare qu'on avait dû y mêler la terre avec la farine. La désolation était à son comble et de toute part on attendait un médiateur puissant qui fit cesser ces luttes et ces divisions.

Personne ne pouvait mieux remplir cette tâche que le saint archevêque de Bourges, qui avait déjà pris part à tous les évènements politiques et religieux de l'époque, et qui, par l'ascendant de son talent, exerçait la plus grande influence. Après s'être fait le centre de toutes les ambitions qui s'agitaient autour du faible Charles-le-Chauve, il se tourna contre lui avec les autres grands vassaux du Midi pour se jeter dans le parti de Pépin II, afin d'arriver à une plus prompte réconciliation. C'est alors qu'il convoqua les deux frères rivaux dans l'abbaye de Fleury et négocia la paix entre eux. Quelque temps après, lorsque l'infortuné petit-fils de Charlemagne, trahi par les siens, eut été enfermé dans un cloître, Rodulphe se rapprocha de Charles-le-Chauve, et, en 855, il couronna à Limoges son jeune fils roi d'Aquitaine. Dès ce moment les guerres intestines furent terminées; la confiance reparut, et de tous côtés retentit le cri de la reconnaissance envers le bienfaiteur.

Mais il fallait songer, sans plus de retard, à réparer les désastres commis dans ces temps malheureux, où la religion avait souffert, non moins que la propriété. C'est ici que nous admirerons, le plus, le zèle dévorant de saint Rodulphe pour la maison de Dieu. A la faveur du relâchement introduit dans la discipline ecclésiastique, l'ambitieux Gothescalc avait entrepris de renouveler les pernicieuses erreurs sur la prédestination. Peu docte, mais pressé néanmoins de s'illustrer, ce moine allemand, réfugié au monastère d'Orbais, près Soissons, enseignait que l'homme ne pouvait se sauver s'il n'était prédestiné, et il formulait sa doctrine dans quelques articles bien propres à semer le désespoir parmi les chrétiens. Le prélat, alarmé des dangers que cette hérésie allait faire courir à la foi, mais, en bon père, désirant garder la modération dans l'application des censures de l'Eglise, voulut implorer, dans la solitude, les lumières et les grâces divines, avant de porter aucune condamnation. Il se retira, pendant quinze jours, dans l'abbaye des Saints-Jumeaux. De là, il se rendit dans les conciles de Savonnières et de Touzy, pour y discuter les divers articles du novateur (1). Il brilla, dans ces deux assemblées, par le calme et la logique qu'il apporta dans la discussion. Enfin, par le prestige de sa sainteté et par l'ascendant de son talent, il arrêta les disputes théologiques qui s'étaient élevées entre ses collègues, fixa la question, et fit admettre que Jésus-Christ était mort pour tous les hommes sans exception.

Il montra ensuite qu'un évêque doit savoir tout sacrifier à sa conscience, et renoncer même, pour la gloire de Dieu, à ses intérêts les plus chers. Comme on lui remontrait, au concile de Savonnières, que la ferveur se relâchait dans le monastère de Saint-Benoît-sur-Loire dont il était abbé, à cause de son éloigne-

---

(1) *Histoire de l'Eglise gallicane.*

gnement il cessa aussitôt de retenir cette abbaye, et souscrivit pour elle au privilège d'être gouvernée par un abbé régulier. Cette conduite admirable, qui ne marchandait pas avec le faux point d'honneur et une dignité exagérée, fut louée de tous ses collègues et augmenta auprès d'eux son influence. Persuadés qu'on ne peut être qu'un juge impartial et conciliant, quand on a donné un si bel exemple d'abnégation, ils le choisirent avec trois autres évêques pour terminer les différends qui s'étaient élevés entre l'archevêque de Sens, Venilon, et le roi Charles. Par ses conseils, ses bons procédés et sa juste appréciation des faits, il gagna, en effet, tellement la confiance des deux contradicteurs, qu'il fit tomber tous les malentendus et opéra entr'eux une complète réconciliation.

Plein de douceur et de persuasion, quand il s'agissait d'apaiser les conflits et de ramener les égarés, il ne se faisait pas moins remarquer par sa fermeté dans l'accomplissement de ses devoirs épiscopaux. Il fit, pour le règlement de son diocèse, un capitulaire en quarante-cinq articles qui témoignent de son zèle et de sa prudence.

Avait-il quelque embarras de conscience, des doutes sur des questions théologiques, on le voyait aussitôt recourir au chef suprême de l'Eglise. En 864, il lui soumit divers points de discipline, de liturgie et de doctrine, que nous ne pouvons énumérés ici, et qui lui méritèrent de sincères félicitations (1).

Sa déférence pour le souverain pontife ne diminuait en rien celle qu'il devait au chef de l'Etat. Il reconnaissait volontiers tous ses droits et privilèges, sans toutefois autoriser jamais ses empiétements et ses abus de pouvoir. Ennemi des lâches complaisances, il n'abaissa jamais son âme jusqu'au servilisme honteux.

---

(1) *Histoire de l'Eglise gallicane.*

A l'abri de la corruption, il dédaigna les libéralités perfides que lui offrait le roi Lothaire pour lui faire autoriser son divorce. Aussi mérita-t-il de recevoir un bref élogieux du vicaire du Christ, Nicolas Ier, qui, pour récompenser ses services, lui conféra le titre de Patriarche et de Primat d'Aquitaine.

A une vie si admirable, il ne manquait plus que la pratique évangélique du dépouillement volontaire et complet, degré de perfection qui devait être bientôt atteint. La générosité, on le sait, est le propre des nobles caractères. Saint Rodulphe en donna la preuve éclatante. S'il avait un riche patrimoine en Limousin, il avait aussi des proches nombreux qui pouvaient prétendre à cet héritage de famille. On le vit alors étouffer les sentiments trop humains du cœur, pour ne considérer que la gloire de Dieu et l'avantage des âmes. Sans doute il ne ravira pas à son pays les biens que la Providence lui a légués, mais il les emploiera à fonder des institutions qui seront la source d'immenses bienfaits pour toute la vicomté. Végennes, Sarrazac et Beaulieu furent les principaux lieux témoins de ses grandes libéralités. Pour nous en assurer, nous n'avons qu'à faire halte en cette dernière étape.

L'impulsion donnée, dès le VIIe siècle, pour la vie religieuse, s'était augmentée considérablement. On voyait les princes du monde disputer à ceux de l'Eglise l'honneur d'établir de pieux asiles pour la pénitence et la prière. Le saint patriarche de Bourges voulut tirer parti de cette bonne disposition, surtout en voyant sa famille jouir d'une grande faveur à la cour du roi. Depuis longtemps, il regardait comme un devoir de justice pour lui d'implorer la clémence divine en faveur de ses frères et neveux, ces guerriers impétueux et querelleurs, qui, sans motif sérieux et uniquement pour satisfaire des rancunes ou venger leur honneur, n'avaient pas craint souvent de répandre le sang de leurs frères et de dévaster les terres des pauvres cultivateurs. — D'autre part, il voyait le vieux monde s'abîmer dans un déluge de maux et plier sous la domination des barbares qui s'étaient répandus dans l'Europe, et il pensait que l'Église devait intervenir pour élever, sur ces ruines sociales, un édifice solide pouvant résister désormais aux coups de la tempête.

L'ordre de Saint-Benoît apparaissait, dans ce naufrage, comme une nouvelle arche qui portait les prémices d'un monde nouveau. Lui seul avait pu échapper au désastre et conserver dans son sein, avec les sciences et les arts, tous les éléments régénérateurs. Refuge de tous ceux qui avaient cherché leur salut dans la fuite ou l'expiation, ou qui avaient voulu échapper à l'humiliante condition de serfs, on trouvait là les ouvriers infatigables du Christ, tous animés de l'esprit de sacrifice et de dévouement, et n'ambitionnant d'autre gloire que celle de sauver les âmes.

Or, voilà qu'en l'année 855, le pieux archevêque allait frapper à la porte du monastère des bénédictins de Solignac. Il demanda et obtint douze religieux ; et, avec eux, il fut poser les premières bases d'une grande abbaye, au lieu de Vellinus, qu'il appela Beaulieu à cause de sa situation agréable. Il avait d'ailleurs, auparavant, tout préparé pour rendre cette œuvre prospère et impérissable, comme on peut s'en convaincre par son contrat testamentaire resté célèbre.

« Je choisis et fais héritier Notre Seigneur Jésus-
» Christ de mes biens, qui sont au territoire du
» Limousin, dans la vicairie d'Arnac, sur le fleuve de
» Dordogne, avec les hameaux, maisons, édifices,
» prés, champs, vignes, bois, ports, îles, eaux, ruis-
» seaux, moulins, meubles et immeubles adjacents,
» entrées et sorties, partout où s'étend notre posses-
» sion, de quelque façon qu'elle soit venue entre nos
» mains, par achat ou autrement, et tout ce qui con-
» cerne et semble appartenir à ce lieu. J'offre le tout
» et entièrement avec dévotion à notre Sauveur, à Ber-

» nulfe, abbé de Solignac, et à Cunibert, abbé dudit
» lieu, comme aussi aux moines Gardon, Framsi,
» Bernard, Flotaire, Rigeau, Silvius, Gairulfe, Rai-
» nerie, Girbert, Umbert et Abraham, à condition
» que lesdits religieux bâtiront un monastère pour
» des moines, qui vivront sous la règle de Saint-
» Benoît, en l'honneur du bienheureux prince des
» apôtres saint Pierre, afin que, vivant là régulière-
» ment, ils implorent la clémence divine pour l'ex-
» piation des péchés de notre roi et de mes parents,
» pour la prospérité de l'Eglise catholique et univer-
» selle. Je donne aussi mon inféodée de Belmont
» avec l'église de Saint-Etienne martyr, au lieu
» d'Astaillac, avec les manses de Mombrial et les
» cours d'eau, les bois et les vignes ; et, dans ce même
» pays et même vicairie, mon autre cour inféodée de
» Saint-Genest de Curemonte avec son église et tout
» ce qui lui appartient ; dans le territoire de Tu-
» renne, ma cour d'Estival avec l'église ; la manse de
» Tersac avec ce qui en dépend ; l'église de Nonnart
» avec ce qui lui appartient, dans la vicairie d'Arnac.
» Je veux, en outre, que le monastère de Beaulieu
» ne soit soumis à aucun pouvoir terrestre, ni sei-
» gneurial, ni royal, et qu'il soit indépendant même
» de mes parents ; que l'archevêque de Bourges et ses
» successeurs en soient les supérieurs et grands pa-
» trons, et que les moines soient libres d'élire
» leurs abbés suivant les constitutions de saint
» Benoît (1). »

Commencée sur le modèle de celle du divin Maître, avec un abbé et douze moines, cette pieuse institution devait prendre un rapide développement. Chaque jour, en effet, on voyait accourir ici de nombreux fidèles, qui venaient pour recevoir les consolations de l'âme, pour se pénétrer des vérités du salut et s'y

---

(1) Cartulaire de l'abbaye de Beaulieu. — *Gallia christiana*.

inspirer des beaux exemples de vertu. Bientôt la chapelle construite dans l'intérieur du cloître fut insuffisante à contenir ces multitudes; et saint Rodulphe dut tracer lui-même, avant de mourir, les proportions d'une vaste église abbatiale (1).

Il légua sans doute à d'autres le soin d'achever ce monument; mais son nom n'en est pas moins inscrit aux fondements, comme il l'est à ceux de la superbe métropole de Bourges. Enfin, les bases étaient posées, et tout le monde pouvait en mesurer les proportions. Aussi n'était-il pas une famille chrétienne et influente qui ne voulût ajouter une pierre à cet édifice.

On devine déjà que le premier legs fait par le pieux fondateur ne pouvait plus suffire à l'exécution de son plan, et qu'il était nécessaire d'en ajouter d'autres, comme il le fit. En 856, il donnait à son abbaye l'église de Saint-Saturnin de Sioniac avec le droit de nomination à la cure. En 859, il donnait l'église de Saint-Christophe, dans la vicairie et vallée de Cornac, avec toutes ses appartenances; l'église de Saint-Genest de Sarrazac avec le droit de nomination à la cure, et enfin le lieu de Chameyrac avec ses dépendances.

Mais ce n'est pas tout. Voulant continuer son œuvre et entreprendre la construction définitive de somptueux bâtiments pour son abbaye, il commença par obtenir du roi Charles-le-Chauve un diplôme qui, en plaçant le monastère sous sa main-bourg, l'affranchissait de tout impôt, et accordait aux moines l'autorisation d'établir un marché à Sioniac. Enfin, au mois de novembre 860, l'établissement étant près d'être achevé, Rodulphe, en présence des évêques de Limoges et d'Angoulême, de trois abbés et du comte de Toulouse, en consacrait solennellement l'existence, déterminait

---

(1) ARMAND VALEST.

la règle à laquelle il obéirait, le soumettait à la haute direction des deux abbés de Solignac, le dotait richement avec les terres de son patrimoine, et stipulait une immunité complète, c'est-à-dire l'affranchissement de toute juridiction séculière (1).

A l'exemple du saint archevêque, ses parents, les possesseurs d'alleux, ses collègues dans l'épiscopat et les rois de France eux-mêmes voulurent tous, à l'envi, attacher ici le souvenir de leurs libéralités.

C'est ainsi que, de 856 à 868, Godefroy, son frère, donnait le port de Mole, près Puy-Brun; plusieurs terres à Bretenoux; la cour d'Igérac, avec l'église de Saint-Martin et d'autres possessions situées dans le territoire limousin et cadurcien. — En 860, Rotrude, femme de Robert, son autre frère, donnait le lieu de Billac, avec l'église de Saint-Martin et toutes les dépendances. — En 887, en même temps que Robert donnait le village de Molliange, dans la vicairie d'Espagnac, Hugues et sa femme, Gerberge, donnaient l'église de Saint-Privat. — En 898, Godefroy, son neveu, et son épouse Godèle, donnaient la cour de Condac, avec l'église de Notre-Dame et toutes ses dépendances. — En 895, Flottard, fils d'Aldéric, vicomte de Cahors, qui fut fils de Robert, donnait sa cour de Biars avec ses dépendances et quatre manses situées à Montmandrane, dans la vicairie d'Alviniac. — En 939, Boson, autre fils de Robert et de Rotrude, donnait une forte rente. — En 925, Gualfrel donnait le lieu de Friac, avec l'église d'Estringuel et ses dépendances. — En 1060, Gérard, Pierre et Aymard donnaient plusieurs terres à Ménoire. — En 1062, Archambaud, fils de Robert, vicomte de Turenne, restituait l'église de Favard (2).

---

(1) Maximin Deloche : Cartulaire de l'abbaye de Beaulieu.
(2) Manuscrit d'Armand Valest, prieur de l'abbaye de Beaulieu.

De leur côté, les voisins propriétaires libres ne restèrent pas indifférents à une cause qui pouvait leur être si utile ; et, certes, ils ne furent pas les derniers à prodiguer à saint Rodulphe les approbations et les encouragements. Ils allèrent même jusqu'à ambitionner le titre de vassal des abbés du monastère, aimant mieux subir cette dépendance que celle des seigneurs laïques. Aussi était-ce toujours au milieu d'un grand appareil de fête et parmi des manifestations bruyantes de joie, qu'ils venaient déposer leurs chartes sur les autels de l'église abbatiale. Ces actes de donation étaient entourés, tantôt de mottes de terres garnies de verdure, tantôt de petits rameaux selon la fertilité du sol. Ou bien c'étaient des branches d'olivier qu'ils suspendaient à la croix du tabernacle, un bâton, un couteau, des glands dorés, si la terre était un fief noble ; un cierge d'argent, si le don était fait en signe d'expiation et de repentir ; et, enfin, ils faisaient échange de baguettes lorsqu'il devait y avoir une protection mutuelle. — C'est dans cette humble condition et avec ces formules symboliques qu'ils se présentèrent successivement, dans l'abbaye de Beaulieu, sous les derniers carlovingiens. Eldvardus offrit, pour en recevoir ensuite l'investiture, une manse située à Saint-Baudil, où existait déjà un petit monastère; Arimbert et sa femme, l'église de Saint-Projet en Limousin avec ses dépendances; Geoffroi et Elisabeth, le village de Francia, dans la vicairie d'Espagnac ; Gaubert et Emena, plusieurs terres avec le village de Rodar, dans la même vicairie ; Rainulphe et Eustorge, le village de Dampniac, dans la vicairie de Turenne ; Labolène, les manses de Cavaignac et de Pensenac, dans la vicairie de Caziliac ; Alboin, son petit manoir fortifié de Lostanges ; Agambert, sa maison située à Montmédiano ; Gerbert, sa manse libre de Branceille ; Bozon et sa femme, le village de Floriac ; Ratbaud et Etienne leur vigne de Saint-Baudil ; Etienne et Ildegarde, la chapelle libre de Venarsal, dans la vicairie de Brive ; Hermanric, homme de guerre, son manoir de Dinac; Geoffroi, son alleu de Sourdoirac; Gerbert et Déda, leur terre de Servières (1).

Vint enfin le tour des grands vassaux, des princes de l'Eglise et des monarques, qui ne voulurent pas se laisser dépasser en générosité. Rainald d'Albuze céda sa cour de Pierrefitte, dans la vicairie d'Espagnac (936); Guy d'Aubusson, l'époux d'Assalite, fille d'Archambaud de Comborn, fit de grandes aumônes; Hugues de Castelnau donna l'église de Bonneviolle (1100); Gérard de Saint-Michel, l'église de Baissac avec toutes ses dépendances et le droit de nomination à la cure (1118); Pierre de Lagardelle, les dîmes de Saint-Etienne de Liourdres avec le fief du presbytère (1118). — Jean, abbé du monastère, donna l'église de Notre-Dame de Félines avec plusieurs terres (928); Gérard, évêque de Cahors, du consentement de son chapitre, l'église de Baissac (1112); un autre évêque de Cahors, l'église de Saint-Martin de Girac (c'était sous le règne de Louis, roi de France, et du pape Honoré); Eustorge, évêque de Limoges, du consentement de son chapitre, l'église de Liourdres (1118); le même prélat, l'église de Tudel, et reçut, en échange, la terre de Sallènes que Frothaire, archevêque de Bourges, avait donnée (1164); enfin il donna l'église d'Altillac avec ses dépendances (1166). — Pépin II, par une charte dans laquelle il s'intitulait duc d'Aquitaine, fit don de plusieurs terres de son propre domaine, dans les vicairies de Naves et d'Uzerche (849); Charles-le-Chauve exempta l'abbaye de toute redevance envers sa couronne et lui céda, en outre, certaines terres de son domaine, dans la vicairie d'Issandon (851); Lothaire II donna à l'abbé Gérald sa cour inféodée avec la chapelle de la sainte Vierge dans le pays de Quercy avec plusieurs mar--- de terre (887); Eudes confirma la donation

---

(1) Vieille charte du règne de Raoul. — Marvaud, *Hist. du Bas-Limousin.*

de Chameyrac faite par saint Rodulphe et légua ses droits sur le monastère de Saint-Maximin, près d'Aurillac (889) (1).

S'il est vrai que les bénédictions célestes abondent là où abonde la confiance, on avouera que celle du pieux fondateur dut être bien grande. En très peu de temps, toutes les ressources suffisantes furent accumulées dans son monastère ; et pourtant sans attendre ce résultat dont il ne semblait nullement douter, il avait commencé par poser des bases solides et immuables. Ni inquiet du succès, ni troublé par les difficultés, et s'en remettant entièrement à la Providence, il ne songeait, chaque jour, qu'à tracer de nouvelles lignes pour l'exécution de son plan.

Dès le début, en effet, comme nous l'avons déjà dit, il avait transmis à ses successeurs sur le siège de Bourges tous ses droits sur son abbaye, afin de la soustraire à tout autre patronage. De plus, voulant lui garantir les franchises et exemptions qu'il lui avait octroyées, et, par là lui assurer perpétuellement sa pleine et entière liberté d'action, il avait supplié humblement les rois, les évêques, les abbés, les comtes, les vicaires et tous les fidèles de l'Église, de lui prêter aide et protection, en punissant sévèrement les coupables infracteurs. Lui-même menaçait toute usurpation d'anathème, d'excommunication et de nullité. « Quiconque, dit-il, roi ou prince, proche ou légataire,
» se permettra de déroger aux conditions de mon tes-
» tament fait par amour de Dieu et par dévotion pour
» les bienheureux apôtres Pierre et Paul, qu'il sache
» bien que ses fraudes et ruses sont de nul effet,
» qu'il encourt très certainement la colère du Tout-
» Puissant, qu'il sera retranché de l'Église et repoussé
» de la communion des chrétiens (2). » Heureuse

---

(1) Manuscrit d'Armand Valest. — BALUZE. — Manuscrit de M. Bayle.

(2) Si quis verò contrà hoc testamentum quod ego pro amore Dei

institution qui peut s'honorer d'avoir eu à sa fondation un tel bienfaiteur !

Et, si, à ce premier avantage, nous ajoutons le vif éclat que cette abbaye répandit bientôt au loin par la science et la vertu de ses membres, nous aurons l'explication de ces éloges et de ses faveurs signalées qui lui furent décernés par les plus hauts personnages du monde. En l'an 858, Charles-le-Chauve délivrait une charte, par laquelle il plaçait le monastère de Beaulieu sous sa sauvegarde et ordonnait qu'aucun juge ou receveur ne pût lui réclamer un impôt (1). — En l'an 882, Carloman confirmait les privilèges de l'abbaye et entendait que les causes principales, qui seraient en litige ne pussent relever que de lui (2). — Eudes s'intitulait le protecteur de ses moines, et interdisait toute immixtion des juges laïques dans la propriété monacale (3). — Enfin le pape Pascal II marquait son administration par une bulle donnée au palais de Latran, l'an de Jésus-Christ 1103, par laquelle il confirmait toutes les donations faites par le fondateur, par les princes et autres bienfaiteurs ; où il défendait de revendiquer des droits quelconques de

___

omnipotentis, ac veneratione beatissimorum apostolorum Petri et Pauli fieri sancivi, aut regiæ potestatis dignitas, aut quorum libet regalium procerum sublimitas, sive etiam propinquorum hæredum aut prohæredum meorum calliditas venire aut callidè tentaverit infringere, doli ejus et fraudes penitùs irritæ fiant, et omnipotentis Dei iram se incurrere certissimè sciat, et ab ecclesiâ proprio Christi sanguine mercatâ sequestratus, et à communione christianorum fiat extraneus (*Gallia christiana*).

(1) Precipimus ut nullus exactor nec judex publicus quidquam ab eis accipiat.

(2) Si autem adversùs eos causæ ortæ fuerint quæ habeant gravis dipendii expensam ad nostram reservetur præsentiam, ibique finem consequantur.

(3) Ipsum monasterium sub nostrâ defensione recipiemus, quod etiam facere decrevimus ut nullus judex publicus vel quilibet exactor aliquid infringere seu violare tentaverit.

propriété, et de recevoir même l'investiture d'une charge ou bénéfice qui pourrait nuire à la quiétude et à la liberté des religieux (1).

Ce grand protectorat établi, il ne restait plus qu'à organiser dans l'intérieur de ce monastère un pouvoir absolu, distinct et libre de toute sujétion, sans lequel croulent ordinairement les établissements religieux. Saint Rodulpho en avait fait l'objet principal de son attention. Il aurait voulu instruire toute la jeunesse, calmer toutes les douleurs et les afflictions, tout en maintenant, chez ses moines, l'esprit de recueillement et une sage discipline; mais il lui paraissait indispensable, auparavant, de placer à la tête de sa maison une autorité paternelle et ferme, qui réunît dans la même personne la double puissance temporelle et spirituelle.

L'abbé de Beaulieu se vit alors en possession de la seigneurie et de la justice (2); et tandis qu'il avait le droit d'exercer sa supériorité au dedans, au dehors, il pouvait protéger les petits contre le despotisme des grands, et les grands eux-mêmes contre les convoitises des petits. Toutefois cette haute juridiction de l'abbé, pour être contenue dans de justes limites, devait relever elle-même de celle des archevêques de Bourges, laquelle étant plus éloignée, n'en serait que plus libre et plus forte pour la défense des principes et la garde des privilèges... Sorte de paternité plus rapprochée de Dieu, selon l'ordre hiérarchique, et partant plus incorruptible et plus affermie contre les intrigues du monde..... Tribunal ecclésiastique suprême chargé de faire respecter les droits méconnus.

---

(1) Prœtereà sancimus....... ut ipsum monasterium et ejusdem monasterii monachi ab omni infestatione secularis servitii sint securi, omnique gravamine mundanæ oppressionis remoti, quatenùs illic Domino servientes in sanctæ religionis observatione seduli quietique permaneant.

(2) Manuscrit d'Armand Valest.

Par cette mesure, les inférieurs et les supérieurs étaient assujettis à des devoirs réciproques et mutuellement assurés contre les abus du pouvoir et de la force. Nous verrons bientôt combien étaient sages et prévoyantes les règles établies par le saint fondateur. Elles servirent, comme un rempart, à préserver les propriétés et les privilèges de l'abbaye.

Le comte de Toulouse, Raymond, en 986, n'ayant pas craint de se jeter à main armée dans le cloître et de s'y installer avec ses hommes d'armes, trouva chez les religieux une telle réprobation, qu'il n'osa garder sa conquête quoiqu'il fît valoir des droits de suzeraineté (1). Il la donna en fief à Adalbert, comte de Périgord, qui la céda, à son tour, à titre d'arrière-fief, à Hugues, vicomte de Comborn (2). Effrayé, lui aussi, des menaces des moines, il imagina de la soumettre à Bernard, son fils, abbé de Solignac; mais il ne put le mettre en possession de sa nouvelle dignité que par la force des armes. L'ayant fait nommer, quelque temps après, évêque de Cahors, il confia la direction de l'abbaye de Beaulieu à un abbé séculier, nommé Guerno. Celui-ci ne fut pas mieux accueilli. Les moines, soutenus par le concile de Limoges, lui opposèrent un abbé régulier. Le pape Urbain II, à qui l'intrus en avait appelé, chargea saint Hugues, abbé de Cluny, de pacifier ce différend. Le saint abbé ne crut pas pouvoir mettre fin à ces désordres qu'en soumettant cette abbaye à celle de Cluny; mais les archevêques de Bourges s'y opposèrent et firent casser cette union, voulant conserver intacts les droits que saint Rodulphe leur avait transmis par son contrat testamentaire (3).

Il n'était pas aussi facile aux abbés de Beaulieu de

---

(1) Justel, *Histoire de la maison de Turenne.*
(2) *Histoire du Languedoc.*
(3) Bonnélye, *Histoire de Tulle et de ses environs.*

s'opposer aux prétentions des seigneurs de Turenne. Obligés sans cesse de réclamer leur appui, ils leur attribuèrent, par le fait, une sorte de protectorat, qui devait bientôt compromettre leur autorité. Ils durent, en effet, les accepter pour leurs abbés laïques et subir tous les inconvénients de cette charge.

En effet, nous voyons qu'en 1377, Guillaume de Turenne leur suscita de graves difficultés. Dans le but d'étendre sa domination à Beaulieu, il acheta de Jean de Castelnau une partie de la juridiction sur la ville, que celui-ci tenait en fief de l'abbé, et puis il refusa de rendre hommage pour ce fief. En vain, Bernard II, qui gouvernait alors le monastère, s'opposa-t-il à cette vente, en qualité de seigneur souverain, alléguant que Jean de Castelnau ne pouvait transmettre ce qu'il ne possédait pas légitimement, attendu qu'il avait été déchu de ses droits par ses crimes et par son refus de payer la redevance annuelle de cinquante livres, il fallut en venir à une transaction qui accorda quelques prérogatives aux seigneurs de Turenne. Le seizième jour du mois de mai 1379, au tribunal du pape Clément VII, dans le palais apostolique d'Avignon, en présence des cardinaux Guillaume de Saint-Vital et Hugues de Sainte-Marie, et de Raymond, fils de Guillaume, il fut arrêté : que le seigneur de Turenne et ses légitimes successeurs, à chaque vacance d'abbé ou de vicomte, seraient tenus de rendre hommage, dans le chapitre, à l'abbé ou à son vicaire, et, en cas d'absence, au prieur claustral de la justice ; qu'ils payeraient cinquante livres de rente en bonne monnaie, pour le maintien de ce fief qu'ils déclareraient tenir de l'abbaye au même titre que les seigneurs de Castelnau ; qu'à l'avenir, lesdits vicomtes de Turenne ne pourraient ni céder, ni aliéner ledit fief sans la permission de l'abbé et des moines, ni exercer aucune juridiction sur les personnes et les serviteurs du monastère, soit au dedans, soit au dehors ; qu'ils ne pourraient confisquer les biens de ceux qui auraient commis quelques crimes dans l'abbaye ou dans les boutiques des marchands et autres habitations situées dans son enclos ; que les trois juges de l'abbaye, les trois sergents, les procureurs, les barbiers, les notaires, les infirmiers, les sonneurs de cloches, les cuisiniers, le boulanger, le fournier et les autres officiers du monastère seraient exempts de leur juridiction ; que les droits de pêche sur la Dordogne seraient fidèlement respectés ; que les bornes de la justice de l'abbaye s'étendraient, au midi, jusqu'à l'église de Saint-Capraise ; au nord, jusqu'à l'ancienne croix qui était proche le moulin *abbadiol;* et, de là, en suivant le chemin de *Batut* à Sionniac vers le mont *Cipierre* jusqu'à la croix de *las Cabanas*, et, en passant par la porte des *Claviers* et de la fontaine *Labat*, jusqu'à la croix *del Corsal* pour se rendre ensuite à l'église *del Tornel*. Il fut statué aussi, que, chaque année, le jour de Noël, quarante prud'hommes se présenteraient devant l'autel des saints Primo et Félicien, avant la grand'messe, devant le seigneur abbé ou son délégué, pour lui présenter douze membres sur lesquels il choisirait les quatre consuls de la ville, qui seraient tenus de faire entre ses mains, sur l'Evangile, le serment de bien fidèlement vaquer à ladite charge ; que le vicomte lui prêterait main-forte pour l'exécution de cette mesure ; qu'en outre, il s'engageait à n'accorder aucune immunité liberté et franchise aux habitants de la ville, tant en commun qu'en particulier, sans le consentement et avis du seigneur abbé. Mais, en même temps, ces juges ecclésiastiques attribuaient aux vicomtes de Turenne le droit de placer dans la ville un bailli et deux sergents, moyennant prestation de serment au monastère ; ils les autorisaient même à faire battre monnaie, sous la réserve de la dixième partie pour l'abbé. Ce fut là l'origine de ce titre de seigneurie que les vicomtes, depuis lors, exercèrent toujours dans la ville de Beaulieu.

Non-seulement saint Rodulphe avait voulu soustraire son abbaye à la domination des seigneurs laïques, même des siens, mais encore il avait cherché à la débarrasser des tracasseries et des exigences des bourgeois. Il redoutait, de ce côté, les désordres qui résultent fréquemment de la fermentation trop soudaine chez une population vinicole aussi inflammable; et la suite prouva qu'il avait eu raison. Sans doute, les habitants de Beaulieu auraient eu tort de se plaindre d'un gouvernement aussi paternel que celui des bénédictins, et mille fois ils avaient loué le dévouement de leurs bienfaiteurs. Mais la passion, on le sait, n'écoute pas toujours le véritable intérêt, et voilà pourquoi il devient nécessaire de la contenir.

Quoiqu'il en soit, les consuls avaient essayé de se dérober à la juridiction des abbés, bien longtemps avant les seigneurs de Castelnau et de Turenne. C'est pour cela que, vers l'an 1280, on avait été obligé d'en venir à une transaction par la médiation d'amis communs, en présence de l'archevêque de Bourges, où il avait été déclaré que les magistrats consulaires jureraient de n'empiéter, en aucune façon sur la juridiction de l'abbaye, et de n'imposer ni répartir la taille sur les habitants, sans le bail de l'abbé ou de son délégué ; qu'ils tiendraient en fief et arrière-fief du monastère une maison commune pour traiter leurs affaires ; qu'à chaque nouvelle promotion de l'archevêque de Bourges, ils le reconnaîtraient pour leur seigneur en lui livrant les clefs de la ville.

Loin d'être intolérante et despotique, comme on le publierait de nos jours, cette autorité ecclésiastique s'exerçait uniquement pour le bonheur des habitants, comme nous l'avons déjà prouvé. Aussi la ville de Beaulieu possédait-elle plus de richesse et d'industrie qu'elle n'en eût jamais eu aucun autre temps. Tandis que les religieux, en 1269, donnaient toute garantie et une sage liberté au travail par l'institution de la commune, ils faisaient jeter sur la Dordogne deux ponts solides, afin de faciliter les rapports commerciaux entre les individus et procurer l'échange des marchandises. De plus, voulant obvier aux abus qui résultent souvent, pour les administrés, du caprice des fonctionnaires municipaux trop épris de leur autorité secondaire, ils cherchèrent à modérer leur zèle et à borner leur pouvoir, en réveillant chez eux continuellement le sentiment et le devoir de la reconnaissance à l'égard de leurs bienfaiteurs. C'est dans ce but que le pape Jean XXIII, dans un accord fait, en 1316, réglait les hommages dus à l'abbé pour raison du consulat, mettait des réserves et des limites aux droits des administrateurs de la ville, et consacrait de nouveau tous les anciens privilèges des religieux, notamment celui de pêcher seuls dans la rivière de Dordogne, depuis le *Gournigri*, près de Brivezac, jusqu'à l'église de Saint-Martial de Tauriac (Lot) (1).

A part ces quelques démêlés, presque inévitables dans une société où s'agitent tant d'intrigues, l'autorité temporelle et spirituelle de l'abbé, basée sur les règlements de saint Rodulphe, put traverser les siècles au milieu du respect de tous et coopérer, selon ses forces, à l'œuvre civilisatrice et bienfaitrice de l'Eglise.

Nous devons dire, à la louange des vicomtes de Turenne, qu'ils se firent particulièrement remarquer entre tous par leur empressement à rendre hommage et fidélité aux religieux devant l'autel de saint Emile ; s'engageant même, en cas de refus, à se soumettre, dans les sept jours qui suivraient, au jugement de l'abbé. Une charte d'Aimeric-de-Serre de Malemort, évêque de Limoges, datée du mois d'octobre 1282, rapporte un certain acte passé à Figeac, entre Raymond de Turenne et l'abbé Umbert, par lequel ce vicomte se disait le vassal du monastère pour tout ce qu'il possédait à Beaulieu, à Billac, à Estivals, à Saint-Privat et à Favard ; et, à titre de reconnaissance, donnait annuelle-

---

(1) Manuscrit d'Armand Valest.

ment dix sous et un setier de froment à l'usage du pain d'autel dans l'abbaye (1).

Parmi les autres seigneurs qui rendirent hommage aux abbés de Beaulieu pour différents fiefs, citons : Robert de Cavaignac pour son château de Cavaignac, 1188 ; Raymond de Saint-Michel et Rigald de Cavaignac, 1272 ; Bernard de Comminges, 1311 ; d'Auxel du Cheyrol, 1341 ; Bernard de Favard, 1354 ; Catherine de Favard, veuve de Guillaume de Calmet, 1402 ; Jean le Maingre, chevalier, comte de Beaulieu et d'Aleth, 1415 (2).

On est étonné cependant que le monastère de Beaulieu, entouré de familles si puissantes, ait pu échapper aux abus et aux graves désordres qui s'étaient produits ailleurs ; car on sait que le pouvoir laïque, par suite du droit des investitures qu'il avait usurpé, avait déprécié les dignités ecclésiastiques et introduit l'incontinence dans le clergé. Il faut attribuer la cause de cette préservation aux sages précautions prises par son fondateur, et à une protection spéciale de la Providence qui soutient les œuvres des saints. Ajoutons aussi que l'Église, toujours vigilante, s'était empressée d'opposer une digue au courant qui entraînait dans l'abime les institutions religieuses. Le moment lui avait paru bien choisi pour fonder son unité et son indépendance dans le monde, et établir la suprématie pontificale sur les rois et les peuples... Plan immense concerté et habilement conduit par le génie d'Hildébrand, ce moine bénédictin de Cluny, qui fut pape sous le nom de Grégoire VII, en 1073. On vit, en effet, en ce temps là, se former au centre de la catholicité une monarchie universelle, qui avait le droit de déposer les souverains, de délier les sujets et de faire rayonner le soleil de Rome sur toutes les nations.

---

(1) Cartulaire de l'abbaye.
(2) Manuscrit d'Armand Valest.

Si ce n'est pas le moment de faire ressortir la sagesse et la puissance d'un tel système de gouvernement, qu'il nous soit permis au moins de constater un fait : c'est l'heureuse influence qu'il exerça sur cette noblesse alors si envahissante. Au lieu de cette ligue détestable des seigneurs contre les monastères, on vit soudain s'organiser la chevalerie chrétienne, qui rêvait constamment le pèlerinage des Saints-Lieux et le rachat du tombeau du Christ. Le moine tendit la main au guerrier; l'Église et la Féodalité, confondant leurs intérêts, luttèrent ensemble pour le maintien de l'ordre, pour la défense du droit opprimé et la réparation de l'honneur compromis. C'est alors que le vicomte de Turenne, Raymond II, avant son départ pour la Palestine, fit aux religieux de Beaulieu l'abandon des prérogatives attachées à sa qualité de protecteur suzerain de l'abbaye. Et, voulant rentrer en grâce avec eux, il s'engagea à ne plus renouveler les outrages qu'il avait commis contre le monastère. Il promit ensuite, du consentement de sa femme, Elise de Castelnau, de ne faire battre monnaie, pour la vicomté, que dans la ville de Beaulieu, et de laisser à l'abbé Humbert le dixième du droit vicomtal de cette monnaie (1).

L'enthousiasme religieux, qui se manifesta chez nous pendant tout le temps des croisades, est indescriptible. On se racontait, partout, les exploits héroïques de nos guerriers sous les murs de Jérusalem; on admirait leurs dévouements; on enviait leur gloire, et le sacrifice qu'ils avaient fait de leur vie, à l'exemple et à côté de celui du divin Crucifié, stimulait l'ardeur de nos chrétiens pour la vertu. Oui, la noble et généreuse pensée qui avait soudainement enflammé tant de courages et qui opéra tant de prodiges au pied du Golgotha, remua aussi tous les cœurs dans notre

---

(1) Justel, preuves de la maison de Turenne.

belle terre de France. Pendant que, du fond du manoir et du sanctuaire, les mains s'élevaient vers le ciel pour soutenir, là-bas, le bras des combattants, ici, la tempête se calmait et les flots agités s'appaisaient. On peut dire que ce fut vraiment l'heure du triomphe pour l'Eglise, d'avancement spirituel pour les âmes et de prospérité pour les monastères. L'abbaye de Beaulieu se ressentit particulièrement de ce calme et de cette bonne disposition des esprits. Non-seulement, dans cet intervalle, elle ne fut point troublée par les querelles des seigneurs, mais ce fut précisément à cette époque que ses religieux organisèrent dans la ville les pieuses associations et les institutions communales dont nous avons déjà parlé, et qui firent pendant plusieurs siècles le bonheur des habitants.

Mais au retour des croisades, les chevaliers, encouragés par leurs brillants faits d'arme et fiers de leurs blessures, n'en furent pas moins arrogants qu'auparavant. Accoutumés, nuit et jour, à livrer des combats et regrettant de ne pouvoir plus se mesurer avec les ennemis du Christ, ils durent essayer leurs forces dans les tournois et y briser des lances contre leurs rivaux. Cet esprit inquiet et guerroyeur nous fait comprendre quel fut le sort des monastères enclavés dans l'étendue des domaines de ces seigneurs. On devine, déjà, ce que dut souffrir celui de Beaulieu si riche et si indépendant.

Ses premiers ennuis, nous dit-on, lui furent suscités par Jean de Castelneau, qui, foulant aux pieds les lois de la justice et de la probité chevaleresque, ne craignit pas d'employer les moyens les plus violents pour usurper, dans l'intérieur de la ville, une part de la juridiction qui appartenait seule aux religieux. Vers l'an 1376, il fit prisonnier l'abbé Bernard, l'enferma dans sa forteresse et lui arracha de gré ou de force ce fief qu'il sollicitait. Comprenant ensuite lui-même qu'un titre obtenu dans de telles conditions et dépourvu de la signature des religieux serait frappé de nullité, et, trop humilié d'ailleurs de cette qualité de vassal qui lui était décernée, il s'affranchit de toute sujétion et fit main-basse sur les biens de l'abbaye. Son ambition et sa colère n'ayant plus de bornes, il se porta sur le château d'Astaillac qui était le principal domaine des moines, en força l'entrée, le dévasta, l'incendia et poussa la barbarie jusqu'à faire périr dans les flammes plus de quatre-vingts personnes parmi lesquelles étaient des femmes. Enfin se sentant déchu de sa juridiction par ses nombreuses et cruelles félonies, il la céda au comte de Turenne (1).

Nous avons raconté, à ce sujet, comment et à quelles conditions les religieux bénédictins avaient octroyé aux vicomtes de Turenne certains privilèges sur la ville de Beaulieu. Il est certain qu'ils ne pouvaient mieux s'adresser qu'à eux pour en finir avec toutes les tracasseries des autres seigneurs turbulents. Mais le but qu'ils s'étaient proposé ne fut pas atteint, et l'on continua comme auparavant à usurper les biens et les titres du monastère. L'institution de saint Rodulphe aurait même eu le sort de beaucoup d'autres si les souverains pontifes ne fussent intervenus. C'est ainsi que Clément VII, en 1379, en même temps qu'il accordait aux vicomtes de Turenne le protectorat sur cette abbaye, choisissait pour défendre ses droits les abbés de Saint-Martin de Tulle, de Saint-Augustin de Limoges, de Saint-André de Clermont, de Figeac, d'Aurillac, les officiers de Saint-Flour, de Cahors, de Sarlat, de Périgueux, d'Angoulême et de Poitiers, et leur donnait plein pouvoir de procéder contre les usurpateurs par les censures ecclésiastiques (2). Puis, comme ces moyens de rigueur et d'intimidation furent impuissants à retenir les usur-

---

(1) Manuscrit d'Armand Valest.
(2) Cartulaire de l'abbaye de Beaulieu.

pateurs, le pape Martin V, sur les instances des moines, adressa un bref au chantre de la cathédrale de Limoges pour publier les monitoires contre ceux qui avaient usurpé et retenu les titres authentiques et autres biens du monastère, les excommuniant en cas de refus, l'an six de son pontificat, 1423 (1).

Mais le coup le plus fatal, dont il ne devait jamais se relever complètement, et qui devait briser la sage discipline de cette maison et ruiner la vertu de ses religieux, lui fut porté par les Calvinistes.

Après les diverses incursions de ces hérétiques, qui s'acharnèrent principalement contre Beaulieu, les supérieurs ecclésiastiques ; la cour du parlement de Bordeaux, par des arrêts de 1582, 1608, 1616, 1618, le roi Louis XIII, par lettres paten... de 1622 1623, 1624 ; le cardinal de Laroche... ... par ordonnance de 1623 ; le pape Grégoire ... les évêques de Limoges, François de Lafayette et Louis de Lascaris-d'Urfé, essayèrent vainement de ramener les religieux aux devoirs de leur règle (2). Si quelqu'un veut lever le voile qui recouvre les désordres et les scandales de ce temps là, qu'il sache au moins en attribuer la cause aux vrais coupables!

Il semble qu'il était réservé à un des plus illustres descendants des Turenne de rétablir ici la régularité monacale. Le très haut et très puissant prince, Monseigneur Emmanuel-Théodose de La Tour d'Auvergne, cardinal de Bouillon, vicomte de Turenne, prit possession de cette abbaye, le 28 septembre 1659, et s'attacha tout de suite à restaurer l'édifice que son illustre parent avait si bien fondé. Le 21 juillet 1660, il passa un concordat avec le supérieur général de la congrégation de Saint-Maur, où la règle était le mieux observée de tout l'ordre ; et, après toutes les formalités remplies, le 11 mars 1663, il put installer dans le

---

(1) Manuscrit d'Armand Valest.
(2) Manuscrit d'Armand Valest. — Archives départementales.

monastère de Beaulieu, en présence des vénérables frères Jean de Costa et Antoine Lavialle, quatre moines chargés d'y introduire la réforme : C'étaient dom Claude Lieuteau, qui fut nommé prieur, dom Ambroise Fregeac, dom Jean d'Orliac, dom Jacques Lolier.

Ces bons religieux ne trouvèrent ici que d'immenses ruines matérielles et morales, accumulées pendant de longues années par la dévastation et l'incendie, par l'emprisonnement et l'expulsion, enfin par la perte complète de l'esprit sacerdotal et une liberté illimitée, en l'absence d'abbés conventuels et même de prieurs claustraux. Hélas! à peine toutes ces brèches et ces blessures étaient-elles fermées, alors que l'abbaye avait repris son éclat des premiers jours, qu'une dernière révolution, la plus impie et la plus sanglante, vint démolir entièrement l'œuvre d'un Turenne, qui avait traversé neuf siècles en faisant le bonheur, la richesse et l'orgueil de la population de Beaulieu.

O glorieux fondateur, si votre mort, qui devait être un deuil pour les Gaules, fut prédite d'avance par un moine du Berri comme une calamité et un malheur auquel on devait se préparer et se résigner (1), le souvenir de vos bienfaits, parfois douloureux, toujours précieux, ne saurait mourir chez nous! Il nous resta longtemps de nos jours une consolation bien douce : celle de vous voir revivre sur votre siège épiscopal en la personne d'un des plus nobles descendants de votre famille, dont le savoir et la piété immortaliseront de nouveau votre mémoire dans la province de Bourges. Que n'y a-t-il, dans votre église abbatiale, une parcelle de vos reliques et un autel pour déposer à vos pieds, chaque jour, les hommages et les prières du clergé et des fidèles!

---

(1) Saint Rodulphe s'endormit dans le Seigneur, en l'an du salut 866, le onzième des Kalendes de Juillet. Il fut enseveli dans la basilique de Saint-Ursin, à Bourges, où il est resté depuis en grande vénération.

DEUXIÈME PARTIE

INVASION DES CALVINISTES DANS LA VICOMTÉ DE TURENNE.

L'armée de Coligny. — La Réforme. — Retour de l'armée calviniste. — Occupation des autres places de la vicomté de Turenne. — Apostasie du vicomte. — L'armée royale à Beaulieu et dans la vicomté de Turenne.

I

L'ARMÉE DE COLIGNY

Prospérité des peuples protestants faussement opposée à la décadence des peuples catholiques. — Si les protestants ont la force et la richesse, ils n'ont ni la paix intérieure ni la dignité morale. — Le bonheur de l'homme fondé sur la vertu et non sur la prospérité matérielle. — La décadence des peuples catholiques date de l'époque luthérienne. — Arrivée des calvinistes à Beaulieu. — Les trésors de l'abbaye excitent la cupidité des novateurs. — La place de Beaulieu comme position stratégique pour les mouvements de leur armée. — Pillage du monastère; incendie des boiseries de l'église.

On oppose quelquefois la prospérité de certains peuples protestants à l'affaiblissement et à la décadence d'autres peuples catholiques, et on tire faussement cette conclusion, que le catholicisme, s'il assure le salut dans l'autre vie, ne procure pas le bonheur dans celle-ci; et, qu'en tous cas, il est plutôt nuisible que favorable au développement de la civilisation.

Constatons d'abord que la prospérité et la civilisation sont des termes tellement élastiques, tellement compréhensifs, qu'il est impossible de décider, au premier abord, si telle nation est placée plus haut que telle autre dans l'échelle des empires. Telle puissance hérétique peut être plus forte et plus riche qu'une autre qui est catholique, mais il ne faut pas en conclure que le sort de la première est préférable au sort de la seconde, car la force et la richesse, bien qu'elles soient des éléments importants de la félicité publique et privée, ne la constituent pas exclusivement. Il y a le contentement intérieur, la sécurité, la paix domestique, la paix sociale, qui font beaucoup plus pour le bonheur des hommes, sans parler de la dignité morale qui seule donne sa vraie valeur à la vie humaine et assigne aux empires le rang qui leur appartient dans l'histoire.

Ces éléments intimes de prospérité échappent plus souvent à l'analyse que les faits matériels qui se manifestent au dehors et trouvent leur expression dans les chiffres. On peut compter les hommes qu'un gouvernement mettra en ligne dans un temps donné, les canons et les fusils qui sont dans ses arsenaux, les vaisseaux qui prendront la mer, le total de ses importations et de ses exportations. Mais on ne saurait peser dans la balance la vertu d'un peuple, ni cette modération dans les désirs qui est la principale source de la vraie félicité. Même, si l'on ne considère que la force et la richesse, les calculs les plus exacts n'empêchent pas les méprises. On peut connaître les résultats généraux qui embrassent l'ensemble d'un pays, et ignorer les détails particuliers intéressant l'individu lui-même. Il importe beaucoup moins de savoir à quelle somme monte la fortune générale que de savoir comment elle se répartit. Et si les pays protestants sont riches, il est à remarquer que la grande majorité de leurs habitants sont pauvres et dépourvus de vertu. Un peuple peut donc être très heureux, tout en ne jouant pas dans le monde un rôle éclatant. Ceux qui se fondent sur l'importance et la grandeur extérieure des nations protestantes pour leur assigner le premier rang se laissent prendre aux apparences.

Mais, si les nations catholiques se sont laissées dépasser, c'est parce qu'elles ont été le plus attaquées, à la fois par les fausses doctrines et l'esprit révolutionnaire. Dans sa grande lutte contre le bien, l'ennemi du genre humain a mesuré toute la force de résistance que possèdent ces nations et il a constamment cherché à les affaiblir, certain de remporter ailleurs une facile victoire lorsqu'il les aura réduites en son pouvoir. C'est un fait remarquable que la révolution se donne surtout libre carrière chez elles, y excitant une inquiétude constante et une agitation perpétuelle, qui se traduisent par des séditions fréquentes et des bouleversements sociaux. Et, si aujourd'hui ces nations ont perdu leur rang dans le monde, ce n'est pas parce qu'elles sont catholiques, mais précisément parce qu'elles ont cessé d'être vraiment catholiques, ne se laissant plus conduire et guider par les principes qu'enseigne le catholicisme. Or, cet affaiblissement de la foi, tout le monde le reconnaît, date de l'époque luthérienne. A mesure que l'idée protestante a pénétré chez ces nations, l'autorité spirituelle qui faisait leur force a été amoindrie, et elles ont fait peu de cas des règles de la moralité qui contenaient si bien le peuple. — Les gouvernements eux-mêmes, peu soucieux de leur dignité et de leur conservation, en sont arrivés à ne faire nulle différence entre les doctrines diverses et les nations qui les représentent. De là l'abaissement dans les caractères et l'absence de patriotisme. Mais que les peuples catholiques s'empressent de reprendre leur place sous la bannière du Christ, et ils auront bientôt reconquis le premier rang. — Puissions-nous tous nous instruire, une fois de plus, à l'école de nos divisions et de nos désastres, en remontant à leur point de départ, et sans sortir de notre pays limousin.

On était donc arrivé, en l'année 1569 de l'ère chrétienne, et, de tous cotés, retentissait le bruit des désordres et des scandales que les dangereuses opinions de Calvin causaient dans le royaume de France. Sous le faux prétexte de réformer les abus introduits dans notre sainte religion, il en coûtait peu aux sectaires de porter la désolation en tous lieux, de massacrer les prêtres et les moines, et de persécuter les fidèles qu'ils ne pouvaient corrompre. Ennemis déclarés du plus auguste de nos mystères, ils prenaient de là, encore, occasion de profaner les sanctuaires où reposait la sainte humanité de Jésus-Christ, et d'y satisfaire leur cupidité par des spoliations sacrilèges. On les vit, maintes fois, se livrer à une fureur indescriptible contre les édifices religieux, renverser leurs colonnes, abattre leurs murs, après en avoir enlevé les vases sacrés, les précieux reliquaires et tous les trésors dont la piété des fidèles s'était plu à les enrichir.

Déjà, dès l'année 1562, ils avaient fait leur apparition dans les deux places de la vicomté qui étaient sous la juridiction spirituelle des abbés de Carennac : Saint-Céré et Argentat.

Le 26 septembre de cette année, on les avait vu arriver à Saint-Céré par Gourdon et Rocamadour, sous la conduite du capitaine Bessonie, et, après s'être emparés de la ville par surprise, y exercer de cruelles déprédations.

Le 1er octobre suivant, ils y revenaient avec un renfort de troupes aux ordres du capitaine de Maucastel, et emprisonnaient sans pitié les prêtres de la paroisse.

Un peu plus tard les 12, 13 et 14 octobre 1566, ils pénétraient dans l'église de Sainte-Spérie, et s'y livraient à des vols et à de sacrilèges profanations.

Presque au même moment où les religionnaires, arrivant par le Querci, se dirigeaient sur Saint-Céré, d'autres, arrivant par l'Auvergne, entraient à Argentat, où ils étaient reçus par leurs coreligionnaires qui, depuis quelques jours, y tenaient des assemblées et s'efforçaient d'y introduire leurs doctrines.

Chassés une première fois de cette place, par les capitaines Breson et Montelli, du parti des Guises, ils la réoccupèrent quelque temps après, et s'y retranchèrent, afin de se mettre à l'abri des attaques continuelles et subites de François de Grenier et du chevalier de Montal.

Les autres villes et forteresses de la vicomté ne pouvaient pas davantage être épargnées. En l'année 1562, Martel tombait en leur pouvoir, ainsi que les châteaux de Montvallent, de Creisse et de Montfort, et les églises de Souillac, de Carennac, de Puy-Brun et de Bétaille étaient témoins alors de l'impiété de leurs soldats.

Mais entre toutes les places, celle de Beaulieu devait être désignée à leur fureur, soit parce que entre toutes elle se faisait le plus remarquer par la splendeur du culte religieux, et par les richesses entassées dans ses sanctuaires de la piété, soit parce que sa célèbre abbaye était un obstacle à la propagation de leurs erreurs. En outre du zèle et de la profonde doctrine de ses savants religieux bénédictins, les prérogatives et les grands revenus dont le monastère était doté, ne pouvaient manquer d'exciter la cupidité et la haine des novateurs. Aussi nous ne sommes pas étonnés que ces ennemis de notre religion y aient fait irruption dès l'année 1569, dans le but de s'y fixer et de s'y fortifier.

On sait d'ailleurs qu'ils ne recherchaient pas moins les positions stratégiques que la beauté des sites et la richesse des lieux ; et ici tout était disposé pour servir à leurs goûts et au plan de leurs opérations. S'emparer du chef-lieu de la vicomté de Turenne, n'était-ce pas se rendre maître de tout le pays placé sous sa domination, et compris, comme un large cordon, se déroulant sur les deux rives de la Dordogne, entre l'Auvergne et l'Agennois ? D'un autre côté, la navigation praticable sur tout ce parcours, leur offrait, dans un temps où les communications par terre étaient moins faciles et souvent périlleuses, une voie naturelle et commode pour le transport des marchandises ; et, au besoin, un passage ouvert pour la fuite précipitée d'une armée en déroute.

Toutes réflexions faites, voilà que, vers la fin d'octobre de cette année, les gens du camp des princes et l'amiral de Coligny, fondirent sur Beaulieu comme une nuée de vautours, répandant partout l'effroi et la mort. Poussés par l'appât du butin, et bien plus encore par la haine contre le catholicisme, ils furent droit au monastère dont ils forcèrent l'entrée, pénétrèrent violemment dans toutes les cellules et dans les salles, égorgèrent le pitancier et trois autres prêtres ; et, après une inspection minutieuse, des lieux saccagèrent impitoyablement cette splendide habitation sept fois séculaire, emportant dans leurs bras les meubles les plus ordinaires et les subsistances les plus indispensables. Puis, enivrés par la fumée du sang et encouragés d'ailleurs par les leçons de leur maître, le cruel Calvin qui voulait inaugurer le culte nouveau sur les ruines de l'Eglise, ils violèrent l'asile sacré de la prière, la magnifique abbatiale, vrai monument d'une archéologie savante ; et là, foulant aux pieds le respect qu'ils devaient aux objets les plus précieux de l'art religieux et aux mystères les plus profonds de notre foi, ils allumèrent l'incendie dans le chœur, et jusque dans le sanctuaire inviolable, où chaque jour s'opérait l'auguste sacrifice de la loi nouvelle, ne craignant pas de livrer aux flammes des boiseries d'un grand travail, des statues de haute taille admirablement proportionnées, des livres et des tableaux d'un prix remarquable. Les chapelles, les sacristies, les fenêtres, les cloches, rien n'échappa à la destruction et au pillage. On les vit s'emparer des nappes d'autel, des chappes, des aubes, des surplis et autres linges et ornements. On les vit emporter, avec une impiété qui soulevait les cœurs, les reliquaires d'or et d'argent, après avoir jeté aux vents et livré à la profanation publique les cendres des saintes reliques, qui faisaient la plus grande consolation des fidèles et le plus riche trésor de l'abbaye. En vrais barbares, ils allèrent même jusqu'à briser les vitraux et enlever le fer et le plomb qui en ajustaient les parties, et casser les cloches pour fondre le métal. Enfin, de ces riches et vastes constructions, si belles et si imposantes la veille, il ne resta que les murailles, comme cela nous est attesté par le juge ordinaire de la juridiction de l'abbé et par des témoins oculaires, dans un procès-verbal du 14 décembre de la même année (1). Et pour commettre toutes ces sacrilèges atrocités, il leur suffit de quelques heures, trop longues, hélas ! pour les pauvres moines, mais trop courtes encore pour ces infâmes bourreaux, qui auraient voulu égorger les autres prêtres avant de s'éloigner et faire disparaître de cette célèbre abbaye toutes les traces de la piété et tous les souvenirs de dévouement.

C'est ainsi que se comportent, dans tous les temps, les ennemis de la religion catholique. On aurait tort de s'attendre à d'autres ménagements de leur part. De Maistre nous avertit que les impies seront toujours ou bêtes ou vandales ; et une voix plus autorisée, celle du divin Maître, nous dit que ceux-là sont contre lui qui ne sont pas avec lui. Les religieux bénédictins de Beaulieu venaient d'en faire la cruelle expérience. A leur tour les habitants ne tarderont pas à l'éprouver.

---

(1) Archives de la famille Monbrial, de Beaulieu. — Maximin Deloche : Cartulaire de l'abbaye de Beaulieu.

II

LA RÉFORME.

Les calvinistes veulent dominer sur les consciences. — Leurs invectives contre l'Église et son chef. — Ils sont poussés par une double pensée politique et religieuse. — Les nobles et les bourgeois de Beaulieu se joignent à eux pour se soustraire à la domination des abbés. — Le peuple les imite. — Ils oublient les bienfaits reçus et aident à dévaster le monastère.

Évidemment les farouches soldats de Coligny ne s'en prirent ainsi à l'abbaye que pour se rendre plus complétement maîtres des consciences, en paralysant et anéantissant les efforts des zélés religieux. Une fois dégagés de cette entrave, et d'ailleurs secondés par la terreur dont ils se faisaient précéder et accompagner, ils pouvaient plus facilement établir leur culte et répandre leurs fausses doctrines.

Pour faire croire à la nécessité de la réforme, ils avaient soin de lever le rideau qui recouvrait les désordres introduits dans la société des chrétiens par le relâchement dans la discipline et les mœurs. C'était un moyen aussi de faire croire à la pureté de leurs intentions, et de justifier leurs actes criminels. Et lorsque la raison venait démontrer que l'œuvre de Dieu ne pouvait être mêlée à des entreprises aussi tumultueuses et à des luttes aussi passionnées et aussi sanglantes, ils disaient qu'il fallait agir vigoureusement et appliquer des remèdes violents pour sauver l'Église agonisante; que du reste le Pape n'était plus que le vicaire de Satan, l'ennemi de Dieu, l'adversaire du Christ, un docteur de mensonge et d'idolâtrie, et enfin l'antéchrist. On sait la puissance de l'invective et de la calomnie; de quelle bonne foi et de quel aveuglement ne sont pas capables les masses ignorantes, haranguées par les avocats de l'impiété.

C'est ainsi que ces faux docteurs, sans mission divine et sans vraie lumière, se servaient des armes les plus dangereuses et usaient des procédés les plus criminels pour l'extension de leurs perfides doctrines. Enflammés par une double pensée politique et religieuse, qui ne visait à rien moins qu'à l'affranchissement des consciences et à l'envahissement du pouvoir, il leur fallait le secours d'une polémique ardente qui combattît les idées et les principes conservateurs de l'Église catholique. Sans doute leur but eût été difficile à atteindre près d'une abbaye aussi florissante, remplie de religieux non moins savants que zélés pour écarter les ténèbres et confondre le mensonge; mais de douloureuses circonstances les favorisèrent étrangement.

La population de Beaulieu était, comme de nos jours, en général très attachée à la religion de ses pères, et pour rien au monde, elle ne l'eût échangée avec celle de Calvin. Malheureusement ses chefs étaient moins fervents. Ils ne se soumettaient qu'à regret aux hommages dus aux abbés du monastère; et depuis longtemps ils avaient cherché vainement à se soustraire à leur juridiction. Or ceux qui avaient su révolutionner toute l'Allemagne en flattant l'ambition des grands, ne manquèrent point de faire vibrer cette corde du mécontentement. Par là, ils gagnèrent bien vite cette petite ville, et eurent bientôt raison des scrupules en s'abritant derrière les prétentions des consuls et des prud'hommes. Si ferme qu'il soit dans ses convictions, le peuple ne résiste pas à l'entraînement de ceux qui sont chargés de le guider, surtout quand on soulève ses mauvais instincts. Et certes il est aisé de lui faire entendre le langage de la passion et de déchaîner autour de lui tous les vents de la discorde. Pauvre peuple qui fut toujours dupé! A sa grande surprise, il vit flotter en ce temps-là le drapeau de l'indépendance qui lui paraissait être le signal de l'affranchissement des privilèges. Les principes républicains commencèrent à emplir ses oreilles; et ce n'était pas sans quelque satisfaction qu'il entendait parler de l'égalité pour tous, de l'abolition de l'esclavage, de la fin de l'asservissement et de la suppression des droits exorbitants du clergé. De pareilles théories, quand elles ont eu libre cours, ont démoli les gouvernements les plus forts, brisé les institutions les plus solides, et mis la perturbation dans les sociétés les plus sages. S'étonnera-t-on qu'elles aient ruiné la conscience des fidèles de Beaulieu? Grand nombre d'entre eux donnèrent le scandale de l'apostasie. Oh! il nous en coûte de publier leurs torts avant de publier leurs regrets et leurs retours. Mais le devoir de l'historien avant tout. Oui, ils s'égarèrent un instant dans les voies de l'hérésie; abandonnèrent la douce croyance de la présence réelle de Jésus-Christ dans le sacrement de l'Eucharistie; ne craignirent point d'avancer que Dieu, auteur primordial du bien et du mal, avait, de toute éternité, rejeté une partie de ses créatures; devinrent d'ardents détracteurs des cérémonies extérieures qui embellissent le culte, élèvent l'esprit et nourrissent le sentiment. Enfin, persuadés que l'homme est forcément sauvé ou damné, ils glissèrent profondément dans la pente du vice. N'ayant plus de frein, l'intérêt et les passions furent leurs mobiles. Ils allèrent jusqu'à aider aux dévastations qui se faisaient dans le monastère, et approuvèrent même la démolition de ce moustier qui faisait leur gloire. Déjà ils avaient sapé un pilier qui soutenait l'édifice, et dans quelques jours rien ne serait resté debout, si une femme animée de patriotisme et de sagesse ne leur eût persuadé de se retirer (1).

Nous regrettons de ne pas connaître le nom de cette personne pour le léguer à la postérité. L'historien Marvaud nous apprend, après le prieur Armand Valest, que c'était la femme d'un ministre protestant. Il ajoute qu'elle se présenta devant les démolisseurs au moment où ceux-ci commençaient à ébranler le dernier pilastre de droite, le plus rapproché de la porte occidentale, qu'elle les arrêta en leur reprochant leur absurdité et leur faisant remarquer « que s'ils abattaient l'église, située au milieu de la » ville, les décombres seraient la retraite des cra- » pauds et des serpents qui incommoderaient les » habitants et les forceraient à abandonner leurs » maisons. » Quelle autre raison eût pu faire plus d'impression sur l'esprit de ces hérétiques?... Soudain, ils posèrent leurs pioches, et cessèrent de travailler à cette démolition.

Ainsi fut préservé d'une destruction complète ce somptueux monument, devant lequel s'arrêtent les archéologues les plus distingués de nos temps, et qui atteste si bien de la foi antique des habitants de cette localité. — A ce sujet, rendons un hommage de reconnaissance à cette femme protestante qui rendit alors un service signalé à l'Eglise et aux arts dans notre Limousin, et qui, pour cela, mérita la louange de l'historien catholique.

---

(1) Papiers de M. Broquerie, de Beaulieu.

III

RETOUR DE L'ARMÉE CALVINISTE.

Les habitants de Beaulieu ne songent pas à profiter de l'éloignement de Coligny pour retourner au catholicisme. — Les bénédictins se reforment dans leurs cloîtres. — Ils cherchent à ramener les égarés. — Leur zèle est paralysé par les vexations des seigneurs. — Les luttes entre les partis empêchent le relèvement des ruines spirituelles, et servent à l'hérésie. — Les calvinistes cherchent à intimider les bénédictins. — Leur armée rentre pour la deuxième fois dans la ville. — Pillage du monastère; mort d'un religieux. — Occupation de Bort et d'Argentat. — Pourquoi les seigneurs de Turenne ne portent pas secours à Beaulieu. — Le vicomte disgracié de son souverain et exilé de sa forteresse. — Mort de Charles IX; retour du vicomte à Turenne.

On le voit, les évènements se pressaient, et l'hérésie gagnait vite du terrain. Chose étrange ; ce qui aurait dû dessiller les yeux et affermir la foi des vrais croyants, l'enseignement et la pratique du mal, ne servaient qu'à les séduire. On comprend que les troupes de Coligny aient pu porter un instant la consternation parmi eux, et ébranler le courage des faibles. Mais cette armée s'étant retirée pour voler à d'autres conquêtes, ils devaient aussitôt s'éloigner des sentiers de l'erreur, où ils s'étaient engagés, pour se remettre dans la voie droite du devoir, qui était redevenue libre pour eux. Et, supposé que les ministres de cette fausse religion aient voulu les retenir par l'intimidation, ils pouvaient encore échapper à leurs menaces par une affirmation énergique de leur foi. Fallût-il aller jusqu'au renoncement complet et au sacrifice, ils y étaient encouragés par de grands et saints exemples.

Les fils de saint Benoît, bien plus effrayés des jugements de Dieu que de la colère des hommes, et avant tout fidèles à leur vocation, s'étaient promptement reformés dans les cloîtres encore fumants du sang de leurs frères martyrs. Sans s'inquiéter des spoliations et du carnage dont on prévoyait le retour, ils avaient fait retentir de nouveau les murs du monastère du chant des *laudes* et des *matines*. Aux accents de la prière, ils mêlaient ceux de la prédication; et, dévorés du zèle pour le salut des âmes, on les voyait chaque jour courir après les faibles et les égarés, pour ramener les uns, fortifier les autres, et tour-à-tour les porter à la persévérance et au repentir. Leurs efforts étaient couronnés de succès, comme il se voit par plusieurs abjurations qui furent faites entre les mains du prieur (1), et qui sont relatées dans le cartulaire de l'abbaye. Il eût suffi d'un peu d'encouragement pour rendre cette conduite et cette résistance encore plus fructueuses.

Malheureusement, ces bons religieux étaient en butte à des tracasseries de tout genre. Fatigués, d'un côté, par les continuelles vexations des seigneurs voisins qui ne cessaient de porter envie aux trésors que leur avaient légués la charité et la reconnaissance des fidèles, ils étaient obligés en même temps de lutter contre les ravisseurs du patrimoine des âmes; et leurs forces, ainsi divisées, ne pouvaient guère s'opposer à tous ces empiétements. Leurs protecteurs laïques eux-mêmes, au lieu de leur tendre les mains et de leur prêter secours, leur suscitaient encore toutes sortes d'inquiétudes.

---

(1) Histoire de l'abbaye par le prieur Armand Valest.

En dernier lieu, en effet, les abbés commendataires se prévalaient de la permission donnée par le roi, pour aliéner le temporel de l'abbaye, et vendre plus de biens qu'il n'en fallait pour payer les charges imposées par l'État, détournant le reste à leur profit (1). On eût dit que tout conspirait contre eux.

D'autre part, comment s'occuper sérieusement de relever des ruines spirituelles, alors que les partis cherchaient constamment, dans de nouveaux combats, la solution des questions religieuses, dont le foyer principal était à Beaulieu? Certes, le pays avait bien assez à se défendre contre la dévastation et la misère. On sait que l'armée des catholiques, en parcourant le Limousin pour en chasser la reine de Navarre, n'avait pas trouvé assez de vivres pour fournir à sa subsistance. Le peuple fuyait à l'approche de tous ces détachements avides de pillage. « Les pauvres laboureurs, chassés de leurs maisons, spoliés de leurs meubles et bétail, pris à rançon, volés, aujourd'hui des uns, demain des autres, s'enfuyaient comme des bêtes sauvages (2). » Et tandis que ces malheurs du peuple excitaient la compassion des catholiques, et leur faisaient tomber les armes des mains (3), ils ne faisaient qu'enhardir les réformés et les rendre plus acharnés à la lutte. Tout sert aux méchants pour atteindre leur but. Ce cortège affreux et inséparable de la guerre leur fournissait l'occasion de se venger des échecs qu'ils avaient subis. C'est ainsi que les habitants de Saint-Yrieix, les seigneurs de Lubersac, de Juillac et des lieux voisins les mieux fortifiés, durent payer chèrement la mort du prince de Condé et la défaite de Moncontour.

---

(1) Histoire de l'abbaye par le prieur Armand Valest, chapitre des empiètements et usurpations.
(2) Castelneau, Mémoires.
(3) Le duc d'Anjou licencia une partie de son armée.

Cependant les religieux de Beaulieu, voués au sacrifice, ne se laissaient point ébranler par ces dures calamités, quoiqu'ils ressentissent mieux que personne les souffrances des malheureux. Ah! il n'est pas moins de force dans l'âme des soldats du Christ que de ressources dans leur charité! En même temps qu'ils prodiguaient aux uns la subsistance, et aux autres la résignation, ils donnaient du courage à tous. Etonnés de tant de fermeté, les calvinistes auraient voulu la briser; et ils savaient que pour venir à bout de l'opposition de ces hommes de prière et d'étude, il n'y avait qu'à porter chez eux la destruction ou la mort; tout autre moyen était inutile. Mais pour recourir constamment à des mesures si cruelles et si sacrilèges, il fallait être bien sûr de l'appui des habitants et de leurs chefs, chez qui le sentiment de la reconnaissance, enflammé par le spectacle de trop révoltantes atrocités, aurait pu leur créer de graves embarras. Ils se contentèrent donc, tout d'abord, de surveiller et de paralyser les mouvements de ces bons religieux, en opposant le zèle au zèle, et la prédication à la prédication. Puis, pour les intimider, ils firent camper près de la ville Langoirans et Vivans, et de nombreux partisans disposés à trahir le catholicisme, où ils trouvaient une moins grande somme de liberté (1).

Ces divers expédients ne purent étouffer ni annuler le dévouement de nos bénédictins. — Que faire alors? Evidemment le retour aux vrais principes religieux menaçait la conquête des réformés. Or voici qu'en l'an 1574, le gros de l'armée des princes, sorti de la Rochelle, traversa de nouveau le Bas-Limousin, en se rendant dans le Languedoc. Le vicomte de Pompadour, attaché à la bonne cause, essaya de se mettre en travers de cette armée, qu'il harcela longtemps, et qu'il eût peut-être détruite s'il avait été secondé par

---

(1) Brantôme, Mémoires.

d'autres grands seigneurs. — C'est dans cette campagne que les protestants se présentèrent pour la deuxième fois devant la ville de Beaulieu, et en firent le siège. Au moyen des intelligences qu'ils avaient dans la place, ils s'en emparèrent sans difficulté. Et, fidèles à leurs principes, ils allèrent droit à l'église et à l'abbaye, y mirent tout au pillage, brûlèrent les chartes et tous les autres titres, emportèrent les trésors de la cellérerie, firent prisonnier Michel de Bras, cellérier général, le rançonnèrent, et le laissèrent mort sur la paille du cachot où ils l'avaient enfermé (1). Les autres moines, qui eurent le temps de prendre la fuite, se retirèrent avec leur abbé dans leur château d'Astaillac.

En sortant de Beaulieu, l'ennemi remonta la Dordogne. Sur les bords de cette rivière étaient échelonnés de distance en distance, comme des anneaux d'une chaîne de prière et d'amour, des prieurés, des sanctuaires, des ermitages et de riches monastères, capables d'exciter à la fois sa haine et sa cupidité.

L'amiral, dit-on, avait tracé son itinéraire de façon à éviter les places fortes et à faire vivre son armée sans trop de risques aux dépens des petites localités. Dès lors, Argentat, que sa riche plaine désignait pour un grenier d'abondance, devait servir de halte à ses troupes. Mais ce qui n'était pas aussi facile qu'il l'aurait cru d'abord, c'était d'occuper cette place. Elle était munie d'ouvrages de défenses qui étaient formés de constructions épaisses, entourés de hautes murailles, fermés par de lourdes portes, et au milieu desquels se trouvait l'église comme dernier refuge et asile inviolable. — Heureuse inspiration, bien digne des beaux temps du christianisme, de grouper les intérêts matériels et spirituels pour qu'ils se prêtent un mutuel appui, de placer dans la même

---

(1) ARMAND VALEST.

enceinte et sous la même garde, le clocher et la tour du seigneur ! — Il fallait donc s'attendre à voir cette forteresse, aidée du patriotisme religieux des habitants, opposer une vive résistance à l'ennemi, l'obliger peut-être à rester longtemps sous ses murs et à épuiser ses forces et ses ressources.

Pour ces raisons ou pour d'autres, l'amiral ne crut pas devoir s'arrêter alors à Argentat. Il préférait se rendre maître, auparavant, de toute la vallée de la Dordogne, en se dirigeant sur Bort, qui était, pour ainsi dire, la tête de cette ligne. Cette place du duché de Ventadour était en effet dans une position exceptionnellement avantageuse pour cette armée. Non-seulement elle tenait, sans être à la source, le bout de la rivière qui, se déroulant à travers l'Auvergne, le Limousin, le Querci et le Périgord, offrait aux princes un passage assuré jusqu'aux provinces méridionales de la France; mais, de plus, elle était comme un rempart, à l'extrémité de plusieurs contrées, qui mettait en leurs mains les clefs des pays formant aujourd'hui le Puy-de-Dôme, le Cantal et la Corrèze. Ce qui explique pourquoi, au moyen-âge, elle fut disposée et munie comme une place forte, entourée de hautes murailles flanquées de tours rapprochées les unes des autres et ouvertes de tous côtés par des meurtrières qui gardaient ses entrées. Et, pour surcroît de force, elle était défendue par une population vive et enthousiaste, en qui s'alliaient admirablement le sentiment patriotique et l'esprit religieux. — Elle aussi, elle avait son glorieux passé, son illustre famille seigneuriale (à laquelle nous sommes fiers d'appartenir par notre mère), dont quelques membres revinrent des croisades chargés de précieuses reliques pour leur église; elle avait ses belles institutions municipales, son monastère de bénédictins, de l'ordre de Cluny, fondé en 1125 par les seigneurs de Bort et de Ventadour, et elle entendait rester fidèle à ses traditions chrétiennes.

Les calvinistes se présentèrent donc devant cette ville avec un détachement, commandé, nous dit d'Aubigné, par La Loué, et renforcé de Chouppes. — C'était sans doute l'avant-garde de l'armée de Coligny. Ils trouvèrent les portes fermées, et les sons des clairons et des tambours, partis du dedans et se mêlant aux chants guerriers, les avertirent qu'ils auraient à lutter ici contre des habitants résolus. Étonnés de cette témérité et peu accoutumés d'ailleurs à se voir braver par les petites localités, ils ne se dissimulèrent pas les conséquences d'une telle résolution. Aussi, loin d'entreprendre un siège qui aurait pu les retenir tout l'hiver, ils aimèrent mieux en finir tout de suite, en s'attaquant au sentiment religieux, selon la tactique ordinaire qui leur avait si bien réussi ailleurs... La haute tour carrée qui surmonte le chœur de l'église paroissiale, et sur laquelle repose une flèche hardie, leur indiquait, à la fois, dans l'intérieur, la présence de précieux objets religieux et, tout autour, une riche résidence de moines. — Que se passa-t-il alors ? — En nous livrant à des conjectures basées sur des souvenirs d'enfance, sur le témoignage confus des anciens de l'endroit et de quelques historiens, nous croyons que l'ennemi franchit la rivière un peu au-dessous des remparts et qu'il se dirigea vers le monastère, à l'heure où les ténèbres de la nuit étaient les plus épaisses. En peu de temps il eût vite escaladé les murs et forcé l'entrée. Les moines, brusquement arrachés de leur sommeil et chassés de leurs cellules, troublés, hors d'eux-mêmes, eurent bientôt appris à la ville, ajoute d'Aubigné, « qu'elle était prise par étonnement. » Elle allait ensuite être livrée au pillage quand les consuls et les seigneurs vinrent offrir au vainqueur une rançon de deux mille écus (1). « Ainsi fut aux princes le passage de la Dordogne assuré (2). »

---

(1) Marvaud, *Histoire du Bas-Limousin.*
(2) D'Aubigné, *Histoire universelle.*

Ils n'eurent pas de peine, en effet, après cela, de se présenter devant Argentat. Les catholiques de cette ville ne pouvaient même plus, sans témérité, leur en fermer les portes. Ils se contentèrent probablement de leur marquer leur mécontentement par des airs de tristesse et de deuil, et par une de ces réceptions glaciales qui cachent ordinairement des haines et des colères. Les princes ne s'y trompèrent pas, et comme d'ailleurs, dit Mézeray, ils avaient à se garder en arrière contre la poursuite de Pompadour et de Lavauguyon, ils ne songèrent qu'à s'éloigner au plus vite, en se dirigeant vers le Querci par le plateau de Mercœur. Mais comment opérer ce départ, étant arrêtés, à la fois, par les soldats de Descars qui les attendaient à l'autre rive pour les combattre, par les dangers que leur faisait craindre la rivière probablement grossie par les pluies ou la fonte des neiges, et enfin par la difficulté de gagner l'autre bord, sans pont, sans de fortes barques et sans des bateliers sûrs et dévoués? Cependant, si grand que fût leur embarras, ils étaient pressés d'en sortir. Ils mandèrent aussitôt au capitaine Bessonnie, qui commandait dans Aurillac, de venir à leur secours. Celui-ci, sans perdre de temps, se rendit à Argentat au devant de l'armée pour veiller à ce que des bateaux fussent prêts; mais il ne put en réunir qu'un petit nombre, à l'aide desquels on mit huit jours pour effectuer le passage. De là ensuite l'ennemi atteignit la Cère, passa le Lot à Capdenac et parvint à Montauban (1).

On s'étonnera, il est vrai, et avec raison, que les vicomtes de Turenne, si puissants et si redoutés dans les combats, ne soient pas intervenus pour défendre le chef-lieu et les autres places de la vicomté. Il leur eût à peine suffi d'un appel aux armes; et, sujets et

---

(1) Bombal. — Marvaud. — Imberdis, *Histoire des guerres religieuses en Auvergne.*

vassaux se seraient rangés sous leur enseigne, auraient arrêté l'invasion et conservé les pieuses traditions de leur pays. C'est sans doute ce qu'ils auraient fait, car jusqu'alors ils n'avaient forfait ni au devoir ni à l'honneur. Mais pour comble d'infortune, justement à cette époque, le chef de cette illustre famille, Henri Ier (1), connu sous le nom de la Tour d'Auvergne, avait encouru la disgrâce de son souverain, et il ne pouvait paraître sans danger, ni dans les armées, ni dans la forteresse de Turenne, que le roi avait confiée à la garde du comte de Ventadour. A tort ou à raison, Pierre de Bourdeille avait informé Catherine de Médicis des projets de révolte du jeune vicomte, et quoique celui-ci eût offert à son accusateur de prouver son innocence (2), il n'en fut pas moins soupçonné d'avoir flatté les jalouses prétentions du duc d'Alençon, frère de Charles IX. Deux mois après, le seigneur de Bourdeille apprenait à la cour que le vicomte de Turenne et ses partisans avaient pris les armes et trempé dans un complot contre l'autorité royale. Ce malheureux vicomte fut obligé de fuir et de se cacher dans l'obscure retraite de Bourzols, en Languedoc, pour échapper à la police de l'implacable Catherine. Son exil fut court, mais rempli d'amertume ; car il fut condamné à voir de là, sans pouvoir l'empêcher, les affreux ravages et les empiètements que les hérétiques faisaient dans ses terres, expiant ainsi doublement la faute qu'il avait commise en s'unissant à ce parti. Après avoir perdu la haute considération dont il s'était vu entouré à la cour, il se voyait encore dépouillé d'une partie de ses biens, prêt à perdre l'autre, et obligé sans cesse de tenir sa personne à l'abri de la perfidie des traîtres et des espions. Une âme, moins ardente que la sienne, est souffert de cette dure position ; et Dieu sait les combats qu'il dut livrer dans son cœur pour dompter son orgueil froissé, et pour comprimer son humeur guerrière contrainte au repos.

Un jour, comme il était aux prises avec l'ennemi, il apprend la mort du roi, et le départ précipité de son oncle, le comte de Ventadour, de sa forteresse de Turenne. C'était aux approches de la fête de saint Jean-Baptiste. On ne pouvait mieux lui annoncer sa délivrance. Aussitôt il rompt les chaînes de sa captivité, et revient s'installer dans le château de ses aïeux. Il eut la satisfaction de voir son retour salué dans toute la contrée par de joyeuses et bruyantes manifestations. Toute la noblesse catholique s'empressa de venir lui rendre hommage, et de lui offrir son concours pour obtenir la revendication de ses droits, et la réintégration dans toutes ses possessions (1).

Ce jeune guerrier avait une belle occasion pour se couvrir de gloire devant les hommes, et de mérite devant Dieu. Il pouvait être le libérateur de ses sujets orthodoxes, et sa mémoire serait aujourd'hui bénie dans toute la contrée ; car on sait que la reconnaissance est chère aux enfants de l'Eglise.

---

(1) L'abbé Massolier, *Histoire du duc de Bouillon.*

IV

OCCUPATION DES AUTRES PLACES DE LA VICOMTÉ DE TURENNE

Frayeur qu'inspire aux calvinistes le retour du vicomte de Turenne. — Motifs de leur défiance. — La noblesse et le clergé dépositaires de l'autorité divine, excitent la haine des hérétiques. — Il faut compter avec le système politique de la féodalité. — Les évêques de Tulle résistent aux calvinistes. — Le seigneur de Bort retarde la marche de leur armée. — Henri IV masse des troupes à Ségur. — Le vicomte de Turenne, formé aux habitudes de la cour, se fait une petite cour dans son château. — Respect universel dont il est entouré. — La politique fausse de Catherine de Médicis déconsidère le pouvoir royal et lui enlève la confiance des sujets. — Les religionnaires quittent Beaulieu et remontent la Dordogne. — Argentat, Saint-Céré tombent en leur pouvoir, comme les forteresses de Merle et de Cazillac. — Le vicomte de Turenne se porte sur Cazillac et s'en empare. — Les calvinistes de Beaulieu veulent l'en chasser, mais ils sont repoussés. — Ici se ferme la page glorieuse du vicomte.

Le retour de notre infortuné captif dans la forteresse de Turenne fut accueilli avec moins d'enthousiasme par les calvinistes. L'occupation que ces faux partisans avaient faite, en son absence, des autres principales places de la vicomté, et les ravages qu'ils y avaient causés, leur faisaient craindre les suites de son juste mécontentement. Ils pensaient avec raison que le jeune et bouillant seigneur n'épargnerait rien pour recouvrer son domaine, car ils savaient que rien n'était plus cher aux fiers descendants des Lémovices, héritiers de l'honnêteté gauloise, que l'héritage de leurs pères et les leçons de leurs mères.

Il ne faut pas oublier non plus, qu'en ce temps-là, les principes politiques et fondamentaux de la société étaient nettement posés et parfaitement compris. La féodalité avait lié étroitement la noblesse au clergé, et en avait fait les deux dépositaires de l'autorité qui vient de Dieu et qui s'impose naturellement au peuple chrétien. On sait tout le bien qui résulta de cette grande organisation pendant tout le moyen-âge. Le patriotisme, puisant son principe dans la religion, éleva le cœur, fortifia le courage, inspira les sacrifices, sanctifia les guerres, et fit concourir tous les dévouements à la prospérité et à la gloire de notre pays. Mais cette institution était trop forte et trop sage pour être du goût des impies et des méchants. Pour propager surtout une hérésie si contraire à la foi et à l'enseignement de l'Eglise, il fallait briser cette alliance des classes dirigeantes cimentée par le catholicisme; et poursuivre de la même haine le prêtre et le noble, en attendant qu'on pût atteindre le cultivateur et l'artisan. La tour du château ne devait pas être plus épargnée que le dôme ou la flèche qui surmontaient nos églises, et le chaume plus que l'atelier. Ce n'était pas la guerre seulement aux seigneurs, c'était la guerre à toute la société chrétienne.

Quoi qu'il en soit, ce système politique ne pouvait être de sitôt démoli, et il fallait s'attendre à compter encore longtemps avec lui. Ses représentants n'étaient pas disposés à se laisser évincer; et la lutte entreprise et la route parcourue, et les échecs subis n'étaient pas capables de les déconcerter. De tous les points de notre Limousin s'élevèrent de vaillants athlètes, pénétrés du danger que courait la société des chrétiens et prêts à les défendre.

Au premier rang se placèrent les gardiens de ce cher troupeau de Jésus-Christ. Pierre Castellan, évêque de Tulle, dont les historiens de l'époque ont vanté le talent, écrivit contre les doctrines de Calvin avec une force et une véhémence vraiment admirables. Les succès de ce défenseur du catholicisme furent si grands, et son éloquence si pleine de conviction, que lorsqu'il mourut, frappé d'apoplexie au moment où, du haut de la chaire, il avertissait son peuple de fuir la secte, Bèse et les autres partisans de la réforme se hâtèrent de publier que sa mort était un juste châtiment infligé par un Dieu outragé et méconnu.

Après lui vint Louis de Genouillac qui, en prenant possession de son siège, avait juré le maintien des priviléges, libertés, droits et statuts de la ville de Tulle. Son serment était une déclaration nette qui donnait la mesure du dévouement qu'il entendait porter à tous ses devoirs; et en effet, on put voir pendant tout son épiscopat avec quel zèle il combattit l'hérésie. Il assista dans ce but au colloque de Poissy, et au concile général de Rome, et il eut le bonheur de tenir la réforme longtemps éloignée de son diocèse.

Cette conduite admirable des évêques fut imitée par de nobles seigneurs, qui ne craignirent pas de s'exposer aux périls des combats pour protéger l'Église. Tandis que l'amiral de Coligny lançait de nombreux détachements dans le Limousin, et qu'il livrait aux flammes le monastère de Bonnesaigne, on vit le seigneur de Bort, à la tête d'une légion de catholiques, attaquer les derrières de son armée pour l'obliger à reculer, lui livrer bataille sous les murs de Poîtiers et lui infliger plusieurs défaites sérieuses (1).

Tous ces efforts généreux ne purent néanmois opposer une digue au torrent débordé. Le château de Ségur, un des apanages de la maison d'Albret, qui avait été réuni avec le vicomté de Limoges à la couronne de Navarre en la personne d'Henri IV, devait attirer et masser parmi nous les troupes de ce prétendant. En vain le vicomte de Pompadour les harcelait-il sans cesse pour les épuiser; en vain Montal, lieutenant du roi, chassait-il devant lui l'héroïne Madeleine de Senneterre; quelques temps après le vicomte de Pompadour se retirait lui-même épuisé, et Montal expirait aux pieds de sa dangereuse ennemie.

Un dernier et suprême refuge restait aux catholiques dans notre pays, en la personne d'Henri Ier de la Tour, duc de Bouillon, prince souverain de Sedan, et vicomte de Turenne. Né à Josc, en Auvergne, en 1555; baptisé par Guillaume de Brat, évêque de Clermont; porté aux fonts du baptême par Henri II, roi de France; élevé dans la maison du connétable de Montmorency, son aïeul maternel, il était destiné à jouer le plus grand rôle, et à acquérir le plus de gloire dans cette époque de transformation, s'il avait été moins versatile et moins ambitieux. Malheureusement il fut trop initié aux intrigues de la cour. Charles IX l'appelait son cher ami et cousin, et lui confiait, à l'âge de dix-sept ans, le commandement d'une compagnie de ses ordonnances; Catherine le flattait tout en le faisant surveiller; et les princes recherchaient son amitié pour le gagner à leur cause. Tour à tour le confident et l'ami des uns et des autres, il connut trop tôt les faiblesses des grands, leurs jalouses prétentions et leurs mesquines susceptibilités. Aussi, révéla-t-il de bonne heure ses goûts pour la politique

---

(1) MARVAUD.

mystérieuse et l'antagonisme ; et s'empressa-t-il de secouer la tutelle pour aller établir lui-même une petite cour dans le riche héritage se ses pères.

Le château de Turenne, quoique récemment agrandi de plusieurs constructions élégantes, élevées à côté des vieilles tours féodales, avait été rarement habité sous les derniers seigneurs. On ne voyait sur ses plates-formes que quelques officiers gardiens des privilèges de la vicomté. On n'y entendait plus retentir ni le bruit des armes, ni le cri de guerre des chevaliers et bannerets ; la bannière des croisades restait suspendue à l'église de Saint-Paul ; et la herse ne se levait qu'à certaines époques pour laisser passer le vassal qui venait rendre hommage au juge. Mais Henri avait tout ce qu'il fallait pour rendre un peu de vie à cette vieille forteresse. Par sa belle jeunesse, par son ardeur contenue et par ses airs de haute noblesse, il attira tout à lui, et fit bientôt de sa résidence le rendez-vous des gentilshommes de la contrée, tous fiers et heureux de le reconnaître pour leur maître et modèle, pendant qu'à ses pieds dormaient tranquillement le serf et l'ouvrier, attachés aux vieilles légendes de leurs saints et confiants dans sa religieuse protection.

Il ne dépendait que du chef de l'État d'utiliser contre ses ennemis des circonstances si favorables et des positions si avantageuses. Mais la politique astucieuse et immorale d'en haut, qui empruntait indifféremment des ressources à la vérité et au mensonge, n'était point faite pour gagner les cœurs. Les défiances continuelles qu'inspiraient à la reine-mère les chefs tant des ligueurs que des protestants, la jetèrent indistinctement dans les bras des réformés et des catholiques, dont elle comptait se servir pour ses desseins. On l'avait vu écarter les Guises du pouvoir pour y placer le chef des huguenots, Antoine de Bourbon, roi de Navarre. Et pour citer des témoignages plus à notre portée, n'avait-elle pas permis à tous les calvinistes du Limousin de célébrer leur culte dans la ville d'Uzerche, à côté de la célèbre abbaye où reposaient les reliques de tant de saints? Hélas! quand un souverain sacrifie les principes, il se désarme devant l'ennemi! Ces compromissions et ces coupables concessions n'étaient bonnes qu'à déconsidérer le pouvoir, à ruiner la confiance des sujets et la foi politique des grands.

On devine ce qui dut en résulter pour le parti catholique dans la vicomté de Turenne pendant la captivité d'Henri. Les hérétiques étaient trop habiles pour ne pas profiter de cette situation. Favorisés qu'ils étaient d'ailleurs par la topographie du pays, coupé par des montagnes et traversé par de grands et de petits cours d'eau, ils parvinrent facilement à s'emparer des principales positions.

Tandis que, d'un côté, ils forçaient les portes des châteaux de Montvalent, de Cavaignac, de Bétaille, de Ligneyrac, de Pierretaillade, etc., de l'autre, les seigneurs de Sédières et de Beynat leur livraient ceux qui étaient dans leurs contrées. Seules les tours de Saint-Laurent, de Merle et de Servières, qui protégeaient les places de Saint-Céré et d'Argentat, semblaient braver l'ennemi. Cependant il était indispensable à la secte, pour s'assurer un succès complet, de soumettre ces deux villes comme elle avait soumis celle de Beaulieu. Personne ne pouvait se méprendre sur ce plan stratégique; et, d'avance, leurs habitants, s'ils voulaient garder leur foi, devaient se préparer à la défense de leurs murs.

Or voilà qu'en 1574, les calvinistes reprirent la ville de Saint-Céré sans trop de difficulté; et ils se disposaient ensuite à occuper sa citadelle, lorsque les catholiques qui s'y étaient réfugiés avec les seigneurs de Gimel et de Montal, leur fermèrent les portes et les attendirent de pied ferme. Ils en firent néanmoins le siège, lui livrèrent plusieurs assauts, mais ils furent battus, et, à leur grande confusion, obligés de se retirer, nous dit l'auteur de la chronique de cette ville.

Du côté d'Argentat, l'ennemi faillit avoir le même sort. Ce fut, sans doute, vers le même temps qu'il réoccupa cette ville et qu'il s'y retrancha, ajoutant de nouveaux ouvrages de défense à ceux qui s'y trouvaient déjà, afin d'en faire une place de guerre. De là il pensait pouvoir ensuite diriger plus sûrement ses coups contre les châteaux de Merle et de Servières, ces deux boulevards du catholicisme dans cette contrée, et qui étaient reliés entre eux par la petite citadelle d'Hautebrousse. Solidement établies dans des conditions diverses de terrain, mais d'un accès difficile ces deux forteresses eussent été imprenables, si elles n'avaient été attaquées que par des armes de trait. Le canon seul, des hauteurs voisines, pouvait en venir à bout, et encore avait-il fort à faire, pouvant à peine loger quelques boulets dans l'épaisseur des murs. Dans tous les cas avant d'en approcher, il fallait se mesurer avec l'intrépide François de Laborie, l'ardent adversaire de la réforme, si connu par ses exploits, ses entreprises hardies, et qui tenait la campagne avec ses soldats. Il allait sans cesse d'une forteresse à l'autre, relevant le courage des défenseurs, surveillant les mouvements de l'ennemi, et sur ce chemin, nous dit M. Poulbrière, la lutte fut souvent acharnée. — C'était là pourtant qu'il devait tomber victime de son dévouement et de sa témérité. — Attiré dans une embuscade à Boyssen près de Servières, et enfermé entre quatre chemins situés sous des tertres très hauts, il fut tué le 14 novembre 1574, et avec lui périt dans la contrée toute l'espérance de son parti. Une croix fut plantée à l'endroit où vendit si chèrement sa vie ce défenseur des droits sacrés de la religion, et, pour en perpétuer le souvenir, elle portera toujours le titre glorieux de *Croix-des-Morts*.

Il ne restait plus ensuite qu'à cerner de près la forteresse de Turenne, et à enlever les positions qui la soutenaient, afin d'obliger ses seigneurs à capituler ou bien à apostasier. Dans ce plan d'attaque, Cazillac était le point vers lequel l'ennemi devait diriger ses coups. Le mamelon arrondi qui porte ce nom se dresse brusquement, au bord d'une riche vallée, à une hauteur environ de deux cent cinquante mètres sur une largeur presque du double, et se présente avec tout l'aspect d'un camp romain fortifié par la nature. Un ruisseau baigne son pied, et sa tête est formée d'un rocher calcaire dressé en amphithéâtre sur lequel est assise et fortement cimentée une seule tour carrée, qui, pour être aujourd'hui décapitée, n'en fut pas moins jadis couronnée de lauriers et garnie de trophées. Formant un triangle avec le puy d'Issolu et celui de Turenne dont il est également éloigné de deux heures, il semble avoir été destiné à servir, avec eux, de remparts aux Lémovices et aux Cadurques. Du haut de ces ruines l'horizon est large et brunâtre, et le regard qui l'embrasse nous fait juger de l'avantage de cette position. Cavaignac, Queyssac, Peyretaillade, Floimond, Puy-d'Arnac, Roc-de-Vic, n'avaient qu'à agiter leurs signaux pour donner avis des dangers aux guerriers qui l'occupaient. D'ailleurs, autour de cette enceinte fortifiée, la vie des champs s'agitait librement, et le calme et la solitude n'étaient troublés que par les joyeux refrains des bergers, et la voix harmonieuse de la prière répétée à tout instant dans les trois prieurés de Saint-Vincent, de la Nativité et de Saint-Cyprien. C'est ainsi qu'à la force matérielle se joignait ici la force morale qui, ensemble, formaient en ce lieu le plus fort rempart de la forteresse de Turenne. Mais hélas! que pouvait un rocher entouré de buttes très rapprochées contre de formidables machines de guerre et de nombreux détachements? Les chrétiens firent preuve sans doute de grande valeur dans quelques combats opiniâtres; mais le fort de Cazillac dépourvu de secours et de subsistances dut tomber entre les mains des calvinistes qui devinrent immédiatement la terreur de toute la contrée. On les voyait sortir tous les jours pour ravager les champs et piller les maisons; et le brigandage fut si grand que, pour l'empêcher, le gouverneur du Limousin dut partir de Limoges avec quelques canons (1).

Telle était la situation trop compromise des catholiques dans la vicomté de Turenne à l'époque où Henri rentra de sa captivité de Bourzols. Spectacle navrant non moins qu'utile pour une âme ardente et généreuse comme la sienne ! Touché des malheurs de ses sujets et de la perte de ses domaines, il groupa autour de lui la noblesse catholique, et lui fit connaître l'intention de reprendre les positions perdues, dans un langage empreint de douleur et d'irritation : « Ceux de la religion réformée me tiennent Beaulieu, » Argentat et la ville de Saint-Céré, dit-il (2) ; levons-» nous pour les en chasser. » Mais avant de quitter sa forteresse pour entrer en campagne, il fallait la dégager et éloigner l'ennemi. « Or il arriva, dit-il » lui-même, que quelques soldats de Cazillac firent » des outrages à un de mes voisins, de quoi ils ne » voulurent faire réparation ; ce qui occasionna d'as-» sembler mes amis, et les allais y attaquer et les » pris. » A la nouvelle de cette défaite de leurs frères, les habitants de Beaulieu se levèrent pour voler à leur secours. Leurs troupes indisciplinées se répandirent dans toutes les terres du vicomté, où ils portèrent le ravage. Mais Henri, peu disposé à supporter tant d'insultes et encouragé par son premier succès, les poursuivit avec fureur, en tua plusieurs, et força les autres à se soumettre par la médiation du comte de Gourdon aux conditions qu'il lui plût de leur imposer (3).

---

(1) Marvaud, *Histoire du Bas-Limousin*.
(2) Mémoires du vicomte de Turenne.
(3) L'abbé Massolier, *Histoire du duc de Bouillon*.

Ici se ferme la page glorieuse de notre jeune héros. Il n'acheva pas le bien qu'il avait commencé et abandonna la route qui le conduisait à la victoire. Il est fâcheux que les âmes nobles manquent parfois de générosité et des sentiments religieux dont s'honorent les grandes familles et les esprits droits. Nous regrettons pour lui les beaux lauriers qu'il eût pu cueillir s'il avait été ferme dans ses résolutions et constant dans sa foi.

V

APOSTASIE DU VICOMTE DE TURENNE.

Le vicomte cesse de combattre les calvinistes. — Il opte pour l'hérésie par esprit de parti. — Cette apostasie livre les catholiques dans la vicomté. — La réforme, dès lors, se fortifie à Beaulieu et y est reconnue par les autorités civiles. — Lourdes charges créées à la ville par les exigences des ministres protestants. — Le vicomte continue à être débonnaire pour ses sujets catholiques. — Il recommande la bienveillance pour les prêtres qui n'agiraient pas contre le roi de Navarre. — Il est nommé maréchal de France par Henri IV. — Il aurait pu être un meilleur père pour ses sujets s'il fut resté catholique.

La détermination énergique du vicomte et les heureux exploits qui l'avait suivie avaient fait renaître les catholiques à la confiance. Certainement il eût été facile au vainqueur de débarrasser le pays des hérétiques, et de rendre à l'Église, dans toutes les possessions de la vicomté, la paix et la prospérité dont elle jouissait autrefois. Mais ce n'est pas au lendemain de la mort d'un triomphateur ou d'un souverain qu'on peut se jeter impunément dans des entreprises périlleuses. On sait qu'un interrègne n'est pas un temps favorable pour entraîner les grands dans un parti. Avant de se prononcer et d'agir, ils veulent voir ordinairement la tournure que prendront les évènements, et se rendre compte des goûts et de la politique du nouveau souverain. De là, des réserves, des ménagements, qui laissent les portes ouver-

CHÂTEAU DE TURENNE (DONJON ORIENTAL).

(Extrait de l'*Abécédaire archéologique* de M. de Caumont.)

tes à leur ambition, et qui malheureusement profitent trop souvent au désordre. De tout temps on a pu constater que les vrais dévouements étaient très rares, et que les hommes sacrifiaient trop facilement les principes d'ordre à leur intérêt personnel.

A l'époque dont nous parlons on s'inquiétait fort peu des couleurs politiques, mais en revanche on se perdait dans les idées religieuses. Il fallait opter nécessairement entre l'hérésie ou la foi ; aller à droite ou à gauche sans songer à prendre place au centre ; et alors, selon les caprices des événements, on voyait flotter au gré des vents, sur les remparts des seigneurs, ou la bannière du Christ ou celle de Calvin. Depuis longtemps d'ailleurs on avait remarqué que la féodalité et la réforme faisaient cause commune. L'aristocratie passait aisément au protestantisme pour abaisser le trône et l'autel. Séduits par le spectacle de la force et des trésors que la révolution luthérienne avait donnés aux princes d'Allemagne, les seigneurs français ambitionnaient une égale part dans les dépouilles de l'Eglise et de la royauté ; et, au besoin, se recommandaient par une profession de foi hérétique.
— Témoin la conduite que tint le vicomte de Turenne dans ces difficiles conjonctures. Après avoir fait admirer son dévouement à la bonne cause, il donna le triste exemple d'une coupable désertion. A peine avait-il contraint les calvinistes de Beaulieu à racheter leur vie au prix des plus humiliants sacrifices, qu'on le vit pactiser avec eux par esprit de parti, leur vouer son épée, trahir sa conscience, et renoncer aux pieuses et anciennes traditions de sa respectable famille, pour s'attacher à la cause du roi de Navarre (1).

Cette apostasie détruisait toutes les prétentions des

---

(1). L'abbé Massolier, *Histoire d'Henri de la Tour d'Auvergne, vicomte de Turenne.*

catholiques dans la vicomté de Turenne, et les livrait complétement à la merci de leurs ennemis. Après cela, comment essayer d'une résistance? Autant il eût vallu opposer une digue au courant de la Dordogne quand les eaux soulevées le forçaient de quitter son lit. Qui pourrait mesurer, en effet, les conséquences fâcheuses d'un acte semblable, commis par un personnage si éminent? C'est le cas d'un général qui abandonne le combat...; son armée, dût-elle vaincre, recule aussitôt et fuit.

On vit immédiatement la petite cour d'Henri changer d'aspect et devenir le centre de toutes les intrigues des protestants du pays. Les plus audacieux du parti s'y rendaient secrètement pendant la nuit. Et il ne se passait guère de jours, sans que les gens des villages voisins eussent à répondre aux questions des voyageurs inconnus qui demandaient les chemins de Turenne (1). D'après cela, on devine quel fut le sort des catholiques. Le découragement s'empara subitement de tous les cœurs; et les cent clochers qui relevaient de la vicomté furent témoins des nombreuses défections qui s'opérèrent alors dans le camp des catholiques. — La disposition intérieure de l'église de Collonges, qui accuse une possession simultanée de la part des protestants et des catholiques, nous apprend apprend qu'une partie de la population de cette paroisse passa au calvinisme en ce temps-là. — Celle de Turenne dut s'empresser de suivre l'exemple de son seigneur. La tradition du pays raconte, en effet, que la vaste église paroissiale, qui se trouvait placée à l'endroit où est aujourd'hui le foirail, fut pillée et incendiée par les huguenots avec la complicité du vicomte. — Saint-Céré, Argentat et les principales localités fléchirent sous la pression violente de la secte. Mais la ville de Beaulieu fut celle qui ressentit plus

---

(1) MARVAUD.

vivement le contre-coup de l'apostasie de son seigneur. Ses habitants se rangèrent, en masse, du côté de l'hérésie, malgré un suprême effort tenté par le clergé séculier de la paroisse et les religieux de l'abbaye. A peine quelques familles, où la foi était plus fortement ancrée, et où le respect inviolable des traditions anciennes était le mieux conservé, restèrent-elles fidèles au culte de leurs aïeux. La réforme y fut vraiment substituée à la religion du Christ. — Les diverses autorités civiles la placèrent, bientôt après, sous leur protection, et l'acceptèrent même comme une institution communale, dont l'entretien incombait à la commune. La maison consulaire fut accordée à ses ministres pour y faire les exercices religieux; et on frappa les contribuables de lourdes impositions annuelles, pour former le traitement du pasteur titulaire. Rien ne fut négligé pour établir solidement cette fausse doctrine dans le chef-lieu de la vicomté de Turenne. On alla même jusqu'à encourager les fondations pieuses, afin de mieux assurer le succès et le maintien de l'hérésie (1).

A la vérité, ce n'était pas sans raison que l'on faisait un appel à la générosité publique pour subvenir aux frais du culte: car nulle part les exigences du prêtre ne furent plus grandes que dans la religion réformée. Nous n'en voulons d'autre preuve que celle qui nous est fournie dans un acte authentique passé devant Beauregard, notaire royal, en présence des anciens de la ville, Laffargue, Massouly, de Floret, de Clavières, et dont voici un extrait:

« Au nom de Dieu, *amen*. — Noble François de
» Plas, écuyer, sieur de la Vergne; et dame Isabeau
» de Plas, veuve de feu noble Gaspard d'Estresses;
» chevalier de l'ordre du roi, seigneur dudit lieu et
» autres places; lesquels désirant que l'exercice de

---

(1) Archives départementales

» la religion réformée soit continuée en l'église de la
» ville de Beaulieu, et que la sainte parole de Dieu y
» soit purement prêchée, donnent au corps de l'é-
» glise réformée la somme de huit cent livres.......
» Laquelle somme, lesdits anciens seront tenus de la
» mettre en mains solvables, et d'employer le revenu
» à l'entretien du pasteur.... Moyennant quoi lesdits
» sieur et dame demeurent déchargés des contribu-
» tions annuelles qu'ils payaient dans ce but. »

Voilà donc une somme de huit cents livres fournie par une seule famille. Nul doute que cet exemple n'ait été suivi par bien d'autres. Et si, à tous ces dons réunis, nous ajoutons les fortes recettes de la perception annuelle, nous aurons tout de suite un aperçu des ressources considérables destinées à l'entretien du culte protestant à Beaulieu, et aussi l'explication du zèle ardent des disciples de Calvin. C'est ainsi que tout favorisait le progrès et le triomphe de l'hérésie dans cette riche contrée du Bas-Limousin.

On aurait tort cependant de rendre le vicomte de Turenne seul responsable des nombreuses défections qui s'opérèrent dans les rangs des catholiques. A part le scandale causé par son apostasie, et dont malheureusement les ennemis du Christ profitèrent trop bien, nous devons dire à sa louange qu'il fit peu de prosélytisme en faveur de la secte. Loin de s'ériger en persécuteur, comme on aurait dû s'y attendre, de ses vassaux et autres sujets qui avaient gardé intact le précieux dépôt de la foi confié par leurs ancêtres, et que lui-même avait sacrifié, il n'exerça jamais contre eux ni menaces ni intimidation. Il avait pour eux, constamment, les mêmes égards que pour ses coreligionnaires. S'il était leur ennemi par esprit de parti, il ne pouvait oublier qu'il avait été leur frère aux pieds des autels. Selon la noble coutume de son roi, le bon Henri IV, il aurait voulu épargner à son peuple les malheurs de la guerre ; et, comme lui aussi, son premier soin, après le combat, était de crier aux soldats vainqueurs : « Ménagez les Français. » Tout en cédant le pas aux devoirs de respect et de fidélité qu'un chevalier, avant tout, devait à son maitre, ce sentiment généreux de la paternité se manifesta en lui d'une manière admirable et étonnante, et se traduisit dans quelques lettres que nous voudrions pouvoir toutes reproduire.

Le 4 juin 1589, il écrivait au sieur de Rezel, son commissaire, chargé de faire les baux et fermes des biens et bénéfices appartenant aux ligueurs, et situés non-seulement dans la vicomté, mais encore dans le Haut et Bas-Limousin, et il lui disait : « Désirant favorablement traiter les titulaires des cures de Reygades, de Merœur et d'Astaillac, sur la recommandation du seigneur d'Estresses, qui nous a certifié que lesdits curés étaient de bons et fidèles serviteurs du roi, nous leur avons libéralement accordé la jouissance de fruits, revenus et autres droits qui leur appartenaient, à la charge par eux de payer les quatre décimes imposées sur les dites cures par l'autorité du roi de Navarre. A cette fin, nous mandons au sieur de Rezel qu'il fasse jouir pleinement et paisiblement lesdits curés de tous leurs droits, et qu'il fasse cesser tous troubles et empêchements qui pourraient y porter obstacle (1). »

Quelques temps après, le 6 juin 1589, il prenait sous sa protection et sauvegarde, sans s'inquiéter de leur religion, les seigneurs d'Estresses, de Friac et de Tudel, sur la promesse que ceux-ci ne feraient ni guerre, ni acte préjudiciable au service du roi, à son parti et à ceux de sa religion, en ce qui dépendait des châteaux, villes, maisons et terres de sa vicomté (2).

Mais s'il fut débonnaire pour ses sujets, s'il se conduisit en bon père et en bon seigneur pour les

---

(1) Notes de M. de Veyrières; archives du château d'Estresses.
(2) Archives de M. de Veyrières.

catholiques de sa vicomté, il faut reconnaître qu'il servit peu leur cause. Attaché dorénavant au parti du roi de Navarre, non moins par ses nouvelles convictions religieuses que par ses opinions politiques, il le seconda dans toutes ses entreprises et le suivit dans toutes ses campagnes. Après avoir combattu pour lui à la bataille de Coutras, il l'accompagna au siège de Paris, en 1590. L'année d'après, il partit en mission pour l'Angleterre, afin de demander du secours à la reine et aux princes protestants. Nommé maréchal de France en 1592, il défit les troupes du duc de Lorraine près de Beaumont, en Argonne, où il fut blessé de deux coups d'épée. Il prit Dun-sur-Meuse ; se trouva au siège et à la prise de Laon, en 1594 ; se rendit maître d'Yvoi-sur-Cher ; défit à Wirron onze compagnies du comte Charles ; fit tous ses efforts pour secourir Dourlens, et obligea les Espagnols de lever le siège qu'ils avaient mis devant la Ferté, en Luxembourg, l'an 1595. Il fut renvoyé de nouveau vers la reine d'Angleterre et les Etats de Hollande pour conclure quelque alliance (1595). Enfin après plusieurs exploits mémorables, il mourut le 25 de mars de l'an 1623, âgé de soixante-sept ans, et fut enterré à Sédan.

Nous regrettons une seule chose dans cette vie glorieuse ; c'est que le seigneur ait grandi pendant que la foi religieuse diminuait en ses Etats. Il aurait pu être un illustre guerrier et un catholique profond... Sans contredit, il eût été un meilleur père, et sa mémoire eût été plus vénérée.

VI

L'ARMÉE ROYALE A BEAULIEU ET DANS LA VICOMTÉ DE TURENNE.

Les catholiques comptent peu sur le secours des troupes royales. — Mariage d'Henri IV avec Marguerite, sœur du roi. — Ce mariage excite la défiance des calvinistes et amène le massacre de la Saint-Barthélemy. — Affreuse conspiration des hérétiques avortée par suite de ce massacre. — Le parti protestant prend une nouvelle énergie. — Beaulieu appelle à grands cris un défenseur. — L'armée royale s'avance sous le commandement du duc de Maine. — La terreur la précède. — Le vicomte de Turenne la force à ralentir sa marche. — On emploie les promesses et les menaces pour gagner le vicomte et l'intimider. — Son orgueil en est blessé et il se prépare à faire une résistance désespérée. — La forteresse de Montignac se rend au duc de Maine. — Le vicomte de Turenne se voit menacé dans sa forteresse; il appelle Lamaury à son secours. — Les calvinistes de Beaulieu opposent une faible résistance aux troupes du duc. — Ils sont mis à contribution. — Lamaury tend une embuscade aux soldats royalistes; il y est tué par un des siens. — Le vicomte soutient la défense dans sa forteresse, tandis que ses commandants se défendent sur d'autres points. — Combats sous le château de Voutezac. — Les calvinistes chassés de l'église et du monastère de Saint-Robert. — Ils abandonnent Sainte-Ferréole. — Tulle se prépare à la résistance. — Le vicomte, vainqueur à Coutras, relève le courage des religionnaires. — Malheureux devant Sarlat, il n'ose attaquer Brive. — Alternative de succès et de revers. — Il réoccupe les places perdues et préside une assemblée générale à Argentat pour y dresser de nouveaux plans de campagne. — Cause des catholiques compromise. — Ils désirent la paix. — Henri III assassiné, le Bas-Limousin reconnaît le roi de Navarre. — Comment l'armée royale n'a pas mieux profité de ses succès. — Reproche à ses soldats d'avoir été inhumains. — Ils n'ont pas relevé les ruines de Beaulieu. — Ils ont rendu les hérétiques plus insolents et plus audacieux.

Au milieu de ces honteuses et lâches désertions, une seule consolation restait aux chrétiens qui avaient gardé la croyance aux saines doctrines émanées de Rome, et le dévouement au Saint-Siège : c'était la promesse du Christ d'assister son Eglise et de la maintenir jusqu'à la fin des siècles. D'autres orages avaient passé ; d'autres hérésies avaient disparu ; le marteau des démolisseurs s'était usé ; le tranchant des bourreaux s'était émoussé, et la vérité était restée immuable, et l'édifice sacré était resté debout. Si le temps est à l'homme, l'éternité est à Dieu.

En d'autres époques et avec d'autres circonstances, on aurait pu compter sur le secours des troupes royales, toujours protectrices de l'autel comme du trône ; mais alors, de ce côté, il n'y avait qu'une faible lueur d'espoir, qui ne devait même pas tarder à s'évanouir. Obligées de se défendre contre des ennemis forts et nombreux, ces armées avaient assez à protéger les grandes places sans s'occuper des petites. Qu'attendre d'ailleurs d'un pouvoir tout entièrement livré aux mains d'un jeune roi débauché, entouré de favoris perdus de vices, et beaucoup trop docile aux conseils d'une mère soupçonneuse, qui fut constamment occupée, bien moins du triomphe de l'Eglise que de celui de sa politique astucieuse ? — La liberté de conscience accordée aux huguenots par le traité de Saint-Germain, en 1570, n'avait fait qu'accroître leurs prétentions ; et, cette concession leur donnant une idée exagérée de leur force, il était bien

difficile de les faire renoncer à la lutte. La tolérance ne change pas le cœur des impies et des exaltés, et la faiblesse des souverains ne sert qu'à les rendre plus entreprenants et audacieux. En vain Charles IX avait-il essayé de tous les moyens pour les contenter et se les attacher, en leur donnant, pour sûreté, les villes de La Rochelle, de Montauban, de Cognac et de la Charité; ils n'avaient répondu à aucune de ces avances. En vain avait-il reconnu pour ses fidèles sujets ceux mêmes qui s'étaient le plus signalés dans la révolte; rien ne pouvait satisfaire les exigences des chefs de ce parti. — D'autre part, on avait beau remporter sur eux des victoires signalées, et même les décimer; battus et dispersés en France, ils allaient se reformer en Allemagne; — Enfin, à bout de ressources, et voulant à tout prix dissiper les soupçons des calvinistes, le roi proposa le mariage de Marguerite, sa sœur, avec Henri prince de Béarn. Jeanne d'Albret, reine de Navarre, s'empressa de communiquer ce projet à son directeur de conscience, et elle écrivait ensuite à son fils : « Cette princesse est belle,
» bien avisée, et de bonne grâce, mais elle est nourrie
» en la plus mauvaise compagnie qui fut jamais. »
Mais Jeanne d'Albret mourut quelques mois après, et son fils, âgé de dix-neuf ans, épousa la princesse Marguerite. C'était en l'an 1572.

Ce mariage contraria fortement les calvinistes, qui cherchèrent aussitôt à en détruire le bon effet. L'amiral de Coligny, qui était l'âme du parti, s'insinua dans les bonnes grâces du roi, et lui inspira tout de suite de l'éloignement pour sa mère et son frère, le duc d'Anjou, sous prétexte qu'ils usurpaient son autorité et compromettaient sa dignité devant ses sujets. Si habile que fût cette tactique, elle ne put réussir. La reine mère et le duc d'Anjou s'en aperçurent assez tôt, et se décidèrent ensemble, sans plus de retard, à se défaire de l'amiral. Il ne leur fut pas difficile de faire accepter au roi leur plan sinistre; et, dans la nuit du 24 au 25 août 1572, le duc de Guise et le prévôt des marchands exécutèrent leurs ordres et massacrèrent sans pitié tous les conspirateurs. L'amiral de Coligny, tous ses gens, et grand nombre de huguenots, tant à Paris que dans d'autres villes de provinces, furent assassinés par les soldats et par le peuple en fureur. — D'après les états recueillis dans les différentes localités du royaume, on évalua à 786 le nombre des personnes qui périrent en cette occasion, nombre qui eût été bien dépassé sans l'intervention et l'appui charitables des prêtres des divers lieux (1).

Après ce massacre, le roi de Navarre et le prince de Condé furent mandés au palais, et le parlement fut convoqué. Le roi donna, devant tous, des preuves de la perfidie de Coligny et des projets affreux des hérétiques; et il fut décidé que l'on ferait tous les ans une procession générale dans Paris pour remercier Dieu de la découverte de la conspiration tramée contre les catholiques.

Quelles que soient les raisons alléguées pour légitimer cette mesure extrême, les massacres de la Saint-Barthélemy n'en furent pas moins odieux, et, loin d'abattre le parti protestant, lui donnèrent une énergie nouvelle. La mort violente de Charles IX, qui arriva le 30 mai 1574, fit croire aux hérétiques que la vengeance divine s'était appesantie sur le corps de ce malheureux roi, et les encouragea à la résistance. Enfin, la haine ou le désespoir ayant décuplé leurs forces, ils s'emparèrent de plusieurs places importantes; et, à diverses reprises, firent beaucoup de mal aux armées royales. On sait que les succès, fussent-ils légers, font vite oublier des fatigues et des défaites. Dans les deux camps, on vit alors l'ardeur des combattants s'accroître chaque jour par la confiance et

---

(1) Note sur le nombre des morts à la Saint-Barthélemy par un auteur protestant, Coblet.

l'ardeur que donne la victoire. Les chances du triomphe étant partagées : un jour, vaincus; le lendemain, vainqueurs; on vit la guerre s'allumer et s'étendre partout. On eût dit une traînée de poudre s'enflammant à tout instant par les étincelles qui jaillissaient des cœurs également disposés à mourir pour leur religion. Fanatisme ou zèle éclairé, c'était en ce moment le seul mobile de la guerre. Les heureuses populations catholiques qui, depuis tant de siècles, s'étaient abritées sous les murs de leurs clochers, attendant de là, soir et matin, le signal de la prière et du devoir, s'étaient levées de toute part pour le disputer à l'hérésie. Dans chaque paroisse, on se battait pour défendre la précieuse propriété de la foi des aïeux. Jamais guerre civile ne s'était présentée avec autant d'acharnement; et on peut dire aussi que jamais la royauté et l'Eglise n'avaient couru un aussi grand danger.

Dans de telles conjonctures, l'inaction du souverain, tuteur de son peuple, eût été un crime. Il était de son devoir de sauvegarder l'héritage spirituel de sa famille partout où il était compromis. Abandonnée par son seigneur, Beaulieu, surtout, avait droit à cette suprême protection du monarque. Mais, à sa grande surprise, elle n'en avait encore reçu aucun signe évident, aucune marque sérieuse... Tant il vrai que la politique, en absorbant les esprits, paralyse les bons désirs, et fait perdre le temps inutilement. En attendant, les populations tourmentées se lassent de souffrir; et, lors même qu'elles seraient animées de l'esprit de sacrifice, elles se découragent si elles ne voient pas arriver un défenseur.

Il était bien temps, en effet, que le gouvernement songeât à organiser la résistance dans nos contrées. L'occupation définitive de Beaulieu par les calvinistes menaçait non-seulement les catholiques de la vicomté de Turenne, mais encore tous ceux de la province limousine, en même temps qu'elle compromettait gravement, chez eux, la cause du roi. C'est alors que le comte d'Hautefort, gouverneur du Limousin, partit pour la Guienne afin de demander du secours aux armées royales, qu'il trouva tout occupées à chasser les huguenots des divers lieux où ils s'étaient réfugiés. Les chrétiens orthodoxes de ce pays, serfs, bourgeois, petits et grands vassaux, s'étaient levés et joints à elles dans cette croisade contre l'impiété. Le comte obtint du général en chef de cette armée qu'il lui confiât des troupes sous le commandement du duc de Maine, avec lesquelles il s'avança vers le Bas-Limousin, en suivant le cours de la Dordogne. C'était en 1585. Dès les premiers jours, tout parut devoir plier sous les pas de ces intrépides soldats. Au seul bruit de leur arrivée, les portes des remparts s'ouvraient ; les ponts-levis s'abattaient ; les cloches sonnaient à toute volée ; les drapeaux de la ligue flottaient sur les tours ; et les châtelaines, de leurs croisées, agitaient leurs mouchoirs pour témoigner de leur bon accueil.

Mais à la joie et à l'espérance se mêlait un peu d'inquiétude : car si on se réjouissait des succès des troupes victorieuses, on redoutait aussi les cruelles représailles auxquelles elles pourraient se livrer pour punir les exactions et les atrocités commises par les hérétiques. La terreur se répandit particulièrement dans tous les États de la vicomté de Turenne, et s'y fit sentir durement sur l'agriculture et l'industrie. En peu de temps le commerce et les transactions y furent arrêtés. Dans les campagnes, le propriétaire ne songea plus qu'à enfouir ses fruits et ses trésors. Un vieux manuscrit de la famille de Caulino, à Saint-Privat, nous assure qu'un certain Castanet, des environs de Turenne, cacha des quartons de blé dans la crainte de l'arrivée du duc de Maine (1).

---

(1) Note de M. de Veyrières.

Henri de la Tour pouvait-il rester indifférent devant les alarmes de ses sujets, surtout en voyant tomber entre les mains de ses ennemis les places qu'il avait soulevées quelques années auparavant? Non, il ne le pouvait, car le désintéressement, en cette occasion, eût été une coupable lâcheté. Il appela donc autour de lui ses partisans les plus dévoués et les plus aguerris, de Laumary, le Bègue, de Rignac, de Brive, Lacroix, qu'il chargea de former promptement des compagnies de soldats pour aller surprendre la ville de Tulle. Et lui, muni des ordres du roi de Navarre, il partit pour la Guienne, afin de s'opposer aux forces des catholiques (1). Les chemins qu'il avait à parcourir étaient, en ce temps-là, très étroits et difficiles; et, pourtant au bout de quelques jours, il eut bravé toutes les difficultés et franchi toutes les distances. A partir de ce moment, l'armée du duc de Maine fut entravée dans sa marche triomphale. Par des mouvements rapides, par des combats meurtriers, par des surprises successives, le vicomte l'obligea à déguiser ses projets, à suivre des voies détournées, à se fourrer dans des ravins, et dérangea enfin tous ses mouvements.

On comprend qu'un ennemi si redoutable eût pu compromettre tout le succès d'une expédition. Il fallait, à tout prix, ou chercher à le gagner par des promesses, ou braver contre lui les chances de la guerre. En habile et prudent général, le duc opta d'abord pour le premier moyen. Aussitôt, de Chavigny et la Guiche furent députés au vicomte pour l'avertir que l'armée catholique allait passer l'hiver dans son pays, et qu'elle était bien résolue à prendre toutes ses maisons et forteresses, si auparavant il ne renonçait à se défendre. — La proposition était trop formelle et le ton trop absolu pour ne pas froisser l'orgueil d'un chef

---

(1) Moréri, *Dictionnaire historique*.

si fier et si puissant. Aussi ne fit-il pas attendre sa réponse; et l'adressant à madame d'Angoulême, il lui disait, qu'après avoir exposé sa personne et sa vie pour conserver sa liberté de conscience et délivrer son roi de l'oppression, il pouvait en faire autant pour préserver son bien. En même temps, il en donnait avis au roi de Navarre, en ajoutant que ses affaires allaient bien, et qu'il ne croyait pas que le duc de Maine pût prendre Turenne et Saint-Céré (1).

Après une telle réponse, il ne restait plus au vicomte qu'à tenir l'épée hors du fourreau. Pour lui désormais, plus de repos ni de tranquillité possibles. Il devait s'attendre à voir bientôt ses Etats envahis, le combat engagé sur divers points, sa forteresse cernée, ses domaines et ses vassaux traités sans merci. Et si l'illusion, dans ce cas, n'était plus permise, la négligence l'était encore moins, car il n'y avait de salut que dans une résistance désespérée. Mais Henri de la Tour ne saurait être accusé d'inertie!... Immédiatement il donna l'ordre de fortifier et de munir toutes ses places. Puis, tout en maintenant la confiance et excitant l'ardeur de ses soldats, il les dispersa sur les positions les plus importantes afin de soutenir les attaques simultanées de l'ennemi. Les avant-postes eurent surtout une large part à cette distribution des troupes. Enfin, après en avoir placé la meilleure partie dans la forteresse de Montignac sous la garde de Laporte, de Lissac, son maître de camp, il revint dans le Limousin pour y préparer tous les moyens de défense (2).

Le départ du vicomte de Turenne et la dispersion de ses forces laissaient le passage libre au duc de Maine. Seules les forteresses garnies pouvaient obstruer sa route. C'était là, il est vrai, un obstacle

---

(1) Mémoires du duc de Bouillon, vicomte de Turenne.
(2) Marvaud; — Baluze, *Histoire de Tulle*.

sérieux qu'il fallait briser avant d'aller plus loin. Un habile général ne saurait laisser disséminés, çà et là derrière lui, des détachements ennemis qui peuvent à tout instant susciter des embarras à son armée. Et puis un pays ne saurait être conquis tant que ses remparts restent debout. C'est dans ce but que le duc se dirigea vers Montignac, qui était le point le plus fortifié de ce côté, et comme la clef de la vicomté de Turenne, étant tout rapproché de Terrasson et de Sarlat. Le lieutenant Lestang partit pour Brive qui se distinguait par son ardeur à combattre les hérétiques, et en ramena une pièce de canon et deux cents boulets. — Comme le château de Montignac pouvait offrir une longue résistance, les ligueurs résolurent d'abord de s'emparer de la ville. Conduits par d'Hautefort et Lafage, ils y entrèrent pendant la nuit, au moyen de quelques intelligences qu'ils y entretenaient avec les bourgeois. La garnison protestante eut le temps de se réfugier dans le fort contre lequel furent braquées, le lendemain, quatre pièces de canon. Une large brèche fut ouverte à la muraille ; et la garnison, pour éviter l'assaut, se rendit à des conditions honorables. Les officiers sortirent avec leurs armes, et les soldats avec un bâton blanc à la main (1).

De là, le duc de Maine vint camper dans la vicomté de Turenne, en passant par Saint-Geniès et Sarlat, où partout les acclamations répondaient aux redditions. Il s'arrêta à Martel, d'où il envoya reconnaître le château de Monfort (2). Une rude escarmouche engagée avec ses défenseurs qui s'étaient avancés sur une des deux collines voisines, fit comprendre aux ligueurs qu'ils étaient en trop petit nombre pour l'occuper. Ils

---

(1) Marvaud, *Histoire du Bas-Limousin* — Mézerai, *Histoire de France*.

(2) Ce château était situé sur une colline baignée par la Dordogne et dominait l'église de Méraguet près Souillac (Lot).

ne s'amusèrent donc pas à lutter contre ces difficultés, et se portèrent sur d'autres places moins défendues. Montvalent, Meyssac, Gagnac, Saint-Céré et Rosène tombèrent en leur pouvoir. C'est alors qu'Henri de la Tour se voyant menacé jusque dans sa forteresse de Turenne, donna l'ordre à Lamaury de sortir de Tulle et de venir le joindre.

En attendant, l'armée royale s'avançait vers Beaulieu, avec son général en chef et le seigneur d'Hautefort (1586). Elle trouva la ville murée et les portes fermées ; mais elle y pénétra après une faible attaque. Cette place, entourée de collines, ne pouvait, en effet, soutenir longtemps un siége, et résister à une forte armée. Les ligueurs la pillèrent, en ayant soin d'épargner les maisons des catholiques. Mais, comme il n'y avait pas lieu de ménager les calvinistes, ils les poursuivirent jusque dans la cellererie de l'abbaye où ils s'étaient établis à la place des religieux. Toutefois ils furent plus humains pour eux, qu'ils ne l'auraient été eux-mêmes, en pareil cas. Ils se contentèrent de les mettre à contribution selon les lois de la guerre. Outre le butin considérable qu'ils firent sur eux, ils leur firent payer tous les frais de la route, et se retirèrent après les avoir seulement appauvris et humiliés. Ils furent traverser la Dordogne un peu plus bas, malgré les troupes disséminées sur les deux rives par le vicomte de Turenne, en se servant même des bateaux que les protestants avaient submergés. Après leur départ, nous dit Armand Valest, « Jean la Place
» s'empara de la tour ou fort de la cellererie qu'il
» garda en son pouvoir et en disposa à sa volonté,
» inquiétant les habitants jusqu'en 1587 qu'il fut
» tué en allant à Saint-Céré. C'est pourquoi les con-
» suls s'assemblèrent le 14 février de cette année
» afin de nommer quelques-uns des habitants pour
» tenir l'église et la cellererie au nom de la ville. Les
» consuls firent alors l'inventaire de tout ce qui se
» trouva dans la cellererie, accompagnés de Malhot,

» l'ainé et de Florenti, comme il est prouvé par une
» déposition faite en 1592 par devant le juge de la
» ville. »

En sortant de Beaulieu, sans perdre de temps, on résolut de marcher sur Turenne. Le lieutenant de Sacremore-Birage fut choisi pour aller reconnaître les lieux et y prendre position. Il partit avec un régiment de cavalerie, fier de la confiance que lui donnait son général, et impatient de se mesurer avec les chefs les plus intrépides des huguenots. A peine, du donjon, avait-on remarqué, sous les buttes de Vayrac, la poussière soulevée par les pas précipités des chevaux, que l'on vit bientôt après étinceler les armes des cavaliers sur la hauteur la plus rapprochée, au Marchedial, où l'attendait le sieur de Lamaury. Ce barbare n'ayant pu exécuter ses menaces contre Tulle, était bien disposé à se venger contre les soldats de Sacremore. Il lui livra plusieurs combats, en cet endroit même, sans pouvoir le faire reculer ; et enfin comme il avait caché des troupes derrière un taillis pour le surprendre, et qu'il cherchait à l'attirer dans cette embuscade, il y fut tué lui-même par un des siens (1).

Cette mort enlevait subitement au vicomté son meilleur défenseur, dont le nom seul inspirait la terreur, et l'obligeait à se renfermer dans sa forteresse, pour y attendre, retranché derrière des murs inaccessibles, l'issue d'une guerre qui pouvait le déposséder de ses Etats. Le duc de Maine avait une trop belle occasion de paralyser les efforts de son plus redoutable adversaire pour ne pas en profiter. Il le fit garder de près, et surveiller constamment, tant la nuit comme le jour (2). Mais de l'intérieur de son château, le

---

(1) Mémoires du duc de Bouillon.
(2) Ce fut probablement alors qu'eut lieu à Nespouls un combat acharné entre les deux partis, et où l'église servit de fort. Le village où avait campé l'armée royale, porte encore le nom de Réjade, et l'église porte l'empreinte des boulets dirigés contre le dôme qui surmontait sa coupole romane.

vicomte suivait les mouvements de ses troupes, et il ne cessait de les exciter à ravager les champs. Cavagnac, son lieutenant le plus actif, le plus ardent dans ses haines, et qui commandait la garnison de Beaulieu, vint attaquer le château du Pescher, près de Sérilhac, avec six cents hommes. Aussitôt on donna avis de cette entreprise aux sénéchaux, qui poussèrent le cri d'alarme. Brive s'empressa de voler au secours de cette place. Ses citoyens, conduits par les consuls Maillard et Léonard, (car il fallait être en même temps homme d'administration et homme de guerre), rencontrèrent les seigneurs de Pompadour, de Gimel, de Marcillac, qui avec les troupes de Tulle, commandées par un consul de la ville, étaient accourus dans la même intention qu'eux. Les calvinistes, vivement attaqués, furent contraints d'abandonner le siège, de se barricader dans les maisons du bourg du Pescher, et de laisser, par le traité qu'on fit avec eux, les pièces avec lesquelles ils battaient le château (1).

A peine cette expédition fut-elle terminée, qu'il fallut courir à d'autres dangers. Les protestants campaient encore à Voutezac, d'où ils répandaient la terreur dans tous les lieux voisins, montrant souvent à leurs ennemis les cadavres des prisonniers pendus aux créneaux des tours de la forteresse. Leurs soldats parcouraient tous les jours la plaine, enlevaient les troupeaux, poursuivaient les femmes qui devenaient le jouet de leur brutalité... Malheureuse époque, que nous ne saurions comprendre, si nous voulions la juger avec les idées des temps modernes ! Alors de nouveaux cris de détresse se firent entendre parmi les populations catholiques. Le seigneur d'Aubeterre, sénéchal du Périgord, vint à Brive avec cinq cents cavaliers et

---

(1) Annuaire du département de la Corrèze, pour l'an XII de la République, par Philippe Juge, secrétaire général de la préfecture.

quelques fantassins. Il en partit avec d'autres soldats volontaires qui, répondant à l'appel des consuls, marchèrent sous le commandement de Maillard. — Le château de Voutezac, pressé par les assiégeants, ne tarda pas à se rendre à discrétion. On fit pendre ou arquebuser trente ou quarante prisonniers, et le fort fut rasé (1).

Les positions d'Ayen et de Saint-Robert résistèrent plus longtemps aux attaques des catholiques. Ces belles collines se couvrirent de ruines pendant la lutte. Les manoirs jonchèrent de leurs débris les tombeaux gallo-romains qu'on y trouvait jadis. Les magnifiques constructions du prieuré des bénédictins de Saint-Robert qui avaient pris toutes les formes des forteresses féodales, et sa belle église qui avait ses tours et ses meurtrières pour abriter le sanctuaire, servirent longtemps de citadelle aux huguenots. Ils s'y maintinrent tant qu'ils purent ; et quand ils furent forcés de se retirer, ils ruinèrent la maison des religieux et une partie de l'église (2).

Lorsque les protestants, maîtres de Sainte-Féréole, eurent connaissance de la prise du château de Voutezac et du châtiment qui avait été infligé à la garnison, craignant de subir le même supplice, et tout effrayés de l'arrivée du seigneur d'Hautefort, ils abandonnèrent leur fort quelques jours après. Les consuls de Tulle et de Brive, qui s'en approchèrent avec leurs troupes, entrèrent dans la place et firent démolir les murailles. « C'était une grande joie, dit un manuscrit
» du temps, écrit par un ligueur, de voir jeter aux
» vents par les soldats catholiques les murs de la
» forteresse féodale qui dépendait du domaine de

---

(1) Philippe Juge, *Annuaire de la Corrèze*. — Marvaud, *Histoire du Bas-Limousin*.

(2) Marvaud, *Histoire du Bas-Limousin*.

» l'évêque de Tulle, et où avaient si longtemps
» banqueté les hérétiques. »

Cette époque fut vraiment désastreuse pour le parti calviniste dans le Bas-Limousin. Les garnisons de Lissac et de Puy-de-Noix n'attendirent pas d'être attaquées. Elles abandonnèrent secrètement leurs postes. Plus forte et plus résolue, celle de Beynat avait bien essayé de se défendre, mais elle n'avait fait qu'irriter le seigneur d'Hautefort qui se vengea cruellement sur les prisonniers, après être rentré dans la place. — La ville d'Argentat voyant que toute résistance était inutile, promit de rester neutre, et fit démolir les quatre forts qu'elle avait fait bâtir. Le château de Ligneyrac, qui fut le berceau de la famille des ducs de Caylus, fut également pris et démoli par les catholiques. — Les habitants de Tulle, délivrés de la tyrannie de Lamaury, mais craignant d'être encore attaqués par les détachements qui couraient le pays, avaient appelés à eux le baron de Montagnac (1), un des partisans les plus acharnés de la ligue. Ce seigneur, quittant subitement les champs de Bra avec ses troupes mercenaires, était entré dans la ville; avait travaillé fortement à réparer ses désastres; et n'en était ressorti que pour aller rejoindre le duc de Maine à Brive.

On crut alors que les hostilités allaient cesser. Le faible roi Henri III, cherchant à ressaisir son autorité, parut un moment vouloir rompre avec la ligue, et s'appuyer sur le parti de Navarre; mais, quelques temps après, il s'unissait de nouveau avec le duc de Guise contre le roi de Navarre. Sur ces entrefaites, le vicomte de Turenne était parvenu à s'échapper de sa forteresse, et avait repris l'offensive. Tout à coup, lorsque la guerre civile semblait se ralentir sur un point, on la vit se ranimer sur un autre. La bataille de Coutras, qui ne changea rien à la destinée de la

---

(1) Philippe Juge, *Annuaire de la Corrèze.*

France, releva cependant le parti calviniste. Henri de la Tour, justement fier de cette victoire, à laquelle il avait contribué par sa bravoure, traversa ensuite le Périgord et fut attaquer la ville de Sarlat avec une armée composée d'environ sept mille hommes. A cette nouvelle, les habitants de Brive accoururent au secours de leurs voisins. La ville se défendit avec courage. Le capitaine de Carbonnières y fut blessé sur la brèche au milieu des catholiques. Après plusieurs assauts, Henri de la tour fut obligé de se retirer (30 décembre 1587). — Pour se venger il marcha contre Brive ; mais la population, instruite de son approche, s'était mise en demeure de résister. Elle avait réparé ses fortifications, et démoli les moulins à poudre, dans la crainte qu'ils ne servissent à l'ennemi. Les consuls avaient fait raser le couvent des cordeliers, hors de la ville, pour employer les matériaux à réparer les remparts et à d'autres ouvrages de fortification. — Les travaux furent pressés avec tant d'activité que le vicomte ne voulut pas hasarder le siège de la vieille cité si détestée de sa famille et fut se reposer de ses fatigues dans son château de Turenne (1).

Le pays étant resté sans défense sur d'autres points, les bandes calvinistes y avaient reparu très nombreuses. Elles rentrèrent dans les châteaux ruinés de Sainte-Féréole et de Puy-de-Noix ; réoccupèrent le fort de Voutezac et se fortifièrent dans l'église ; reprirent Beynat ; et de ces différents postes firent des courses et des ravages dans le pays. Un jour, un soldat vint à la hâte dans la ville de Brive, annoncer que les capitaines protestants, Labrousse et Brach, s'étaient jetés avec impétuosité sur Yssandon avec une troupe de cent vingt hommes, et avaient enlevé tout le bétail

---

(1) Philippe Juge, *Annuaire de la Corrèze.* — Marvaud, *Histoire du Bas-Limousin.*

des environs. Le seigneur d'Hautefort, qui se trouvait alors à Brive, fit armer promptement les habitants de cette ville; et, avec les gentilshommes de sa suite, marcha vers les ennemis qu'il rencontra entre Lissac et Larche, au moment où ils se rendaient à Turenne avec leur butin. Dans le combat qu'il leur livra, les deux capitaines, Labrousse et Brach, furent tués avec plusieurs de leurs compagnons. Il fit, en outre, trente-cinq prisonniers, prit soixante-huit chevaux et tous les troupeaux qui avaient été enlevés; et, avec ces riches et glorieuses dépouilles, revint à Brive où il fut reçu en triomphe.

Mais les ligueurs étaient trop pressés de toute part pour pouvoir tirer un large profit de cet avantage, et recouvrer tout ce qu'ils avaient perdu. On apprit, en ce temps-là, que d'autres détachements protestants s'avançaient des environs de Sarlat et remontaient la Dordogne. Les villes et les forteresses situées sur les bords de cette rivière avaient été, on le sait, un instant occupées par l'armée royale, mais elles avaient été reprises presque aussitôt après. En vain, d'Hautefort, pour mieux assurer sa conquête, avait-il pénétré une seconde fois dans Beaulieu avec le régiment de Sacremore... En vain Saint-Chamant, pour garder les passages, avait-il battu, avec deux pièces de canons, le château de la Roque, près Martel (1), et forcé l'ennemi à se replier sur Monfort et sur Bourzolles, près Souillac... Quand le quartier général du duc de Maine, d'abord établi à Astaillac, eut été abandonné et porté ailleurs, immédiatement toutes ces places furent réoccupées par les calvinistes; et c'était justement là-dedans que les chefs de la nouvelle expédition se disposaient à rentrer. Voulant grossir leur parti, ils avaient soin, à mesure qu'ils avançaient, à l'instigation du vicomte, de se mettre en relation avec tous les

---

(1) Marvaud, *Histoire du Bas-Limousin*.

mécontents du pays. Avec le caractère fier et prompt des habitants de ces contrées méridionales et calcaires, cette tactique devait réussir. Et, en effet, ils eurent bientôt réuni six cents chevaux et deux mille arquebusiers ; et lorsqu'ils arrivèrent à Argentat, ils purent tenir, sous la présidence de leur chef, Henri de la Tour, une grande assemblée où ils discutèrent de nouveaux plans de campagne.

Dans cette condition, qu'allait devenir la cause des catholiques, non-seulement dans la vicomté de Turenne, mais dans tout le Bas-Limousin? Evidemment elle était gravement compromise... Au midi, tout était conquis, et il ne semblait pas que le vicomte dût y avoir plus d'adversaires... Au nord, sans doute les ligueurs étaient maîtres des châteaux de Masseret, de Saint-Germain et de Meillard ; mais ils étaient aux prises avec le seigneur de Comborn qui, se voyant contraint de rendre à l'évêque de Limoges les revenus des châtellenies d'Allassac et de Voutezac, s'était rangé du côté des hérétiques, et, avec eux, avait enlevé et incendié la forteresse de Chamberet.

Le moment paraissait très favorable à Henri de la Tour pour assurer sa domination et agrandir ses Etats. Toutes les populations étaient en émoi, et en particulier celle de Tulle qui craignait le retour des cruautés qu'on avait déjà exercées chez elle. Dans la ville on montait la garde nuit et jour ; et, sur les collines voisines étaient constamment postées des sentinelles qui correspondaient avec d'autres plus éloignées. Au lieu de calmer cette frayeur, le vicomte l'avait entretenue parce qu'il espérait s'en servir pour parvenir plus facilement à ses fins. C'est ainsi qu'il avait livré au pillage les bourgs de Sainte-Féréole, de Plas, de Naves, de la Guenne ; et une amnistie conclue avec le seigneur d'Hautefort l'avait empêché d'en faire autant de la ville de Tulle.

D'autres circonstances lui servaient encore. Au milieu d'un cahos d'idées politiques mal formulées et plus mal défendues ; de doctrines religieuses indignement méconnues ; de pieuses institutions fortement sapées ; de maximes chrétiennes repoussées comme trop sévères, il fallait s'attendre à voir triompher le parti de l'émancipation, qui se confondait, dans la vicomté de Turenne, avec la cause d'Henri de la Tour. — D'autre part, l'état de souffrance et de malaise dans lequel on se trouvait faisait préférer la paix aux troubles de la guerre. Tout le monde était fatigué d'une lutte dont on ne pouvait prévoir les résultats, et qui, depuis le commencement, avait nui à la prospérité du pays... Les foires et les marchés étaient devenus déserts, et on n'avait pas le temps de cultiver les champs... Les habitants des campagnes fuyaient aussitôt qu'on leur signalait l'approche des compagnies... On avait manqué de pain dans plusieurs villes ; et à Brive, disent quelques manuscrits, deux mille personnes étaient mortes de faim. — Enfin Henri III étant tombé sous les coups d'un assassin, dans sa résidence de Saint-Cloud, le 1er août 1589, presque tout le Limousin s'empressa de reconnaître le roi de Navarre, qui était le plus proche héritier du trône. Tulle et Brive donnèrent l'exemple de la soumission, dans l'espoir que le prince abandonnerait bientôt la religion qui l'écartait de cette succession.

Dès lors la guerre civile semblait devoir toucher à sa fin. Les Rastignat, les barons de Gimel, de Saint-Chamant, de la Chapelle-Biron, obéissant au duc de Maine, qui voulait venger la mort des deux ducs de Guise, ses frères, s'efforcèrent, il est vrai, d'exciter le patriotisme des catholiques, mais ceux-ci répondirent peu à leur appel. Ils savaient d'ailleurs que leurs soldats, oubliant les devoirs et la dignité de chrétiens, donnaient de grands scandales ; qu'ils pillaient les maisons, violaient les femmes, emprisonnaient les marchands et les voituriers, après les avoir dévalisés ; et ils demandaient avec anxiété, « quand donc, exempts de crainte, ils pourraient reprendre leur in-

dustrie et la culture de leurs terres interrompues (1). »
Il y avait loin de là à la fougue et à l'enthousiasme
qu'ils avaient montrés à la première heure. Les châteaux de Vigeois, de Sadroc, de Chapoulie et d'autres
lieux, battus en brèche par les canons de Turenne
et de Brive, se rendirent à discrétion. Dès ce moment,
Henri de la Tour put jouir du repos dans sa forteresse;
et les passions politiques et religieuses, qui avaient
armés tous ses sujets, durent se concentrer dans l'intérieur des localités pour y disputer le terrain des
consciences.

Après un tel dénouement, on serait en droit de demander comment l'armée royale, si triomphante au
début de la campagne, n'avait pas su mieux profiter
de ses succès. Malheureusement à cette époque, il y
avait sur le trône de France un prince trop indolent
et pas assez fier de son titre de roi très chrétien pour
être le seul chef de la ligue, et s'attribuer le mérite
que donnent les victoires remportées pour une bonne
cause. Tour à tour partagé entre les catholiques et les
calvinistes, suivant les conseils de sa mère dont l'astucieuse politique gouvernait toujours, il avait brisé la
concorde et semé partout le découragement avec la
défiance. On le vit se rendre dans le Limousin pour
poursuivre le duc de Maine, au moment où celui-ci
se couvrait de gloire. Il campa pendant quelques jours
dans les environs d'Allassac et d'Yssandon, et accorda
aux habitants de Brive une exemption des deux tiers
des tailles, afin d'obtenir d'eux un nouveau serment
de fidélité à sa couronne.

Pourquoi n'avouerions-nous pas aussi que les ligueurs, moins préoccupés peut-être des intérêts religieux, que de leur ambition personnelle, avaient trop

---

(1) Mémoires pour servir à l'histoire des guerres de religion en
Limousin, puisés à la bibliothèque du séminaire de Limoges. — Marvaud.

souvent obéi à d'autres mobiles qu'à ceux qui les avaient réunis aux pieds des autels ; et à ces motifs peu avouables il avaient ajouté encore des moyens peu louables. Le soldat qui se bat pour la défense de la foi ne devrait pourtant jamais oublier le précepte évangélique de la charité fraternelle, lors même que ses ennemis, cédant aux entraînements passionnés de la guerre, se rendraient coupables de barbarie. Sous ce rapport, les ligueurs ne furent pas exempts de reproches. On les vit plusieurs fois, notamment dans la vicomté de Turenne, se montrer inhumains, et se livrer à des rigueurs telles que les populations aimaient presque autant subir la tyrannie des calvinistes que leur domination. Un contemporain affirme, en effet, que l'armée du duc de Maine fit beaucoup de dégâts dans notre pays, brûlant maisons, granges et meubles (1). Henri de la Tour, revenant de Sarlat, surprit lui-même un capitaine avec ses soldats qui enlevaient les planches d'une maison et jetaient les tables au feu (2)... Un autre témoin ajoute que les capitaines Moissard, de Taillefer et autres, chargés de la garde du château de Montvalent qui avait été occupé par les catholiques, firent tellement la guerre dans toute la contrée, qu'on n'osait aller ni venir, tant au lieu de Creisses que dans ceux de Saint-Sozy et de Martel.

En supposant même que la tactique militaire prescrivît au vainqueur l'emploi des mesures d'intimidation pour assurer sa conquête, elle l'obligeait à d'autres précautions dans ce même but. Or, c'est précisément ce que ne faisaient pas toujours les ligueurs. Au lieu de prendre sérieusement fait et cause pour les catholiques et de les délivrer de l'oppression des hérétiques, dans les lieux où ils passaient, ils paraissaient

---

(1) Papiers de M. de Veyrières.

(2) Cette maison, dite d'Escenrals, devait être située dans les envi-

plus pressés de combattre les ennemis politiques que les mauvaises doctrines. A peine avaient-ils occupé une place même importante qu'ils la quittaient, entrant et sortant presque en même temps. C'est ce qui se passa dans la vicomté de Turenne, et principalement à Beaulieu. Le triomphe eût été complet dans cette ville, s'ils eussent installé les religieux dans leur monastère et leur église abbatiale, en leur aidant à réparer les ruines qui s'y étaient accumulées ; s'ils eussent réclamé des garanties tant pour l'autorité des prêtres chargés de la direction de la paroisse, que pour le respect dû aux choses saintes ; s'ils eussent enfin assuré aux catholiques, par des règlements sévères, la pleine liberté de leur culte. Au lieu de cela, ils se contentèrent de chasser les calvinistes de la cellererie du monastère, dont ils confièrent la garde à un des habitants, et ils laissèrent toutes ces imposantes constructions se consumer sous des ruines, tandis que les religieux, sans abri, étaient obligés de se loger dans les divers quartiers de la ville, au grand détriment de la discipline monacale (1).

Etait-ce ainsi que l'on devait protéger l'Eglise? Et devait-on abandonner sans défense une place qui tenait le premier rang dans la vicomté de Turenne, et que l'on avait conquise sur le chef ennemi le plus redouté? Mieux eût valu, assurément, ne pas y rentrer que d'en sortir sans avoir posé les bases d'une paix durable. Le levain de discorde n'étant pas étouffé, on devait s'attendre à le voir fermenter de nouveau; et alors, la condition des catholiques devenait pire qu'auparavant.

Les évènements, d'ailleurs, se chargèrent de confirmer ces prévisions. Aussitôt après le départ des vainqueurs, les calvinistes se montrèrent plus audacieux et plus insolents. L'état de dénuement dans lequel on les avait laissés, accrut leur irritation et leur suggéra de mauvais desseins; et leurs menaces et leurs procédés se mesurant toujours sur leurs exigences et leurs besoins, ils réclamèrent impérieusement des secours. L'inquiétude et la frayeur, comme on devait s'y attendre, se répandirent bien vite autour d'eux, et servirent considérablement au triomphe de leur parti. Certes, il leur était facile de cette manière d'étendre leur empire sur les consciences et de propager leurs funestes doctrines.

C'est ainsi que toutes les circonstances favorisaient la réforme. — La voilà donc définitivement établie à Beaulieu; il ne nous reste plus qu'à la voir à l'œuvre. Nous jugerons de l'arbre par ses fruits : *A fructibus eorum cognoscetis eos.*

TROISIÈME PARTIE

FANATISME DES CALVINISTES A BEAULIEU

Incendie de l'abbaye. — Mutilation des sculptures du portail. — Conspiration contre les catholiques. — Scandales dans les cimetières. — Souffle d'insubordination. — Perdition générale. — L'hérésie autour de Beaulieu. — Profanation des reliques.

1

INCENDIE DE L'ABBAYE.

La mission des hérétiques ne peut produire que de mauvais fruits. — Ils ne se conduisent pas en disciples du Christ. — Leur mot d'ordre c'est la guerre à outrance à la vieille société chrétienne. — Ils veulent l'apostasie ou la mort. — Ils cherchent à étouffer la voix des bénédictins. — Pour cela ils les chassent de leur monastère; il les poursuivent à Astaillac — Les habitants de cette paroisse les obligent à s'éloigner; de dépit, ils ravagent les terres dépendant de l'abbaye; ils tuent un pauvre cultivateur; ils rentrent en ville le soir à la nuit et incendient le monastère.

Une mission qui est divine s'annonce toujours par des caractères de sainteté, et pendant qu'elle produit dans les âmes des fruits de grâce et de salut, elle répand sur les corps de célestes et abondantes bénédictions... Celle des calvinistes ne manifesta jamais aucun de ces signes. Non-seulement elle fut condamnée à la stérilité, mais elle ne put faire germer autre chose dans les cœurs que les fruits amers de l'erreur et de l'impiété, ne laissant partout après elle que désordres et ruines spirituelles.

Nous pourrons en juger par l'état désastreux dans lequel ces hérétiques plongèrent les populations de la vicomté de Turenne, et en particulier celle de Beaulieu, qui eut le plus à déplorer leur présence dans ses murs. On eût dit vraiment que ces ennemis du Christ ne s'y étaient proposés d'autre but que d'effacer toute trace de sentiment religieux, en y propageant le vice, en insultant à la piété des fidèles, et en amortissant le zèle des prêtres dans le sang desquels ils ne craignirent pas de plonger leurs mains. Dès le début, tous leurs mauvais instincts s'y révélèrent, et ils s'y conduisirent en maîtres non moins barbares qu'impies, que rien ne pouvait calmer et retenir ; ni la pitié pour les faibles, ni les égards dus aux vaincus. Chaque jour on voyait s'accumuler, sous leurs pas, les destructions matérielles et morales. Ils avaient inscrit la réforme sur leur drapeau, et ils étaient bien résolus à ne s'arrêter qu'après l'avoir opérée complètement autour d'eux. Ils ne se doutaient pas qu'une religion qui s'établit par le scandale et le meurtre, est condamnée à disparaître du milieu des peuples.

Peut-être aussi avaient-ils compris que leur doctrine, plus redoutable que douce et persuasive, ne pouvait s'imposer autrement. Quoiqu'il en soit, il semble que ce n'était pas assez pour eux, d'avoir, une première fois, pillé l'abbaye de Beaulieu et son église, d'avoir dispersé et massacré ses moines. On ne devait voir là que le prélude de ce qu'ils feraient plus tard. — Le mot d'ordre de la secte, sous lequel tout devait fléchir, était : Guerre à outrance à l'Église et à ses protecteurs, — guerre au vieux régime ! Et les prescriptions draconiennes qu'ils avaient suivies impitoyablement jusque-là, pour atteindre ce but, devaient apprendre aux malheureux habitants de cette ville ce qu'ils devaient attendre d'eux.

On n'avait pas oublié d'ailleurs les abominables cruautés du sinistre baron des Adrets, qui avait contraint ses enfants à se baigner dans le sang tout fumant des milliers de catholiques. Et certes, tant de férocité n'avait pu se décharger sur les fidèles sans avoir auparavant frappé les pasteurs. — Nous avions été surpris un jour, assistant, dans les environs de Turenne, à la démolition d'un vieux presbytère dont la construction remontait au temps des guerres religieuses, de voir des murs doublés entre lesquels avait été ménagé un espace, comme pour servir de cachette au curé (1) ; mais nous ne devons plus nous étonner de telles précautions.

C'était donc contre le monastère de Beaulieu que les calvinistes devaient décharger leur fureur, parce que de là partaient sans cesse les flèches qui les frappaient au cœur. Combien de fois, du haut de leur chaire, ces savants et pieux bénédictins n'avaient-ils pas combattu leur doctrine et dévoilé leurs infâmes projets? Ah! autant la parole sainte est consolante pour le vrai chrétien, autant elle est accablante pour celui qui ne l'est pas! Les prédicateurs catholiques ne s'en rendent peut-être pas toujours assez compte... Dans tous les cas, les calvinistes en mesuraient parfaitement toute la portée, et il n'était pas de moyens qu'ils n'eussent pris pour la comprimer. S'étant aperçus que ces religieux attiraient tout à eux, qu'ils empêchaient l'établissement de leur culte et compromettaient par là le triomphe du parti dans toute la contrée, ils résolurent de nouveau de s'en débarrasser. En 1574, ils furent les surprendre dans leur monastère, après avoir juré de les exterminer. Infailliblement c'en eût été fait de ces pauvres moines s'ils n'eussent pris la fuite. Mais, avertis du danger qu'ils couraient, ils sortirent par une porte dérobée, et se retirèrent au château d'Astaillac, qui était au nombre de leurs possessions, échappant ainsi à une mort cruelle.

Le château que nous venons de nommer était la plus belle et la plus riche résidence des abbés de Beaulieu, et aussi la plus agréable par son voisinage du monastère. On en franchit la distance, en une heure, par un chemin bordé de mûriers. Dressées sur la crête d'une colline étroite et allongée, qui s'incline doucement vers la Dordogne pour y baigner le pied dans

---

(1) Ancienne maison du prieur, à Nespouls.

ses eaux vertes et limpides, ses tours dominaient la magnifique plaine qui s'étend entre Bonneviolle, Bretenoux, Biars et Altillac. De là on pouvait voir arriver l'ennemi de loin, et jeter le cri d'alarme dans tout le pays. Et tandis que ses défenseurs étaient abrités derrière de forts remparts et protégés par des escarpements et des rochers, ses avenues étaient solidement gardées de tous côtés et défendues par les forteresses d'Extresse, de Gagnac, de Saint-Laurent, de Castelnau, de Bétaille, de Billac et de Queyssac.

Aussi, de bonne heure, avait-on compris l'avantage de cette position pour l'abbaye de Beaulieu. C'est ainsi que saint Rodulphe lui-même avait conçu le projet d'en faire un lieu de repos, en temps de paix, pour ses religieux fatigués par le travail et les mortifications, et un refuge assuré, en temps de guerre. A cet effet, il leur légua, en 860, sa terre inféodée de Belmont avec l'église de Saint-Etienne d'Astaillac, et tout ce qui en dépendait : *Dedit abbati et monachis Bellummontem villam suam cum ecclesiâ B. Stephani de Stalliaco, et mansos qui sunt in Membriaco, quidquid pertinet ad ipsam villam et ecclesiam* (1). Stimulé par cet exemple du saint patriarche de Bourges, un prêtre, nommé Godin, donnait au monastère de Beaulieu, en l'an 882, de grandes propriétés qu'il possédait dans la susdite paroisse, et qui consistaient principalement en terres et en vignes : *Cedo res proprietatis meæ ad monasterium quod vocatur Bellustocus ; hoc est portionem meam de ipsâ vineâ quam ego et nepos meus donadeus comparavimus.... Et campos duos quos de Emenane visus fui comparare, in villâ quæ dicitur Membriacus... Et in villâ quæ nominatur Ventagiolus, vineam meam dominicam.....*

---

(1) Marvaud, *Histoire du Bas-Limousin*. — M. Deloche, Cartulaire de l'abbaye de Beaulieu.

Et in villâ quæ dicitur Ad illa Roca vineam meam (1). Quelques années après, en 917, un certain Austinde léguait à la même abbaye des terres et des vignes enclavées dans la même paroisse : *Ego enim in dei nomine Austindus, cedo res proprietatis ad monasterium quod vocatur Belluslocus, in villâ quæ dicitur Astiliaco, capmansionile ubi Ermenaldus manet, cum ipsis terris vel ipsis vineis quæ per hæreditatem mihi obvenerunt* (2). Nous voyons encore, au xe siècle, une femme nommée Bélieldo, constituer aux abbés de Beaulieu une rente de douze deniers sur ses propriétés d'Astaillac : *Ergo in dei nomine Belieldis femina considerari amorem cœlestis patriæ, et ut merear impetrare, cedo ad casam dei Bellilocensis monasterii aliquid de rebus meis, hoc est duodecim denariadas de vined inter vineas et boscum, in loco ubi vocabulum est Astiliaco* (3).

Enfin, à une époque que nous ne pouvons préciser, les abbés de ce monastère fondèrent dans l'ancien château d'Astaillac, par respect pour la mémoire de leur saint fondateur, ou à cause de l'importance spéciale de cette position, une chapelle qu'ils dédièrent à sainte Marie de Donnette, et qu'ils érigèrent en prieuré.

C'était donc dans ce dernier refuge que les pauvres moines avaient cherché leur salut. Hélas ! ils étaient trop près de Beaulieu, où leur influence pouvait encore se faire sentir, pour être exempts de la colère de leurs ennemis !... Or, un jour, pendant qu'ils étaient occupés à l'office divin, ils furent troublés par une alerte soudaine. Des cris sinistres, partis de dehors, les avertissaient que les huguenots venaient pour les surpren-

---

(1) M. de Deloche, Cartulaire de l'abbaye de Beaulieu.
(2) *Idem.*
(3) *Idem.*

dre ; et ils purent s'en convaincre bientôt par eux-mêmes, quand, des croisées, ils virent se déployer, dans la plaine d'Extresse, des bataillons de soldats qu'ils reconnurent, à travers la poussière, pour des calvinistes. — Un instant après ils étaient assiégés par eux ; et, certainement, sans la résistance énergique qu'opposèrent les gardiens du fort et les autres habitants du lieu, dont ils purent apprécier le dévouement en cette circonstance, ils auraient été impitoyablement immolés.

On vit alors jusqu'où peut aller l'orgueil humilié de l'impie... Honteux de leur défaite, et voulant la déguiser, les assiégeants rôdèrent autour du manoir et ravagèrent toutes les terres et dépendances de l'abbé. Et, comme tout est bon à ceux que n'arrête pas la crainte de Dieu, — même les profits injustes, — ils emportèrent un riche butin qu'ils ne craignirent pas de faire sur la part du serf.

Mais cela ne pouvait suffire encore à calmer la rage et le dépit de ces misérables. A défaut de trophées conquis sur les assiégés, ils voulurent présenter des victimes innocentes, qu'ils furent chercher probablement dans les champs, hors du lieu du combat. Ils trempèrent alors leurs mains, nous dit le prieur Armand Valest, dans le sang d'un malheureux cultivateur, dont tout le crime peut-être avait été de garder les récoltes qu'il avait amassées péniblement dans ses greniers.

Cette mort injuste aurait dû réveiller dans le cœur de ces barbares quelques sentiments de pitié ou de remords. Mais rien ne put les toucher. Au contraire, après avoir excité pendant toute la journée, sans pouvoir l'assouvir, leur soif du carnage, ils furent plus exaspérés après qu'avant. Ils rentrèrent alors dans la ville à la nuit close, et profitant des ténèbres pour cacher leur défaite et voiler en même temps la noirceur de leur crime, ils résolurent de se venger sur l'abbaye de la résistance que leur avaient opposée les religieux. Ils allèrent tout droit vers le monastère, le ravagèrent de nouveau, et puis, au moyen de torches allumées, promenèrent le feu dans tous les appartements. Le lendemain on ne voyait plus que des murs noircis et calcinés autour d'une épaisse fumée et de flammes qui achevaient de s'éteindre. Et de toutes ces immenses constructions, ces impies, bien dignes de l'exécration des peuples civilisés, n'avaient conservé que la cellererie pour y faire leurs réunions, et l'église pour y célébrer leurs cérémonies religieuses... Ce qu'ils firent, nous dit le frère Jean Maurat, jusqu'en l'an 1586.

Ah! comment, autour de ces ruines, ne s'est-il pas élevé plus tôt une voix indignée pour flétrir les actes abominables de cette secte impie!

II

MUTILATION DES SCULPTURES DU PORTAIL.

Les nouveaux iconoclastes méprisent les objets d'art. — Portail de l'église de Beaulieu ; son plan, ses symboles, sa pensée principale. — Les calvinistes veulent déchirer cette page d'enseignement catholique. — Ils redoutent la colère des habitants. — Pour surprendre leur bonne foi ils déguisent leurs projets. — Ils s'introduisent dans le conseil municipal ; obtiennent une délibération qui autorise la construction d'une halle devant le portail. — Badigeonnement qui masque les sculptures. — Les désirs des calvinistes sont satisfaits ; la figure redoutable du souverain Juge est voilée.

Après l'incendie de cette splendide habitation des moines, que tant de siècles avaient respectée et admirée ; que tant de dévouements avaient enrichie, que tant de savants et de saints avaient illustrée, on avait lieu de croire au moins que ces vandales auraient fait grâce aux objets d'art qui en faisaient l'ornement et la richesse. Il n'en fut rien. Les monuments religieux, quelle que soit leur valeur, ne sauraient avoir droit à leurs égards. Ah ! qui pourrait calculer toutes les pertes irréparables qu'ils firent éprouver à l'archéologie chrétienne et surtout à l'iconographie sacrée ! Nouveaux iconoclastes, ils se ruaient sur toutes les images et sculptures, sitôt qu'ils croyaient y entrevoir l'emblème d'une vertu, un symbole de la foi catholique.

L'église de Beaulieu est ouverte dans le mur méridional de la nef par un portail splendide qui présente, sur sa façade extérieure et sur les éperons, des tableaux très remarquables, profondément fouillés dans la pierre. La composition du sujet et l'exécution des détails n'y font point défaut. Quel est l'artiste de nos jours, fût-il même protestant, qui ne s'arrête respectueusement devant cette œuvre merveilleuse que le souffle de l'Eglise fit éclore au xii° siècle, et qui ne déplore amèrement les mutilations qu'on lui fit subir sous les guerres religieuses? Sur ces pages en apparence froides, se trouvait écrit un enseignement catholique que des moines civilisateurs y avaient empreint dans un style chaleureux. C'était le catéchisme du pauvre peuple, où, sous des traits frappants, les pensées les plus salutaires étaient continuellement rappelées. Ignorant ou lettré, le malheureux enfant d'Adam se consolait des douleurs de son exil en considérant ces images où s'étalaient avec tant de pureté toutes les souffrances de l'humanité. L'artiste chrétien avait trouvé le secret d'y dérouler sous ses yeux toutes les phases diverses de son immortelle destinée. Il lui avait dépeint la vie en ce monde comme un voyage sur une route semée d'écueils; et, embrassant dans sa pensée, à travers tous les âges, toutes les existences humaines, ils les avaient montrées s'acheminant vers d'autres régions. Nous croyons que son but était de marquer, dans un dessin grandiose, le passage des temps à l'éternité, définitivement arrêté et clos par le jugement universel. Cette savante conception a été servie par un ciseau habile et une main appliquée. Le symbole, l'histoire, les circonstances et les lieux, les personnages et les caractères y sont reproduits avec un ordre parfait; les faces, les profils, les raccourcis et les types y sont relevés avec une admirable précision. Comme on l'a déjà dit, à juste titre : « cet ouvrage important peut être considéré comme un chef-d'œuvre de bas-relief de la grande époque archéologique (1). » A droite et à gauche de cette route du temps, sont rangés sur une double haie, les épreuves, les courages, les résignations, les victoires et les défections, la tentation et la grâce, le mal luttant contre le bien, et le bien triomphant du mal. Enfin rien n'y a été négligé pour peindre vivement les douleurs de l'Eglise militante, et engager le chrétien à les supporter patiemment afin de mériter la récompense et les joies immuables de l'Eglise triomphante.

Malheureusement ces pieuses et touchantes leçons n'étaient guère du goût des calvinistes, non moins ennemis de la pensée chrétienne que des symboles qui la rappelaient, et ils les auraient effacées depuis longtemps s'ils n'avaient redouté les colères du peuple. Ils ne renonçaient pourtant pas à leur projet sinistre, mais ils attendaient qu'il se présentât une occasion pour le faire autoriser. — Il est de certaines choses auxquelles on ne peut toucher dans une localité sans s'exposer à de graves inconvénients, et dans ces cas, la prudence est toujours un devoir. Lors même que l'on serait indifférent pour la religion, on l'est rarement pour les trésors qu'elle a légués, et on ne saurait trop prendre de ménagements pour les enlever. — Quel moyen vont donc employer ces implacables démolisseurs? Vont-ils essayer d'une résolution prompte et énergique qui ne laisse ni le temps de la réflexion, ni celui d'organiser une opposition? Un tel acte de violence ferait monter soudain le flot de l'indignation. — Auront-ils recours à une destruction lente et partielle qui insensiblement accoutumerait les habitants à se passer de ces sujets religieux?... Mais ce chef-d'œuvre renfermait une idée générale, à laquelle nécessairement concourraient toutes les parties. Il ne restait plus qu'à prétexter un motif pour voiler ce

---

(1) L'abbé Poulbrière, description du portail de Beaulieu.

tableau, et le soustraire par un masque aux regards du public. Seulement il fallait obtenir de l'administration locale une délibération qui autorisât cette mesure, et, pour y arriver, il fallait intriguer et solliciter. Petite difficulté pour des partis ardents qui ne sont point arrêtés par les devoirs de la conscience. Ils imaginèrent aussitôt de faire rentrer leurs coreligionnaires dans les conseils de la ville ; en poussèrent quelques-uns aux premières charges; et lorsque toutes leurs batteries furent dressées ils n'eurent plus qu'à faire une tentative auprès du conseil municipal. Profitant pour cela de l'absence de deux consuls catholiques qui leur auraient été infailliblement opposés, ils assemblèrent les prud'hommes sous la présidence des deux autres consuls huguenots, le médecin Poitou et Huet, et en obtinrent l'autorisation de construire une halle communale devant la porte latérale de l'église. La délibération est du 6 février 1575.

C'est ainsi qu'à force d'intrigues ils avaient atteint leur but... Concession lâche ou forcée, c'était toujours un empiètement de plus fait par les hérétiques ; ce qui n'était pas de nature à diminuer leurs prétentions. Aussi, nous dit le prieur Armand Valest, « après
» avoir bâti leur halle, en exécution de ladite délibéra-
» tion, voulurent-ils ensuite fermer et boucher le
» portail, qui ne fut rouvert qu'en 1724. Il n'est
» pas douteux, ajoute-t-il, que les huguenots, qui
» dominaient dans la ville, n'avaient fait assembler
» le conseil des notables, en l'absence des consuls
» catholiques, que pour arriver à ce résultat en haine
» et dérision de la religion. »

Dans tous les cas, en se rendant à cette église dont ils avaient fait leur temple, ils ne seront plus troublés, ni eux, ni leurs enfants, par toutes ces figures sévères et menaçantes. Les pensées terribles du jugement dernier ne viendront plus empoisonner leurs plaisirs. Désormais on ne se réunira ici que pour assister à des marchés et se former au mensonge et à la duperie. Les préoccupations si salutaires de la vie future y seront remplacées par celles trop frivoles de la vie présente. — Sans plus de retard donc, ils firent disparaître la voûte du porche qui abritait ces belles sculptures et, à sa place, dressèrent une lourde charpente qu'ils appuyèrent sur quatre énormes pilliers. Bientôt après, un affreux badigeonnement vint recouvrir les pieux emblèmes qui décoraient ce portail. Une mauvaise maçonnerie en boucha les deux battants, et un indigne plâtrage recouvrit dans toute sa hauteur cet étonnant prophète qui soutenait sur ses épaules affaissées les personnages rangés autour du souverain Juge.

Arrêtons-nous. Le cœur est trop attristé par ces actes de sauvagerie. O église, si on enlève de tes murs sacrés tes doux enseignements, qu'au moins ils restent gravés dans notre mémoire, et qu'ils excitent à jamais notre reconnaissance !

III

CONSPIRATION CONTRE LES CATHOLIQUES.

On doit s'attendre à tout de la part des calvinistes. — Les bons exemples des catholiques les gênent. — Ils complotent leur extermination. — Tout est prêt pour un massacre général. — La conspiration est dévoilée. — Les portes des catholiques sont barricadées. — Ce complot reste impuni. — Plus d'énergie dans le pouvoir. — La république calviniste s'installe au sein de la monarchie.

Encouragés par ces premiers succès, les hérétiques ne garderont plus de mesures..... Voilà donc le monastère incendié ; les religieux obligés d'abord de chercher des abris isolés et de briser la règle de leur ordre, en attendant que leur supérieur ait disposé pour eux la résidence d'Astaillac...; voilà ce beau et vieux moustier converti en temple protestant, et les mystères de notre sainte religion soustraits aux regards du peuple!... Que restait-il donc à faire pour effacer toute trace de catholicisme en cette ville, sinon qu'à se débarrasser de quelques rares familles au sein desquelles s'étaient conservées les pieuses traditions du passé ?

Ah! ceux qui n'avaient pas craint de salir sur la pierre la face des saints, ne devaient pas rougir davantage de couvrir d'ignominie et de vouer même à la mort la personne de ces nobles chrétiens, dont la conduite condamnait si bien leur apostasie et leurs désordres! Une seule considération aurait pu les arrêter : c'eût été la pensée de ne pas risquer leur popularité en inspirant la terreur autour d'eux. Mais ni la pitié, ni la pudeur ne sauraient avoir accès dans le cœur des impies !... D'ailleurs leur but était marqué, et pour y arriver, il fallait, selon la maxime de Calvin, sacrifier tout sentiment d'humanité. On conçoit qu'alors il n'était pas de limite qu'ils ne dussent dépasser pour le crime, comme nous allons le voir.

Mais nous devons dire, auparavant, qu'en ce temps-là une réaction semblait s'opérer à Beaulieu contre l'hérésie. Les partis qui divisaient la France dominaient ici tour à tour. Et, tandis que les catholiques, mettant à profit la conduite scandaleuse du ministre Donnezac, — conduite qui avait soulevé la réprobation des hérétiques eux-mêmes et amené de graves débats entre son auteur et le notaire Beauregard, — avaient replanté la croix et recommencé leurs processions, deux zélés missionnaires, de la maison des jésuites de Tulle, envoyés par l'évêque de Limoges, Mgr de la Marthonie, y avaient ranimé la foi et rétabli la saine doctrine. C'est ce que nous apprennent les consuls : « lesquels missionnaires, disaient-ils, y ont
» si utilement travaillé, que tant en ladite ville qu'au
» voisinage, les catholiques y vivent avec beaucoup
» plus d'édification, et qu'un grand nombre de
» huguenots s'y sont convertis (1). »

Justement effrayés de ce retour au catholicisme, les calvinistes ne négligeront rien pour l'entraver. Ils sacrifieront volontiers leur ministre, en se portant eux-mêmes pour ses accusateurs ; et ils ne craindront pas, en outre, d'employer les mesures les plus énergiques et les plus violentes pour empêcher toute désertion dans leur camp. Ce fut alors que les princi-

---

(1) Archives départementales de la Corrèze ; — archives de M. de Veyrières de Beaulieu.

paux chefs de la secte se réunirent pour délibérer sur le parti à prendre afin d'étouffer complètement le catholicisme à Beaulieu.

De ce conciliabule, tenu en 1622, il en sortit l'horrible complot, auquel tous unanimement donnèrent leur adhésion, d'exterminer jusqu'au dernier catholique de cette ville. En même temps on fit une obligation rigoureuse du secret, décrétant probablement les peines les plus sévères contre ceux qui le violeraient. Un affreux serment dut ensuite, selon la coutume admise en ces cas, lier tous les cœurs et y détruire tous les droits à la commisération. — Encore quelques heures, et un massacre général allait s'accomplir au milieu des cris les plus déchirants. On frémit, à deux siècles de là, à l'idée des malheurs effroyables qui étaient prêts à fondre subitement sur cette population... La campagne et la ville eussent été témoins à la fois des scènes les plus navrantes. Au même signal et au même moment, toutes les maisons et toutes les rues, tous les lits et tous les chemins eussent été ensanglantés. O profonde désolation!... On aurait vu le fils être sans égard pour son père, la mère sans entrailles pour sa fille, et l'époux impitoyable pour son épouse! Larmes, reproches, supplications, tout eût été impuissant à arrêter le carnage. Aux cris de mort qui auraient retenti de toute part, se serait mêlée la voix lugubre des chefs et des ministres de la secte, rappelant à tous l'horrible serment, et disant au glaive exterminateur de ne rien épargner. Oui, tous les poignards étaient éguisés, et tous les bras de ces nouveaux Caïn étaient levés pour égorger leurs frères!... — Enfin on était arrivé au soir du jour où cet épouvantable drame devait se dérouler parmi les ténèbres les plus épaisses de la nuit, lorsqu'une indiscrétion vint dévoiler cette conspiration, comme nous l'apprend Armand Valest : « Les huguenots
» ayant détruit le monastère, ayant chassé les reli-
» gieux, voulurent aussi se défaire des catholiques,

» et pour cela ils avaient résolu de faire main basse
» sur eux en l'année 1622, mais leur conjuration fut
» découverte et resta sans effet. »

Soudain tous les fidèles s'avertirent du danger en bons frères, et prirent des mesures pour protéger leur vie. Ils se barricadèrent fortement dans leurs maisons; s'armèrent pour la légitime défense; et évitèrent de paraître dehors, attendant chez eux dans la prière le moment de l'attaque. L'heure du massacre sonna, en effet, et aussitôt des cris d'extermination remplirent l'air, retentissant au-dessus des toits et des élégantes tours de cette cité jadis si calme. L'ennemi se répandit dans ses places et ses rues avec une agitation et un empressement fiévreux. Mais, à son grand étonnement, il se trouva seul avec lui-même. Ceux qu'il cherchait l'attendaient résolument derrière leurs portes, et pour pénétrer dans leurs habitations, il eut fallu en faire le siège. Il comprit alors qu'il était trahi...; et, triste, honteux, il rentra chez lui, laissant la mort inconsolable de n'avoir pu faire une victime. C'est ainsi qu'avorta ce noir complot qui eût fait verser des flots de sang.

Plût à Dieu qu'il ne fût pas resté impuni!... Conçoit-on qu'une telle conjuration ait été ourdie dans l'ombre et conduite jusqu'au dernier moment sans exciter l'attention de la police! On pouvait supposer chez les novateurs beaucoup de témérité, ou bien croire au désarroi dans les rouages de l'Etat... Il est vrai que de graves évènements avaient entravé le libre et plein fonctionnement de la machine gouvernementale et servi considérablement la cause des hérétiques... Henri IV était tombé sous le poignard de Ravaillac... L'autorité était tout entière entre les mains d'une femme, et l'armée était sans chef... La politique était dirigée par un aventurier, le florentin Concini... L'aristocratie, profitant de la minorité de Louis XIII, cherchait à reprendre son indépendance... Les grands du royaume, sous la conduite du duc de Bouillon vicomte de Turenne, avaient publié un manifeste contre la reine et ses ministres, et personne n'avait osé les attaquer... L'édit de Nantes avait organisé l'hérésie politiquement et légalement, et créé pour les protestants une république au sein d'une monarchie... La Rochelle avait formulé une déclaration qui partageait en huit cercles les sept cents églises prétendues réformées de France, réglé les levées d'hommes et d'argent et constitué définitivement la république calviniste... Enfin le désastre de Montauban, qui venait de briser l'armée royale et d'enlever une foule considérable de généraux et d'officiers de mérite, avait accru l'audace des réformés et permis à ceux de Beaulieu de braver les soldats du roi.

Ce fut surtout de 1621 à 1624 que le Limousin fut agité par les tracasseries des huguenots. A cette époque l'avénement de Richelieu au pouvoir vint tout changer. On sait que le cardinal prit ses sûretés contre toutes les villes signalées dans les troubles précédents comme foyers de protestantisme. Il exigea des localités dépendantes du duc de Bouillon, vicomte de Turenne, et, en particulier, de Beaulieu, que l'on savait si remuant, un hommage direct et un serment de fidélité au souverain. « Conformément aux instructions
» du ministre, nous dit M. Deloche, le lieutenant-
» général du sénéchal au siège de Tulle, le sieur Fénis,
» commissaire royal, adressa aux consuls un ordre
» dans ce sens, et le serment fut effectivement prêté
» devant cet officier de justice par le consul Pierre
» Rivière, au nom de ses collègues et de tous les ha-
» bitants. »

Après de telles mesures de sûreté, après une telle conspiration dévoilée, on croira sans peine que les calvinistes de Beaulieu aient été déconcertés. Sans doute ils auraient pu organiser une nouvelle attaque contre les catholiques. Mais tous les moments ne sont pas également favorables ; et il n'était plus possible de compter sur une surprise pour opérer un massacre général. Il aurait fallu combattre corps à corps ; disputer chaque maison, et s'exposer ainsi, à tout moment, à perdre la vie ; et nous croyons qu'ils n'étaient pas disposés à affronter de tels dangers.

Tout ce qu'ils pouvaient faire, c'était de changer de plan et de tactique. Au lieu de se débarrasser de leurs adversaires par l'extermination, ils pouvaient les fatiguer par des combats incessants, ou les corrompre par le spectacle du mauvais exemple. Tel qui défend une place contre de forts et nombreux assaillants, qui recule devant des assauts déguisés. L'idée était perfide ; nous allons voir comment ils la mirent à exécution.

IV

SCANDALES DANS LES CIMETIÈRES.

Règlements ecclésiastiques pour les cimetières. — Place refusée aux hérétiques. — Respect dû à ce lieu bénit. — Profanations dans le cimetière de Beaulieu. — Les catholiques invoquent les règlements. — Querelles pour empêcher les sépultures des calvinistes. — Plaintes portées au roi. — On fait un cimetière séparé pour les protestants.

L'Eglise, si pleine de compassion, de prières et de larmes pour les trépassés, a réservé de tout temps un lieu de repos pour les dépouilles inanimées de ses enfants. Elle a établi comme d'immenses dortoirs où tous les hommes vont se coucher et dormir à la fin de leur vie, en attendant l'heure de la résurrection, pendant que leurs âmes se réfugient dans le sein de la gloire.

Pour imposer le respect et la piété envers ces saintes demeures, elle les a arrosées de ses plus douces bénédictions et de solennelles consécrations. Enfin, elle a fait des règlements pour les préserver du contact des choses impures, pour en éloigner la profanation et en défendre l'accès aux personnes qui ont terminé leur vie criminellement sans donner aucun signe de repentir. Et, telle a été toujours sa sollicitude pour l'inviolabilité de ce triste séjour, qu'elle n'a pas craint de taxer de sacrilèges les actes qui le souilleraient.

C'était, de la part de l'Eglise, une mesure de préroyance, dont on ne comprit jamais bien la nécessité avant la révolte de Luther. Le respect envers les cimetières chrétiens s'imposait naturellement. Il suffisait de savoir que toutes les générations y étaient ensevelies, depuis la conversion des Gaulois et des Francs, jusqu'à nous ; que, tour à tour, les fils venaient s'y asseoir à côté de leurs pères; que la jeune fille y descendait avec sa mère, après le temps des vanités, pour en sortir ensemble au grand jour de la manifestation des consciences.

Certes ce n'est pas sans une grave raison, qu'une place y a été refusée aux hérétiques et à tous ceux qui meurent dans l'impénitence. Que serait-ce donc, si ces croix, ces couronnes d'immortelles, ces emblèmes touchants, qui se dressent sur la fosse de nos parents et de nos amis, nous retraçaient autre chose que leurs vertus et leurs dévouements ?... Le cœur éprouverait-il les douces émotions qu'il ressent en présence du tombeau !... Tandis qu'ailleurs on est tout entier aux affaires, aux jeux, aux bruits du monde et à ses folles joies, ici on est au recueillement, au pardon, au désenchantement, au repentir, à l'espérance et à la prière, parce que c'est ici-bas le dernier refuge des saints qui furent éprouvés comme nous par toutes sortes de tribulations. Ah ! de grâce, paix au séjour des morts !...

Mais les calvinistes ne veulent pas de ce culte, parce qu'ils savent trop bien l'aliment qu'il fournit à la piété. Sous ce rapport, on devait donc s'attendre, de leur part, à de grands scandales et à des profanations inouïes. Affectant de méconnaître ici les droits de l'Eglise, et indignés de se voir fermer les portes de tous les cimetières de la ville pour leurs coreligionnaires défunts, ils s'élèvent contre cet interdit, et répondent aux injonctions et aux défenses qui leur sont faites par de violentes menaces. Ils allèguent même le droit commun, crient au privilège et à l'arbitraire, et de l'injure passent bientôt aux procédés de la force brutale et de l'impiété la plus révoltante. Ils ne se contentent pas ensuite de violer le seuil de cette terre bénite pour y ensevelir leurs morts, contre toutes les lois ecclésiastiques et civiles, mais ils vont jusqu'à y commettre des horreurs de tout genre. Des vociférations atroces, des scènes tumultueuses et toutes sortes d'abominations y soulevaient le cœur chaque jour. On ne pouvait procéder à une inhumation sans assister à d'ignobles parodies. On ne trouvait enfin que des déchirements douloureux là où l'on aurait voulu trouver de douces consolations.

En présence de ces sacrilèges profanations, les catholiques se contentèrent d'abord de gémir. Leur étonnement était si grand qu'ils pouvaient à peine en croire leurs sens. Mais cette indifférence apparente ne pouvait avoir qu'un temps. Froissés dans leurs plus nobles sentiments et dans tout ce qu'ils avaient de plus cher, on vit leur indignation s'élever et s'accroître à proportion que se multipliaient les scandales. Ils réclamaient alors, bien haut, la pleine possession de leurs droits; et, en invoquant le respect religieux pour leurs morts, ils rappelaient les règlements et les lois qui concernaient les sépultures. Ils citaient la bulle du pape Pascal II, recommandant que la sépulture soit libre en ce lieu, et qu'on n'y reçoive jamais les excommuniés. Mais vaine protestation, les calvinistes ne redoutaient pas les censures du pape (1).

Cependant la piété outragée n'est pas moins ardente, à son heure, que l'impiété qui provoque. Il fallut en venir aux mains pour disputer à l'hérésie le terrain bénit. Une fois la lutte engagée, on se livrait continuellement dans les deux camps à des rixes sanglantes. Le champ des morts devint le champ de bataille, où l'on ne respectait ni le prêtre qui rendait les honneurs funèbres, ni les parents qui acquittaient le dernier et

---

(1) Manuscrit d'Armand Valost.

le plus précieux des devoirs. Il arrivait même assez souvent que, sur le bord d'une fosse entr'ouverte, on oubliait sa douleur la plus vive pour suivre l'élan d'un zèle justement courroucé. Un lys qui eût été froissé; une pensée qui eût été foulée; une inscription qui eût été effacée; une couronne qui eût été enlevée; un cyprès qui eût été courbé, étaient autant d'offenses que l'on vengeait à l'instant même. Les fidèles ne pouvaient supporter que les ossements de leurs frères et amis qui, en ce monde, avaient pratiqué la vertu, fussent mêlés à ceux des excommuniés qui, après avoir vécu en toute liberté, hors du sein de l'Eglise, et sinon dans le vice, au moins dans l'indifférence et l'immortification, ne pouvaient prétendre aux félicités éternelles. Ils voulaient éloigner de l'habitation de leurs pauvres morts ceux qui n'avaient avec eux aucune parenté spirituelle. Il semble que l'on repose mieux auprès des siens, et que le sommeil y est meilleur. Et, si on prend tant de soins tous les jours pour se débarrasser d'un mauvais voisinage, et pour grouper toute la famille sous le même toit, faut-il s'étonner que l'on en fasse autant pour les cimetières chrétiens. Quelle consolation de penser qu'à la fin des temps, tous les ossements qui y sont renfermés, en reprenant leurs chairs, ne présenteront que des visages et des cœurs amis, tous heureux de se revoir et de s'embrasser. C'est un sentiment si légitime que les païens eux-mêmes l'avaient toujours respecté. Seuls les fils de Calvin se montrèrent impitoyables.

Il fallait pourtant en finir; on ne pouvait plus longtemps tolérer la violation de ces lieux bénits. En 1627, des plaintes amères furent adressées au souverain, on lui faisait connaître ce qui se passait, et on le conjurait, au nom des droits les plus sacrés de l'humanité, de faire cesser les querelles dont les sépultures étaient continuellement l'objet. Ces réclamations furent entendues. Le roi chargea aussitôt les seigneurs de Pardailhan et d'Austéry, qui étaient députés au parlement pour l'exécution de l'édit de Nantes, de s'occuper sérieusement de cette affaire et de mettre un terme au désordre (1). Pour le faire cesser, il n'y avait qu'un moyen, c'était de faire des cimetières séparés et d'assigner à chacun sa place. C'est ce qu'ils firent. Ils désignèrent aux calvinistes dans le champ de Bourrier la partie du terrain situé au nord, et aux catholiques ils laissèrent les anciens. Enfin, pour empêcher toute démonstration impie et enlever toute cause nouvelle d'irritation, on fit, en 1661, un arrêt par lequel on interdisait aux hérétiques l'ensevelissement de leurs morts dans l'enceinte de la ville depuis le lever jusqu'au coucher du soleil.

Ainsi finit cette lutte déplorable qui avait si souvent augmenté la douleur de ceux que la mort laissait inconsolables.

---

(1) ARMAND VALEST.

V

SOUFFLE D'INSUBORDINATION.

Les calvinistes cherchent à ébranler la vertu des catholiques. — Ils sapent le principe d'autorité. — Ils diminuent le prestige du prêtre ; s'élèvent contre le célibat ecclésiastique. — Ils proclament la liberté évangélique. — Toutes les autorités ressentent l'effet de ces doctrines, autant celle du vicomte que celle de l'abbé.

On comprend qu'une semblable persécution devait intimider les faibles et arrêter les conversions. Il faut une âme forte pour braver les fureurs d'une secte si intolérante. Combien qui attendent le calme de la mer pour s'embarquer ; et combien qui reviennent à Dieu seulement après le danger. Disons à la louange des fidèles de Beaulieu qu'ils donnèrent dans ces circonstances la preuve d'une foi profonde et d'un esprit vraiment chrétien.

Mais quel parti vont donc prendre leurs ennemis?... Vont-ils abandonner le combat, et profiter de la liberté laissée à leur culte pour fortifier leurs adhérents dans les dogmes de la secte ? Vont-ils travailler sérieusement à la réforme des abus qu'ils reprochaient tant à l'Eglise ? Leur prosélytisme assurément ne s'en tiendra pas là. Ils changeront d'armes, ils porteront la lutte sur un autre terrain, mais toujours ils feront la guerre au catholicisme. Si l'heure de la persécution violente et ouverte est passée pour eux, il reste encore celle des taquineries et des scandales. Ils connaissaient la puissance de la raillerie et du mauvais exemple sur les esprits... Tel affronte courageusement le péril, qui tombe dans les pièges tendus à sa vertu; et souvent une gouttière ruine un mur que les aquilons n'ont pu renverser.

Par où donc, ces calvinistes, vont-ils attaquer la vertu de nos chrétiens ? Par ce qui lui sert de base : le respect et la soumission à l'autorité. Jésus-Christ, en recommandant de rendre le tribut à César et l'obéissance à ses préposés, avait posé le fondement de l'édifice social, une barrière contre l'enfer. Qui mieux a senti la puissance de cette maxime, que les disciples de Luther et de Calvin ! Ils comprirent vite qu'il fallait ébranler ces principes pour atteindre l'Église, et ils se mirent à l'œuvre sans se soucier des malheurs qu'ils allaient attirer sur les générations futures. Qui pourrait nous dire de quel respect et de quelle considération n'étaient pas entourés alors les maîtres et les supérieurs, et quel profit n'en revenait pas à tous ?... Les devoirs respectifs qui existent entre les hommes les obligent à des convenances mutuelles. La soumission du fils engage l'amour du père, et celle du soldat engage le dévouement du chef. Partant, on comprend quelle force avait pour le bien ce clergé intelligent, riche et charitable, quand il était honoré et respecté. — Influence hélas ! trop gênante pour des ennemis ombrageux ! Aussi voyons-nous qu'ils firent tout pour la détruire. Le célibat ecclésiastique répandait un éclat de sainteté autour des prêtres et des religieux, ils cherchent à lui enlever ce lustre par d'ignobles calomnies. Ils proclamèrent à cet effet la nécessité et la supériorité du mariage, et accusèrent d'hypocrisie les gestes des saints. A leur avis, les diseurs de messe, la prêtraille en un mot méritait la mort. Ils ne craignirent pas de salir les couvents et les presbytères ; et ils allèrent jusqu'à dire que le Pape était un docteur de mensonge et d'idolâtrie. Enfin, pour soulever le peuple par un dernier effort de ce puissant levier, ils affichèrent la liberté évangélique, qui fit naître bientôt la liberté individuelle du mal, et qui depuis a enfanté toutes les révolutions. Évidemment devant une telle manœuvre le joug des prêtres et des moines ne pouvait tenir plus longtemps. Tout ce qui relevait d'eux était l'objet de suspicion ; les institutions pieuses devinrent gênantes ; les associations, les confréries furent le jouet des railleries ; et bientôt toutes leurs œuvres furent signalées à la haine publique. Dès lors les redevances ecclésiastiques devinrent odieuses : les particuliers disputèrent aux religieux le droit des dîmes, et la municipalité elle-même en vint jusqu'à leur susciter des procès injustes pour s'y soustraire. Une fois entré dans cette voie, le peuple fit bon marché de la reconnaissance qu'il leur devait. — Il dénigra leurs intentions,... suspecta leurs vertus,... déprécia leur règle, et les accusa de cupidité et d'avarice. Et ainsi, en peu de temps, leur prestige fut enlevé.

Mais le contre-coup de ces maximes séditieuses devait retomber sur les autorités temporelles. Le terrain aussi allait glisser sous leurs pieds ; et, malgré les moyens d'intimidation dont elles pouvaient disposer pour se garder, elles devaient voir toutes leurs forces plier sous la logique des idées qu'elles avaient d'abord admirées trop facilement. Le mal s'enchaîne comme le bien ; et, poussé par une force irrésistible, il suit le mouvement qui lui est imprimé, dût la société en souffrir. O vous, les maîtres du monde, réfléchissez à ce qui vous attend si vous tolérez la révolte contre vos maîtres en religion. Il est dit quelque part : Tes père et mère honoreras si tu veux vivre longuement. C'est là un précepte divin indestructible. Il est certain que tous les pouvoirs relèvent les uns des autres. Nous en avons pour preuve ce qui advint à Beaulieu..... Les principaux de la ville et les seigneurs de la vicomté ne furent pas les derniers à proclamer la liberté évangélique et l'indépendance contre l'Eglise. Les uns et les autres y voyaient un moyen de s'émanciper, et d'échapper à la domination religieuse des abbés. On sait que tous les ans, à la fête de Noël, quarante prud'hommes de la localité étaient obligés de se présenter devant l'autel des saints Prime et Félicien pour y faire élire quatre consuls par l'abbé, de qui relevait toute juridiction (1). On sait aussi que ces quatre élus étaient obligés de se présenter en robe consulaire aux portes de la ville, pour y recevoir l'abbé quand il faisait son entrée; qu'ils devaient lui remettre leurs clefs pour les faire déposer aux pieds de l'archevêque de Bourges, chaque fois que celui-ci les honorerait de sa visite ; et que même pour traiter des affaires municipales, ils devaient accepter de lui le choix de quatre bourgeois et de deux moines bénédictins. On sait d'autre part que les vicomtes de Turenne eux-mêmes n'échappaient pas à cette autorité. De toute ancienneté ils étaient obligés de se présenter à l'autel de saint Emilien devant une croix et les reliques de saint Pierre, et, la main sur le livre des Evangiles, de rendre hommage à l'abbé pour ce qu'il tenait en fief de l'abbaye. Sans doute de tels hommages relevaient l'autorité de ceux qui les rendaient, tout comme les devoirs rendus à un père élèvent le fils, mais on comprend qu'on devait voir disparaître sans peine des prérogatives si humiliantes.

Examinons ce qui arriva et, une fois de plus, instruisons-nous aux leçons de l'expérience. Les consuls et les seigneurs de Turenne, en prêtant serment à l'abbé recevaient en échange une sorte de consécration qui les constituait les défenseurs de l'Eglise et les pères du peuple. Tous les sujets étaient leurs enfants, et nul ne songeait à se révolter contre cette paternité. Mais l'autorité spirituelle étant méconnue, il n'en

---

(1) Cartulaire de Beaulieu.

fut plus de même. L'auréole divine n'entoura plus le front des chefs temporels, et ils durent lutter constamment pour maintenir leurs droits d'autorité. Premièrement ce furent les consuls avec la garde municipale de Beaulieu qui s'insurgèrent contre les princes de la Tour d'Auvergne, vicomtes de Turenne. Puis ce furent les habitants eux-mêmes qui se soulevèrent contre les consuls (1). On les vit former contre eux des intrigues, des cabales odieuses, et, pour le moindre prétexte, faire rebellion. Ils se jouaient de la police, l'obligeaient à s'éloigner des cabarets, où les règlements contre les jeux et l'ivresse restaient sans effet. Fanatisés par les idées pernicieuses de la secte, ils s'emparèrent de la maison de ville; en bannirent la justice pour y substituer l'exercice du culte hérétique; et y remplacèrent les sentences et les sages conseils des juges chrétiens par des excitations au désordre. Ces pauvres consuls essayèrent bien ensuite de ressaisir leur prestige et leur pouvoir, quand leurs yeux se furent dessillés, mais il était trop tard.

Ils réunirent néanmoins les quelques catholiques qui restaient, et ensemble formèrent une adresse à l'évêque de Limoges afin d'obtenir de lui assistance pour être replacés sous le patronage de l'Eglise et réintégrés dans les splendeurs de leur culte, lui promettant de leur côté de l'aider de leurs ressources et de leur concours, « disant que, dès l'an mil cinq
» cent soixante-deux que l'hérésie prit pied dans
» ladite ville, il y eut un grand dérèglement en icelle;
» ce qui procédait de l'inclination au mal par l'exem-
» ple et la contagion des huguenots... C'est pourquoi
» les suppliants, désirant que la religion y soit remise
» en son premier lustre et la dévotion en son ancienne
» ferveur, à la confusion et ruine entière de la secte,
» demandent qu'il plaise à votre seigneurie d'établir

---

(1) Archives de M. Mombrial, de Beaulieu.

» une résidence des révérends pères de la compagnie
» de Jésus, qui puissent assister journellement et la
» ville et les lieux voisins où il y a une ample moisson
» à faire à cause du nombre des hérétiques qui y
» habitent (1). »

Hélas ! que n'avaient-ils pris ces mesures plus tôt ! A cette époque, tout l'air était imprégné d'impiété, et, selon les propres expressions du mémoire, le calvinisme à Beaulieu avait plus de force qu'en aucun autre endroit du royaume.

---

(1) Archives départementales de la Corrèze.

VI

PERDITION GÉNÉRALE.

Les calvinistes introduisent la corruption des mœurs. — Ils jettent le ridicule sur les choses saintes. — Le peuple abandonne les préceptes ecclésiastiques et divins. — Les bénédictins oublient leurs devoirs. — L'évêque de Limoges vent porter la réforme dans l'abbaye. — Les religieux s'agrègent à la congrégation des Exempts. — Contrat annulé par l'évêque et maintenu par les religieux. — L'infirmier du monastère et trois autres moines dénoncent les désordres de leurs frères à la diète de Limoges ; démarche pour avoir des religieux restée sans effet. — Le supérieur général des Exempts les abandonne à leurs sens réprouvés. — Le cardinal de la Tour d'Auvergne opère la réunion à la congrégation de Saint-Maur. — Les calvinistes établissent le désordre dans le clergé et le couvent des ursulines.

Après avoir soufflé l'esprit d'indépendance, il n'y avait qu'à porter la corruption dans les cœurs ; et on sait combien la distance qui y conduit est facile à franchir, quand les têtes sont enflées d'orgueil et de suffisance. De la présomption au libertinage la pente est douce ; et une fois descendu à ce degré d'avilissement, on fait choix aisément des routes les plus larges et de la religion la plus commode. C'est alors que se présente l'hérésie avec sa doctrine accommodante.

Déjà, fidèle à sa tactique, on l'avait vue souvent à Beaulieu opposer une morale relâchée aux pratiques austères de la pénitence, des dehors hypocrites aux scrupuleuses minuties de la conscience, cherchant ainsi à plaire à toutes les passions en ménageant toutes les convictions... Autant de piéges pour recouvrir les horreurs du vice et ruiner les principes chrétiens.

Non-seulement les préceptes de l'Eglise furent bannis, mais ceux de Dieu ne furent pas mieux respectés. On tourna en dérision toutes nos cérémonies religieuses; et les bénédictions sacerdotales furent représentées comme un moyen perfide d'entretenir les superstitions parmi le peuple. On traita de mesquinerie toutes les rubriques de l'office divin, et des mascarades dégoûtantes ridiculisèrent dans la rue les rites prescrits pour les pieux exercices. Ils ne craignirent même pas d'attaquer la croyance au purgatoire, qui perpétue si bien par la prière les rapports avec les chers défunts, et adoucit la douleur de la séparation. Rien de ce qui était saint ne fut ménagé, et le dérèglement devint si grand dans cette ville jadis si catholique que l'usage des sacrements fut mis de côté. De part et d'autre même on profana les dimanches et les fêtes, au point qu'on ne distinguait plus entre les catholiques et les calvinistes. Tous se livraient également aux excès les plus graves, et il n'y avait plus de pudeur parce qu'il n'y avait plus de frein. Enfin, le scandale gagnant tous les rangs et toutes les professions, on s'accoutuma peu à peu à voir les plus grandes abominations sans frémir d'horreur. Chose lamentable et pénible à dire, ceux-là même qui étaient chargés par leur sainte vocation de combattre l'impiété et de donner l'édification au public, après avoir respiré longtemps ce mauvais air qui les enveloppait, tombèrent dans des égarements déplorables que ne sauraient jamais faire excuser leur ignorance et leur isolement. Ah! que ces défaillances servent à tous de leçons, mais non point de sujet de récrimination! Le cœur humain ne s'accoutume que trop souvent à supporter les désordres qu'il ne peut réprimer, il arrive à se familiariser avec des objets qu'il avait exécrés.

Après que le monastère eut été détruit et pillé, les abbés religieux n'eurent plus de moyens pour rétablir les lieux réguliers, ni les abbés commendataires, assez de zèle pour le faire, et les pauvres moines, obligés de se loger en ville, oublièrent bien vite leurs devoirs, par le commerce qu'ils eurent avec le monde, et tombèrent dans de grands désordres, au grand scandale du public (1). On le voit par l'attention que met la cour du parlement de Bordeaux à réformer l'abbaye de Beaulieu, par les arrêts de 1582, 1608, 1616 et 1618, conformément aux pieuses intentions de Louis XIII. On le voit encore par les ordonnances de Monseigneur le cardinal de Laroche-Foucaud, par lesquelles, en date du 12 octobre 1633, il fait défense à tout supérieur de l'ordre et du monastère de recevoir aucune personne à l'habit et à la profession dudit ordre ailleurs que dans les monastères des pères réformés de Saint-Maur ; lesquelles ordonnances avaient été approuvées par le pape Grégoire XV, confirmées par les lettres patentes du roi Louis XIII de 1622, 1623 et 1624.

Enfin nous voyons que Monseigneur de Lafayette, évêque de Limoges, pour se conformer aux arrêts de la cour de Bordeaux qui enjoignait aux supérieurs de réformer l'abbaye dans six mois, vint à Beaulieu au mois de juillet 1629, pour rétablir le bon ordre dans l'abbaye. Dans l'acte de visite, il est dit que le désir qu'il a d'annoncer la gloire de Dieu en l'église de Beaulieu et de rétablir la régularité dans le monastère, fera qu'il consentira volontiers à ce que le monastère soit agrégé à la congrégation de Saint-Maur ; *laquelle agrégation faite,* dit-il, *entendons empêcher dans le monastère l'entrée de tout religieux qui n'au-*

---

(1) « En vain, dit Armand Valest, les supérieurs voulurent-ils y mettre ordre, les libertins, soutenus par la puissance séculière, que la guerre civile augmentait de plus en plus, s'en moquèrent. »

rait pas fait son noviciat dans la congrégation de Saint-Maur, à peine de nullité et de deux mille livres d'amende.

Le pieux évêque ne fut pas plus tôt sorti du Bas-Limousin que les religieux de Beaulieu travaillèrent à se joindre à la congrégation des Exempts, comme plus conforme à leur humeur que celle de Saint-Maur qui était mieux réglée et plus florissante. C'est ce qu'ils firent, le 20 novembre 1629, dans les termes suivants :

« Le monastère de fondation royale étant demeuré
» longues années, par la calamité publique, non-
» seulement sans abbés conventuels ou autres légiti-
» mes, mais aussi sans prieur claustral, dénué de tout,
» dépourvu du personnel qui, par l'exemple ou par
» le précepte, puisse contenir les religieux du cou-
» vent abbatial dans les termes de leur devoir, et
» les obliger à observer la règle de l'ordre auquel ils
» se sont liés ou astreints lorsqu'ils ont fait le vœu
» ordinaire et profession, en le cas requis, qui a été
» cause que comme la privation de la lumière ne
» peut sitôt être qu'en même temps ne suive une
» nuit obscure et effroyable, aussi défaillant quelque
» supérieur qui leur serve de fanal pour les éclairer
» au chemin de la vertu, qu'ils ont perdue dans la
» nuit du désordre et dans la confusion de plusieurs
» vices qui leur sont inséparablement joints : ce con-
» sidéré par les révérends pères religieux, ils prient
» de les agréger à la congrégation des Exempts, en
» s'obligeant aux statuts de ladite congrégation. »

Ils furent, en effet, agrégés, sur leur demande, le 2 décembre 1629, à la congrégation des Exempts par le sieur Jean Calvinion, fondé de procuration du supérieur général Pierre Gaufetau. Mais lorsqu'ils voulurent signifier cette prétendue agrégation à l'évêque de Limoges, celui-ci l'annula par une sentence du 13 décembre 1629.

Les religieux de Beaulieu, se regardant comme

indépendants de l'ordinaire et se sentant peut-être appuyés par le duc de Bouillon, n'en restèrent pas moins unis aux bénédictins exempts de France. Toutefois n'ayant accepté cette règle que comme un expédient pour échapper aux injonctions que le parlement de Bordeaux ne cessait de leur adresser, ils n'y furent attachés ni d'esprit ni de cœur. Aussi tous les efforts tentés par leur nouveau supérieur pour les amener à une vraie réforme, restèrent-ils infructueux. Il s'en plaignit lui-même amèrement plusieurs fois, et en particulier à l'infirmier P. Dupuy, le 18 mars 1645 : *Sur le propos qu'on m'a tenu*, disait-il, *de la vie des religieux de votre monastère, j'ai jugé que personne n'était plus capable que vous pour exercer avec zèle cette commission. Ainsi, puisque je vous l'ai déjà commise, je vous conjure de la ramener à exécution, afin que vous puissiez corriger les misérables personnes qui, à notre grand regret, ont vieilli depuis si longtemps dans le crime et le vice.* — Signé : GAUFETAU.

Ce bon moine, Pierre Dupuy, s'efforça, en effet, d'arrêter la vie licencieuse et scandaleuse de ces mauvais religieux ; mais voyant qu'il ne pouvait y réussir, il pria Dieu avec larmes de réformer entièrement cette maison. Quelques jours après il partit pour Limoges avec autres trois bons religieux, afin de demander au révérend père visiteur et à la diète qui s'y tenait, de leur donner des bénédictins de la congrégation de Saint-Maur. A cet effet, ils passèrent un concordat, reçu par Tardieu, notaire royal à Limoges, le 3 mai 1645, ratifié au chapitre général tenu à Vendôme le 30 du même mois. Le parlement de Bordeaux homologua ledit concordat, mais il ne reçut pas son exécution, parce que les autres religieux de Beaulieu y mirent opposition. Ils cassèrent même le prieur claustral, et, de leur propre autorité, en nommèrent un selon leur caprice, dont le pouvoir durait autant que son hebdomade, suivant l'acte capitulaire. De sorte que le monastère changeait de prieur toutes les semaines.

Le supérieur général des Exempts protesta contre cet acte qui était contraire aux statuts de l'ordre, et menaça d'excommunier les religieux s'ils persistaient à le mettre en vigueur. Mais il ne fut pas écouté, et, voyant que ses ordonnances étaient méprisées, il abandonna les révoltés à leurs sens réprouvés. Ce fut alors l'abomination de la désolation dans le lieu saint. On vendait les places monacales, les offices claustraux se marchandaient et étaient donnés au plus enchérisseur. On sait que l'office de cellérier fut vendu six cents écus ; celui de pitancier, quatre cents livres.

Enfin le jour étant venu que Dieu voulait renouveler la discipline régulière dans ce monastère, il permit que l'administration directe tomba entre les mains du très haut et très puissant prince Monseigneur Emmanuel-Théodose de la Tour d'Auvergne, cardinal de Bouillon, vicomte de Turenne. Ce prélat, voyant que les anciens religieux ne voulaient pas changer de vie, et qu'ils méprisaient ses conseils, réunit son abbaye à la congrégation de Saint-Maur, et le désordre cessa (1).

Si les calvinistes parvinrent ainsi à briser la discipline et à ruiner l'esprit religieux chez les bénédictins de Beaulieu, qui avaient été pendant si longtemps des hommes de prière et d'étude, dans quel oubli du devoir et dans quels égarements ne durent-ils pas entraîner les autres prêtres de la paroisse obligés, par les fonctions de leur ministère, d'être journellement en contact avec les personnes du monde ? Nous savons aussi que les religieuses ursulines, à peine installées dans leurs vastes bâtiments du quartier de la Grave par l'illustre mère Micolan, dite Colombe du Saint-Esprit, laissèrent passer le souffle empoisonné à tra-

---

(1) Manuscrit d'Armand Valest.

vers leurs grilles, et que l'une d'elles, Anne de Flouret, tomba dans l'hérésie (1). Époque malheureuse, où l'impiété s'introduisit dans la maison du Seigneur, et qui doit apprendre à tous les fidèles et surtout aux personnes consacrées à Dieu, que pour se préserver de la contagion du vice, il faut fuir la compagnie des impies, fermer l'oreille aux mauvaises doctrines et s'attacher inviolablement à la règle que l'on a embrassée.

Ce n'est pas en vain que notre divin Sauveur nous recommande la vigilance et la prière incessante. C'est pour avoir manqué à ce devoir que les prêtres, et avec eux cette fille de Sainte-Angèle, s'éloignèrent un instant de la grâce. Ah ! lecteur, vous qui êtes ordinairement si sévère pour les fautes de vos frères et de vos sœurs qui habitent près de l'autel, que Dieu vous garde de pareilles épreuves et de si mauvais temps ! Si jamais notre édifice religieux était sapé comme il le fut dans dans cette malheureuse ville sous ces guerres impies, je ne sais si les voûtes et les colonnes résisteraient mieux.

Dans tous les cas, si quelques soldats de l'armée du Seigneur tombèrent dans la mêlée, d'autres résistèrent vaillamment. Les pasteurs des paroisses voisines qui vivaient au milieu des populations rurales, gardiennes de la foi, préservèrent leur troupeau de la dent du loup ravisseur, et conservèrent parmi eux les mœurs primitives et les traditions chrétiennes. Seulement, en prêtres zélés qui veulent éloigner le danger, ils poussèrent le premier cri d'alarme. Ils envoyèrent une adresse à leur évêque, dans laquelle ils lui faisaient sonder la profondeur de l'abîme où était plongée l'église de Beaulieu et le suppliaient, pour arrêter le mal, d'y renvoyer sans délai d'autres ouvriers évangéliques, afin de s'opposer au torrent qui

---

(2) Archives départementales de la Corrèze.

menaçait d'envahir les campagnes. Et comme le sacrifice est toujours à la hauteur du zèle sacerdotal, ils s'engageaient à fournir une maison pour l'établissement d'une mission. Leurs voix, répétées par d'autres échos, furent entendues du chef spirituel du diocèse et bénies de Dieu.

VII

L'HÉRÉSIE AUTOUR DE BEAULIEU.

Les calvinistes veulent étendre l'hérésie autour de Beaulieu. — Résistance des curés. — Plaintes portées à l'assemblée de Mont-Flanquin par les calvinistes contre l'inconduite de leurs ministres. — L'assemblée n'en fait nul cas. — Ce moyen lui paraît bon pour corrompre les catholiques. — Il réussit peu hors de Beaulieu. — Dons faits pour l'entretien d'une maison de missionnaires à Beaulieu. — Mémoire adressé à l'évêque de Limoges pour garder les jésuites. — L'affaire du sieur Boutin à Meyssac et Collonges. — Arrêt du parlement de Bordeaux prohibant le prêche hors de Turenne. — Contravention à cet arrêt. — Enquête ordonnée à ce sujet. — Prise de corps ordonnée contre le ministre. — Sursis à cet arrêt. — Pourvoi du sieur Boutin. — Redoublement d'audace de sa part. — Retour à Meyssac. — Mandat d'arrêt porté contre lui et signifié au gouverneur général du Limousin. — Refus d'y obéir.

Les réformés riaient des efforts de cette charité ardente qui embrasait les prêtres des campagnes; et ils se promettaient bien de venir à bout aussi de leur vertu, de briser leur courage et d'entraîner leurs paroissiens dans l'hérésie. Cependant, en habiles tacticiens, ils prévoyaient que ces tentatives pourraient leur susciter des embarras, et leur faire un jour lâcher leur proie. On n'est complètement maître d'une citadelle qu'après avoir pris les batteries et les forts extérieurs qui les protègent. Pour mieux s'assurer de leur victoire dans la ville, ils comprirent qu'il fallait étendre leurs conquêtes au dehors, en faisant flotter leurs bannières sur ces modestes clochers sous lesquels s'abritaient le villageois, le gentilhomme et le pasteur dans une concorde parfaite et la paix chrétienne.

C'est dans ce sens qu'ils vont désormais manœuvrer. Toutes les paroisses et toutes les villes de la vicomté vont être témoins de leur prosélytisme. Meyssac, Collonges, Turenne, Curemonte, Argentat, Saint-Céré verront, à leur grande surprise, s'élever le vent de l'impiété et de l'irréligion. Les pilotes chargés de conduire les passagers au port, auront beau lutter contre la violence des flots, leurs barques sombreront sous les coups de la tempête. Parfois, en effet, on verra les ministres du Seigneur résister aux calvinistes avec une énergie incroyable. Quelques-uns, notamment les curés de Collonges et de Meyssac, en appelleront aux édits royaux pour interdire chez eux la prédication des doctrines hérétiques (1). Protestations et menaces, tout sera inutile. Les réformés leur répondront par des insolences, vomiront contre eux les injures les plus grossières, et continueront à distiller dans les cœurs le venin de la corruption, en employant toujours pour cela des moyens qui effrayent la pudeur. Nous manquons de détails à ce sujet, mais il faut que les impiétés et les scandales des pasteurs protestants aient été bien révoltants, puisque leur coreligionnaires eux-mêmes en rougissaient de honte et qu'ils s'en plaignirent sévèrement dans l'assemblée de la Basse-Guienne à Mont-Flanquin. Ils leur reprochaient avec indignation d'oublier leurs devoirs et leur dignité et de se livrer à des désordres intolérables qui froissaient la conscience publique et dégoûtaient les gens les moins honnêtes.

C'est ainsi que ceux qui avaient souci des convenances et en qui était resté un fond de probité étaient

---

(1) Archives départementales de la Corrèze.

effrayés des abominations commises par la secte. Hâtons-nous de dire que ces excès étaient loin de soulever les scrupules de tous les membres. Il importait peu aux chefs que le peuple se scandalisât. Aux révolutionnaires il faut des démolisseurs. L'assemblée ne fit nul cas des plaintes qui lui furent portées : la passion n'a que faire des réclamations de la vertu. A tout prix il fallait ruiner l'édifice religieux élevé par les générations chrétiennes, et les mauvais exemples pouvaient servir à cet effet. Que le mal donc soit toléré, si par là on arrive au but !... la fin justifie les moyens. Exécrable maxime qui de nos jours trouve écho chez tous les ennemis de l'ordre et de la religion.

On comprend quelles terribles conséquences devait avoir cette coupable tolérance des chefs. L'impunité étant assurée, par là même toutes les voies étaient élargies, et le crime pouvait s'y installer sans craindre ni blâme ni châtiment. Assurément c'était trop d'encouragement donné à ces apôtres de la liberté évangélique. Plus hardis qu'auparavant, on les vit poursuivre leur but avec une ardeur fiévreuse. Chargés de mauvais livres, ils allaient aux bois et aux champs, dans les sentiers étroits et dans les plus modestes cabanes, répandant partout le poison de l'erreur. Ils soulevaient les enfants contre les parents, les sujets contre le souverain, et attaquaient toutes les croyances et les dévotions populaires. — Heureusement que ces procédés infâmes obtenaient peu de succès dans les paroisses rurales. Autre chose est de porter au mal les populations urbaines et d'entraîner celles des campagnes. Appelées par une faveur marquée, dans la personne des bergers, à veiller autour de la crèche du Sauveur, celles-ci se sont toujours montrées fidèles à leur vocation. Si éloignées qu'elles aient été du lieu même qui fut le berceau du christianisme, elles ont su, partout et toujours, conserver la pureté des mœurs et les habitudes simples et modestes qui préservent du vice. Dociles à la voix de leurs pasteurs comme à celle des messagers célestes, elles n'ont pas cessé de rendre à Dieu l'adoration et les autres devoirs. Non moins chrétiennes qu'ailleurs, celles des environs de Beaulieu donnèrent la preuve d'une fermeté inébranlable dans leur foi. Nous ne voyons pas, dans toute la contrée, une paroisse rurale qui ait apostasié en faveur de la religion prétendue réformée ; et on pourrait en citer plusieurs, au contraire, qui résistèrent non-seulement à ses attaques, mais qui employèrent, à arrêter ses progrès, les ressources de leurs pasteurs et de leurs fidèles. C'est ainsi que le curé de Billac, Claude Faber, donnait, par acte du 31 mars 1620, une maison, dans la ville, avec une cour et un jardin, pour servir de logement à des missionnaires de la compagnie de Jésus et les aider à combattre l'hérésie. — Le sieur Métivier, curé de Régades, dans le même temps, leur faisait, par testament, un legs de trois mille livres pour la fondation d'un sermon, dit de *mansale* (1).

Et lorsque, effrayés des scandales donnés par les religionnaires, du dérèglement de mœurs des prêtres et de la désertion presque totale des catholiques, les consuls et les bourgeois de Beaulieu voulurent en avertir l'évêque de Limoges pour le prier d'y apporter remède, ils en appelèrent à la conscience et au témoignage des curés de la campagne. Il se trouva là, en effet, des prêtres assez courageux pour oser blâmer l'inconduite de leurs confrères de la ville, et pour s'en plaindre à leur évêque, en le suppliant de placer au milieu de cette malheureuse population des ministres de Dieu plus pénétrés des vertus et des devoirs de leur sainte vocation. Parmi ceux qui firent entendre ces protestations on cite : Etienne Gimel, curé de la Chapelle-aux-Saints ; Pierre Biaud, curé d'Altillac ;

---

(1) Archives départementales de la Corrèze.

Michel Areilh, curé de Liourdres ; Pierre Laroche, curé d'Astaillac ; Étienne Giniers, vicaire de Nonards. Dans un mémoire qu'ils rédigèrent ensemble, ils insistèrent principalement pour le maintien en cette ville, des religieux qui y prêchaient avec succès, faisant ressortir la nécessité de leur présence et demandant pour eux d'autres moyens de subsistance (1).

Cette conduite des bons prêtres était d'autant plus louable qu'il ne restait pas d'autre consolation et d'autre encouragement aux catholiques, dans un pays où toutes les portes étaient ouvertes à l'hérésie et où les ministres ne craignaient pas de contrevenir aux arrêts des cours et d'enfreindre les édits royaux. Nous en jugerons par ce qui s'est passé dans l'affaire de Boutin, ministre de Turenne. — Le douzième jour du mois d'août 1645, la cour du parlement de Bordeaux, à la requête de l'avocat général Dufaut, faisait très expresses inhibitions et défenses, à tous les ministres qui étaient dans son ressort, de faire leurs prêches et l'exercice public de la religion prétendue réformée, ailleurs que dans les lieux et juridiction de leur établissement. Que s'ils contrevenaient à cet arrêt pour aller prêcher dans les autres paroisses et juridictions circonvoisines, ils seraient frappés d'une amende de quatre mille livres et punis comme infracteurs des édits du roi et perturbateurs du repos public.

Cet arrêt fut signifié à M. Boutin ministre de Turenne au mois de mars 1646, pour l'empêcher d'aller prêcher et de faire la cène à Meyssac, à Collonges et dans d'autres endroits de la vicomté. Mais vaine défense. Sans se soucier du respect qu'il fallait porter aux arrêts de la cour, et méprisant d'ailleurs de se pourvoir contre eux, il continua d'aller faire la cène à Meyssac, le 22 avril, et à Collonges, le 8 mai. De quoi étant averti l'avocat général, il ordonna à l'asses-

---

(1) Archives départementales de la Corrèze.

seur du siège présidial de Brive et au procureur du roi du même siège, de se transporter auxdits Meyssac et Collonges pour prendre des informations sur les lieux, touchant la contravention aux arrêts de la cour.

L'enquête fut faite par ces messieurs et renvoyée à l'avocat général qui, sur ce, demanda et obtint, non pas l'application immédiate de la peine encourue, mais un décret d'ajournement personnel contre le sieur Boutin, le 4 juillet 1646. Cette résolution prise, à titre d'accommodement, et qui permettait à ce ministre de faire valoir des excuses, le trouva indifférent, résolu qu'il était lui-même à ne pas se corriger. Était-il soutenu et encouragé secrètement par les seigneurs de Turenne? Nous ne savons. Quoiqu'il en soit, il ne voulut pas comparaître devant le parlement.

Il faisait par là un acte d'insubordination qui devait lui attirer la censure de la cour. On lança donc contre lui une prise de corps avec commission pour se saisir de sa personne et le conduire à la conciergerie de la cour, le 6 septembre de la même année.

Néanmoins, pour des considérations particulières que nous ne voulons pas approfondir, dans la crainte qu'elles nous dévoilent des haines dissimulées contre l'Église, on ne voulut pas faire exécuter ledit arrêt; et, à la prière du président de Brive qui travaillait à concilier cette affaire, l'exécution de la prise de corps fut sursise.

Cependant le sieur Boutin, en homme fort de son droit, mais à qui peut-être on avait commandé la prudence et le secret, pour ne pas compromettre ses protecteurs, se pourvut à la Chambre de l'édit de Guyenne. On n'attendait, il semble, que cet acte de soumission pour lui être agréable, car aussitôt après réception de sa requête, fut porté un arrêt qui le congédiait.

Il n'en fallait pas davantage pour lui donner de l'audace, que cette inexplicable et trop mystérieuse tolérance. Il présuma dès lors, qu'il pourrait aller continuer ses prêches et faire la cène, quoique rien ne fût changé aux décrets antérieurs. En vain ses amis et ses parents lui représentèrent-ils de ne point attenter aux édits du roi et arrêts de la cour ; qu'il pourrait être arrêté et emprisonné, à raison de sa nouvelle contravention : ledit sieur Boutin se vantait qu'il passerait outre impunément.

Évidemment il avait ses motifs pour parler ainsi, et nous savons ce que signifie tant de zèle dans cette secte. Il fit donc préparer toutes choses pour faire la cène à Moyssac, disant hautement « qu'il irait accom-
» pagné de quarante gentilshommes qui feraient bien
» lâcher prise à ceux qui voudraient essayer de l'ar-
» rêter. »

Le parlement de Bordeaux fut instruit de ce projet et de ces bravades ; et immédiatement le procureur écrivit au duc de Ventadour, gouverneur du Limousin, pour lui enjoindre d'empêcher ces assemblées de calvinistes, lui faisant entrevoir les suites fâcheuses qui pourraient en résulter.

Hélas ! le procureur général ignorait que le duc de Ventadour lui-même craignait plus de déplaire au seigneur de Turenne qu'à la cour de Bordeaux. Considérant donc que le ministre était dans les terres du duc de Bouillon, le gouverneur du Limousin ne voulut pas se charger d'y faire exécuter les arrêts de la cour sur la personne de ce ministre. Il répondit à M. d'Alis de faire absenter ce ministre, afin de ne pas l'obliger à user de rigueur dans une affaire dans laquelle il voulait user de grande modération (1).

Nous ignorons ce qui se passa ensuite, et si le respect fut rendu à la loi et à ceux qui la représentaient. Il nous suffit d'avoir dévoilé le fond de l'énigme, en attribuant l'audace et les succès des hérétiques à la faveur que leur accordait l'autorité suzeraine de la

---

(1) Archives nationales.

vicomté. Seuls le zèle des prêtres et la fermeté des catholiques purent les tenir en échec dans cette lutte ardente contre les vieilles traditions de la foi. Que les populations des campagnes, si admirables dans cette circonstance, sachent s'en rappeler si des guerres impies venaient de nouveau désoler l'Eglise!

VIII

PROFANATION DES RELIQUES.

Les calvinistes comblent la mesure de leurs scandales. — Histoire des reliques de Beaulieu. — Saint Rodulphe à Rome. — A son retour il dépose le corps de saint Satyre au château de Goudon ; celui de sainte Perpétue au monastère de Drèves ; celui de sainte Félicité en l'abbaye de Beaulieu. — Reliques de saint Émilien. — Leur disparition. — Vie du saint. — Monastère de ce nom. — Reliques des saints Prime et Félicien. — D'où furent-elles apportées. — Naissance, vie et mort de ces martyrs. — Analogie entre les martyrs romains et ceux d'Agen. — Légendes des bréviaires romains, agenais et limousins. — Rapports qui existent entre les récits des bréviaires. — Disparition des corps des martyrs de leur tombeau à Rome depuis le voyage de saint Rodulphe. — Translation des corps des martyrs agenais à Beaulieu. — Peut-on expliquer l'erreur faite sur ces martyrs. — Culte qu'on leur rend à Beaulieu. — Effets de leur protection. — Délivrance des Anglais et institution de la fête de la Protection. — Délivrance de la peste. — Description de la châsse des Corps-Saints. — Elle est enlevée par les calvinistes. — Invention des reliques. — Nouvelle châsse. — Autres reliques enlevées par les calvinistes. — Celles qui ont survécu aux guerres religieuses. — La révolution continue l'œuvre de destruction. — Culte rendu aujourd'hui aux reliques. — Faveurs obtenues. — Pièges tendus à la piété des pèlerins par les calvinistes. — Mauvais traitements qu'on leur fait subir ; nouveau pillage des reliques par les calvinistes et leur incendie.

Pour combler la mesure de tant de scandales, il ne restait plus qu'à profaner les reliques des saints que possédait l'abbaye de Beaulieu et qui faisaient le plus bel ornement de son église, comme le bonheur des habitants. Les châsses qui les contenaient avaient exercé le talent des plus habiles orfèvres et émailleurs; et pèlerins ou artistes chrétiens accouraient en foule, tous les jours, pour prier et s'inspirer devant ces précieux objets de la piété.

Les hérétiques, arrêtés un moment, mais non déconcertés, par la froideur et le mépris que les fidèles des environs avaient opposés à la prédication de leurs ministres; désespérant d'ailleurs de les séduire tant qu'ils seraient près de leurs foyers et de leurs clochers, prirent occasion de ces pieuses visites à ces restes sacrés, pour tenter de briser l'énergie de leur foi et de diminuer la force prodigieuse de leurs convictions. Ils rattachaient, à cette victoire sur l'esprit religieux des campagnes, les succès déjà obtenus dans les villes de la vicomté et le triomphe définitif de leur cause. — Mais avant de raconter les derniers et tristes exploits de ces sectaires, si ennemis des arts chrétiens, nous devons faire l'historique de ces Corps-Saints; décrire en quelques mots leur translation, la vie de leurs grandes âmes qui se fortifièrent dans le combat et le sacrifice, et enfin les marques de leur protection. Ce sera pour nous le moyen de suppléer à une lacune dans nos considérations sur l'abbaye de Beaulieu, et de faire connaître un des traits les plus saillants de la vie de son fondateur.

Saint Rodulphe, nous dit Armand Valest, « après
» avoir bien réglé toutes choses dans son monastère,
» fit le voyage de Rome. Il traita avec le pape
» Léon IV de plusieurs affaires touchant les églises de
» France; et s'en revint, chargé d'un riche trésor
» qu'il estimait plus précieux que tous les biens du
» monde : il rapportait les corps de sainte Félicité, de
» sainte Perpétue et de saint Satyre, tous les trois
» martyrs. »

Il déposa le corps de saint Satyre dans le château de Gondon ou Saxiat, qu'il fit réparer très convenablement et transformer en habitation religieuse, et qui prit le nom de monastère de Saint-Satyre sous la direction de chanoines réguliers. — Il donna le corps de sainte Perpétue au monastère de Drèves, qu'il avait fondé dans le Berry, à huit lieues de Bourges. Ces reliques y restèrent jusqu'au temps des guerres, où tout le pays était livré au pillage des soldats vagabonds. Les religieux, forcés de quitter leur monastère, se retirèrent dans le château de Vierzon, où ils transportèrent l'abbaye et lesdites reliques, aidés des chanoines de Saint-Étienne de Bourges. A partir de ce moment, on vit un grand concours de fidèles se presser tous les jours autour du corps de sainte Perpétue.

Mais le saint prélat voulut placer lui-même, dans son monastère de Beaulieu, les reliques de sainte Félicité, et faire de cette sainte, un des patrons principaux de l'abbaye après le titulaire. Il est probable qu'à cette occasion on lui érigea un autel, sur lequel on dut poser la grande châsse recouverte de lames d'argent doré, où se trouvaient renfermés ses ossements (1). Après les guerres religieuses, il restait seulement, de ce corps vénéré, un bras qui fut arraché aux flammes et enchâssé dans un nouveau reliquaire d'argent, fait en mode de bras (2). Aujourd'hui il ne reste pas la plus légère trace de ces reliques, ni un doigt, ni une pincée de cendre, la grande révolution ayant achevé l'œuvre de destruction.

La tradition porte que le monastère possédait aussi le corps de saint Émile ou Émilien confesseur, sans

---

(1) Item super dictum altare, ad pedem magni crucifixi, est capsa satis magna de super cooperta de argento et super de aurata, in quâ dicitur inesse corpus vel ossa sancti Felicitatis. (*Ancien inventaire des reliques du monastère, fait le 27 mars* 1432.)

(2) Item fuit exhibitum aliud reliquiare argenteum ad modum brachii, intrà quod consistit brachium beatæ Felicitatis. (*Autre inventaire des reliques du monastère*).

toutefois nous donner aucun renseignement précis sur sa translation. Pour nous, quoiqu'il soit difficile d'apporter une affirmation à ce sujet, nous voulons supposer que saint Rodulphe ne fut pas étranger à cette acquisition. Rien ne l'indique absolument, mais rien ne le contredit. Le dévouement bien connu qu'il portait à ses moines, joint à sa grande vénération pour les reliques, nous autorise à croire qu'il en fut le donateur. Des documents historiques semblent d'ailleurs confirmer cette opinion. C'est ainsi que le père Bonaventure de Saint-Amable rapporte le culte qu'on rendait à saint Emilien, dans l'abbaye de Beaulieu, au commencement de sa fondation. D'autre part, l'ancien bréviaire du monastère, écrit en vieux gothique, disait que le saint fondateur avait enrichi son église abbatiale d'un trésor du plus grand prix : des restes sacrés de saint Emilien (1). — Les ennemis de l'Eglise n'ont pas plus épargné ces reliques que celles de sainte Félicité; et, aujourd'hui, on ne possède plus qu'un bras creux, couvert de lames d'argent, d'une longueur de seize pouces, dans lequel avaient été renfermées quelques parcelles d'ossements calcinés que nous chercherions vainement aujourd'hui.

De ce saint tout a disparu : et son autel qui est maintenant dédié à saint Eutrope, et les hommages que l'on avait coutume d'y rendre à l'abbé du monastère, et les reliques devant lesquelles on venait implorer les guérisons de l'âme et du corps.

Il ne reste plus que le souvenir de sa vie solitaire... Il naquit à Naulet, en Bretagne, où il passa toute sa première jeunesse dans la pratique des mœurs les plus pures, sous les yeux de parents vertueux. Enrôlé, ensuite, au service du comte ou gouverneur de la

---

(1) Nos quidem de præsentiâ etiam sacratissimi ipsius Emilii corporis, ecclesiam nostram sacrumque hunc locum tanti pretii thesauro ditavimus... (3me *leçon de l'office du saint*).

province, il le quitta pour se retirer dans l'abbaye de Salligni, en Saintonge, où Dieu semblait l'appeler pour le conduire à une vie plus parfaite. Il ne tarda pas à y recevoir l'habit religieux; et, bientôt après, il gagna tellement, par sa haute vertu, l'estime et la confiance de l'abbé, qu'il s'attira les déboires de la jalousie. Il n'en fallut pas davantage pour le porter à se retirer de ce monastère. Il fut chercher la solitude et le repos dans la vallée de la Dordogne, à un lieu nommé Accombe. Là, éloigné de toute habitation et heureux de n'avoir d'autre compagnie que celle de Dieu, il se hâta de creuser une chapelle dans un rocher; et puis il sanctifia sa retraite par la prière et la mortification. Mais il ne put longtemps échapper au regard des hommes admirateurs de la vertu et avides, comme lui, de la gloire qui ne passe pas. De nombreux disciples se rangèrent autour de lui, et il consentit à les diriger pendant quelques années. — On lui attribue plusieurs miracles; entre autres, d'avoir rendu la vue à une femme. — Enfin, voyant approcher son dernier moment, il se munit du saint viatique et mourut de la mort des justes, selon quelques-uns, l'an 767, et selon d'autres, l'an 760, sous le règne de Gayfre, duc d'Aquitaine.

Le monastère qui porte son nom fut donné à des chanoines séculiers, par la permission et le consentement du pape Clément V, l'an 1306. Les actes de ce saint sont écrits dans le bréviaire de son église près de Bordeaux, mais ils sont peu corrects, et Dom Juan Mabillon de la congrégation de Saint-Maur n'a pas jugé à propos de les rapporter.

Mais la principale relique qui fut en l'abbaye de Beaulieu, et qui eut le rare privilège d'échapper à la fureur des calvinistes, était composée des corps ou ossements des saints et glorieux martyrs Prime et Félicien. Ici encore nous trouvons l'obscurité et la confusion autour de cette translation, et nous voudrions pouvoir en induire qu'elle avait été faite par saint

Rodulphe, en faveur de son monastère de Beaulieu. Pour cela, il faudrait prouver que les deux martyrs d'Agen ne sont pas différents de ceux de Rome, et que le saint fondateur rapporta leurs corps de son pèlerinage aux tombeaux des apôtres. L'entreprise pourra paraître téméraire et peut-être peu respectueuse pour des traditions, arrivées jusqu'à nous après tant de siècles. Aussi nous ne prétendons émettre qu'une opinion, dans le but de fixer la croyance populaire qui est d'ailleurs, sur ce sujet, incertaine et variable ; laissant à d'autres plus informés, de porter plus tard un jugement définitif.

Or, en rapprochant la légende du bréviaire limousin et agenais de celle du bréviaire romain, on est tout de suite frappé de l'analogie qui existe entre les martyrs des deux endroits, et on serait tenté de les confondre. Deux frères gentilshommes agenais, est-il dit d'un côté, « encouragés par la constance que leur évê-
» que saint Caprais montrait au milieu des tourments
» les plus cruels, méprisèrent les promesses et les
» menaces de Dacien, gouverneur romain à Agen...
» Ils furent condamnés à avoir la tête tranchée, et
» endurèrent le martyre, en 303, avec sainte Foy.
» Leurs corps, séparés de leurs têtes, restèrent quel-
» ques jours abandonnés sur la place. Une pieuse
» femme les enleva secrètement, et recueillit elle-
» même soigneusement leur sang répandu, en l'es-
» suyant avec les linges les plus purs... La persé-
» cution ayant cessé et la paix étant rendue à l'Eglise,
» ces reliques, conservées par une admirable Provi-
» dence, furent l'objet d'une grande vénération à
» Agen, où l'on s'honore de la naissance, du martyre
» et de la sépulture de ces saints. Enfin, saint Dul-
» cide, évêque d'Agen, les fit transporter dans l'église
» bâtie en l'honneur de sainte Foy (1). »

---

(1) Primus et Felicianus, fratres, admirantes constantiam beati caprasii nullà nec vi nec cruciatu superandam..... huic agoni se socia-

Deux frères, chevaliers romains de noble extraction, est-il dit ailleurs, « consolés et affermis par
» un ange qui, après les avoir délivrés une fois de la
» captivité, venait ensuite les préparer au martyre,
» résistèrent aux séductions et aux menaces de Promotus, gouverneur romain à Numance... Ils furent
» condamnés à avoir la tête tranchée, et subirent ce
» supplice tout près de Rome, le 9 juin 303. Leurs
» corps furent jetés aux chiens, qui n'osèrent s'en
» approcher. Quelques jours après, les chrétiens les
» dérobèrent et les enterrèrent en une sablonnière
» proche des arcs de Nomento... Enfin, le pape
» Théodore les transporta à Rome, quelques temps
» après, et les déposa dans l'église de Saint-Etienne,
» où l'on fit de grands présents à cause de la dévotion
» que l'on portait à ces saints (1).

Tel est, dans toute sa simplicité, le récit fourni par les trois bréviaires. Il y manquait seulement la date de l'année où fut enduré ce quadruple martyre,

---

verunt, mortis periculis se alacriter injicientes. Quos confertos, ut vidit Datianus, blandimentis demulcere, minisque eos terrere cœpit. Impar eos ad sua vota flectere..... præceperit ad delubra adduci, ubi aut diis immolent, aut capite plectantur.... Fortissimi milites Christi, unà cum beatâ Fide,.... capitibus truncatis, ad coronam gloriæ feliciter pervenire meruerunt..... Horum corpora in plateis tanquam neglecta..... devota Christi plebs ea latenter et religiosè colligens, sacrum diffusùm cruorem appositis mundissimis pannis extergens, singula recondere studuit..... Redditâ vero pace, sanctorum reliquias venerati sunt Aginnenses.... Postmodum sanctus Dulcidius, eas reponendas curavit in æde sacra sanctæ Fidis.

(*Bréviaire agenais et Limousin*).

(1) Primus et Felicianus fratres, in persecutione Diocletiani et Maximiani accusati christianæ religionis, in vincula conjiciuntur : quibus soluti, indè eripiantur ab angelo.... sedem suasores impietatis se posse quidquam verbis proficere desperarent..... mox utrumque perduci imperat in theatrum, in eosque immitti duos leones : qui capite et caudâ ipsis blandibantur..... Prætor, eos securi percuti jussit.

(*Bréviaire romain*).

et la translation à Rome des deux derniers corps. Nous y avons suppléé avec le manuscrit d'Armand Valest, les martyrologes romains de Bède et d'Usuard, et la vie des saints de Surius.

Et, si maintenant, après tant de traits de ressemblance, on ne peut conclure à l'identité parfaite entre ces frères martyrs, on peut au moins avoir des doutes respectueux qui obligeront à étudier de nouveau sérieusement la question. Nous croyons moralement impossible de trouver plus de rapports dans la naissance, la vie et la mort de quatre martyrs. De part et d'autre nous voyons le même nom, la même condition, la même foi, la même ardeur, le même supplice, la même sépulture, le même temps. La circonstance de l'évêque qui, par son exemple, fortifie le courage de ceux d'Agen, ne saurait différer de celle de l'ange qui visita et fortifia ceux de Rome, car l'évêque peut être considéré comme l'ange de son peuple. La seule différence qu'il y ait se trouve dans la diversité des lieux, et encore cette difficulté serait bientôt levée, si nous trouvions saint Rodulphe en la compagnie de ces martyrs, soit à Rome, soit à Agen, ou enfin à Beaulieu.

Ici nous serons obligé de baser notre raisonnement sur des conjectures qui, après examen et discussion, équivaudront peut-être à des preuves évidentes.

Nous avons vu déjà que les corps des martyrs romains avaient été transférés dans l'église de Saint-Étienne de Rome, et que ceux des martys agenais avaient été déposés dans l'église de Sainte-Foy à Agen. Mais qu'est-il arrivé ? c'est que plus tard, et peu de temps après le voyage de saint Rodulphe, nous ne trouvons ces corps ni à Agen ni à Rome, et nous nous demandons avec étonnement ce qu'ils ont pu devenir. Or, à propos de ceux qui étaient vénérés dans l'église de Saint-Étienne, à Rome, voici ce que raconte Baronius, le savant annotateur du martyrologe romain suivi de Ribadeneira et d'autres historiens. « On voit encore à présent les deux images fort anciennes des martyrs Prime et Félicien, faites en mosaïque, au lieu même où ils furent placés » : *in eâdem antiquâ basilicâ sancti Stephani protomartyris adhuc extant vetustissimæ Primi et Feliciani sacræ imagines, musivo operi intextæ, ubi et eorum corpora fuerunt recondita.* Il est donc incontestable que les corps de ces deux frères martyrs ont été déposés dans la basilique de Saint-Étienne, mais il n'est pas moins certain qu'aujourd'hui ils n'y sont plus, puisqu'on ne trouve que leurs images représentées sur la pierre de leur tombeau. C'est donc que ces reliques auraient été transférées ailleurs? Mais quand? par qui? et comment? C'est un mystère. Seulement ce qu'il y a de bien surprenant, c'est que, depuis le temps de saint Rodulphe, il n'en ait plus été fait mention, qu'aucun pape ne les ait réclamées, et qu'aucune église ne s'en soit attribuée la moindre parcelle.

Nous ne croyons pas devoir nous arrêter à la difficulté présentée par les chroniques de l'ordre de Saint-Benoît, qui attribuent ces mêmes reliques au monastère de Saint-Pierre de Vézalu en Catalogne, puisque la charte de fondation de Vézalu ne fait mention que d'un saint Prime qui peut très bien être différent du nôtre.

Quant à celles des deux frères martyrs agenais, nous savons très positivement qu'elles furent portées au monastère de Beaulieu. Les deux bréviaires de Limoges et d'Agen en font foi : *Tandem reliquiæ ipsa Lemovicum translatæ sunt, et in monasterio Belliloci repositæ.* Mais à quelle époque eut lieu cette translation? Quoique la date précise nous manque, nous pouvons affirmer qu'elle se fit, sinon du vivant de saint Rodulphe, du moins peu après sa mort. Il est dit dans une charte du cartulaire de l'abbaye, qu'en l'an 902, un certain Aganus et sa femme Reingberge firent donation au monastère de Beaulieu fondé en l'honneur de saint Pierre, de sainte Félicité et des saints martyrs Prime et Félicien : *nos in christi nomine Aganus et uxor mea Reingberge cedimus ad monasterium qui vocatur Bellilocus fundatum in honore sancti Petri et sanctæ Felicitatis nec non et sanctorum martyrum Primi et Feliciani..... factam hanc cessionem in mense januario, anno christi 902.* Une autre donation, faite sous le règne de Lothaire, s'exprime dans les mêmes termes : *cedo res meas ad monasterium qui vocatur Bellilocus qui est fundatum in honore Dei omnipotentis et sancti Petri et santæ Felicitatis aliorumque sanctorum martyrum Primi et Feliciani.* Ces contrats de donation signifient deux choses : 1° que les corps des martyrs Prime et Félicien étaient aux monastère de Beaulieu, en l'an 902; 2° que ce monastère avait été fondé en l'honneur de ces saints. Mais à qui faut-il, je le demande, rapporter l'honneur de cette pieuse consécration, si ce n'est à celui qui a eu la gloire de fonder le monastère ? C'est donc, à bon droit, que nous attribuons à saint Rodulphe la translation, à Beaulieu, des corps des saints martyrs Prime et Félicien.

Il ne nous reste plus qu'à expliquer la cause de cette distinction qui a été faite entre nos martyrs, et l'absence des titres et procès-verbaux qui constatent ordinairement les cérémonies de translation des reliques.

Ici nous ne saurions être embarrassé davantage : les incursions des Normands si souvent répétées nous en fournissent la principale raison. Quand ces barbares du Nord fondaient sur nos contrées méridionales, il fallait constamment faire la garde autour des églises pour les préserver du pillage. Les prêtres étaient obligés souvent de porter ailleurs les reliquaires et les vases sacrés, les déposant, un jour dans une autre église, le lendemain dans une forêt ; et cela, toujours secrètement et à la hâte, sans prévoir où ils s'arrêteraient. On comprend alors qu'il fût difficile de faire la relation de tant de voyages imprévus, et de constater le dépôt de ces objets sacrés. Dans de telles conjonctures, et sachant d'ailleurs, comme nous le dirons bientôt, que les Normands vinrent jusqu'aux portes de Beaulieu, il ne peut paraître surprenant à personne, que les reliques des martyrs Prime et Félicien aient été portées à Agen, et, qu'après les guerres, elles aient été rapportées à l'abbaye. Or, il n'y a rien, croyons-nous, comme le mystère de l'enlèvement des objets sacrés, pour donner lieu à de fausses légendes, qui se perpétuent chez des populations restées chrétiennes ; surtout quand ces populations ont pu être trompées, comme il arrivait souvent pendant l'invasion de ces bandes païennes, par de perfides écrivains qui faisaient le métier lucratif mais infâme et dangereux, de fabriquer de fausses chartes (1). Serait-il donc bien étonnant, qu'après avoir vénéré pendant quelque temps, dans la basilique de Sainte-Foy, les reliques des martyrs Prime et Félicien, les Agenais aient pu dire que le monastère de Beaulieu possédait leurs corps saints ?..... Ce simple énoncé ne suffirait-il pas pour faire naître, dans la suite, dans l'esprit des chrétiens fiers de leur église, l'idée que ces saints avaient été originaires d'Agen, comme sainte Foy ?..... Puis, le patriotisme aidant, il était très facile d'attribuer à la ville d'Agen ce que la légende disait de celle de Rome, d'ajouter enfin que ces héros de la foi étaient gentilshommes agenais, et qu'ils avaient été martyrisés en 303 au lieu même de leur naissance. Ces présomptions nous paraissent assez concluantes. Dans tous les cas, nous bornerons ici nos conjectures et nos citations, et nous parlerons du culte qu'on a toujours rendu et qu'on rend

---

(1) *Histoire de l'Eglise Gallicane.*

encore à ces saints martyrs dans l'église abbatiale de Beaulieu.

C'est là que recourent dans leurs besoins et nécessités les fidèles tant du pays que des lieux circonvoisins. Ceux surtout qui ont perdu l'esprit trouvent, en les invoquant, un grand soulagement et une parfaite guérison (1). Fait-il une trop grande sécheresse comme une pluie trop persistante, les notables de la ville, comme autrefois les consuls, viennent prier leur pasteur d'exposer la châsse des martyrs devant leur autel pendant neuf jours, et de la porter en procession. Personne ne se souvient encore, dans ces circonstances, de les avoir invoqués en vain.

C'est après avoir imploré le secours et la protection de ces saints que Rodolphe, roi des Bourguignons, gagna une bataille mémorable contre les Normands en face du château d'Estresses. Voici ce que dit, à ce sujet, l'historien d'Haute-Serre dans ses Antiquités d'Aquitaine : « Les Normands, par les ir-
» ruptions continuelles qu'ils faisaient dans le
» royaume, avaient pris et brûlé l'église de Saint-
» Martin de Tours, pillé et volé l'abbaye de Solignac,
» et aussi l'abbaye de Fleury, venant par l'Auvergne
» et portant partout la terreur et la désolation.
» L'abbaye de Beaulieu allait sentir le fléau de leur
» barbarie, mais, par bonheur, Rodolphe, roi des
» Bourguignons, qui à la prière du roi Eudes, était
» venu secourir le Limousin avec des troupes choisies,
» ayant rencontré les barbares au lieu appelé Estres-
» ses, il les défit avec un tel courage qu'il les passa
» presque tous par le fil de l'épée. Le peu qui s'en
» échappa fut si malmené qu'il ne songea pas à
» retourner en Aquitaine. Après cette heureuse et
» grande victoire, Rodolphe en rendit grâces à Dieu
» dans l'église de l'abbaye de Beaulieu et s'en re-

---

(1) Manuscrit d'Armand Valest.

» tourna triomphant dans son royaume de Bourgo-
» gne. » Eudes ayant régné de 888 à 898, cette
bataille dut se livrer dans cet intervalle, et non pas
en l'an 923, comme semble le dire l'historien.

En 1355, sous le règne de Jean-le-Bon, roi de
France, le clergé, le peuple et la ville de Beaulieu
furent délivrés de l'armée des Anglais par la protection spéciale des saints martyrs Prime et Félicien : et,
en action de grâces de cette délivrance, ils instituèrent
la fête de la Protection qu'on célébrait tous les ans,
le 6 février, en l'honneur de ces saints (1).

En 1530, la peste faisait de grands ravages dans
toutes les localités voisines et tout autour de la ville.
Les habitants alors firent vœu de faire dire tous les
jours à perpétuité une messe, en l'honneur des saints
martyrs, à leur autel du monastère, et ils furent délivrés de ce fléau terrible (2).

Ces saintes reliques étaient précieusement conservées
dans une châsse couverte de lames d'argent doré. On
voyait à la partie supérieure deux anges, un de chaque côté, et huit pommes. Au milieu sur le devant,
était l'image de la Sainte-Vierge; tout autour, d'autres
images; à la cime, celle de Notre Seigneur Jésus-Christ; à la partie supérieure, six personnages d'argent, et, sous l'image du Seigneur, un crucifix aussi
en argent. Sous le crucifix, il y avait plusieurs pierres
précieuses et une majesté de la Sainte-Vierge ; à la
droite, une image d'abbé; à la gauche, celle d'un
moine; à la partie supérieure, huit personnages, dont
les deux du milieu étaient saint Prime et saint Félicien : le tout en vermeil doré avec un grand nombre
de pierres précieuses. Les têtes des martyrs étaient

---

(1) Ancien bréviaire du monastère de Beaulieu imprimé en vieilles lettres gothiques sur vélin.

(2) Archives de Beaulieu.

renfermées dans un reliquaire particulier (1). Cette description, bien digne d'un vieil inventaire, manque de clarté à cause de la répétition de plusieurs ornements. Nous croyons y reconnaître cependant une forme de maison à deux pignons, dont la façade principale aurait été seule décorée d'images, rangées symétriquement sur un toit, sur un fronton et sur l'avant-corps de bâtiment.

Cette riche châsse excita l'envie des calvinistes, lorsqu'ils entrèrent à Beaulieu pour la première fois avec l'amiral de Coligny, en 1569. Ils l'emportèrent avec tout ce qu'ils purent prendre dans le monastère, comme nous l'avons dit déjà. Les saintes reliques furent cachées près du dernier pilier de la nef de l'église ; et douze ans après, elles furent découvertes et rendues par un calviniste au pitancier du monastère. Les prodiges qui eurent lieu à cette occasion firent connaître que c'étaient bien les ossements des martyrs. On institua aussitôt une fête particulière, le premier dimanche de septembre, que l'ancien processionnal appelle la fête de la Révélation, *festum Revelationis*. Le peuple a gardé le souvenir de l'invention de ces reliques, et il célèbre encore avec grande joie l'anniversaire de cette fête. Ce jour là, les hommes de la paroisse veulent avoir l'honneur de porter eux-mêmes, en procession autour des vieux murs d'enceinte, la châsse des Corps-Saints, au milieu d'un concours immense de pèlerins étrangers recueillis et suppliants.

Mais si l'on eut le bonheur de retrouver les reliques des saints martyrs, on ne peut pas en dire autant du précieux reliquaire, qui fut remplacé par une châsse de bois doré, longue de deux pieds, sur seize pouces de large et vingt de hauteur, ayant des faces dorées

---

(1) Inventaire du monastère fait en l'année 1413.

sur les côtés. C'est là que, un siècle après, furent déposés solennellement les ossements de saint Prime et de saint Félicien par dom Claude Lieutaud, prieur claustral, en présence des sieurs Clare, Labrousse, Soleilhet et Vaur, consuls, et de beaucoup d'autres gens de la ville (1).

Si ces reliques furent préservées, assurément nous le devons à une Providence spéciale, qui se les réservait pour d'autres temps. Mais il n'en fut pas ainsi de toutes. Les anciens inventaires du monastère nous font mention d'une châsse, où reposaient les ossements de trois saints Innocents, de saint Amand, de de saint Désiderius, et du bras de saint Rodulphe; d'un reliquaire de vermeil contenant des reliques de saint Pierre; d'un autre reliquaire d'argent où se trouvaient des restes de saint Martial et de plusieurs autres saints. Tous ces divers ossements, réduits en cendre, ont dû être jetés au vent, et leurs reliquaires, l'objet d'un profit illicite, de la part des calvinistes.

Cependant le monastère de Beaulieu possédait encore, après les guerres religieuses, une particule de la vraie croix, enchâssée dans une croix d'argent, de la longueur d'un pied. Cette relique comme celle de saint Pierre étaient au monastère de Beaulieu, en l'an 898, comme le remarque le cartulaire de l'abbaye. — On y voyait aussi un reliquaire de laiton jaune fait en pyramide et dressé sur un pied de chandelier, dans lequel étaient des reliques de sainte Catherine vierge et martyre; un autre reliquaire de laiton argenté en forme de tour, où se trouvaient plusieurs reliques qu'on ne connaissait pas; un peigne d'ivoire,

---

(1) Acte de déposition, communiqué par M. de Veyrières, attestant que les saints ossements étaient auparavant enveloppés dans du taffetas, dans une autre châsse peinte. (L'abbé Poulbrière).

qu'on disait être de saint Rodulphe, et dont la râpure possédait la vertu de soulager les malades.

Si tous les débris de ce riche trésor fussent restés dans l'église de Beaulieu, on aurait pu encore se consoler de la perte que l'on avait éprouvée. Mais la révolution française, de 1791 à 1793, continua l'œuvre de destruction ; et, c'est à peine si aujourd'hui on possède quelques cendres assez authentiques pour les présenter à la vénération des pèlerins, dont la confiance ne peut ralentir. On n'a plus que deux bras d'argent à bracelets ornés de filigranes et de pierreries, mais entièrement vides; une tour reliquaire en cuivre doré, où se trouvent les seules reliques authentiques des martyrs Prime et Félicien, et qui furent envoyées de Tulle par M. l'abbé Talin, en 1853; une petite châsse de cuivre émaillé, en forme de maison, contenant des reliques de saint Eutrope, retirées de l'ancienne église paroissiale de Beaulieu, où elles étaient très vénérées. Cette châsse représente les mages se rendant à la crèche et adorant l'Enfant-Jésus. Les figures sont gravées au trait sur le cuivre doré; le champ métallique est émaillé de bleu. Sur la toiture les mages étaient à cheval et allaient de droite à gauche : au-dessous, ils sont à pied, et vont de gauche à droite présenter leurs hommages au Dieu-Enfant qui les bénit. Aux faces latérales sont deux apôtres imberbes. Aux traits des personnages dont les yeux bien fendus sont ronds et les pieds vus de face; à leurs tuniques romaines et grecques aux plis nombreux, serrés, parallèles et aigus; aux fonds bleus avec des bordures jaunes et rouges; aux rosaces tricolores, nous avions cru devoir rapporter ce reliquaire au xiie siècle. Mais l'abbé Texier lui assigne le xiiie, et nous devons nous incliner devant cette autorité (1).

---

(1) *Dictionnaire d'orfévrerie*. — L'abbé Poulbrière.

Telles sont les seules reliques authentiques qui restent dans l'église de Beaulieu, et qui y sont toujours l'objet d'une grande vénération comme nous avons pu nous en convaincre, pendant plusieurs années, par le grand nombre d'étrangers qui se rendaient à la fête de saint Eutrope (dernier jour du mois d'avril), et à la fête de la Révélation des saints martyrs Prime et Félicien (premier dimanche de septembre).

Mais si la piété et la confiance sont si grandes aujourd'hui après tant de pillage et de ruines, c'était bien différent autrefois lorsque l'antique abbatiale possédait entièrement ce riche trésor. Ah! certes, ce n'était pas sans raison que les calvinistes, indignés de ne pouvoir séduire et corrompre chez eux les braves gens des campagnes, étaient venus les attendre à Beaulieu. Là, en effet, ils avaient occasion de les voir souvent. Sans sortir de la ville, ils pouvaient tendre des piéges à leur vertu et tromper la vigilance de leurs prêtres. Si on était obligé de se rendre souvent au chef-lieu de la vicomté de Turenne pour des affaires temporelles, administratives ou judiciaires, on y était attiré aussi par d'autres affaires non moins importantes : les besoins religieux. Après ce que nous avons dit des reliques, on doit comprendre que cette ville était le rendez-vous des pieux pèlerins. Chaque jour, et surtout à certaines époques de l'année, où étaient rappelées la naissance, la vie et la mort des saints dont on possédait les ossements, on voyait accourir une foule immense d'étrangers, qui venaient implorer leur protection, pieds-nus, le chapelet à la main, et dans un maintien recueilli et modeste. Dans ces temps de foi on était bien moins indifférent qu'aujourd'hui pour les objets sacrés, et c'était avec empressement qu'on allait, des contrées les plus éloignées, se prosterner devant les tombeaux des saints pour expier des crimes, pour se retremper dans la pénitence, pour obtenir des guérisons temporelles et des grâces spirituelles.

Qui pourrait dire toutes les faveurs obtenues dans le monastère et dans la vieille église paroissiale de Beaulieu par l'entremise des saints Prime, Félicien, Emilien, Félicité, Eutrope, etc..... Que de sanglots étouffés, que de cœurs attendris, que de misères soulagées, que de touchantes et utiles leçons données aux fortunés de ce monde. Oh ! le beau spectacle ! Tandis que les malheureux et les affligés, un cierge à la main, y demandaient la délivrance de leurs maux, les riches pénitents, à genoux sur les froides dalles, y faisaient l'aveu de leurs fautes, y recevaient ensuite le Dieu de l'Eucharistie et obtenaient de précieuses indulgences. Et puis, quelle union, quelle charité chrétienne parmi tous ces suppliants, où se confondaient dans de touchants entretiens, dans de mutuelles confidences toutes les sensations de l'âme, toutes les douleurs, toutes les joies et toutes les tristesses de la vie ! Et disons enfin, quelle école de bonnes mœurs !..... C'est là que, sous le moyen-âge, les cœurs se formèrent à la vertu, que les caractères s'adoucirent, et que prit naissance la vaillante chevalerie, cette pieuse association de guerriers chrétiens, d'où est sortie cette société choisie de gentilshommes vertueux et dévoués, qui font encore l'honneur des races latines.

Mais que vont devenir ces belles et sublimes manifestations de la foi ?... Cette ville de Beaulieu ne saurait être, en même temps, et protestante et catholique de premier ordre..... Seulement il se présentait aux calvinistes une difficulté sérieuse. S'ils font tomber les pèlerinages, le commerce de la ville en souffrira, et les habitants ne manqueront pas de les maudire. D'un autre côté, s'ils les autorisent, leur culte ne pourra se maintenir. Quel moyen prendre alors pour sortir d'embarras? Ils vont essayer tout simplement de faire jaillir le mal du bien ; et, comme nous l'avons déjà dit plus haut, ils se serviront de ces visites aux Corps-Saints pour arriver à leurs fins. — Les voilà donc tout occupés à dresser des embûches à la piété des pèlerins. Ils leur offrent à chaque pas, des jeux, des cabarets, des amusements et des festins. Ils vont les attendre sur les avenues, leur présentent la main en signe d'amitié, et les invitent au repos. Pour les arracher à la prière, ils leur en montrent l'inutilité; leur reprochent l'excès de leur dévotion; leur font entrevoir le mauvais usage que le prêtre fait de leurs offrandes, et le commerce qu'il fait des indulgences et des bénédictions. C'était perfide et méchant tout à la fois! Mais ces bons chrétiens leur firent voir le cas qu'ils faisaient de ces hypocrites et odieux procédés en les méprisant; et ils n'en professèrent pas un culte et un respect moins grands envers les choses sacrées.

Tant de fermeté n'était point du goût des hérétiques. C'est alors que, mettant sous les pieds toute considération, même l'intérêt local, ils ne craignirent pas de manquer au devoir de l'hospitalité pour humilier et persécuter ces étrangers. On vit, sans doute, dans ce cas ce dont est capable le fanatisme des hérétiques; l'horreur que lui inspirent les objets religieux, et la haine qu'il porte aux personnes vertueuses. Les bannières, les croix, les chapelets devaient leur faire pousser des cris de rage; le chant des litanies devait leur faire vomir des blasphèmes; l'air recueilli des pèlerins autour des reliques devait leur faire proférer des impiétés dégoûtantes. Partisans, pour eux-mêmes, de la liberté individuelle, ils refusaient aux pauvres infirmes la plus douce consolation, la belle et sainte liberté de la prière. Et qui sait, s'ils ne poussèrent pas la brutalité jusqu'à insulter des vieillards, maltraiter des enfants et salir des femmes, pour les obliger à ne plus retourner aux tombeaux des saints? Enfin, pour en terminer, avec ce qu'ils appelaient les stupides grimaces d'une sotte dévotion, ils voulaient lui ôter ce qui pouvait l'entretenir. Il leur en coûtait peu d'enlever les objets sacrés et de les arracher à la vénération des fidèles. Ils commencèrent par faire main basse sur la grande châsse d'argent de sainte Félicité vierge-martyre, brisèrent les ferrements qui la tenaient fermée et les sceaux qui recouvraient l'authentique, en retirèrent les ossements qu'ils firent brûler et dont ils dispersèrent les cendres; et de toute cette précieuse relique, c'est à peine si les catholiques purent conserver un bras. Le corps de saint Émilien, sur l'autel duquel on rendait hommage à l'abbé, eut le même sort. Ceux des saints Prime et Félicien, que les vignerons de la ville et des environs regardaient comme leurs principaux protecteurs et qu'ils n'invoquaient jamais en vain dans les temps de sécheresse et de pluie, ne durent leur salut qu'à la belle châsse de vermeil où ils étaient renfermés, et dont ils espéraient retirer un grand prix. Plus impitoyables pour les restes bénits de saint Amand, de sainte Désidérie, de saint Rodulphe, de saint Pierre, de saint Martial et de trois saints Innocents, ils n'en laissèrent subsister aucune trace (1). En quelques heures toutes ces cendres précieuses disparurent, et privèrent l'Église et les fidèles de trésors inestimables.

Ainsi faisaient les calvinistes pour ruiner des pélerinages qui profitaient à la prospérité de la ville de Beaulieu, à la paix des consciences, à l'union des cœurs, aux bonnes mœurs et à la piété des fidèles.

Seigneur, l'impiété a consommé son œuvre dans les murs de votre cité catholique !... renvoyez des Gédéons pour la délivrer de la servitude, *Gédéon fortissime virorum, vade, et liberabis Israël de manu Madian.*

Ce serait ici le cas de faire connaître les efforts tentés par les jésuites pour arracher à l'impiété cette

---

(1) ARMAND VALEST.

population de Beaulieu, mais comme les matières sont trop abondantes, nous nous réservons d'en faire l'objet d'un second volume que nous publierons dans quelque temps. En attendant, nous nous bornerons à publier les documents importants que nous avons recueillis sur les autres places de la vicomté de Turenne.

QUATRIÈME PARTIE

ARGENTAT.

Origines d'Argentat. — Son organisation politique et religieuse. — Seigneuries et associations municipales. — Installation des calvinistes. — Efforts opposés et simultanés des calvinistes et des catholiques. — Retour au catholicisme.

I

ORIGINES D'ARGENTAT.

Coup d'œil sur cette localité. — Tempérament et trempe d'esprit de ses premiers habitants. — Recherches sur son origine; conjectures; voie romaine; villa de Longor; camp romain et château fort de Monceaux. — L'idée chrétienne favorise son développement; miracle et mort de saint Sacerdos. — Reliques du saint; vénération qui s'y attache.

ARMES DE LA VILLE : D'azur, à deux clefs d'argent, adossées en pals et entretenues par le bas (1).

Il n'entre pas dans notre pensée de faire une monographie complète d'Argentat. Nous serions mal venu, après tout ce qui a été si bien dit et écrit sur cette matière, et on pourrait nous reprocher d'usurper sur un travail un peu analogue fait par un érudit de l'endroit. Certes, nous n'avons pas la prétention de ravir à cet auteur les éloges que le public a déjà décernés à son œuvre patriotique. Lui-même, nous l'espérons, voudra bien nous excuser; car si nous prenons çà et là des faits et des titres, ce n'est pas pour le plaisir uniquement de faire l'histoire d'une contrée, mais bien pour y faire ressortir l'œuvre admirable de l'Eglise. Aussi quoique notre manuscrit fût achevé avant l'apparition de son ouvrage, il nous permettra

---

(1) Atlas du département de la Corrèze.

de le rouvrir pour y insérer quelques-unes de ses notes au profit du catholicisme.

Pouvions-nous d'ailleurs traiter de la vicomté de Turenne, sans parler d'une ville qui fut une de ses places les plus importantes. Nous nous reprocherions d'avoir refusé à notre plume une de ses plus douces satisfactions, et, ceux qui nous liraient nous reprocheraient eux-mêmes sévèrement cette lacune.

Nous n'essaierons pas de peindre les couleurs, les ombres et les flots de lumière qui jaillissent de ce beau tableau de la nature. Cette localité est dans une position exceptionnellement avantageuse. La richesse de son sol ; l'aspect varié des nombreuses collines qui l'entourent ; la forme circulaire de cette vallée, au bord de laquelle elle est assise, et qu'arrosent de tous côtés des eaux limpides, effraient l'imagination du narrateur et laissent impuissant le pinceau de l'artiste. Tant de poésie est faite seule pour un poète !

Puissions-nous être assez heureux pour retracer les points les plus saillants de son histoire. Et quoiqu'il ne nous soit pas donné de connaître exactement toutes les institutions qui firent sa gloire et contribuèrent à la prospérité de ses habitants, nous essaierons de montrer les efforts généreux qui furent tentés, à diverses époques, pour conserver intact le dépôt sacré de sa foi et de ses traditions chrétiennes, si menacées par la secte de Calvin.

Ne cherchons ici ni un camp ni une arène, où s'exerçaient jadis les forces du guerrier. — Argentat choisit une meilleure part. — Situé aux pieds d'un double rang de collines et de montagnes, qui se dressent majestueusement sur les confins du Bas-Limousin, du côté qui touche à l'Auvergne, il aima mieux rester oasis, voulant servir de refuge aux voyageurs brisés de fatigue et souvent gelés de froid.

Soit goût ou tempérament, ses habitants, à part quelques luttes engagées pour la défense de ses prérogatives, de ses croyances, des droits et privilèges de son église, préférèrent toujours, aux ardeurs des combats, les douceurs de la paix qu'ils avaient droit d'attendre de leurs puissan's défenseurs, les seigneurs de Gibanel, de Monceaux, de Saint-Chamaut, de Merle, de Saint-Martial, de Neuville et de Lagarde. Laissant à d'autres les discussions inutiles et les querelles sanglantes, ils dépensèrent leur activité dans les entreprises plus glorieuses et plus fécondes de la politique et de la religion.

Des chroniqueurs religieux s'estimeraient fiers de pouvoir fixer la date de fondation de cette localité, sinon aux premiers temps, du moins aux beaux jours du christianisme. Mais voilà que les prétentions des habitants nous obligent à reporter plus haut nos recherches historiques en attribuant son origine à l'époque gallo-romaine.

Les ruines d'un vieux pont en pierre, découvertes au village de Basteyroux, du côté de la rive gauche de la Maronne, et sur lesquelles s'appuie une pile du pont actuel, ont donné raison à cette opinion qui semble d'ailleurs confirmée par le genre de construction qu'on y remarquait et par la direction de l'ancien chemin qui reliait Argentat avec Aurillac et toute la Xaintrie.

Des fouilles opérées naguère à l'endroit où la tradition populaire persistait à attribuer l'emplacement d'une ville dite de Longour, ont amené d'autres découvertes non moins intéressantes. On conserve précieusement, à la bibliothèque communale d'Argentat, la plupart des objets qui y furent recueillis, tels que médaille d'argent, briques, urnes cinéraires contenant des charbons et des cendres, poteries diverses dont quelques-unes portaient en relief des personnages, des animaux et d'autres figures allégoriques. On parvint même à y découvrir, nous dit M. Bombal, de nombreux compartiments dont le plan a été conservé, et qui étaient formés par des murs d'environ cinquante centimètres d'épaisseur. Leurs sols, posés à des profondeurs inégales, étaient composées ordinairement d'une couche de galets étendue de mortier fait de chaux et de sable, d'une deuxième couche de béton formé de chaux et de briques concassées, et d'une troisième de ciment composé de chaux et de briques pilées, où l'on retrouvait l'empreinte des dalles de pierre calcaire, de glaise et de grès qui la recouvraient. Sous cette dernière couche couraient des conduits construits de différentes manières, suivant qu'ils aboutissaient à un fourneau ou qu'ils servaient pour l'écoulement des eaux. — Dans l'intérieur et aux parois des habitations, on a pu remarquer encore des conduits recouverts de placages blancs en pierre calcaire ou en marbre et peints de couleurs très vives et nuancées. Enfin, comme preuve de cette architecture gallo-romaine, on a reconnu parfaitement dans les fondations, dans les tranchées ouvertes le long des murs, et dans le voisinage des fondements, des amas considérables de chaux grasse durcie et d'autres matériaux provenant d'une construction de cette époque.

Mais ce qui paraît révéler davantage la présence et l'installation des Gaulois et des Romains dans cette contrée, ce sont les débris caractéristiques qui restent de leur civilisation dans la paroisse de Monceaux, où existait, dit-on, une ville importante qui était dotée d'un amphithéâtre. Nous ne suivrons pas le savant excursioniste et historien d'Argentat dans ses courses à travers les défilés des montagnes et sur les plateaux qui couronnent les hauteurs de cet endroit, pour y fixer un *oppidum* gaulois ou une station romaine, au milieu d'un cercle de fortes défenses, fournies par la nature et mises à profit tant par l'industrie des fiers Lémovices que par le génie stratégique des vainqueurs du monde. Nous n'essaierons pas mieux de discuter les preuves lumineuses et convaincantes qu'il apporte dans l'examen de cette question, et qu'il tire admirablement, soit de l'étymologie du nom des lieux, soit des nombreux vestiges de terrassements, de tranchées, d'armes, de monnaies, de galeries souterraines, de murs et de briques à rebord qu'il a la bonne chance de rencontrer sous ses pas. Après des indications si précises, en dehors même de celles que fournit naturellement la position des cimes escarpées, d'où le guerrier pouvait communiquer du regard avec ceux de Roche-de-Vic, il est impossible de ne pas reconnaître que *Mulcedunum* était un poste militaire, chargé, d'abord, de garder cette porte du Limousin contre les invasions romaines, et, plus tard, de protéger les conquêtes elles-mêmes des Romains contre les invasions des barbares.

Dès lors on comprend que la plaine d'Argentat devait être un séjour agréable et enviable, à l'abri des attaques du dehors. C'était là comme un asile, où venaient chercher le repos et la douceur du climat tous ces vétérans éprouvés par l'air vif des montagnes, les longues privations, la vie pénible des camps et les fatigues des combats. Echangeant leurs armes meurtrières contre des instruments aratoires, on les voyait, naguère soldats farouches, devenir, bientôt après, de paisibles agriculteurs, et chercher le bien-être ou un honnête délassement dans les travaux des champs et la culture des fleurs. Aussi nous semble-t-il voir surgir tout à coup, comme par enchantement, au milieu de leurs dépendances, de riches et gracieuses villas superbement assises au bord des eaux qui courent capricieusement dans cette fertile vallée. Si ce n'était pas encore la ville d'Argentat, c'étaient du moins, épars tout autour, de nombreux fiefs et des maisons opulentes.

Mais l'idée chrétienne pourra fournir matière à d'autres conjectures, et nous permettre d'attribuer à cette localité des origines bien plus nobles et non moins glorieuses. Que l'Evangile y apparaisse avec son germe fécond de civilisation, et nous assisterons à une bien plus subite et étonnante transformation.

Qu'elle apprenne à ces vieux guerriers des légions romaines ou de la fière Lémovice, qu'ils doivent désormais s'aimer, se soutenir et se servir comme des frères, et nous les verrons se rapprocher les uns des autres ; et, rangés tranquillement autour d'un clocher, réclamer de leurs seigneurs des institutions et des libertés, protectrices du travail et de la religion.

La difficulté pour nous est d'assigner l'époque précise où s'exerça ici l'influence du christianisme. On a conjecturé timidement que ce fut au temps de l'apostolat de saint Martial, qui le premier planta la croix dans notre pays d'Aquitaine. Nous le voulons bien, et cela même nous paraît vraisemblable. Mais où sont les preuves pour asseoir cette opinion ? Ah ! sachons faire le sacrifice de quelques siècles, et allons nous éclairer plus sûrement à la lueur des flambeaux qui brûlaient autour de la dépouille mortelle d'un autre évêque de Limoges, admirable lui aussi par son zèle et sa vertu. — Nous voulons parler de saint Sacerdos.

Avouons d'abord que nous éprouvons un grand embarras en abordant ce sujet, obligé d'accorder des dates opposées sur le temps où apparut le saint prélat, et de contredire certains auteurs sérieux, notamment M. Bombal. Ce dernier, se basant sans doute sur un *Ordo* du diocèse de Limoges, et sur Nadaud qui en fait le vingt-septième évêque depuis saint Martial, rapporte sa mort à l'année 720, tandis que l'auteur des *Annales manuscrites de Limoges*, qui en fait le vingt-neuvième évêque, rapporte sa vie au règne de Clovis II (638-656). On voit déjà qu'il y a désaccord entre les deux écrivains, et pour le temps où vivait le saint, et pour le rang qu'il occupait parmi les évêques de ce diocèse de Limoges. — Sans vouloir trancher la question, nous croyons que tous les deux se sont trompés, et que leur erreur provient de ce que l'on a confondu, avant eux, le règne de Clovis Ier avec celui des autres Clovis. Ce qui paraît nous confirmer

dans cette idée, c'est la note que nous trouvons dans la *Chronologie des évêques de Limoges*, où il est dit que saint Sacerdos, le douzième et non pas le vingt-septième ou le vingt-neuvième parmi les prélats qui occupèrent le siège de Limoges, mourut le 5 mai 511, « *du consentement du grand Cloris.* » Si nous consultons ensuite la légende de notre bréviaire, nous devrons opter pour cette dernière opinion. Il est dit, en effet, que saint Sacerdos fut élevé par un évêque d'une remarquable sainteté, saint Capuan, qui gouverna pendant quarante ans l'église de Cahors. *Sacerdos à Capuano notæ sanctitatis Cadurcensi episcopo, litteris et christianis moribus informatus est*. — Ce fait de l'éducation de saint Sacerdos par saint Capuan n'est contesté par personne, ni par les historiens du Limousin, ni par ceux du Quercy. Jean Vidal, avocat en parlement, dit dans son histoire des évêques de Cahors : « *Saint Capuan, grand*
» *prélat d'une vie exemplaire et miraculeuse,*
» *conversait avec les anges et enseignait les hom-*
» *mes. Il institua saint Sacerdos, appelé Sardot,*
» *qui fut depuis évêque de Limoges.* » De son côté, l'abbé Collin, chanoine de l'église collégiale de Saint-Junien, s'exprime ainsi au sujet de saint Sacerdos :
« *Ayant pris naissance dans le Quercy, il était*
» *bien raisonnable qu'il prit son éducation de la*
» *main du pasteur que la divine Providence avait*
» *donné à cette florissante province. Ce prélat*
» *s'appelait Capuan, l'un des plus vigilants et*
» *fidèles pasteurs qui fût pour lors dans le ro-*
» *yaume, et ce fut un très grand bonheur à ce*
» *jeune enfant de tomber en si bonnes mains, car*
» *la maison du saint évêque était une école de*
» *toute sorte de vertus, et une vraie académie*
» *d'hommes, qui fut ouverte l'espace de quarante*
» *ans.* » — Il resterait maintenant à prouver que saint Capuan vivait au ve siècle, en même temps que saint Sacerdos. Or il ne saurait y avoir de doute sur

cette concordance, puisque les deux historiens se partagent entre ces deux dates : 400 et 480, pour le temps de sa vie et de son épiscopat.

Après cela nous ne saurions plus hésiter. Oui, nous optons volontiers pour l'opinion qui nous permet de remonter de deux siècles l'origine des institutions chrétiennes d'Argentat. — C'était au temps du pontificat de saint Léon-le-Grand ; tout l'avenir politique des Gaules était en germe dans les idées et les œuvres de la foi. La pensée chrétienne absorbait tout pour tout restituer dans l'ordre intellectuel. On ne pouvait surprendre quelques instincts de nationalité et de progrès que dans les chroniques des cloîtres. Le christianisme d'ailleurs reconnaissait les puissances de la terre et servait la politique des grands. Les princes de leur côté, tournaient vers le christianisme toutes les espérances de leurs peuples. La province d'Aquitaine se ressentit particulièrement de cette influence. C'est ainsi qu'on vit, en 455, un de ses princes d'origine gauloise, Avitus, qui fut proclamé empereur et succéda au lâche Maxime, montrer au peuple de cette contrée comment un gaulois savait porter dignement et religieusement la pourpre impériale. S'étant arrêté à Calviac *(Calabrum)*, aujourd'hui Salviac, sur les confins du Quercy et du Périgord, où une femme romaine, nommée *Mundana*, venait de donner le jour à un enfant, le vertueux César voulut être le parrain du nouveau-né. Ce filleul que l'on appela Eulochius, et qui devait porter plus tard le nom de Sadroc ou Sacerdos, par respect sans doute pour la dignité sacerdotale à laquelle il fut élevé, apprit de bonne heure, par cet exemple d'abaissement, le cas qu'il fallait faire de la gloire de ce monde. Il lui préféra de beaucoup le calme et la paix de la conscience, qu'il fut chercher dans la solitude et la retraite. Encouragé par le saint évêque de Cahors, il conseilla d'abord à ses parents de vendre tous leurs biens pour nourrir les pauvres et réparer les églises, et puis il se renferma dans le monastère de Sarlat, où quarante religieux vivaient dans une grande perfection. Devenu bientôt abbé de ce couvent par le choix des religieux, il acquit une telle réputation de droiture et de sainteté dans l'exercice de cette charge, que le clergé limousin l'appela pour son évêque.

Occupé constamment à procurer la gloire de Dieu et le salut des âmes dans ce diocèse de Limoges, sa santé fut bien vite altérée. Mais lorsqu'il fut averti secrètement que sa fin était proche, il voulut se retirer de nouveau dans l'abbaye de Sarlat pour s'y préparer à la mort. Voulut-il, auparavant, faire une dernière visite aux églises de son diocèse, et les porter à la résignation et à la persévérance, en leur faisant part de sa détermination?... C'est probable. En tout cas, il se rendit à Argentat où la Providence l'attendait pour manifester en lui le don des miracles. Saisi alors subitement d'une grande fièvre et condamné à subir une longue diète, après avoir obéi aux prescriptions des médecins, il demanda qu'on lui apportât un jaune d'œuf; ce qui fut impossible, les oiseaux de proie ayant dévoré toute la volaille. Il se mit aussitôt en prière pour garantir cet endroit des ravages que faisaient le milan et l'émerillon, et depuis lors on ne voyait aucun oiseau de proie dans tout le pays. Il mourut après avoir fait ce miracle, le 5 mai 511, et le peuple, qui avait été témoin des faveurs dont il jouissait auprès de Dieu, accourut en foule à ses funérailles (1).

Qu'advint-il ensuite?... On sait que le corps du saint fut conduit, par ses ordres, au lieu de sa naissance, où il reposa près des siens jusqu'au temps de Charlemagne. A cette époque il fut transféré en l'église

---

(1) Chronologie des évêques de Limoges. — Collin, *Vie des Saints du Bas-Limousin*. — Bréviaire de Limoges. — Bonaventure de Saint-Amable. — Marvaud, *Histoire du Bas-Limousin*.

abbatiale de Sarlat, que le pape Jean XXII érigea depuis en cathédrale, à cause des grands miracles qui s'opéraient sur son tombeau. — Il est à croire cependant que la ville d'Argentat, qui avait eu l'honneur de recueillir le dernier soupir du saint prélat, conserva quelques-unes de ses dépouilles, comme souvenir précieux de son séjour et de sa mort, et en récompense des soins et de l'hospitalité qu'elle lui avait donnés. Ce legs pieux, quel qu'il fût, était pour elle un précieux héritage, qui devait désormais lui donner droit à la protection du grand serviteur de Dieu.

Nous voudrions voir là aussi la cause principale de son agrandissement et de son agglomération. En ces premiers temps du christianisme, il n'en fallait pas davantage, on le sait, pour attirer sur un point quelconque de la catholicité des foules pieuses et recueillies. Qui pourra nous dire, en effet, le nombre de pèlerins, âmes souffrantes ou repentantes, qui vinrent se prosterner dans la chambre mortuaire du saint, baiser son lit et les objets divers qui lui avaient servi? Nous ne voulons d'autres preuves de cette vénération que le nom de *Paradis* donné au lieu qui fut témoin de la mort du saint;... vive et unanime expression du ravissement et de l'amour des visiteurs! Et pourtant, ce *Paradis*, c'était tout simplement, nous dit M. Bombal, *une chambre ornée d'un lambris revêtu d'une peinture bleu de ciel, historié d'étoiles et de fleurs*, et qui eut besoin tout récemment du dévouement et de la générosité de l'admirable chrétien, l'immuable maire de cette localité, M. Auguste Lestourgie, dont le nom, désormais, sera attaché à tous les édifices religieux d'Argentat, pour avoir mis son zèle et sa gloire à les relever de leurs ruines.

Oui, ce fut l'heure, croyons-nous, du recueillement religieux, prélude de l'ère de transformation. On repose et on travaille si bien, près des restes sacrés qui nous rappellent les vertus et les sacrifices des bienfaiteurs et des saints !...... Bientôt une population nombreuse et chrétienne, mettant en commun ses forces, sa richesse et toutes ses ressources, pour l'usage et l'exercice de tous, se fut rangée sur les avenues qui conduisaient à ses reliques et à son église. — Qu'Argentat se souvienne de ses origines, et qu'il garde toujours le poste d'honneur qu'il occupa jadis si dignement parmi les localités importantes et catholiques du diocèse de Tulle !

II

ORGANISATION POLITIQUE ET RELIGIEUSE DE LA VILLE.

Argentat rentre dans le plan politique de l'époque. — Le Bas-Limousin se ressent de ce système. — Établissement des comtés et des vicairies. — Vicairie d'Argentat. — Autorité nouvelle introduite dans le droit public des nations; la souveraineté temporelle des papes sauve la société; dévouement du clergé; ses ressources. — Bienfaits de ce nouveau système d'autorité pour cette localité; Adémar d'Escals donne à l'abbaye de Tulle plusieurs terres considérables. — Contestation entre ses héritiers et les abbés de Saint-Martin au sujet de l'église d'Argentat; recherche du bon droit dans un combat singulier. — Possessions de l'abbaye de Saint-Géraud d'Aurillac; discussion à ce sujet entre ses abbés et ceux de Tulle. — Donations à l'abbaye de Beaulieu; manse seigneuriale de Laurent; charte qui en fait foi. — Rentes de l'abbaye d'Obazine. — Les bénédictins de Carennac y établissent un prieuré claustral.

Argentat put prendre place, dès ce moment, parmi les localités importantes de la contrée, rentrer dans le plan politique de l'époque, et accepter le système d'organisation administrative du Bas-Limousin, où allait s'opérer bientôt une grande transformation.

La période gallo-romaine avait passé, et on était las de ce temps où la grande nation celtique, fractionnée en tribus toutes indépendantes mais toutes soumises à leurs prêtres et à leurs évêques, quand ils les appelaient à la défense commune du territoire ou aux grandes cérémonies du culte. — On n'était même déjà plus à la période gallo-franque, alors que l'Aquitaine, et en particulier notre pays luttaient à la fois contre la domination des hommes du Nord et les invasions des barbares du Midi, pour conserver leur civilisation et leurs libertés aux abois. — Tout en gardant un reste de respect à cette famille déchue des rois chevelus, Charles-Martel, quoique simple maire du palais, était parvenu à faire reconnaître dans toutes les Gaules la suprématie des Francs et à y imposer son autorité. La victoire restait toujours si fidèle à ses drapeaux, et il défendait si bien la cause du droit et de la religion, que ses ennemis eux-mêmes se placèrent sous sa protection, et que deux papes l'invitèrent successivement à venir délivrer Rome. Lorsque saint Grégoire III lui renvoya une ambassade, chargée de lui remettre solennellement les clefs du tombeau de saint Pierre et de lui conférer le titre de prince très chrétien, ce digne aïeul de Charlemagne, avec son génie politique, comprit tout de suite le rôle important qu'il était appelé à jouer dans la société chrétienne. Comme il cherchait, en secret, à préparer l'usurpation de sa race, il se hâta de poser sa main puissante sur ces insignes sacrés, en se déclarant hautement le défenseur du Saint-Siège. Il jura aux ambassadeurs que nul souverain n'ouvrirait désormais, sans sa permission, le tombeau du prince des apôtres.

On comprend qu'il dut songer, dès lors, à poser les bases d'un gouvernement sage et fort, et à ménager les susceptibilités et le sentiment religieux de ses ennemis, au nombre desquels étaient les Limousins toujours fidèles à leurs princes d'Aquitaine. Il débarrassa leur pays des Arabes qui s'y étaient retranchés, et récompensa les guerriers qui avaient combattu à ses côtés, en leur donnant des terres conquises avec des dignités honorifiques qui permirent aux grands vassaux de fonder leur indépendance. Tandis que les uns étaient chargés, sous le titre de *comtes*, d'administrer les villes et d'y rendre la justice, d'autres sous le titre de *vicaires*, surveillaient les localités moins importantes.

Nous ne voyons pas que la ville d'Argentat ait été comptée d'abord parmi les grandes juridictions du Limousin, son influence devant relever de la maison de Turenne qui absorbait et résumait toute l'autorité dans la contrée. Mais elle fut comprise, du moins, au nombre des quarante-quatre vicairies qui furent instituées en ce pays, comme nous l'apprend M. Maximin Deloche : *Vicaria argentadensis* ou *de Argentado !* Mais ses limites étaient alors très étroites, puisqu'elle ne comprenait dans sa circonscription que les terres de Laurent, de Peuch, de Haute-Fage, et celle de Saint-Privat qui portait alors le nom de *Betugum* et qui en fut distraite, au XIe siècle, pour être le chef-lieu, elle-même, d'une vicairie. N'importe, Argentat était déjà classé parmi les divisions géographiques du Limousin. Et, quoiqu'il fût subordonné au *comitatus*, il n'en avait pas moins acquis, dès lors, un rang important dans les localités qui relevaient de la vicomté de Turenne. Ce n'était là d'ailleurs qu'un prélude, car il devait bientôt s'y faire respecter sous une autorité non moins forte et respectable.

Une grande institution avait surgi dans le monde, sous le poids de la reconnaissance publique. Le grand pape saint Léon, dont nous avons déjà parlé, avait, deux fois, par le seul ascendant de sa vertu, sauvé Rome et les Romains des fureurs d'Attila et de Genseric. Pendant vingt-sept ans, saint Grégoire avait préservé la cité sainte du glaive des Lombards. Dès lors les peuples avaient senti la nécessité de soutenir et de fortifier l'autorité des vicaires de Jésus-Christ, et, dans ce but, ils venaient de leur déférer une seconde couronne : la souveraineté temporelle. — Cette royauté, solennellement confirmée et proclamée par Charlemagne, allait entrer dans le droit public des nations et servir à réparer les ruines et le désordre apportés par les barbares sous la législation, la littérature, les sciences et les arts. Il suffisait pour cela qu'elle fût acceptée par les peuples chrétiens ; que, loin de Rome comme de près, on en ressentît les bienfaits ; qu'en tous lieux on pût voir fonctionner sans danger ce nouveau système d'autorité ; qu'il s'étendît enfin jusqu'au dernier échelon de la hiérarchie ecclésiastique, apparaissant partout avec une discipline forte et sage, et montrant qu'il pouvait conduire sûrement l'armée du Christ dans les sentiers prospères de la vie et dans les chemins qui mènent à la gloire et au salut. — On voit d'ici grandir le prestige des évêques et des prêtres. Dorénavant, la société attendra d'eux plus de dévouement, et leur mission, comme celle du chef de l'Eglise, pendant toute la période du moyen-âge, sera de lutter contre la férocité et les mœurs sauvages des races conquérantes de l'Occident. Or, pour acquérir et garder cet ascendant sur les peuples, pour entreprendre la reconstitution de l'état politique et social, et obtenir, dans cette œuvre difficile de réparation et de formation, un succès éclatant et incontesté qui pût provoquer un sentiment unanime de reconnaissance et d'admiration, on avait besoin de ressources considérables afin de doubler les rangs des combattants et d'augmenter la famille des pieux lévites dans les monastères et les églises paroissiales.

C'était là, on le comprend, l'œuvre des peuples non moins que celle de Dieu, et les ressources ne devaient pas manquer pour cela, surtout dans la vicomté de Turenne qui se faisait remarquer par la richesse de son sol et les habitudes chrétiennes de ses habitants. — La ville d'Argentat dut bénéficier de ce nouveau système politique. Relevant d'illustres seigneurs, à qui elle payait déjà le tribut de ses biens et de sa respectueuse docilité, en échange de leur haute protection, elle ne pouvait que participer au bien général qui allait s'opérer dans l'Eglise par leur désintéressement.

Les Turenne, comme c'était leur devoir, voulant les premiers donner l'exemple de la générosité et du dépouillement volontaire, convaincus que leur autorité se fortifierait d'autant de celle des ministres de la religion, concédèrent tout d'abord au monastère de Tulle certaines terres qui dépendaient de la vicairie d'Argentat, et qui leur étaient échues en partie par droit de conquête; ce qui valut peut-être à cette ville, dès le xe siècle, d'avoir un prieuré-cure qui était primitivement à la collation de l'abbé de Tulle, et plus tard à celle de l'évêque. — En 930, on vit, en effet, un de ses représentants, Adémar d'Escals, à qui furent léguées en héritage toutes les terres de la grande abbaye de Saint-Martin, renoncer ensuite, en faveur de son fils Bernard qui était abbé de ce monastère, aux propriétés situées autour d'Argentat : « Je rends le manoir de *Longos*, les vignes de *Cortoiole*, les pêcheries, les prés, les champs, et la villa de *Grandcamp*, » *Relinquo et reddo sancto Martino et monachis in dicto monasterio sibi servientibus abbatiam veterem, quæ à proavo patris mei successerat.... in vicariâ Argentadense curtem meam Longor cum vineis de Cortoiolo et piscatoriis, pratis, campis et villam meam Grandemcampum* (1). D'après cette donation, il semblerait que cette famille de Turenne n'avait accepté ces terres de la libéralité de Charles-Martel, que pour les arracher des mains des barbares et en faire retour à leurs véritables maîtres. Toutefois le vicomte n'entendait-il restituer à l'abbaye de Saint-Martin la jouissance de ces terres qu'après la mort de son épouse Gausla, comme le témoigne un autre acte de lui, passé en 931, par lequel cédant à son épouse l'usufruit pendant sa vie des biens situés dans les

---

(1) Baluze, Testament d'Adémar d'Escals. — Cartulaire de Beaulieu.

paroisses de Lagarde, de Neuville, de Chanac, de Ladignac, de Marc-Latour, de Sainte-Fortunade, de Saint-Bonnet-Elvert, de Pauliac, d'Albussac, de Saint-Chamant, et qui devaient revenir au monastère de Tulle, il rappelait et mettait au même rang les propriétés déjà nommées de Longor et autres, comprises dans la vicairie d'Argentat : *Ego Ademarus dimitto Gauslæ uxori meæ... curtem meam de Longor cum rineis de Cortoiolo et piscatoriis quæ sunt in vicariâ Argentadense... eâ ratione ut quamdiù vixerit teneat, et post obitum suum Sancto-Martino remaneat* (1). Par ce second acte le riche seigneur voulait seulement laisser à sa femme un gage d'amitié, tout en maintenant et augmentant ses donations à l'abbaye.

Il paraît qu'Adémar ne borna pas là ses libéralités. Mais, pour ne pas nous écarter de notre sujet, nous nous abstiendrons de faire ici l'énumération de tous les biens restitués ou librement cédés par lui. Il nous suffira de dire qu'il mit sa femme en possession du *castrum* de Monceaux, à la condition expresse qu'après sa mort elle ferait retour de ce fief aux moines de Tulle, et qu'elle les protégerait pendant sa vie. — Nulle épouse ne fut plus fidèle à remplir les volontés de son mari, et elle s'en acquitta avec tant de dévouement et de piété, que les moines crurent devoir mettre son corps au nombre des plus précieuses reliques du cloître. Leur reconnaissance et leur admiration pour ces deux époux furent si grandes qu'ils leur élevèrent un magnifique tombeau, surmonté de deux statues que les fidèles honorèrent jusqu'au dernier siècle, sous les noms de *Domnus* et de *Graoula*, et que mutila, sous la grande révolution, une populace ignorante et impie.

Pour servir à l'histoire d'Argentat, mentionnons

---

(1) Baluze, Cession d'Adémar d'Escals à son épouse Gausla.

encore le don que fit Adémar de son église à l'abbaye de Saint-Martin, et qui donna lieu à de vives contestations entre ses héritiers et les moines. Confirmée par Farelde, sa fille, qui abandonnait elle aussi tous les droits qu'elle possédait sur cette église, cette donation fut disputée, en 946, par Boson de Saint-Cire qui voulut s'en attribuer la propriété, alléguant en sa faveur la volonté formulée de sa mère Farelde. De leur côté, les moines invoquaient la même autorité, et de plus la volonté expresse d'Adémar. Dans cet état, il fallait s'attendre à voir les parties produire des titres en apparence également légitimes. Toutefois le bon droit ne pouvant être à la fois des deux côtés, on dut en appeler à l'épreuve par les armes, qui, en ce temps-là, tranchait tous les différends. Deux champions choisis dans la ville d'Argentat, P. Vairet et P. Brus, se rendirent sur le terrain, après avoir juré de ne se mesurer que pour la vérité.... Singulier expédient dont l'intrigue et l'argent devaient toujours avoir raison. P. Brus se parjura aussitôt après et promit de ne servir que la cause de Boson. P. Vairet ne fut pas plus fidèle à son serment : ayant reçu secrètement des adversaires une belle jument ferrée, il céda la victoire à l'autre. Cette perfidie fut dévoilée plus tard par P. Brus, qui, s'étant fait moine en l'abbaye de Tulle, déclara que son rival aurait pu le vaincre s'il l'avait voulu (1).

---

(1) « Notum sit omnibus quod ecclesia de Argentat fuit de isto monasterio, hoc est de dono Ademari vicecomitis; quam post illum dedit nobis Fareldis, quidquid videlicet in eam quærebat. Qui de re inter nos et ipsos bellum initum fuit, et ambo bellatores de hâc villâ fuerunt. Unus eorum vocabatur P. Vairet, alter verò P. Brus, et ambo juraverunt. P. Brus tamen se pejeravit post jurationem ; alter scilicet P. Vairet nobiscum fuit. Qui, ut cederet alteri victori ellam nostrum ab adversariis equam ferratam sibi pro munere accepit. Deindè P. Brus fecit se monachum apud majus monasterium, et revelavit quòd ejus socius, qui cum eo pugnaverat, eumdem superare posset, si vellet. — Baluze.

Ce ne fut pas seulement aux abbés de Tulle que furent légués des biens sur l'église d'Argentat. D'autres monastères en avaient reçu au même titre et pour les mêmes fins. Nous en avons pour preuve les discussions qui s'engagèrent entre les moines de Tulle et ceux d'Aurillac, qui, eux aussi, réclamaient des droits de propriété et de seigneurie sur cette ville. Nous voyons notamment, en 984, qu'à la suite de longs démêlés, il fut fait entr'eux un accord, par lequel les religieux d'Aurillac cédaient à ceux de Tulle quinze manses dans ladite paroisse, se réservant seulement trois livres de poivre ou de couleur, *tres libras piperis aut pigmenti*, que leurs frères de Saint-Martin devaient payer, et qu'ils payèrent, en effet, pendant la vie de Jean, abbé de Saint-Géraud. Il est vrai, ajoute l'historien Baluze, qu'aussitôt après sa mort, ils se révoltèrent contre ce tribut, et qu'il leur fut fait entièrement remise dans l'intérêt de la paix. Dans tous les cas, ces prétentions des moines d'Aurillac revendiquées parfois en justice, n'ont rien qui doive bien nous surprendre, puisque leur supérieur saint Géraud, comte d'Aurillac, était le grand seigneur de cette contrée, sa domination s'étendant sur les deux Xaintries, et jusqu'au delà d'Argentat. Il possédait à Monceaux des manses où il se rendait quelquefois, et on sait que Servières et Mercœur furent concédés par ses successeurs au vicomte de Turenne à titre de bénéfice. Sa vie mentionne encore une chapelle dédiée à saint Laurent, au village de ce nom, où il venait s'agenouiller (1). Quoiqu'il en soit de ces discussions, de ces concessions ou accords, cela nous prouve que les moines d'Aurillac avaient exercé autrefois un droit de seigneurie, sinon sur l'église, au moins sur quelques terres situées dans la vicairie et la paroisse d'Argentat.

---

(1) Vie de saint Géraud. — Baluze.

A son tour, l'abbaye de Beaulieu, qui contribuait largement, dans le pays, à l'œuvre civilisatrice du peuple par le travail, l'étude et l'enseignement de ses savants bénédictins, devait être comprise dans la répartition des lots sur le domaine d'Argentat. Aussi voyons-nous en son cartulaire, que, vers l'an 971, un certain Rigald, et son fils, Gérald, donnèrent à ses religieux diverses propriétés situées aux lieux de Bourlioux et de Laurent, dans les termes suivants :
« Etant dans la basilique du monastère de Saint-
» Pierre de Beaulieu, au nom de Dieu, nous Rigald
» et mon fils Gérald, poussés par le désir de posséder
» le royaume céleste, et voulant tout à la fois procu-
» rer en l'autre vie un rafraîchissement à nos âmes,
» en soulageant celle de Bernard, de Garennane et
» d'Ugon, et de tous nos parents, nous cédons au
» susdit monastère fondé en l'honneur de Dieu, de
» saint Pierre, de sainte Félicité et des autres saints,
» sous la direction des vénérables abbés Gérald et
» Adalgaire, entr'autres propriétés, celles qui sont
» situées dans la vicairie d'Argentat, au lieu de Lau-
» rent, notre petite manse seigneuriale, avec le parc
» de chasse et le pré, et de plus la vigne seigneuriale
» de Bourlioux. Nous donnons entièrement ces pro-
» priétés à Dieu, le sauveur de tous les hommes, et
» à saint Pierre, pour fournir à l'entretien des moi-
» nes, à la condition, toutefois, que nous en garde-
» rons la jouissance, mon fils et moi, tant que nous
» vivrons : nous engageant à payer chaque année,
» à la fête de saint Martin, une rente de deux setiers
» de vin sur la terre de Laurent, qui, après notre
» mort, sera la propriété assurée du monastère de
» Saint-Pierre. Que si quelqu'un de nos héritiers, et
» nous-mêmes, par un changement de notre volonté,
» ou toute autre personne déléguée, se permettaient
» de contester cette donation, qu'ils encourrent la
» colère de Dieu tout puissant et de tous les saints.
» Que si quelque clerc, recteur, moine ou abbé,

» essayait de ravir du domaine de Saint-Pierre de
» Beaulieu une partie de ce legs, qu'il encourre lui
» aussi la colère de Dieu, et qu'alors le plus proche
» de nos descendants reprenne notre bien, sauf à
» payer dix sous au monastère. » Cession faite au
mois de mars, sous le règne de Lothaire, en présence
de Gozbert, Adémar, Arbert, Adric et Ildebert (1).

Dans le même cartulaire, une autre charte nous
apprend, qu'en l'an 975, un nommé Gerbert et son
épouse, Deda, donnèrent à l'abbaye de Beaulieu une
grande terre située dans la vicairie d'Argentat et s'étendant en plusieurs lieux, principalement dans ceux
de Scorbenier, de Vernioles et de Noaliac. Nous

---

(1) « Sacrosanctæ basilicæ S. Petri Belliloci monasterii. Nos enim
» in Dei nomine Rigablus et filius meus Geraldus consideravimus
» amorem regni cœlestis, pro remedio animarum nostrarum, et
» pro animâ Bernardi et Guarennanæ et Ugoni, necnon et item
» Bernardi ac omnium parentum nostrorum, cedimus ad jam
» dictum locum fundatum in honorem videlicet Dei et S. Petri et
» S. Felicitatis, aliorumque sanctorum, ubi viri venerabiles Geraldus
» et Adalgerius præesse videntur abbates; hoc est imprimis, in vicariâ
» Argentalense in loco qui dicitur Laurentas, cum mansionile nostrum
» indominicatum cum trolio, et cum ipso prato, et cum vineâ indo-
» minicatâ Albouresca. Ista vero omnia, totam et ad integrum, Deo
» salvatori omnium et S. Petro offerimus, in stipendiis monachorum,
» tali ratione ut, quandiù ego Rigablus et filius meus Geraldus advi-
» xerimus, teneamus, et annis singulis, ad festivitatem S. Martini, pro
» Laurento sextarios duos de vino; post nostrum quoque amborum
» discessum, totam et ad integrum in dominio S. Petri remaneat,
» nullo contradicente. Sane si quis, nos ipsi immutatâ voluntate nos-
» trâ, aut ulla immissa persona contra hanc cessionem nostram ali-
» quam calumniam generare voluerit, omnipotentis Dei iram incurrat,
» et omnium sanctorum. Et si ullus fuerit rector, abbas, vel mona-
» chus, qui de his rebus quisquam de dominio S. Petri tollere
» voluerit, ipse iram Dei incurrat et plus propinquens parens noster
» donet decem solidos S. Petro. et teneat omnia. — Factam cessionem
» istam in mense Martio, regnante Lotherio rege. S. Rigaldi et filii
» ejus qui cessionem hanc fieri et affirmari rogaverunt. S. Gozberti,
» S. Ademari, S. Arberti, S. Adrici, S. Ildeberti. » (*Cartulaire de
Beaulieu*).

extrayons, de l'ouvrage de M. Deloche, cet acte en latin, et nous le traduisons fidèlement, voulant lui laisser toute sa signification et son caractère religieux :
« Etant dans la basilique du monastère de Saint-
» Pierre de Beaulieu. Au nom du Christ, nous Ger-
» bert et mon épouse Déda, avons considéré le cas
» de la fragilité de ce siècle, et avons redouté que le
» dernier souffle de notre vie ne nous trouve pas
» évangéliquement prêts. C'est pourquoi, voulant
» éviter toute surprise et préparer le salut de notre
» âme, nous cédons à ce monastère consacré à l'hon-
» neur de Dieu tout puissant, de saint Pierre et de
» plusieurs autres vénérables saints, où gouvernent
» les vénérables abbés Gérald et Kalsto, notre terre
» qui est au pays du Limousin, dans la vicairie d'Ar-
» gentat, au lieu appelé Scorbenier, les Verniolles,
» Noaliac, la manse où reste Dominique, celle où
» reste Costaivil, celle où reste Bonfils, celle où reste
» Andrald, une autre qu'habitent ensemble Andrald
» et Dominique, et celles enfin où demeurent Aig-
» bert, Aigo et Rainald. Nous cédons ces diverses
» propriétés aux susdits monastères avec cette clause :
» que si, après ma mort, mes enfants Bernard et
» Rigald voulaient rentrer en possession de tous ces
» biens, ils le pourraient, moyennant une somme de
» quatre cents livres qu'ils paieraient à l'abbaye de
» Saint-Pierre. Que si, toutefois, ils refusaient de
» payer cette somme, les moines de Beaulieu pour-
» raient garder cette terre avec toutes ses dépen-
» dances, comme une propriété légitimement acquise
» de droit ecclésiastique, à moins cependant, ce
» qu'à Dieu ne plaise, qu'une partie de cette terre
» ne soit aliénée par quelqu'autre personne. Toutes
» réserves faites, nous voulons que ce testament,
» ratifié par nous et contresigné par d'autres nobles
» gentilshommes, dès ce jour et dorénavant reste fait
» sans pouvoir être brisé. — Cette donation fut faite
» au mois de mars, l'an vingt-unième du roi Lo-

» thaire, après autorisation préalable, par Gerbert,
» en présence de Ragembert et de Rigald (1). »

L'abbaye d'Obazine, fille de Citeaux, devait aussi avoir part à cet héritage. Trop heureuse de contribuer à la gloire de Dieu et au bien des âmes dans cette riche contrée, elle dut y réclamer pour ses moines le modeste salaire des ouvriers de l'Evangile.

On sait que son fondateur, natif de Bassignac, localité située près des rives de la Dordogne, et en amont d'Argentat, avait établi, sous la conduite de Begon de Scoraille, ses religieux à Valette (2), près du lieu de sa naissance, et sur une dépendance des abbés de Tulle.

Il ne restait plus qu'à les installer dans l'endroit principal que l'on considérait comme la clef de la Xaintrie, et qui, dans ces temps de guerre et d'invasion, pouvait servir d'abri à ses religieux.

---

(1) « Sacrosanctæ basilicæ S. Petri Bellilocensis cœnobii. Nos enim
« in Christi nomine, Gerbertus et uxor Deda, consideravimus casum
« fragilitatis hujus sæculi, ultimamque corporis efflationem, ne nos
« evangelicè imparatos inveniat. Ideo cedimus ad monasterium præ-
« taxtum, consecratum in honore Dei omnipotentis, ejusdemque
« clavigeris sancti Petri, aliorumque plurimorum venerabilium sanc-
« torum, ubi viri venerabiles Geraldus et Kalsto abbates præesse
« videntur, terram nostram quæ est in pago Lemovicino, in vicariâ
« Argentado, in loco cujus vocabulum est Scrobenerius, et Verniolas,
« et Noaliaco, mansum ubi Dominico manet, etc... Ista vero omnia
« in tali conventu ad præfatum locum cedimus ut, si ego Gerbertus
« ab hoc sæculo discessero, veniant filii mei Bernardus et Rigaldus,
« et dent ad prædictum locum B. Petri solidas quadringentos ad orna-
« mentum restaurandum, et de illo omnia faciant quidquid voluerint.
« Sin autem ecce solidos ad prædictum locum non persolverint,
« supradictam terram teneant monachi ejusdem loci in suo dominio
« reservandam, jure ecclesiastico, cum omnibus ad se pertinentibus;
« nisi forte, quod absit, si ulla persona de eodem loco alienaverit, quia
« tamen recipiant, Hoc testamentum à me firmatum atque ab aliis
« nobilibus viris roboratum, ab hodierno et deinceps maneat incon-
« vulsum. » (Cartulaire de Beaulieu).

(2) Gallia christiana.

Le fit-il lui-même ou légua-t-il ce soin à ses successeurs?... Rien ne l'indique positivement. Mais nous ne pouvons croire que cette âme ardente n'ait pas sollicité, maintes fois, des chevaliers qui venaient visiter sa communauté, le droit d'asile dans cette ville. Malheureusement les titres nous manquent pour baser notre opinion. Nous ne trouvons même pas trace de services rendus par les pieux bernardins pour y donner raison à des acquisitions, quoique la réputation de leur zèle et de leur amour pour l'auguste Mère de Dieu nous fasse supposer leurs fréquentes apparitions dans les chaires catholiques d'Argentat. On pourrait même admettre qu'ils étaient venus, dans des temps de peste, y remplir un ministère de charité auprès des malades, comme sembleraient l'indiquer certaines reconnaissances qui leur furent faites pour le tènement de Malaudie, ou de Maladrerie, de Boudet.

Ce que nous pouvons sûrement affirmer, c'est que ce monastère y jouit, dès le XIIe siècle, de rentes considérables sur le village de Basteyroux et les rives de la Maronne. C'est ce qui résulte des chartes qui lui furent octroyées par les donateurs, Etienne Gérald et Pierre de Long-Montell, et Rodolphe d'Escorailles, dont la communication a été faite à M. Bombal par M. Joseph Brunet. Nous savons aussi par les archives départementales de la Corrèze qu'il possédait des droits seigneuriaux sur le tènement de Croizy et sur les biens du sieur Dussert, qui s'étendaient bien au-delà de la paroisse d'Argentat. Ses abbés en furent dépouillés seulement dans les temps de pillage et d'anarchie qui sallirent notre histoire de 1790 à 1793.

Mais l'abbaye qui devait être la plus favorisée dans cette répartition des dons émanés de la reconnaissance publique et de la libéralité des seigneurs d'Argentat, c'était celle de Carennac, au diocèse de Cahors. Quoique éloignée de cette localité et indépendante de son autorité ecclésiastique, elle relevait du même pouvoir temporel, étant comprise comme elle dans les limites de la vicomté de Turenne. A ce titre, ses religieux vrais disciples de saint Bruno, de l'ordre même de Cluny, pouvaient y revendiquer, non moins que leurs frères des autres monastères, une part à l'œuvre commune et éminemment sacerdotale de la moralisation du peuple placé sous la garde du vicomte. — Nous aurons occasion de voir, en effet, qu'ils s'y employèrent avec un dévouement qu'on aurait eu de la peine à surpasser. Dès le XIII° siècle, ils y fondèrent un prieuré important, où ils observèrent et maintinrent constamment, sous le cloître, le véritable esprit et la règle primitive de leur ordre. Les services éminents qu'ils rendirent ensuite à la paroisse et le bien qu'ils y opérèrent, leur gagnèrent la sympathie générale, sur laquelle ils furent autorisés à prélever un large tribut. Nous en avons pour preuve les nombreuses reconnaissances de terres, qui furent faites, en divers temps, aux doyens et prieurs de Carennac par les familles de Cosnac, de la Domeyrie, de la Fayolie, de la Mavendie, de Gibanel, etc., dont on trouvera la désignation dans l'ouvrage de M. Bombal. Leurs revenus qui s'étaient accrus des cens et rentes; des droits de lods, de ventes, de rétention, de justice, etc.; enfin de la dîme seigneuriale et de la moitié du produit du port ou passage de la Dordogne, étaient trop considérables pour ne pas être le fruit de leur pieux labeur et la récompense de leurs grands mérites. Tous ces droits réunis furent affermés, en 1674, par les religieux de Carennac, à plusieurs particuliers, moyennant la somme annuelle de 1,350 livres, en outre de la pension annuelle due au curé de la paroisse, et qui se composait de cent livres, de huit sacs de froment, d'autant de seigle et de seize bastes de vin.

On voit ici ce que peut pour une ville le dévouement des grands quand il est guidé par l'esprit religieux. Heureuses les populations qui, embrassant généreusement la loi du sacrifice, savent rattacher leurs intérêts à la religion et à l'amour du devoir! Là est le germe de la vraie fécondité et du bonheur pur. C'est ainsi que l'Eglise, en formant les hommes à la pratique de la vertu, travaille non moins pour leur bien-être matériel que pour leur bien spirituel, comme le comprirent de tout temps ceux qui furent vraiment dévoués à leur pays.

III

SEIGNEURIE ET ASSOCIATIONS MUNICIPALES.

Deux seigneuries, laïque et ecclésiastique, se partagent l'autorité. — Abbé de Tulle. — Vicomte de Turenne. — Protection qu'ils donnent à la ville d'Argentat. — Etablissement du consulat. — Restriction apportée à l'exercice de cette autorité. — Satisfaction donnée aux intérêts matériels des habitants. — Intérêts spirituels sauvegardés par les associations religieuses. — Bénédictins de Carennac; leur église; les efforts de leur zèle. — Physionomie nouvelle des habitants; jurandes; assistance publique; cultes.

Après ce que nous venons de dire de l'organisation politique et religieuse de cette ville, on peut être fixé sur les véritables maîtres qui s'y partagèrent l'autorité. Entre tous, l'illustre maison de Turenne et la célèbre abbaye de Tulle y possédèrent les deux plus hautes seigneuries, laïques et ecclésiastiques, auxquelles toutes les autres furent subordonnées. Elles inspiraient toutes les œuvres, et en assuraient le succès par leur richesse et leur ascendant sur le peuple. Si grand et si multiple que fût le bien qui leur incombât, on ne voit pas qu'elles soient jamais restées au-dessous de leur tâche, allant tantôt parallèlement, tantôt par des chemins différents et heurtés, mais arrivant toujours au but déterminé d'avance par l'idée chrétienne.

Sans nous occuper de savoir quelle fut celle de ces deux autorités qui prévint l'autre, nous donnerons le pas à celle de l'abbé de Tulle, comme la plus respectable et la plus ancienne dans le Bas-Limousin. Nous avons vu d'ailleurs que la famille de Turenne elle-même l'avait entourée d'une confiance et d'une déférence empressées qui semblaient lui assigner le premier rang à Argentat. — D'autre part nous voyons que cette suprématie des abbés de Saint-Martin sur cette ville sut se maintenir à travers de longs siècles. Sous la forte administration de Armand de Saint-Astier, le confident intime du pape Clément V, l'abbaye de Tulle comptait, parmi ses feudataires, les plus grands seigneurs du pays, tous heureux de lui faire des concessions et de lui rendre leurs hommages, entre autres les chevaliers et damoiseaux Bertrand, Guillaume et Pierre de Saint-Chamant. Les historiens du pays nous apprennent, en effet, que, en 1315, ces seigneurs renoncèrent, en sa faveur, à une rente de douze deniers qu'ils percevaient sur les terres d'Argentat et de Noailhac, et sur la léproserie de Saint-Chamant. Cette cession fut faite dans la ville de Brive, en présence de Guillaume de Cosnac, moyennant seize mille petits sous de la monnaie raymondoise (1). — Nous voyons, qu'en 1272, Ebles IV, vicomte de Ventadour, après avoir reçu d'Archambaud *Jambe-Pourrie* de Comborn le château de Monceaux qui avait été enlevé injustement par lui aux moines de Tulle, s'empressa de les rétablir dans leurs droits en se reconnaissant feudataire de l'abbaye pour cette forteresse et ses dépendances (2).

Différemment, nous savons que les vicomtes de Turenne gardèrent toujours intacte la suzeraineté temporelle sur cette ville. Depuis Adémar d'Escals jusqu'à Charles Godefroi qui aliéna ce beau fief, ils en furent reconnus pour hauts et puissants seigneurs. Aussi lisons-nous dans l'histoire du Bas-Limousin de

---

(1) Baluze. — Marvaud.
(2) Idem.   Idem.

Marvaud, que, vers l'an 1526, Antoine de la Tour, alors même qu'il démembrait sa vicomté pour assigner une dot à ses nombreux enfants, conservait pour lui la terre d'Argentat et la transmettait à sa maison, en la léguant à François, son fils aîné et son successeur.

C'est sous cette double tutelle qu'Argentat progressa rapidement et sans secousses violentes dans la voie des améliorations et des transformations salutaires. Quand les autorités temporelles et spirituelles, ces deux sœurs dépositaires du pouvoir divin, se donnent la main et marchent de front dans le sentier du devoir avec désintéressement et loyauté, les habitants d'une ville ont bientôt conquis les privilèges et les institutions capables d'assurer leur bien-être et leur prospérité. Il va sans dire que ces seigneurs proportionnèrent au tempérament et aux besoins légitimes de ces habitants les libertés qu'ils crurent devoir leur accorder, afin de donner à leurs concessions la raison louable de l'opportunité. — Avant d'imprimer dans un État quelconque le caractère politique d'une époque, faut-il au moins s'assurer qu'il y aura assez de force et d'éléments pour le supporter.

Déjà le XIIe siècle avait passé, et cette localité n'avait pas paru suffisamment constituée pour subir le grand mouvement d'associations municipales qu'avaient suivi les villes importantes, et former dans son sein un gouvernement basé sur des franchises communales. Mais aussitôt qu'elle fut assez forte pour supporter ce nouveau régime, ce furent ces seigneurs eux-mêmes qui s'empressèrent de remettre à ses habitants le soin de se gouverner comme en famille, de traiter entre eux de leurs affaires, et de régler ensemble, avec les conditions du travail, tout ce qui concernait leurs intérêts matériels et religieux. — Et si on nous faisait remarquer que les circonstances favorisaient seules ce système d'administration locale, nous pourrions ajouter que ce fut encore l'Église qui les ménagea. Et pour preuve : voici que l'évêque de Limoges, Durand d'Orlhac, dans le but de protéger les intérêts de la population briviste, condamna les barons de Malemort, vers l'an 1240, à cause de leurs exigences exorbitantes et de leurs arrogantes prétentions sur cette ville. Cette mesure, comme on devait s'y attendre, mécontenta les seigneurs qui, à leur tour, ne manquèrent pas d'exciter contre elle l'indignation des habitants, sous prétexte que la censure épiscopale menaçait les vieilles coutumes de leur commune. Rien de plus faux, cependant, puisque le prélat ne frappait les maîtres que pour mieux garantir les sujets.

Néanmoins de vives réclamations eurent lieu de ce côté. C'est alors que Raymond VI, vicomte de Turenne, qui en calculait toute la portée, comprenant que ce serait fournir aux autres villes de sa contrée une occasion de s'émanciper, feignit de les prévenir pour ne pas paraître céder ensuite devant une pression ou une intimation. Craignait-il un soulévement général dans les principales places de sa vicomté, ou bien pensait-il avec l'Église, le moment venu d'accorder le privilège des associations municipales? Nous l'ignorons. Dans tous les cas, ce fut en cette circonstance qu'il concéda aux habitants d'Argentat le droit d'élire leurs consuls qui, revêtus de son autorité, pourraient authentiquer les délibérations du conseil et les faire respecter (1). — C'était, en principe, l'établissement de la commune politique par la corporation bourgeoise.

Toutefois, on aurait tort de croire que le vicomte par cette transmission de pouvoir ait voulu abandonner entièrement aux consuls ses droits de suzerain. Loin de lui la pensée de répudier l'héritage de ses pères. Plus que jamais il voulut conserver pour sa famille la principauté sur Argentat. C'est pourquoi il

---

(1) Marvaud, *Histoire du Bas-Limousin.*

nomma un *sénéchal* et un *prévôt*, auxquels il donna une juridiction sur toute l'étendue de ses terres, et qui devaient rendre la justice en son nom, tant dans cette ville que dans les autres.

Loin donc d'amoindrir son autorité, l'installation des consuls ne fit que la dégager en la réservant dans l'intérêt des petits et des faibles. Aussi ne sommes-nous pas étonné qu'à l'époque du renouvellement de ces magistrats, qui avait lieu à la fête de saint André, la population s'y livrât chaque fois à de joyeuses manifestations en l'honneur du vicomte. Et, si à ces libertés qui lui furent généreusement octroyées, nous ajoutons l'exemption de toutes sortes d'impositions, sauf une petite taille à payer et un hommage à rendre annuellement, avec les clefs à présenter hors des murs à chaque nouvelle arrivée du vicomte, nous serons encore moins surpris de l'allégresse qu'elle témoignait au jour de la fête de ce seigneur, lorsqu'elle dansait autour des feux de joie aux cris de : *Viro Tour-réna !* (1)

En outre, voulant maintenir les consuls dans les limites du droit et de la justice, et les arrêter dans la pente qui entraîne ordinairement au despotisme les chefs ou délégués d'administration locale, et empêcher en même temps, de leur part, tout empiètement sur son domaine, il régla qu'ils seraient renouvelés tous les trois ans à la pluralité des suffrages par les habitants eux-mêmes. Il régla aussi qu'ils se rendraient à l'assemblée des États vicomtains avec les propriétaires notables, pour arrêter, de concert avec eux, la perception de l'impôt et les dons gratuits qu'ils devraient lui faire, en échange de la protection qu'il avait juré de donner à leur ville pour la défense de leurs droits et privilèges. Ce qui fit que les habitants d'Argentat, non moins que ceux de toute la vicomté,

---

(1) Bombal, *Histoire d'Argentat.*

jouirent de franchises et de libertés inconnues aux autres provinces, et sur lesquelles cherchèrent vainement à entreprendre, soit, les intendants du Limousin par leurs délégués ou les officiers de l'élection, soit, les fermiers et sous-fermiers du domaine royal.

Ces priviléges, confirmés par le roi Jean et ses successeurs, et que M. Bombal nous fait connaître, méritent d'être énumérés. « Les vicomtes avaient droit
» *de connaissance de fiefs nobles ;* de les concéder
» à des roturiers même *avec haute justice;* d'en per-
» cevoir *les finances;* de donner *sauvegarde,* et de
» priver *les contrevenants.* — Le vicomte, ses lieux
» et habitants, avaient toujours été *libres et immu-*
» *nes de toute exemption et paiement de tous sub-*
» *sides présents, réels, personnels et mixtes.* —
» Lui, ses hommes et sujets, *exempts de taille,*
» *subsides, impositions et emprunts* pour quelque
» cause que puisse être formé l'impôt. — Lui, ses
» hommes et ses sujets, roturiers et autres, couvents
» et gens d'Église *exempts de toute recherche de*
» *francs-fiefs et nouveaux acquets, comme aussi*
» *de toute finance.* — Les sergents royaux ne pou-
» vaient faire aucun acte *de sergenterie.* — Les
» manants et habitants *étaient déchargés de four-*
» *nir aucun franc-archer.* — Les exploits étaient
» *exempts du contrôle;* les procureurs, notaires,
» huissiers et sergents, étaient *francs de toutes taxes*
» *créées en exécution de la déclaration du mois de*
» *mai 1672* (1). »

Tant d'immunités accordées aux vicomtains attachèrent fortement aux seigneurs de Turenne les partisans et bourgeois d'Argentat. Aussi, lorsque en 1707 ils eurent avis que les gens de Meyssac, de Curemonte et d'autres villes, voulaient porter atteinte aux droits

---

(1) Copie d'un extrait vidimus des registres du Conseil d'État, arrêt du 3 mai 1673, par Brieude, notaire royal.

et privilèges ci-dessus énoncés, s'empressèrent-ils de députer leurs consuls à l'assemblée générale des Etats qui se tenait en la ville de Saint-Céré, pour désavouer tout ce que ces sujets rebelles auraient fait ou tenté de faire contre le vicomte et ses Etats. La lettre que le duc de Bouillon adressa à ces députés, en cette circonstance, témoigne de leur belle conduite et du bon esprit de leurs commettants : « Je vous prie, Messieurs, disait-
» il, d'assurer votre communauté que je ressens,
» comme je dois, la manière dont elle a usé dans
» cette occasion, et que je serais toujours ravi de
» pouvoir lui donner des marques solides de mon
» affection (1). »

Si cependant, sous le consulat, les terres mouvant de la suzeraineté de Turenne, étaient franches d'impôt royaux, certaines autres comprises dans la localité, mais dépendant d'une autre suzeraineté, suivaient le sort, nous dit M. Bombal, du fief suzerain dont elles dépendaient. C'est ainsi que les quartiers du Peuch, de Chadiot et de Longour avec leurs dépendances, qui étaient mouvant de Ventadour, étaient sujets aux impôts royaux, et par conséquent y composaient le taillable du roi. Ce qui faisait dire que ces quartiers n'étaient pas en vicomté. Sauf ce cas, la ville d'Argentat ne payait pas d'impôts au roi. Elle devait au vicomte la taille ordinaire et la taille extraordinaire, dont le montant, voté par l'assemblée des Etats, était réparti par elle entre les communes et distribué ensuite par les consuls et syndics entre les habitants. Notons que cet impôt était bien léger alors, si nous le comparons à celui qui pèse aujourd'hui sur la commune : En 1734, il était de 259 livres, 4 sols, 0 deniers, et aujourd'hui il est de 30,581 francs (2).

Argentat n'avait donc pas à se plaindre ni de l'au-

---

(1) Collection de M. Morély.
(2) Extrait par M. Bombal des rôles de la commune.

torité des vicomtes, ni de celle des consuls. Par la première, elle était confiée à une douce et bienveillante paternité ; et, par la seconde, elle possédait la magistrature la plus élevée, celle d'où procédaient toutes les autres et qui constituait, en quelque sorte, le souverain de la commune. D'un autre côté, les habitants et les vicomtes pouvaient se glorifier d'avoir élevé contre la nouvelle et dangereuse institution un rempart qui les mettait à l'abri d'une longue tyrannie, grâce à la restriction mise à l'exercice de cette souveraineté populaire, dont les chefs étaient renouvelables tous les trois ans.

Mais le consulat ne fut pas la seule institution libre qui fût accordée à cette ville. En outre des intérêts matériels à garantir entre les citoyens par des liens et des obligations mutuels, il restait à sauvegarder les intérêts d'un ordre bien supérieur et non moins cher à tous. L'Eglise, qui a toujours travaillé à l'émancipation des peuples en s'appuyant sur les maximes évangéliques, ne pouvait oublier ce qui faisait la base du véritable affranchissement : l'union des cœurs et des volontés dans la prière, le sacrifice et le dévouement fraternel. Ah ! il nous faut ici quelques-uns de ces beaux modèles de charité sacerdotale et d'angélique chasteté, si nous voulons voir embaumer cette belle vallée des parfums de toutes les vertus, et y fonder la liberté des enfants de Dieu !

Nous avons déjà constaté l'établissement, dès le xnr° siècle, d'un grand prieuré conventuel, où priaient et travaillaient en commun des moines bénédictins, en vue de la récompense éternelle et de l'édification de leurs frères. Montrons maintenant de quels droits et privilèges ils furent dotés sur la ville, afin de mieux assurer leur concours dans l'œuvre éminemment sociale de la moralisation du peuple.

Appelés probablement par les vicomtes de Turenne et les abbés de Tulle, ces religieux durent être enrichis par eux. Mais si l'époque précise et les titres de leur fondation nous échappent, nous savons du moins qu'ils furent mis en possession d'une importante juridiction seigneuriale, dont les appels relevaient de la sénéchaussée de Tulle, et qui était composée d'un juge, d'un suppléant de juge, d'un procureur d'office, d'un notaire, d'huissiers et de sergents. A ce sujet, nous ferons observer, que c'était le doyen de Carennac, et non le prieur d'Argentat, qui était seigneur haut justicier (1); ce qui indiquerait tout d'abord une grande intimité de rapports entre ces moines et leur supérieur. Nous savons, en effet, que leur monastère, le plus considérable des six qui relevaient du doyenné de Saint-Pierre de Carennac, lui était étroitement uni, à ce point que les doyens attachaient à leur titre celui de prieur de ce bénéfice. Nous savons, de plus, que les religieux de Carennac avaient dans l'église d'Argentat un banc d'honneur, comme seigneurs hauts justiciers du lieu. — Nul doute après cela que ces abbés du Querci ne partageassent avec les abbés de Tulle et les vicomtes de Turenne la seigneurie de cette ville. Seulement, comme leur éloignement pouvait entraver ou empêcher journellement l'exercice de leur autorité, ils voulurent en revêtir les prêtres qui les représentaient en cette localité, tout en réservant leurs droits absolus. C'est ainsi que nous voyons un recteur de ce prieuré, Bernard de Ventadour, obtenir, vers l'an 1265, le privilège de tenir des marchés publics à Argentat (2). Depuis lors, cette transmission de pouvoir passa successivement aux religieux du monastère. Ce ne fut qu'au temps des guerres religieuses, où la désertion du prieuré par les bénédictins fit céder par la cour de Rome, ce bénéfice avec ses revenus à Bernard Serre, curé de la paroisse,

---

(1) Archives départementales de la Corrèze.
(2) Rateau, *Études sur le département de la Corrèze*. — Bombal, *Histoire d'Argentat*.

de 1619 à 1643, et connu sous le nom de syndic des prêtres de l'église paroissiale. Il serait trop long de raconter ici les démêlés qui eurent lieu, à cette occasion, entre les anciens et nouveaux titulaires de ce bénéfice et qui amenèrent une sentence contradictoire du siège de Brive qui, sans juger le fond, attribua au curé, comme provision, le quart des revenus. Nous ferons remarquer toutefois, que ce ne fut qu'en 1689, que le curé Jean-Joseph Ceyrac fut qualifié de co-seigneur d'Argentat. Encore ne parut-il avoir constamment, comme ses prédécesseurs, que le titre de chapelain, de recteur ou de vicaire perpétuel du prieur d'Argentat (1).

L'église paroissiale, comme en général toutes celles des bénédictins, était placée et reste encore sous le vocable de saint Pierre. Aujourd'hui complètement refaite, et consacrée naguère par notre nouvel évêque, Mgr Denéchau, nous laissons à d'autres le soin d'en décrire toutes les dimensions et les formes. Pour nous, qui n'avons vu que l'ancienne construction, nous gardons d'elle le souvenir d'une église ogivale du xve siècle, malgré les traces visibles d'une architecture romano-bysantine. Peut-être voulut-elle, à dessein, garder l'empreinte des bienfaits qu'elle avait reçus tour à tour des abbayes de Tulle et de Carennac. Dans tous les cas, c'était dans l'enceinte et autour de ces murs bénits que des prêtres réguliers et séculiers multiplièrent les efforts d'un zèle infatigable, et que tous, adolescents et vieillards, vinrent y recevoir la bonne doctrine.

Sous ce souffle vivifiant, combien cette ville dut changer vite d'aspect, et ses habitants de physionomie ! Bientôt l'artisan, le cultivateur et le bourgeois y furent aptes à recevoir les institutions seules capables d'établir entre eux une fraternité garantie par

---

(1) Bombal, *Histoire d'Argentat*.

des devoirs réciproques. — A côté de la commune politique et religieuse vient se placer la commune industrielle. Les corporations ouvrières et bourgeoises s'y organisèrent à l'instar des associations religieuses, et, comme elles, se rangèrent sous les étendards de leurs glorieux patrons. Et qu'on ne nous demande pas des preuves justificatives à ce sujet. Dans les conditions où se trouvait cette ville, elle ne pouvait plus se passer de ces institutions. Elle avait ses seigneurs et ses consuls ; son clocher et son monastère ; elle devait avoir ses confréries et ses jurandes.

Il nous suffira pour cela de constater les mesures qui furent prises par elle pour se préserver des maladies contagieuses, pour alléger les charges des particuliers, et pour assister les malheureux. — La léproserie de Saint-Chamant, la maladrerie de Boudet, et enfin les compagnies de gardiens qui se formèrent dans les temps d'épidémie, pour veiller nuit et jour autour des maisons et en éloigner ceux d'entre eux qui étaient pestiférés, indique assez la préoccupation et le souci qu'ils avaient du danger commun. — Les seigneurs et consuls n'eurent pas moins constamment les yeux ouverts sur les intérêts des serfs et des administrés. Lorsqu'un préjudice notable pouvait être causé aux producteurs par l'importation des denrées étrangères de première nécessité, tout de suite remettaient-ils en vigueur d'anciens règlements pour interdire la vente de ces marchandises. Il n'était pas même permis alors aux joyeux buveurs de se délecter dans le vin à bon marché du Pays-Bas, tant que celui de l'endroit n'était pas écoulé. — Avec ce système protectionniste, les pauvres, peut-être, auraient pu être oubliés ; mais la charité chrétienne, toujours si attentive, pensait à eux. S'il n'y eut vraiment pour eux, à Argentat, d'hôpital civil qu'au dernier siècle, il y eut toujours des taxes spéciales, des amendes de police et des confiscations qui leur furent réservées, sans parler des offrandes libres. De sorte que chaque maison leur payait, pour ainsi dire, le tribut de l'aumône. Nul riche ne mourait sans qu'ils ne fussent compris pour un legs dans son testament ; et ils étaient quasi ses premiers héritiers, puisque leur part était faite le jour même de la sépulture (1).

Ah ! il appartenait à ces savants et pieux bénédictins, aidés du patronage des évêques et abbés de Tulle et des vicomtes de Turenne, de fonder ici toutes les œuvres capables d'assurer la paix des consciences et le bonheur des familles ! Eux seuls pouvaient modérer tous les élans, prévenir les conflits, inspirer les dévouements, faire marcher de front les hommes de toutes les conditions, et leur communiquer une sainte émulation pour le bien commun. — Qui pourrait nous dire les joies et les consolations ressenties sous ce système d'union et de concorde parfaite ?... Et qu'était-il besoin pour l'indigence de ces maisons de refuge et d'assistance autorisées par l'État ? Le riche et le pauvre n'étaient-ils pas confondus dans un même sentiment de charité fraternelle, et unis par les liens étroits de cette religion divine, qui ordonne d'aimer le prochain comme soi-même et de regarder les malheureux comme les membres souffrants de Celui qui mourut pour tous sur la croix ? Oui, partout où se trouvait une peine, se trouvait aussi un cœur libéral pour l'adoucir ; et partout où s'ouvrait une plaie, s'ouvrait une main douce pour la fermer !

Et si aujourd'hui nous voulons fouiller les ruines de cet édifice religieux et social, pour démêler, dans son écroulement, les pierres qui lui servirent de base et les débris de ses colonnes, nous y trouvons encore quelques traits conservés de la foi antique... faible esquisse, hélas ! du chef-d'œuvre de ces grands architectes qui furent nos maîtres dans l'art de civiliser les peuples. Les rares vestiges que n'a pu atteindre la

---

(1) Bombal, *Histoire d'Argentat*.

haine des révolutionnaires, nous apprennent, en effet, que le Fils de Dieu et sa sainte Mère y avaient été constamment l'objet d'un culte spécial. Sur six autels qui étaient placés dans l'ancienne église, nous avions remarqué que trois étaient dédiés à l'auguste Reine du ciel, sous les titres divers de N.-D. du Saint-Rosaire, de la Mère du Sauveur, et de N.-D. de Pitié.

C'était surtout à ce dernier qu'accouraient les âmes affligées. — Et qui pourrait nous dire toutes les amères douleurs, toutes les ardentes prières et les larmes brûlantes qui furent répandues aux pieds de Celle qui aimait à s'intituler la Mère des douleurs, *Mater dolorosa?* — Ah! ne soyons par surpris que cette dévotion fût si populaire en cet endroit. Outre que ce fût la plus ancienne forme du culte qui lui fût rendu par les chrétiens de toute la catholicité, il n'en est pas qui soit plus cher aux cœurs brisés par les angoisses de la vie. Nous ferons même observer, à ce sujet, que cette dévotion fut principalement répandue dans les anciennes dépendances de la vicomté de Turenne. Beaulieu, Nazareth, Larche, Lissac, Chartrier, Lanteuil et les deux Xaintries possèdent encore des sanctuaires ou des statues qui l'attestent.

Mais nulle part, peut-être, la piété envers l'auguste vierge Marie n'eut un caractère aussi particulier de tendresse respectueuse que dans la ville d'Argentat; au point que ses habitants n'avaient jamais cru devoir séparer, des hommages qu'ils devaient rendre au divin Fils, ceux qu'ils devaient à sa sainte Mère. Aussi par un privilège spécial, presque unique dans les traditions liturgiques, y voyait-on, naguère encore, porter le T. S. Sacrement aux processions qu'y faisaient les pénitents à certaines fêtes de la sainte Vierge; — lequel usage on pourrait peut-être attribuer à la présence, jadis en ces lieux, des franciscains et des clairettes, si dévots à la fois envers la sainte Eucharistie et l'Immaculée Reine du ciel et de la terre.

Tel était le brillant résultat obtenu dans cette localité, à l'ombre des belles institutions du moyen-âge, et qui lui avaient donné tant de gloire et de prospérité, quand parut l'hérésie de Calvin, qui menaça un instant de tout renverser.

IV

INSTALLATION DES CALVINISTES DANS LA VILLE.

Moyens employés par les calvinistes pour s'installer dans la ville. — Opposition qui leur est faite; recours au parlement de Bordeaux. — Exercice de leur culte dans l'église paroissiale; protestation des habitants. — Prêche dans la maison commune. — Expulsion de ce domicile; ordonnance des tuteurs du duc de Bouillon. — Construction d'un temple. — Arrêt du parlement contre cette construction. — Contravention à cet arrêt; l'entreprise des travaux donnée à des femmes; nouvel arrêt du parlement. — Suspension des travaux. — Protestation des religionnaires; supplique aux commissaires députés par Sa Majesté pour l'exécution de l'édit de Nantes. — Assignation aux catholiques pour y répondre. — Requêtes successives des parties. — Exhibition de faux titres par les calvinistes. — Procédure irrégulière; absence d'un mandataire des religionnaires. — Nomination d'un syndic; reprise de la procédure. — Partage d'avis entre les juges-commissaires. — Interdiction définitive du culte protestant.

Nous avons déjà marqué l'époque de l'invasion de la secte hérétique, en suivant le mouvement stratégique des troupes commandées par les différents chefs calvinistes aux ordres du duc de Navarre. Nous n'y reviendrons pas. Nous ferons observer seulement que leurs doctrines les avaient précédées. Un ministre s'était installé au faubourg de Bournel, attendant chaque jour que des évènements politiques lui ouvrissent les portes de la ville, et là, nous dit M. Bombal,

« en plein vent, et sous l'ombrage des grands
» noyers, » il proclamait l'émancipation des consciences et l'abolition des devoirs seigneuriaux.

Cette prédication porta ses fruits, et bientôt, paraît-il, la réforme compta en cette localité un grand nombre d'adhérents. Aussi lorsque, en 1562, les protestants de la Haute-Auvergne, fuyant devant l'armée catholique, se réfugièrent à Argentat, ils furent reçus par leurs co-religionnaires. Malheureusement, cette hospitalité coûta cher à la ville : étant prise et reprise, elle fut traitée selon le droit de la guerre, et livrée au pillage et à l'incendie. Devenue ensuite une des places importantes des calvinistes, elle dut fournir aux frais que nécessitèrent la construction de nouveaux ouvrages de défense, et l'entretien de ses défenseurs. Aussi ne tarda-t-elle pas à regretter la tranquillité et le bien-être du temps passé.

Et, en vérité, que pouvait-on attendre de bien de ces hérétiques? Ah! quand on connaîtra les moyens fourbes et hypocrites qu'ils employèrent en cet endroit, pour y démolir l'édifice religieux si péniblement élevé par l'Eglise pendant tant de siècles, on déplorera bien davantage leur présence dans ces murs! C'est ce que nous allons nous efforcer de retracer, avec les documents puisés aux archives nationales et reproduits fidèlement.

Ici, comme ailleurs, même tactique et mêmes procédés de leur part !... Les défenses formelles des seigneurs; les plaintes et oppositions des particuliers; les arrêts des parlements; les édits royaux, tout est foulé aux pieds par eux. — Ils abusent de toutes les libertés; se jouent de tous les avertissements; violent tous les serments; échappent à toutes les condamnations, et se réfugient dans toutes les vaines subtilités du droit, afin d'éloigner la sentence des juges et de se donner le temps d'accomplir leur œuvre de perversion. Parfois on dirait des écoliers qui, par ruses, veulent tromper la vigilance de leurs maîtres. Pour s'en convaincre, il suffit de lire l'inventaire des pièces produites contre eux devant les seigneurs de Pelot et du Vigier, conseillers du roi au parlement de Bordeaux, et commissaires députés par Sa Majesté pour l'exécution de l'édit de Nantes et d'autres édits et arrêts donnés à ce sujet.

Nous y voyons d'abord que le syndic du clergé du diocèse de Tulle, Étienne Courrèze, les consuls catholiques, les notables, les procureurs des communautés religieuses, le curé d'Argentat et la dame duchesse de Ventadour avaient demandé, contre les hérétiques de l'endroit, l'exécution de l'arrêt de la cour du parlement de Bordeaux, du 1er juillet 1604, et le déboutement d'une certaine prétendue requête, concernant l'emplacement et la construction de leur temple. Ils leur reprochaient, à ce sujet, de s'être emparé de l'église paroissiale sous le faux prétexte qu'ils étaient plus nombreux dans la ville et qu'ils y avaient plus d'autorité; de s'être même prévalus d'un prétendu désordre dans la population pour commettre cet empiètement; et aussi, d'avoir fait d'un lieu sacré un lieu profane, où pendant quelques années ils avaient exercé les cérémonies de leur culte. On ajoutait que cet acte d'usurpation avait provoqué l'indignation des catholiques qui, par l'organe de leur curé, Bernard Serre, s'étaient plaints à l'autorité judiciaire, réclamant d'elle, aussitôt, une enquête sérieuse; et qu'alors les commissaires députés pour l'exécution de l'édit de Nantes, MM. de Séguier et Pardaillan de Parabelle, s'étaient transportés audit lieu, où après avoir reconnu la fausseté des raisons alléguées pour légitimer cet empiètement, ils avaient condamné les calvinistes à se dessaisir de l'église. Cela se passait en 1624.

Cette occupation de l'église d'Argentat avait dû donner lieu incontestablement à des scènes tumultueuses de la part des réformés, et on devine que, malgré la sentence des juges, son dessaisissement ne dut pas se faire d'une manière plus paisible. En tout cas, si nous voulons juger de leur perfidie et de leur mauvaise foi, nous n'avons, à partir de ce moment-là, qu'à les suivre pas à pas, avec l'inventaire des pièces judiciaires à la main.

Les voilà donc contraints de chercher un autre local pour y faire leurs cérémonies. Bien simple sera celui qui les croira embarrassés. Par un de ces coups hardis qui sont familiers aux hommes de désordre, ils se dirigèrent soudain vers la maison commune qui appartenait en propre à l'évêque de Sarlat, comme seigneur justicier, en qualité d'abbé de Caronnac. Ils en forcèrent les portes et y établirent l'exercice de leur culte.

Ils restèrent là trente-sept ans, sans être inquiétés, tellement les catholiques redoutaient des conflits avec eux. C'est à peine, en effet, s'ils avaient essayé, en 1648, d'obtenir contre eux un arrêt du parlement de Bordeaux, qui leur interdisait le prêche en ce lieu. Mais au lieu de se soumettre à cet arrêt, les calvinistes en appelèrent immédiatement au conseil du roi, où, à force d'intrigues, ils crurent un moment leur cause gagnée. Il n'en fut rien cependant; et, après de longues discussions, en 1661, ils se virent définitivement privés de ce domicile, par une ordonnance du 4 décembre, rendue sur les instances de l'évêque de Sarlat par les tuteurs honoraires du duc de Bouillon, et leur enjoignant de sortir dans trois mois de la maison commune, avec défense d'y continuer l'exercice de leur religion.

Alors, ils délibérèrent et arrêtèrent de construire un temple. Ce qui n'était pas une mince et facile entreprise; car il fallait, en ce temps-là, se pourvoir devant Sa Majesté ou devant les commissaires chargés de l'exécution de l'édit de Nantes. Mais voilà que se jouant des édits et des formalités administratives, ils posèrent de leur propre autorité et sans aucun titre les fondements de cette construction, à l'extrémité d'un des faubourgs de la ville, à quelques pas du monastère des religieuses ursulines.

Une pareille infraction à la loi et aux édits promulgués, ne pouvait être tolérée. Aussitôt le procureur général du roi, au parlement de Bordeaux, se chargea de la réprimer. En conséquence, il présenta une requête, tendant à ce que les syndics de la religion prétendue réformée fissent apparaître de l'autorisation qu'ils avaient reçue pour la construction de leur temple, et qu'en attendant, ils suspendissent leurs travaux. Ce qui provoqua un arrêt de la cour, du 1er juillet 1664, ordonnant que les religionnaires d'Argentat prouvent, dans la huitaine, après signification du présent arrêt à leur domicile, de la permission qu'ils devaient avoir de sa Majesté pour la construction de leur temple. En même temps, il était fait défense à tout ouvrier d'y travailler, sous peine d'une amende de mille livres.

Cet arrêt fut signifié, le 4 et le 5 août suivant, à Pierre Boysselange, ministre; à Martin Lachart, ancien des religionnaires; aux maçons et aux charpentiers qui refusèrent de s'y conformer, faisant continuer les travaux, au mépris des juges. Seulement, pour avoir l'air d'éviter une contravention, et par là se mettre à couvert des peines édictées par l'arrêt de la cour, ils en confièrent l'entreprise à des femmes. Singulier subterfuge qui ne fut pas du goût des juges ! Sans s'occuper de savoir si ces femmes s'acquittaient bien de leur charge et réglaient exactement les journées et salaires des ouvriers, le procureur général du roi, le seigneur de Pontac, présenta une nouvelle requête à la cour, tendant à faire autoriser, devant témoins, une information de la contravention. Il demandait aussi la suspension des travaux, en attendant le résultat de l'enquête, et même, au besoin, l'emprisonnement des ouvriers infracteurs. Puis il enjoignait aux prévôts, vis-sénéchaux et autres officiers du roi, de tenir la main à l'exécution de l'arrêt qui interviendrait, sous peine de suppression partielle de traitement.

La cour, obtempérant aux désirs du procureur, permit d'informer de la contravention faite audit arrêt; renouvela la défense de continuer la construction du temple, tant audit ministre qu'aux autres; et, en cas de nouvelle infraction, autorisa la mise en en état d'arrestation des ouvriers. — Ce jugement fut rendu au parlement de Bordeaux, le 18 août 1664.

Force était donc, pour le moment, de renoncer à la construction du temple, les juges n'ayant pas eu plus de ménagements pour l'entreprise des femmes que pour celle des hommes. Mais quel tort cette mesure n'allait-elle pas leur causer? Du même coup, ils se voyaient déchus dans leurs prétentions et compromis dans leurs intérêts : obligés qu'ils étaient, tout à la fois, de payer les dépenses déjà faites, avec les amendes encourues, et enfin de cesser l'exercice de leur culte.

C'était pour eux une trop dure extrémité, et ils n'étaient pas gens à s'y résoudre sans avoir épuisé tous les recours que la loi leur accordait. Il ne leur restait plus qu'un moyen d'échapper à cette condamnation : c'était d'en faire suspendre l'effet pour gagner du temps; et ils s'y réfugièrent bien vite, dans l'espoir qu'ils trouveraient plus tard des juges plus tolérants, et qu'ils seraient servis et favorisés, peut-être aussi par des revirements politiques.

Ils adressèrent donc une supplique aux seigneurs de Pelot et du Vigier, dans laquelle ils s'efforçaient d'établir leurs droits et d'excuser leur conduite. Ils y exposaient, en particulier, que la même ordonnance des tuteurs du duc de Bouillon, du 16 avril 1664, qui leur avait enjoint de quitter la maison commune d'Argentat, leur avait permis d'acheter un emplacement près du faubourg pour y faire leur prêche; et que cet emplacement leur avait été désigné

par le sénéchal de la vicomté de Turenne, comme juge supérieur de la ville et des faubourgs, et marqué et piqueté par lui. « Et quoique les suppliants, ajou-
» taient-ils, sur un ton insinuant, fussent fondés en
» droit et en raison à ne point déférer à ladite ordon-
» nance, néanmoins ils eurent tant de respect pour
» lesdits sieurs tuteurs du duc de Bouillon, et furent
» tant et tant amateurs de la paix et du repos, que,
» sans préjudice de pouvoir contester le droit qui
» leur appartenait sur ladite maison, ils l'abandon-
» nèrent au procureur d'office du seigneur évêque de
» Sarlat, se réservant de bâtir leur temple à l'endroit
» qu'on lui avait marqué. Mais voilà que, sur une
» requête du procureur général du roi au parlement
» de Bordeaux, il leur fut fait inhibition et défense
» d'élever cet édifice avant d'avoir fait apparaître de
» la permission de Sa Majesté. Cependant il leur
» semblait qu'une telle procédure était proprement
» du fait de votre commission, attendu que le pouvoir
» de sa Majesté résidait en vos mains. C'est pourquoi
» les suppliants vous requièrent très humblement de
» vouloir homologuer et autoriser l'ordonnance du
» sénéchal, concernant l'emplacement du temple,
» sans avoir égard à l'arrêt porté par des juges incom-
» pétents. » Enfin ils concluaient en priant lesdits seigneurs de vouloir bien autoriser la construction d'un temple pour l'exercice de la religion prétendue réformée, « et de faire défense à toute personne, de
» quelle qualité et de quelle condition qu'elle fût, de
» troubler et d'empêcher lesdits suppliants dans
» l'exercice de cette religion, en la place et dans le
» temple qu'ils y auraient bâti, sous peine de contre-
» venir aux édits de sa Majesté. »

Cette supplique n'avait d'autre but que d'obtenir un ajournement, et elle l'obtint..... Le 4 septembre 1604, parut une ordonnance des seigneurs commissaires, portant que, dans la huitaine, les demandeurs seraient invités à fournir des explications.

En conséquence, ledit sieur Courrèze, tous les catholiques demandeurs et ladite dame de Ventadour, par différents actes des mois de septembre, de novembre et de décembre, déclarèrent s'opposer à la construction du temple protestant à Argentat ; — la duchesse de Ventadour, alléguant qu'il avait été construit dans son fief ; — le sieur Courrèze, en sa qualité de promoteur aux fins de la cessation de l'exercice de la religion prétendue réformée dans toute l'étendue du diocèse de Tulle, disant que les religionnaires s'étaient engagés dans cette affaire, seulement depuis l'enregistrement de l'édit de Nantes, et partant, qu'ils devaient être déclarés déchus de leurs prétentions ; ou bien qu'ils fussent condamnés à exhiber, dans un bref délai, les titres qui leur donnaient le droit de faire les cérémonies de leur culte et d'édifier leur temple.

On voit à quels efforts d'argumentation se livraient les deux partis pour faire triompher leur cause. Mais tandis que les catholiques plus sincères cherchaient à ramener la question sur son véritable terrain, les calvinistes s'efforçaient constamment de la déplacer.

Enfin, survint une ordonnance du 28 janvier 1665, rendue par les seigneurs commissaires, et portant que ces derniers auraient à répondre et à présenter leurs titres dans la huitaine.

Ils y répondirent, en effet, par une autre requête du 30 janvier, où, aux prétextes déjà faussement allégués, ils ajoutaient un prétendu aveu des catholiques qui, dès avant la publication de l'édit de Nantes, leur auraient reconnu le droit de se servir de la cloche de leur église pour convoquer les fidèles à leurs prêches. Cette affirmation, purement gratuite, ne pouvait que fatiguer les juges.

Sur ces entrefaites, Mgr de Pelot, empêché, pour d'autres affaires du roi, de vaquer à l'instruction de la procédure, avait subdélégué le seigneur de Philistin, conseiller en la cour présidiale de Guyenne, pour procéder, conjointement avec ledit sieur Vigier, à l'exécution des édits de pacification. C'est alors que, débarrassés d'un juge dont ils redoutaient la probité, les religionnaires se hâtèrent de présenter une nouvelle requête narrative des contestations des parties, et poussèrent même l'audace jusqu'à se prévaloir d'une certaine autorisation, qu'ils prétendaient avoir arrachée de l'évêque de Tulle pour le libre exercice de leur culte. C'était par trop invraisemblable!

Quoiqu'il en soit, les catholiques furent assignés, par ordonnance du 28 février 1665, pour répondre, dans la huitaine, sur le contenu de ladite requête ; et ils ne se firent pas attendre, trop heureux de pouvoir convaincre, une fois de plus, leurs ennemis de fausseté. Ayant à la main une lettre de l'évêque de Tulle, du 25 mai 1665, ils désavouèrent formellement la prétendue autorisation qu'ils lui avaient si injurieusement attribuée pour l'exercice de leur religion ; et ils conclurent en demandant de nouveau l'interdiction de ce culte, la démolition du temple, et enfin l'exhibition des titres que l'on invoquait.

Battus de toute part, les religionnaires voulurent cependant, avant de se retirer, sauver les apparences de l'honnêteté et de la bonne foi. A cette fin, ils exhibèrent quelques autres prétendus titres qui étaient autant de faux-fuyants, demandant avec un air assuré, « *à ce qu'ils fussent discutés publiquement* » *et vérifiés devant tous, pour éviter*, disaient-ils, » *que le vice d'iceux ne parût au jour.* » Ils comptaient, peut-être ainsi, tromper l'attention des juges, ou embarrasser leurs adversaires par la confusion qu'ils introduiraient dans les débats. Mais vaine attente..... les catholiques s'étant trouvés à cette vérification des titres, en firent tout de suite remarquer la fausseté.

Que faire alors? Evidemment les calvinistes ne comptaient pas gagner leur cause ; mais on aurait tort de croire qu'ils étaient à bout d'expédients. Comme il est toujours temps de battre en retraite, ils ne cherchaient qu'à prolonger leur séjour en cette ville, en opposant chaque jour de nouvelles objections. Ils s'étaient même réservés un dernier refuge, et le droit de reprendre toute la procédure, au moment où on la croirait terminée. C'est ainsi qu'ils agirent toujours individuellement, sans employer le ministère d'un syndic responsable, afin de pouvoir annuler les conclusions des juges par ce défaut de formalité.

Cela fut cause que les catholiques présentèrent au parlement une nouvelle requête pour sommer les hérétiques d'élire un représentant qui agirait au nom de tous, afin que le jugement qui interviendrait fût accepté par les parties. Ils demandèrent, à cet effet, à ce que le sieur Marchand qui avait signé pour eux toutes les pièces et protestations, continuât d'être leur mandataire provisoire, en attendant l'élection d'un syndic qui engagerait tout le corps des religionnaires d'Argentat. Ce qui fut autorisé par une ordonnance du 11 mai. Après quoi ils reprirent toute la procédure en reproduisant toutes les pièces, arrêts, requêtes, ordonnances, exhibitions et vérifications de titres.

Ici, on devine quels ressorts furent mis en jeu, et quels efforts désespérés furent tentés par les calvinistes, pour faire suspendre indéfiniment l'arrêt irrévocable qui devait fixer leur sort. Ce que nous savons bien positivement, c'est que lesdits juges commissaires, après avoir instruit l'affaire, furent partagés d'avis, et, le 23 juillet 1665, émirent chacun un jugement contradictoire et motivé, qui laissait en suspens toute la cause, comme nous pourrons le voir par leurs conclusions.

« Attendu, disait Claude de Pelot, que ceux de la
» religion prétendue réformée d'Argentat ne prou-
» vaient point du tout par aucun acte qu'ils avaient
» eu l'exercice de leur culte dans les années de
» l'édit...; que l'ordonnance, de 1624, de Monsei-

» gneur le chancelier, lors intendant en Guyenne, et
» de M. de Paralère, ne leur pouvait servir, n'étant
» donnée que pour régler quelques contestations
» qu'il y avait entre les catholiques de la ville et
» ceux de la religion prétendue réformée, touchant
» le cimetière, les cloches et les fêtes...; qu'ils n'a-
» vaient pas eu à se prononcer sur l'exercice du culte,
» mis hors de conteste, en ce temps là, par les
» catholiques...; qu'ils n'étaient pas très instruits
» de leurs droits, et supposaient naturellement que
» ceux de la religion prétendue réformée étaient bien
» fondés...; que, pareillement, l'ordonnance du 4
» septembre 1661, de messieurs les tuteurs honorai-
» res de M. le duc de Bouillon, pouvait encore moins
» leur servir, puisque ces tuteurs croyaient que ceux
» de la religion prétendue réformée avaient droit
» d'exercer leur culte, et, qu'en se fondant sur cette
» opinion, ils avaient ordonné simplement que leur
» temple fût transféré ailleurs, sans s'occuper de
» savoir s'ils pouvaient juger la question de l'exercice
» du culte. Nous sommes donc d'avis, sous le bon
» plaisir de Sa Majesté, que l'exercice de la religion
» prétendue réformée soit défendu à Argentat et que
» le temple soit démoli. »

« Et nous, dit du Vigier, sommes d'avis au con-
» traire, de maintenir ceux de la religion prétendue
» réformée, au libre exercice de leur culte dans la
» ville d'Argentat, et en conséquence de leur per-
» mettre de faire achever la bâtisse de leur temple, à
» moins que ceux de ladite religion catholique, apos-
» tolique et romaine, n'aiment mieux leur faire
» remettre le lieu où ils faisaient de tout temps leur
» exercice, et qu'ils avaient laissé, de bonne foi, sur
» l'ordonnance qu'avaient rendue messieurs les
» tuteurs honoraires du seigneur duc de Bouillon,
» en 1661. Nous avons fondé notre avis : *Première-*
» *ment*, sur ce que les commissaires députés par Sa
» Majesté, dans la province de Guyenne, pour l'exé-

» cution des édits, Messeigneurs de Séguier et de Par-
» daillan, avaient jugé que les religionnaires étaient
» en droit de faire les exercices de leur religion dans
» la ville d'Argentat, aux termes des édits; car ils
» avaient réglé les contestations soulevées au sujet
» du cimetière et de la cloche, ordonnant, par rap-
» port au cimetière, que dans la quinzaine, aux
» dépens de la commune, il serait pourvu d'un lieu
» commode pour les sépultures de leurs morts, afin
» de laisser complètement aux catholiques le cime-
» tière qu'ils occupaient ; et ordonnant par rapport à
» la cloche, qu'ils la laisseraient aux catholiques,
» moyennant qu'on leur en fournirait une autre, aux
» frais de la commune. Bien persuadé que lesdits
» commissaires, qui avaient alors autant de pouvoir
» de Sa Majesté que nous en avons, ne leur avaient
» pas accordé sans raison, soit la cloche, soit l'exer-
» cice de leur culte, nous croyons qu'il n'y a pas
» lieu de rien enfreindre, mais qu'il faut les laisser
» comme firent les seigneurs commissaires, en l'an-
» née 1624... *Deuxièmement*, sur ce qu'en l'année
» 1648, les religionnaires, troublés dans l'exercice
» de leur culte, à l'occasion d'un arrêt du parlement
» de Bordeaux qui leur défendait de prêcher audit
» lieu d'Argentat, s'étaient pourvus devant Sa Majesté
» et avaient obtenu un arrêt, en son conseil privé, le
» 25 juin 1649, portant défense d'exécuter l'arrêt du
» parlement. A l'occasion de l'obtention de cet arrêt,
» on voit que les calvinistes avaient exercé leur culte
» en cette ville, depuis l'année 1591 jusqu'en 1648,
» comme ils l'avaient prouvé, par des extraits de
» baptême, à Sa Majesté et aux membres de son con-
» seil. Ils avaient fait voir encore, qu'en l'année
» 1642, ils avaient été maintenus, par ordonnance
» du duc de Bouillon, non-seulement dans cet exer-
» cice, mais qu'en outre ils avaient été autorisés à
» se servir de la cloche de l'église pour annoncer
» leurs offices. Enfin que les cotisations volontaires

» et les legs testamentaires, faits en 1588 et 1602,
» pour l'entretien d'un ministre, achevaient de nous
» convaincre de la légitimité de leurs prétentions...
» *Troisièmement*, sur ce que, dans le procès, il
» avait été produit un cahier des actes d'un synode
» tenu à Nérac, en septembre 1598, incontinent
» après l'édit de Nantes, et en présence du commis-
» saire de Sa Majesté, attestant qu'il y avait un
» ministre à Argentat, nommé Morélie, qui avait été
» condamné à une amende malgré les excuses appor-
» tées par son délégué, pour ne s'être pas rendu à
» cette assemblée suivant l'indiction faite à tous les
» ministres. Cet acte synodal prouvait clairement la
» présence des calvinistes en cette ville et le libre
» exercice de leur culte; lequel acte, joint aux
» autres pièces justificatives dudit exercice, avait
» amené l'ordonnance de nos seigneurs de Séguier
» et de Pardaillan, l'arrêt du conseil privé de Sa
» Majesté, et autres jugements qui avaient maintenu
» les religionnaires dans le libre exercice de leur
» culte. »

« Quant à ce qui concernait le temple, disait le
» seigneur du Vigier, nous avons pensé que le droit
» d'exercer ce culte comportait celui d'avoir un tem-
» ple; et que, si ceux de la religion prétendue
» réformée, avaient abandonné celui qu'ils avaient
» formé dans la maison du doyen de Carennac,
» duc de Bouillon, ce n'avait été qu'après avoir reçu
» l'autorisation d'acheter un emplacement près du
» faubourg pour en construire un autre et y faire
» leurs cérémonies. »

D'où la conclusion dudit commissaire, qu'il était dans l'ordre et la justice, ou de remettre aux calvinistes d'Argentat la maison qu'ils avaient quittée, ou de leur permettre d'achever le temple qu'ils avaient commencé de bâtir, sur le piquettement fait en exécution de ladite ordonnance.

Telles furent, de part et d'autre, les raisons qui

pesèrent diversement sur l'esprit et la conscience desdits juges, et qui amenèrent ce partage d'avis, si regrettable à tous égards, puisque loin de terminer les débats, il remettait tout en cause, et qu'il laissait aux hérétiques, sinon un droit absolu de prêcher en cette localité, du moins la liberté de s'y affermir et d'y enraciner leurs mauvaises doctrines. Ah! que n'y eût-il un troisième juge pour en finir une bonne fois, et donner droit à ceux qui le méritaient! En attendant il suffirait de considérer attentivement le simple énoncé des deux prononcés, pour reconnaître de quel côté se trouvait la bonne cause.

D'une part, c'était le calme et la modération qui témoignaient de l'impartialité, et de l'autre, l'ardeur et le ton dissimulé qui révélaient la passion. Le seigneur du Vigier trahissait surtout ses préférences secrètes lorsqu'il disait en terminant : « Si ceux de
» la religion prétendue réformée ont exécuté l'ordon-
» nance du duc de Bouillon, il faut aussi qu'elle soit
» exécutée par les catholiques ; et il ne faut pas que
» l'obéissance et la bonne foi des religionnaires soit
» un piège de malheur et de disgrâce. » Franchement, on n'eût jamais soupçonné tant de vertu chez les disciples de Luther et de Calvin, si un magistrat prévenu ne nous l'eût appris.

Heureusement qu'il se trouva d'autres juges qui ne furent pas ainsi d'un avis partagé, et qui surent faire respecter les édits. Le 21 mai 1682, par ordre de l'intendant de Guyenne, l'exercice du culte protestant fut formellement interdit dans la ville d'Argentat, et des dragons vinrent en assurer l'exécution (1). — Mais hélas! il était trop tard... Pendant qu'on discutait sans fin, allant du parlement au conseil du roi, l'hérésie avait distillé son venin d'impiété et gâté trop de cœurs!

---

(1) Archives nationales.

V

EFFORTS OPPOSÉS ET SIMULTANÉS DES CALVINISTES ET DES CATHOLIQUES.

Ce qui distingue les sectaires; ténacité, force brutale, mensonge. — Pierre de Beysselance, type de ministre protestant. — Aperçu de sa doctrine et de sa morale. — Zèle des catholiques. — Bénédictins. — Franciscains. — Récollets. — Jésuites. — Clairettes; leur vie austère et mortifiée; leurs biens. — Ursulines; but de leur institut; leur mission à Argentat.

Les sectaires ont entre eux quelque chose de commun qui les distingue : c'est la ferme volonté d'arriver à leur but par toutes sortes de moyens, dût-il en résulter un désordre pour la famille et la société. Le tableau réel que nous avons esquissé du fait des religionnaires à Beaulieu, devrait nous représenter le drame qui se joua sur la scène d'Argentat. Les passions des hommes, à quelque différence près, sont les mêmes partout, quand elles sont mues par les mêmes mobiles et qu'elles ne sont pas contenues. Et ici, il suffirait des interminables et déloyales discussions, que nous avons reproduites avec des titres d'une authenticité irrécusable, pour nous donner la mesure de la persistance des hérétiques pour l'accomplissement de l'œuvre de perversité. Pour leur faire échec, il ne fallait rien moins que le zèle dévorant et infatigable des catholiques. Encore devait-on s'attendre à voir le triomphe momentanément accordé à leurs ennemis, comme il arrive souvent quand il faut combattre ceux qui ont mis leurs armes au service de la mauvaise cause.

Les calvinistes avaient apporté en cette ville le même système d'intimidation et de corruption qui leur avait réussi ailleurs. Précédés d'abord par des armées redoutables qui semaient la terreur partout, ils se faisaient suivre ensuite par des doctrines et des livres qui travestissaient la vérité, afin de rendre la loi divine plus commode. Leur ministre, Pierre de Beysselance, remarquable entre tous par un désolant scepticisme, savait très bien, selon les besoins de sa cause, fausser le sens des articles de foi contenus dans la bible de Genève. Peu embarrassé par les scrupules de la conscience, il visait droit au but sans s'inquiéter de l'honnêteté des procédés. Le triomphe du parti et son intérêt lui importaient plus que le bien public et le respect des choses saintes. Il s'était promis de ruiner, en cette localité, l'édifice sacré de la foi, sous lequel s'abritait la vertu, et il s'y employa de toutes ses forces. On verra ensuite combien il en coûta aux catholiques pour combler les abîmes qu'il y avait creusés.

Commençons d'abord par donner un aperçu de la doctrine et de la morale que prêchait ce disciple de Calvin. Certes, il n'était pas possible d'émettre des idées plus dangereuses, tant au point de vue politique que religieux. C'est ainsi que, sur la prédestination, la grâce, le libre arbitre, le mérite des bonnes œuvres, le culte des saints, les sacrements, la justification, le célibat ecclésiastique, les vœux monastiques, les pèlerinages, les images, le purgatoire, la miséricorde divine, l'abstinence de la chair, l'inutilité des grâces, l'indissolubilité du mariage, le gouvernement de l'Église, etc., il énonçait des erreurs, capables non-seulement d'émanciper les consciences et de corrompre les mœurs, mais même de saper le principe de toute autorité. — Nous croyons, disait-il, que l'homme est enclin au mal et impuissant à faire le bien...; que l'accomplissement des préceptes divins, malgré l'assistance de la grâce, est au-dessus de ses forces...; que ceux qui ont mérité d'être rejetés de Dieu pour violation de ses lois, ne laisseront pas que d'être sauvés par les mérites seuls de Jésus-Christ...; que les bonnes œuvres opérées par le mouvement du Saint-Esprit, ne serviront de rien pour nous justifier...; que Dieu n'impute pas les fautes aux pécheurs, lors même qu'ils ne cesseraient de l'irriter jusqu'à la fin de la vie...; que nous serons justifiés par la foi seule sans les œuvres...; que la confession auriculaire des péchés est une invention de l'Eglise...; que les malades n'ont nul besoin de l'extrême-onction...; que dans la cène le corps de Jésus-Christ n'est pas dans l'hostie, ni le sang dans le calice...; que les pénitences corporelles sont des pratiques sorties de la boutique de Satan...; que Dieu a suscité une nouvelle Eglise pour réformer celle qui tombait en ruine...; que le mariage peut être invalidé pour cause d'adultère ou de longue absence...; que la vue de nos fautes doit nous porter au désespoir...; que les œuvres méritoires du chrétien sont repoussées de Dieu à cause de l'infirmité de notre chair qui les souille...; que Dieu est l'auteur de la damnation, y prédestinant certains hommes...; que tous les moyens de rachat de nos fautes sont inutiles et qu'ils dérogent au sacrifice qui s'opéra sur le calvaire. Tels étaient les blasphèmes épouvantables et les impiétés sacriléges que vomissait chaque jour ce ministre, et qui auraient fait rougir Calvin lui-même. Et pour comble d'infamie, il présentait faussement toutes ces propositions comme des articles de foi contenus dans la bible de Genève, ainsi que le lui prouva si victorieusement le missionnaire, Henri de Rosignac, dans cette savante controverse, où, essayant de le combattre par le texte même de cette bible, il le convainquit d'erreur et de mensonge.

On se demande, après cela, comment une seule vertu avait pu rester debout en cet endroit. Il y eut bien des défections, en effet, parmi les catholiques, comme nous l'atteste un érudit d'Argentat, M. Paul Meillac. La bourgeoisie du pays, en général, et quelques membres mêmes de la noblesse embrassèrent l'hérésie et en furent ensuite d'ardents sectaires, lui donnant eux-mêmes une organisation régulière par l'entretien, à leurs frais, d'une série de ministres. Aussi lorsque la dame de Ventadour, les religieuses ursulines et les syndics, voulurent réclamer la protection du parlement de Bordeaux contre les empiètements des réformés, ils furent obligés de recourir à des hommes étrangers, tous ceux qui s'entremettaient de droit et de judicature, en cette ville, étant de cette religion. — Déjà, longtemps avant, on avait vu les calvinistes, irrités de ce que les syndics de Glénie et de Servières, en 1637, avaient fait contribuer les catholiques de la paroisse d'Argentat qui habitaient au-delà de la Dordogne à une cotisation de trois mille livres pour l'achat de mousquets et de poudres, se plaindre amèrement aux juges d'Elisabeth de Nassau de cette cotisation et la faire interdire en 1642. — Enfin on vit la famille de Villars de Ventach ne pas craindre de salir son blason, ni de renier son passé, et essayer de fonder même un temple protestant à Goules, dans la Xaintrie.

Mais ni les enseignements du ministre, ni l'apostasie des juges ne purent amortir le zèle des bons qui combattaient pour l'héritage céleste et le triomphe de l'Eglise. Les catholiques s'efforcèrent plus que jamais de ramener dans la voie de la vérité ceux qui s'en étaient écartés.

Parmi les personnes qui prirent le plus d'intérêt à ces conversions, nous dit M. Meillac, nous devons citer en premier lieu : Madame Françoise de Magnac de Fénelon, veuve de Gabriel de Nozière, seigneur de Neuville. Avant de se retirer à Tulle pour y fonder le couvent de Sainte-Claire, qui l'a regardée comme une sainte, cette dame, pendant les huit années qu'elle passa dans son château de la Vigerie, à Argentat, ou dans celui de Neuville, de 1593 à 1601, consacra le prix de la vente de ses immenses biens et tous ses revenus à donner l'exemple du plus grand détachement et de la vie la plus rigide. Ni son jeune âge, ni l'ingratitude qu'elle rencontrait partout, ne purent modérer ses pratiques austères de piété et de bienfaisance envers tous. Et pendant qu'elle faisait faire de grandes réparations à l'église paroissiale de la ville sous la direction des syndics P. Pradelles, P. Bourdelles et Jarrige, elle s'occupait d'y fonder un collège de religieux franciscains pour sauver l'éducation de la génération future et travailler à l'amélioration de ses voisins et tenanciers. Nous devons faire remarquer qu'elle fut aidée dans ses innombrables bonnes œuvres par un saint prêtre, Jean Martin de Saint-Martial, prieur de Glénic. Ce religieux, qui avait longtemps séjourné à Rome, était de la famille qui avait donné, au temps des papes d'Avignon, Hugues de Saint-Martial, cardinal du titre de Sainte-Marie du Portique, et il voulait rester fidèle aux traditions pieuses et nobles de sa maison. Notons aussi que la dame de Fénelon avait eu dans sa parenté un beau modèle de vertu, Jean Vigier, évêque de Lavaur en 1474, qui était de la famille des Vigier, seigneurs de Neuville, de Luc, de Reygade et de Saint-Bazile. Excitée par de si saints exemples, elle fut terminer dans le cloître une vie qui était déjà si pleine de mérites pour le ciel, léguant par testament à ses religieuses les biens qui lui restaient à Argentat, et qui malheureusement furent ensuite abandonnés aux disputes de ses héritiers.

Vers le même temps, en 1639, nous voyons monseigneur Anne de Noailles, maître de camp, mener par là son régiment d'infanterie, dans le but sans doute de surveiller les mouvements des religionnaires et de calmer leur agitation. Ne pouvant loger ses troupes à Argentat à cause du privilège viscomtin qui exemptait cette ville du logement de gens de guerre, il leur fit prendre un hivernage à Merle et à Malesse, dont il était seigneur. L'année suivante, ledit de Noailles et son frère, l'évêque de Saint-Flour, en eurent besoin pour se défendre, avec leurs domestiques et leurs fauconniers de Merle, contre la révolte des paysans d'Auvergne, dite des *Esclops* et des *Croquants*.

Parmi les autres laïques qui contribuèrent le plus à la conversion des hérétiques, nous devons mentionner un avocat en parlement, le sieur François Chantegril, ancien homme d'affaires de la maison Salignac-Fénelon, en Périgord. Il avait assisté avec les gens du château au fameux siège de Sarlat contre les troupes du vicomte de Turenne, le capitaine Jayac de Carbonnières et les seigneurs de Fénelon l'avaient chargé, un an auparavant, de l'achat à Paris d'armes et de poudre pour cette guerre. En 1633, il se fixa en Limousin, et acheta de François de Salagnac la seigneurie de la Vigerie-lès-Argentat, comprenant, outre une partie des paroisses de Neuville et de Monceaux, un grand enclos autour du château dit de la Vigerie ou de Neuville d'Argentat, distinct de celui de la paroisse de ce nom. C'était la propriété qui avait été cédée aux Clairettes de Tulle par la dame Françoise de Fénelon et qui était contestée par ses parents. A peine domicilié en cette ville, il s'y fit apprécier et redouter tant par son érudition que par sa fermeté de conviction. Comme il était savant dans l'un et dans l'autre droit, quelques papiers de lui attestent qu'il s'employait à défendre, par les livres même reconnus comme autorité par les protestants, les points principaux de la religion catholique : l'ordre, l'eucharistie, le célibat du prêtre, etc. (1)

---

(1) Archives de M. Paul Meillac.

C'est ainsi que tous, calvinistes et catholiques, étaient descendus dans l'arène, les uns pour effacer la trace d'un glorieux passé, et les autres pour la conserver. Mais dans cette mêlée confuse de bons et de mauvais croyants luttant avec une égale ardeur pour l'idée religieuse, nous distinguerons les héros de la foi, voués par leur vocation au combat pour la défense des maximes évangéliques. — Nous voulons parler des disciples et des servantes du Christ.

Nous mettrons au premier rang le bénédictin, ce soldat intelligent et aguerri de l'Eglise militante. Son maître et son Dieu pour lequel il se sacrifiait sous le cloître, était insulté !... Les âmes chrétiennes qu'il avait nourries du pain de la parole divine, étaient froissées dans leurs convictions les plus intimes !.... et il ne pouvait rester indifférent devant ce spectacle ! Les documents nous manquent à ce sujet, il est vrai, mais il nous reste des présomptions, qui nous le montrent, ardent et intrépide, bravant tous les dangers et volant au secours de ses frères, pour relever leur courage et soutenir leurs membres fatigués ou meurtris. C'était son devoir, il ne dut pas y faillir. Mais, hélas, que peuvent contre des ennemis forts, résolus et inhumains ceux qui n'ont d'autres armes que la prière ?... D'autres historiens nous diront un jour ce qui se passa dans ces douloureuses circonstances. En attendant nous croyons que les calvinistes usèrent contre les disciples de saint Benoît, à Argentat, des procédés violents dont ils s'étaient servis contre ceux de Beaulieu.

M. Bombal nous apprend, en effet, que les moines qui résidaient dans le prieuré s'enfuirent et se retirèrent à Carennac, lorsque les hérétiques se furent introduits dans la ville. Ce fait, énoncé simplement, peut se passer de commentaire, et nous révèle suffisamment l'indigne persécution dont les religieux furent l'objet de la part de leurs ennemis. — De plus, on nous dit que l'hérésie se renforçant de jour en jour jusque vers la révocation de l'édit de Nantes, le doyen de Carennac éprouva toutes sortes de difficultés pour la perception de ses revenus qui furent presque réduits à néant ; et qu'alors il vendit les habitations considérables qu'il possédait en cette localité, avec les propriétés et les rentes, s'y réservant seulement le bénéfice du prieuré et la direction de la paroisse.

Enfin, comme dernière preuve convaincante de l'acharnement des calvinistes contre le monastère d'Argentat, il nous suffira de mentionner les dégradations tout récemment constatées à l'église Saint-Pierre, et qui ne peuvent être rapportées qu'à cette époque malheureuse de vandalisme. Les tranchées ouvertes pour la fondation de l'abside de la nouvelle église, nous dit-on, ont révélé les traces d'un violent incendie. — Extérieurement, près de la toiture, on a pu s'apercevoir que les murs avaient été calcinés sur une assez grande largeur. — Dans l'intérieur, des soubassements de l'époque romane et des bases de colonnettes ogivales portaient les mêmes indices de calcination, s'élevant à environ soixante centimètres au-dessus du sol et due probablement à l'accumulation sur le pavé des débris enflammés de la charpente et des voûtes qui avaient complètement disparues au commencement du XVIIe siècle (1).

Mais l'Église, qui est impérissable, ne saurait se résigner à la défaite. Quand ses ouvriers évangéliques ne sont pas assez forts pour défendre son domaine, elle s'en adjoint d'autres. Si le bénédictin, après tant de siècles de travaux fructueux, est forcé de succomber sous le déchaînement des fureurs impies, d'autres frères plus jeunes et moins épuisés viendront le remplacer. Le XVIe siècle ne se fermera pas sans que l'ordre de saint François d'Assise réformé ne vienne combattre, en France, l'abominable secte par l'instruction de

---

(1) Bombal : *Histoire d'Argentat.*

la jeunesse et la prédication de la parole divine. Bientôt après, en 1613, quelques disciples de ce grand saint, tout remplis de son esprit, viendront s'établir modestement à l'une des portes de la ville d'Argentat, au même endroit où avaient débarqué les calvinistes et où sont installées aujourd'hui les religieuses ursulines (1).

La modestie et la pauvreté ont leurs charmes... A peine ces religieux se furent-ils mis à l'œuvre, qu'ils gagnèrent la confiance publique, et chaque jour leur chapelle se remplissait de pécheurs qui venaient implorer le pardon ou abjurer l'hérésie. Ils comprirent tout de suite le bien qu'ils étaient appelés à faire, et ils s'y employèrent avec un zèle infatigable, joignant, à la douceur des moyens, l'autorité de l'exemple et parfois d'une parole éloquente. Il y eut parmi eux des prédicateurs célèbres qui arrêtèrent longtemps le progrès de la réforme, entre autres le père Zacharie, dont les sermons latins sont encore très estimés.

Après s'être retirés d'abord dans des abris provisoires, ces religieux, pour répondre aux besoins et aux vœux de la population, jetèrent ensuite les bases d'un grand établissement où ils purent s'employer, à la fois, à l'éducation de la jeunesse et à la conservation des bonnes mœurs et des saines doctrines. Leur couvent, avec ses dépendances, comprenait une étendue de terrain considérable, comme on peut en juger encore, et il possédait une belle chapelle qui fut mise sous le vocable de l'Immaculée Conception (2). C'était d'ailleurs toute la fortune de ces bons pères franciscains, toujours moins occupés du soin de leur corps que du salut des âmes. Encore la révolution trouva-t-elle le moyen de bénéficier sur ce bien des pauvres,

---

(1) *Dictionnaire géographique du Limousin.* — Annales de l'ordre de Sainte-Ursule.

(2) Note de M. l'abbé Talin, doyen de Corrèze.

en adjugeant cet immeuble à la commune d'Argentat, au prix de onze mille et cent francs (1).

Mais la digue que ces bons moines avaient opposée aux mauvaises passions, n'avait pu en arrêter le débordement. On crut même, un moment, que le dernier souffle de la vie chrétienne s'était éteint en cette localité, et que les vieilles institutions, gardiennes du droit et de la moralité, s'y étaient effondrées. Chaque jour la conscience publique y était soulevée par des scandales et des désordres affreux. Si nous consultons les registres des sépultures de l'époque, nous voyons que les calvinistes ne reculaient pas devant le crime. Du 2 mars 1650, au 23 février 1652, selon M. Bombal, nous y trouvons la constatation de quatre meurtres commis sur des catholiques : les deux premiers, François Recoudié et Jean Tremoulic furent blessés d'un coup d'épée; le troisième, M. Baudes, fut percé par une balle de pistolet; le quatrième, Jean Fouilloux, fut frappé du poignard, et encore ne sont-ce pas les seuls cas d'homicide que l'on pourrait citer.

On nous opposera, il est vrai, l'emprisonnement d'un nouveau réformé, le médecin Lachau, sur une plainte du baron de Pesteils, et la mort par le même seigneur, d'un autre dissident. Mais quoique ces excès ne soient le fait que d'un seul catholique trop zélé, nous ferons remarquer encore qu'ils ne furent commis qu'en l'an 1698, après une longue série d'assassinats et de provocations bien capables de lasser la patience d'un homme même vertueux. En tout cas, on ne saurait en rendre responsables les ministres de cette religion qui prescrit constamment le pardon des injures.

Non, les moyens violents n'étaient pas du goût de ces généreux soldats du Christ, religieux et pasteurs

---

(1) Archives du département de la Corrèze.

de l'endroit. Unis dans une pensée commune de dévouement à l'Eglise, ils marchaient de front contre l'ennemi ; mais toujours avec cette ardeur que savent tempérer une sage discipline et la confiance inébranlable dans la victoire. Ils aimaient mieux, en habiles tacticiens, et c'est ici que nous devons le plus admirer leur talent, porter sur les ailes de leur armée de fraîches recrues afin de soutenir leurs forces et de mieux resserrer leurs rangs. C'est alors qu'ils invitèrent à venir partager leurs travaux des vierges chrétiennes qui, détachées des affections et des liens de la famille, pouvaient mieux initier leurs jeunes sœurs aux secrets mystérieux de l'amour divin, les arracher aux séductions trompeuses du monde, aux fausses doctrines d'une secte impie et orner leurs cœurs des fleurs et diamants de la vertu.

Avant tout, il fallait condamner la vie molle et sensuelle introduite par la morale relâchée des hérétiques, et on ne pouvait mieux le faire qu'en y opposant l'exemple des filles de sainte Claire, qui, cachant des âmes fortes dans des corps frêles et délicats, ne craignaient pas de se livrer à toutes les austérités de la règle la plus sévère. Sorties de Clermont, et suivant de près les récollets, elles vinrent s'installer dans un bâtiment, tout près de la Dordogne, au coin de la rue qui porte encore leur nom, pour s'y sanctifier dans les exercices d'une vie pénitente (1). On les voyait partager leur temps entre la prière et le travail des mains ; se nourrir de pain grossier et de légumes cuits dans l'eau ; faire chaque jour, voilées et vêtues d'une grosse robe de bure, la lugubre visite des tombeaux ; mettre sous leurs yeux l'image de la mort, en jetant un regard sur la fosse ouverte et préparée pour les recevoir ; et enfin, au moment du dernier adieu, se faire apporter dans le sanctuaire de

---

(1) Pouillé de Nadaod.

l'église, et là, couchées sur la paille et la cendre, exhorter à la vertu leurs compagnes rangées autour d'elles, pendant que le glas funèbre annonçait leur agonie. Quel contraste avec la vie du monde!... Et comme ce spectacle devait humilier ceux qui s'étaient affranchis des pratiques religieuses!... Quelle leçon, en un mot, pour apprendre à vivre sans trouble afin de mourir avec confiance!..... Ainsi, pendant que le calviniste travaillait à perdre la femme, la clairette cherchait à la préserver du mal ou à la relever. Elle priait nuit et jour pour elle, offrait un refuge à sa fragilité, lui apprenait que l'expiation ramène la paix dans les cœurs et l'engageait à compter sur les promesses de cet époux qui fait part de sa gloire aux épouses qui souffrent avec lui... Et ces exemples, si salutaires à la femme, ne l'étaient pas moins à l'homme, bien plus encore admirateur de l'héroïsme des vierges chrétiennes. Nous doutons fort, même, que les hérétiques aient pu leur refuser leur admiration. — Dans tous les cas, nous savons que, entourées du respect de tous, elles purent vite s'agrandir, appliquant chaque jour les fruits de leurs économies à l'acquisition de terres, pour fournir à leur subsistance et à leur entretien.

Mais ce que la réforme avait respecté, la révolution n'eut pas honte de le détruire. — En 1791, le couvent des clairettes contenait, paraît-il, trente-quatre cellules, un réfectoire, une chambre de communauté, un noviciat, trois appartements pour les pensionnaires, une cuisine, une infirmerie, une boulangerie et un four, un cellier et une chambre pour les sœurs converses (1). De plus, leur domaine consistait en prés, terres, vignes, bois châtaigniers, produisant un revenu de 3,888 livres, et s'étendant en diverses localités, sous la désignation de Croizil,

---

(1) Bombal, *Histoire d'Argentat*.

de Sourzac, de Salgues, de Bonne-Cotte, de Basteyroux et de Bassignac-le-Bas. Le tout fut adjugé à vil prix, à ceux qui ne craignirent pas de bénéficier des dépouilles de l'Eglise ; et les pauvres religieuses, au au nombre de treize, dotées d'abord d'un traitement de 300 ou de 120 livres, furent ensuite expulsées brutalement et renvoyées dans leurs familles (1).

Ces religieuses, d'ailleurs, n'avaient pas été les seules appelées en cette ville pour y paralyser l'influence funeste des doctrines de Calvin. La Providence y avait fait jaillir d'autres sources de salut et de préservation.

Déjà, depuis un siècle, il s'était formé autour d'Angèle Mérici une pieuse société de vierges qui, sous l'invocation de sainte Ursule, s'étaient consacrées à l'instruction de la jeunesse féminine. Jusque là, aucun ordre religieux de femmes n'avait eu pour but spécial d'instruire les jeunes filles, et on sait pourtant que, dans l'Eglise, chaque congrégation a un esprit qui lui est propre et qu'il a reçu de son fondateur. — C'était donc à la bienheureuse Angèle que devait appartenir la gloire d'avoir frayé à la femme la carrière de l'apostolat, en joignant les exercices de la contemplation aux pratiques de dévouement fraternel... Mission sublime qui a mérité à celles qui en étaient chargées le titre de mères du christianisme et d'anges gardiens de la jeunesse !

Quoique fondée en Italie, cette congrégation d'institutrices semblait n'avoir été inspirée que pour les besoins de la France, c'est pourquoi s'y répandirent-elles rapidement en s'y perfectionnant. Et pour mieux s'appliquer à la réforme des mœurs si heureusement commencée par le concile de Trente, par l'exemple d'une vie sainte et retirée, elles demandèrent au souverain Pontife la permission de se

---

(1) Archives départementales de la Corrèze.

cloîtrer. Le 13 juin 1612, elles recevaient une bulle de Paul V, qui approuvait cet institut et ajoutait aux trois vœux solennels pratiqués ailleurs, celui d'instruire les jeunes filles. — Dès lors leur but était défini, et elles n'avaient plus qu'à exercer leur noble ministère, en société avec les pasteurs respectifs des diocèses.

A partir de ce moment, on les vit se répandre dans les contrées les plus infestées par l'hérésie. En 1633, la première ursuline d'Auvergne, la mère Antoinette Micolon, si célèbre par sa haute vertu, conduisit quelques-unes de ses compagnes à Tulle et à Beaulieu, et ensuite, à Argentat. Elles furent mandées en cette dernière ville par l'évêque de Tulle, Jean de Genouillac, qui leur fit concéder, en 1637, par M. François Chantegril, l'enclos et le château de la Vigerie (1). — Aussitôt, mettant à profit tout ce que leur qualité de maîtresses leur donnait de force, elles s'appliquèrent à faire le siége de tous les jeunes cœurs pour y établir la grâce à la place du péché. Elles formèrent la fille pour le monde, et recueillirent volontiers dans leur monastère celles qui voulaient s'y dérober. Elles observèrent sans doute les égards dus au rang et à la naissance, mais elles ne furent pas moins attentionnées pour les filles des pauvres que pour celles des riches ; et si jamais elles témoignèrent quelque préférence d'affection, assurément, ce fut pour celles des hérétiques. D'ailleurs elles se dévouèrent indistinctement à l'éducation gratuite des jeunes personnes de toute condition.

Bientôt après on put voir à Argentat le spectacle de femmes sachant lire et écrire, ce que savaient faire bien peu d'hommes alors. Et dans quelque famille que la Providence les plaçât ensuite, ces femmes pouvaient y commencer l'éducation de leurs enfants.

---

(1) Archives de M. P. Meillac.

Toutes petites écolières encore, et fréquentant la ville, après s'être instruites au monastère de Sainte-Ursule, elles inspiraient aux jeunes hérétiques de leur âge le désir de se convertir. Leur action était d'autant plus efficace, disait un missionnaire, « que les marques de dévo-
» tion journalière et l'estime de la virginité, dont Cal-
» vin ne faisait aucun cas, frappaient plus aisément que
» toute controverse, le cœur de leurs compagnes,
» naturellement enclin à la vertu et à l'amour irrésis-
» tible pour la Vierge-mère. » Aussi, dès ce moment, et surtout vers l'an 1680, beaucoup de filles quittèrent leurs écoles calvinistes d'Argentat ou du pays-bas pour venir recevoir une instruction chrétienne dans ce cloître béni. — En 1683, monseigneur Humbert Ancelin, évêque de Tulle, vint recevoir leur abjuration, dans le courant du mois de mai; et dans la même année, le père Vincent, gardien des récollets, en reçut encore d'autres.

Tant de succès auraient dû exciter contre ces pieuses institutrices la colère des novateurs, et pourtant nous ne voyons pas qu'ils leur aient suscité aucun ennui. Mais il devait se trouver plus tard, dans cette même localité, des ennemis plus acharnés contre elles que les calvinistes. — En 1792, elles furent violemment arrachées de leur solitude; et leurs immeubles qui consistaient en moulin, four, cellier, pressoir, terres et prés, compris dans les paroisses de Darazac, de Monceaux et d'Argentat, furent disputés par des acquéreurs avides, à tout prix, de richesses (1).

Telles furent, de part et d'autre, les efforts simultanés qu'apportèrent pour le succès de leur cause les hérétiques et les catholiques et qui devaient se terminer par le triomphe définitif de ces derniers, comme nous allons le démontrer.

---

(1) Archives départementales de la Corrèze.

VI

RETOUR AU CATHOLICISME

Conversion des religionnaires empêchée par la confiance dans le triomphe de leur cause. — Leur espérance déçue. — Choix d'un missionnaire pour Argentat par l'évêque de Sarlat. — Autorisation et pouvoirs donnés par l'évêque de Tulle. — Plan d'instructions. — Henri de Roffignac livre sa première attaque aux mauvais catholiques. — La seconde aux hérétiques; moyens qu'ils prennent pour résister — Prières des calvinistes pour la conversion de ce missionnaire. — Le ministre protestant provoqué à la discussion. — Défi de baser la doctrine hérétique sur la Bible. — Réplique annoncée vainement attendue. — Moyens pour assurer le succès de la mission.

De leur côté, les curés d'Argentat ne négligèrent rien pour combattre l'hérésie, et si nous n'en avons pas encore fait mention, c'est parce que leur ministère se confondait avec celui des religieux bénédictins. On sait que le doyen de Carennac avait le bénéfice du prieuré de l'église Saint-Pierre, et quoiqu'il se fît remplacer comme prieur-curé par un vicaire perpétuel congruaire, il n'en gardait pas moins la haute direction sur la paroisse. Mais, après le départ des religieux, la situation de ces desservants fut moins dépendante et moins précaire, et dès lors aussi on comprend qu'il leur incombât une plus lourde responsabilité. Aussi nous serions injustes si nous ne rendions hommage au zèle infatigable qu'ils déployèrent depuis ce temps-là, et si nous ne leur accordions une grande part de mérite dans la victoire remportée contre l'hérésie.

Or, entre tous ceux qui furent le plus mêlés à cette lutte et qui s'y distinguèrent particulièrement, nous devons citer : Bernard Serre, homme docte, vertueux et ferme, qui pendant trente-trois ans, à partir de 1619 jusqu'en 1653, fut constamment occupé, d'abord comme curé, et puis comme syndic des prêtres de l'église paroissiale, à réparer les ruines accumulées de toutes parts par les réformés qu'il était parvenu à chasser de l'église, du cimetière et du clocher. Lorsqu'il prit la direction de la paroisse, les hérétiques, en maîtres absolus, s'étaient appropriés, nous dit M. Bombal, « le droit d'user de l'une des cloches de l'église
» paroissiale pour sonner leurs assemblées, comme
» aussi celui d'enterrer leurs morts dans le cimetière
» paroissial. Ils avaient réparé leur temple aux dépens
» des revenus de la communauté ; et ils contestaient
» aux catholiques le droit de prendre de ces revenus
» pour réparer leur église. Ils travaillaient et ven-
» daient avec affectation les jours de fêtes catho-
» liques. »

Une âme sacerdotale pouvait-elle supporter patiemment tant de scandales ?.... C'est alors que cet admirable pasteur, se faisant en même temps l'interprète du mécontentement de ses paroissiens, réclama des commissaires royaux, chargés de l'exécution de l'édit de Nantes, l'abolition de la servitude insupportable à laquelle son église et le cimetière paroissial avaient été assujettis.

Sa requête fut prise en considération, et aussitôt Pierre Seguier, sieur d'Aultoy, conseiller du roi en ses conseils et intendant de la justice en ce pays, et Henri de Baudéan, vicomte de Pardaillan, gouverneur pour Sa Majesté des villes et château de Niort, députés pour l'exécution des édits de pacification dans la vicomté de Turenne, se rendirent à Argentat, où, après enquête et audition des parties, ils rendirent, le 28 février 1724,

l'ordonnance qui suit en substance : « Nous, com-
» missaires susdits, avons ordonné et ordonnons que
» dans quinzaine... il sera pourvu au dépens de
» la communauté d'Argentat... d'un lieu et place
» commode pour la sépulture des habitants de la
» religion prétendue réformée. Ce faisant, que les
» calvinistes laisseront aux ecclésiastiques et catholi-
» ques la possession libre de leur cimetière avec très
» expresses inhibitions et défense d'y enterrer leurs
» morts à l'avenir. En ce qui regarde l'usage des
» cloches, qu'il demourera entièrement aux catholi-
» ques, moyennant qu'on donnera à ceux de ladite
» religion, aux dépens de ladite communauté, une
» cloche de pareille valeur que celle dont ils se sont
» servis jusqu'ici pour sonner leurs prêches et priè-
» res... Et seront tenus ceux de ladite religion de
» garder et observer les fêtes indiquées en l'Eglise
» catholique, apostolique et romaine, sans qu'ils puis-
» sent, en ces jours, vendre ni étaler dans leurs bou-
» tiques ouvertes; ni pareillement les artisans tra-
» vailler, hors leurs boutiques et en chambres,
» d'aucun métier dont le bruit puisse être entendu
» des passants et voisins (1). »

Qu'eût-il fallu, en ce moment, pour en finir avec toutes ces disputes et ramener la paix en cette localité ?... Pas autre chose que le concours de ceux qui possédaient dans la contrée l'autorité seigneuriale et souveraine. Malheureusement le vicomte de Turenne était plus attaché que jamais au protestantisme, et, quoique vieux, il ne cessait pas d'intriguer. Si, naguère encore, sous la régence de Marie de Médicis, on l'avait trouvé compris dans les machinations qui avaient amené la chute tragique de Concini, le maréchal d'Ancre, on l'avait vu aussi, deux ans avant sa mort, qui out lieu en 1623, offrir sa protection aux

---

(1) M. Bombal.

hérétiques et leur donner un asile dans sa principauté de Sédan, pour se dérober aux édits royaux qui les avaient frappés (1).

Les catholiques étaient donc abandonnés à leurs propres forces, et après la mort de ce vicomte ils ne devaient pas davantage compter sur la protection de son fils Frédéric-Maurice, car nous savons que leurs ennemis, encouragés secrètement par lui et par les consuls calvinistes, avaient fait peu de cas de l'ordonnance des susdits commissaires, et avaient trouvé même le moyen de l'éluder. Quoique l'infatigable Bernard Serre, aidé de son neveu, en faveur duquel il avait abandonné son titre, en 1643, pour conserver une plus grande liberté d'action, ne négligeât rien pour ramener les égarés, ses efforts furent paralysés un instant par une complication d'évènements qui tenaient en suspens la conversion des timides. — Richelieu et Louis XIII venaient de mourir à une année d'intervalle, de 1642 à 1643. — Louis XIV n'étant qu'à sa cinquième année, les révoltes du parlement se succédaient rapidement. — Enfin l'alliance de Condé avec les frondeurs avaient réveillé complètement les espérances des protestants dans la vicomté de Turenne. Ceux d'Argentat, en particulier, s'étaient montrés disposés à se joindre aux rebelles, sur l'entreprise desquels ils avaient compté un instant avec leur vicomte, sans se défier de la police de Mazarin. Mais Condé fut arrêté et emprisonné, et sa femme avec son fils, obligés de se sauver dans les ravins profonds de l'Auvergne et du Limousin, eurent besoin, pour se protéger, de toutes les forces dont le pays pouvait disposer. Le duc de Bouillon, à la tête d'une compagnie de cavalerie soutenue par deux cents mousquetaires, fut attendre l'infortunée princesse dans les montagnes du Cantal, et c'est à la vue de ce

---

(1) Archives nationales.

secours que le jeune prince d'Enghien, s'écria : *Je n'ai plus peur de Mazarin, puisque je trouve ici tant de braves gens.* Après avoir parcouru les rangs de huit escadrons, les illustres fugitifs se dirigèrent vers le château de Scorailles, près Mauriac, où ils dînèrent. De là ils vinrent coucher à Argentat, où le vicomte leur avait préparé une réception magnifique. Ils furent accueillis par les cris d'allégresse des protestants ; et le lendemain, 15 mai 1650, ils prenaient le chemin de Turenne. — Sur le soir, comme les gardiens de la forteresse chargés d'annoncer leur arrivée, cherchaient à les apercevoir dans le lointain, ils virent tout-à-coup les hauteurs de Saint-Palavi couvertes de guerriers. Aussitôt les clairons sonnèrent la bienvenue, et dans un instant la plate-forme et les créneaux des tours furent garnis de châtelains et de châtelaines qui agitaient leurs mouchoirs en signe de joie. On donna ensuite des fêtes splendides en l'honneur de ces nobles hôtes, et Turenne devint dès lors le centre de la résistance contre Mazarin. Seulement le vicomte avait porté une grave atteinte à ses finances, quand la paix signée à Bordeaux, la même année, vint achever de ruiner ses forces en lui imposant la démolition des nouvelles fortifications qu'il y avait élevées (1). Ainsi s'évanouirent les espérances que les réformés d'Argentat et de toute la vicomté avaient pu fonder sur le triomphe de ce parti.

D'ailleurs, que les circonstances aient été favorables ou non à l'Eglise, elle n'en devait pas moins continuer son œuvre réparatrice. Celle rêvée par la dame de Fénelon fut reprise par les évêques de Sarlat, de la même maison, à qui cette tâche incombait, non-seulement à cause des grands biens que leur famille avait en cet endroit, mais aussi parce que l'élection de monseigneur François de Salignac à l'évêché

---

(1) Marvaud, *Histoire du Bas-Limousin.*

de Sarlat, le 25 mars 1659, leur laissait la direction de la paroisse (1). Cet évêque était, comme nous l'avons déjà dit, doyen de l'abbaye de Carennac, et, par ce doyenné, il avait le bénéfice du prieuré d'Argentat qui en était membre uni à la personne du doyen. A ce titre, monseigneur François de Fénelon devait défendre contre la secte des calvinistes, non-seulement ses propres diocésains, mais encore les fidèles de cette localité. Or, la première année de son épiscopat, il fit proposer à un prêtre de Brive, Henri de Roffignac sieur de Lamothe, docteur en théologie et droit canon de l'université de Paris, d'y aller prêcher un carême dans l'église que Bernard Serre avait reconquise si péniblement. On n'a gardé aucune trace écrite de cette mission. D'après un récit de monseigneur Berteaud, ancien évêque de Tulle, cette prédication aurait été troublée tumultueusement par le médecin Lachau, qui aurait lancé des pierres dans l'église au moment où le prédicateur, apostrophant le ministre et voulant l'obliger à discuter afin de le confondre par ses propres paroles, aurait dit : « Enfonçons le doigt dans sa gueule pour lui faire vomir le reste de son venin. »

Malgré cet incident, nous sommes autorisé à croire que cette mission, sur la date de laquelle M. Bombal semble s'être trompé (2), porta néanmoins de grands fruits, puisque le prédicateur fut rappelé de nouveau, non-seulement par l'évêque de Sarlat, mais encore par celui de Tulle, monseigneur de Rechignevoisin, qui lui fit délivrer une autorisation générale pour tout le diocèse. — Ajoutons qu'il fut fortement sollicité par le premier président du siège présidial de Brive, Mᵉ Dumas de la Gotherie, baron de Neuville, qui avait acquis, des biens de madame de Fénelon, le

---

(1) Archives de M. P. Meillac.
(2) Opinion de M. P. Meillac.

château de Neuville dans la paroisse de ce nom, et qui faisait beaucoup de frais pour soutenir sa nouvelle noblesse. On l'avait vu notamment réclamer des officiers du régiment de Lorraine à Brive qu'un détachement de cavaliers tînt garnison dans sa nouvelle propriété, afin d'apaiser, au besoin, les troubles qui pourraient s'élever à Argentat à propos de la prédication et des affaires du temple protestant.

Après avoir reçu de si grands encouragements et surtout les bénédictions de deux évêques, Henri de Roffignac ne songea plus qu'à dresser son plan d'instruction. S'il pouvait parvenir à démasquer l'hypocrisie de Beysselance et dévoiler toute la fausseté de ses assertions, il croirait avoir suffisamment préparé les conversions. C'est pourquoi il s'appliquera tout d'abord à mettre en regard, ensemble les principaux articles de foi de la religion prétendue réformée et ceux de la religion catholique sur les mêmes points controversés, tout en se servant de la version même de la bible de Genève pour confondre les hérétiques.

Craignant, d'autre part, que les mœurs des catholiques qui s'étaient trop ressenties du voisinage des impies, ne missent obstacle à la grâce, il voulut premièrement changer les dispositions de leur cœur.

« Comme Dieu, disait-il, avait dans cette localité
» deux sortes d'ennemis qui lui faisaient la guerre,
» les uns par la corruption des mœurs, les autres,
» par celle de la foi, il fallut faire diversion d'armes
» pour les vaincre. La première attaque que je donnai
» fut aux premiers et aux plus rudes ennemis : les
» mauvais catholiques, qui, étant dans le sein de
» Jésus-Christ, lui causaient de bien plus sensibles
» douleurs par leurs crimes que les hérétiques par
» leurs erreurs, d'autant que le poignard d'un enfant
» était bien plus aigu que celui d'un étranger ; et que
» les offenses faites à Dieu par ceux qui avaient la
» foi lui étaient autrement pénibles que celles des
» malheureux qui en étaient privés. Je m'attachai

» donc, durant le carême, à détruire cette sorte d'en-
» nemi, et je puis dire, pour la gloire de notre
» Seigneur, que je n'y ai point connu de catholiques
» qui n'aient mis bas les armes, et qui n'aient mérité
» par leurs regrets et leur pénitence de faire la paix
» avec Dieu. »

Restait à engager la seconde attaque.... et pour le prédicateur, ce premier triomphe en faisait présager un autre, quoiqu'il fût moins facile de rendre la vue aux aveugles que de guérir les cœurs blessés. Il allait, désormais, se trouver en face d'ennemis imbus des plus grossiers préjugés, et disposés d'avance à résister par toutes sortes de moyens à tous les entraînements de son éloquence, comme il nous en avertit lui-même :
« Animés par leur ministre, le sieur de Beysselance,
» les calvinistes se mirent sur la défensive. Les confé-
» rences fréquentes que j'avais avec les personnes de
» leur secte leur donnaient du soupçon, au point
» qu'on leur défendait, sous peine d'excommunica-
» tion, de conférer avec moi. Cette défense, émanée
» de Paris, fit impression. Quelques-uns désertèrent
» mes sermons par politique, d'autres n'y venaient
» plus qu'en cachette, et tous eussent souhaité que
» j'eusse prêché sur la place publique pour pouvoir
» m'entendre à leur aise. »

On peut comprendre par là en effet quels moyens perfides et violents furent employés par ces hérétiques pour empêcher les désertions dans leurs rangs.

Ils eurent recours d'abord à des marques affectées d'intérêt et de dévouement envers le missionnaire. Le ministre le plaignait de son aveuglement, disant publiquement que c'était bien dommage qu'il fût engagé dans les erreurs de Rome. Il faisait prier pour lui dans son temple et chanter un psaume de Marot, ajoutant qu'il était peu éloigné de la vérité, ayant déjà été ébranlé dans ses convictions religieuses dans la première conférence qu'il avait eue avec lui.

Ces airs de compassion simulée, pour paraître généreux, n'en étaient rien moins qu'amers, hypocrites et railleurs, et ne pouvaient tourner qu'à la confusion de leur auteur, en blessant l'orgueil et la piété d'un missionnaire si docte et si zélé. M. de Rossignac ne se contenta pas d'opposer publiquement le dédain à toutes ces feintes diaboliques d'une charité fraternelle, il repoussa encore toute allégation d'une prétendue victoire remportée contre lui sur le terrain dogmatique, en invoquant devant des juges le témoignage du vicaire d'Argentat, et lui faisant déclarer avec serment que c'était le ministre lui-même qui avait été convaincu d'erreur. Dont acte fut déposé au greffe.

Faut-il s'étonner après cela que la vérité, par la bouche du prêtre, éclate en termes indignés contre l'imposture. A partir de ce moment là, le missionnaire ne garda plus de ménagements contre le ministre protestant. Il commença par faire poser des affiches dans les places publiques pour dénoncer ses maximes qu'il qualifiait de mensongères. Il le provoqua ensuite de toute façon, du haut de la chaire, dans les rues, dans les maisons particulières et par écrits, à sortir du mutisme absolu dans lequel il s'était obstiné, sans pouvoir y réussir. Quand il lui proposait de faire avec lui une conférence publique, celui-ci invoquait la défense du roi, afin de couvrir sa fuite honteuse. Enfin, poussé à bout par ses sectateurs qui le menaçaient de l'abandonner s'il n'acceptait la controverse, il essaya d'écrire quelques mots, en ayant soin d'éluder les questions qui lui étaient posées.

C'était là que l'attendait M. de Rossignac, si impatient de livrer ce duel théologique. Plus le faible ministre voulait s'éloigner du véritable terrain de la discussion, pour parer ses coups, plus lui s'efforçait de l'y ramener, afin de le démasquer devant ses coreligionnaires. — Il le défia d'abord de trouver dans l'Ecriture-Sainte un seul article de foi controversé de sa religion, lui offrant de conduire à son prêche tous les fidèles de la ville, s'il lui en faisait lire un seul.

Le ministre aurait bien voulu échapper à ce défi : il balbutia quelques paroles, il écrivit même beaucoup, mais il ne put citer aucun passage de la Bible pour appuyer sa doctrine. — Le missionnaire réfuta ensuite successivement toutes les erreurs du ministre, et il le fit avec une telle autorité, en opposant les uns aux autres les articles de foi de la religion prétendue réformée et ceux de la religion catholique avec le texte même de la Bible de Genève, qu'il fut impossible à Boysselance de se défendre. Il se contenta de faire dans son temple de piteuses déclamations, et d'annoncer une publication en réponse aux attaques du prédicateur, ayant soin d'avance de prélever une taxe sur chaque famille hérétique pour en payer les frais d'impression. Singulière manière de dissimuler sa retraite !... La fameuse réplique ne parut jamais, et le ministre dut se résigner à dévorer son humiliation dans le fond de son cœur. — En vain le sieur de Muralhac et le médecin Lachau s'efforcèrent-ils d'atténuer sa défaite par d'autres écrits, elle n'en fut pas moins complète (1).

Le succès de la mission étant définitivement acquis, il restait à en assurer l'effet et la durée. M. de Rossignac le comprit, et abandonnant soudain la controverse, il rentra dans la voie des conseils, où il déploya les ressources d'un cœur de père et d'une âme d'apôtre. — Ce fut aux prêtres qu'il s'adressa d'abord, eux qui, par ignorance ou découragement, avaient failli à leurs devoirs. Il réveilla leur zèle assoupi, les engageant à se servir des armes que Dieu avait mises en leurs mains : de la prière, de l'instruction et du bon exemple. Il leur recommanda surtout le soin de la jeunesse : « Il faudrait, leur disait-il, que le curé s'oc- » cupât de l'éducation chrétienne des enfants, qu'il

---

(1) Note de M. P. Meillac. — Extrait du compte-rendu de la mission d'Argentat.

» leur apprit les articles de foi controversés, et les fit
» discuter publiquement là-dessus en se demandant
» mutuellement les preuves tirées de l'Ecriture-
» Sainte. » Puis, pour les porter à l'étude de la théologie et des livres saints, dont la connaissance fut toujours indispensable à ceux qui eurent pour mission d'instruire les peuples, il ajoutait : « En vérité,
» c'est une confusion de voir si peu de prêtres capables de tenir tête, non pas à des ministres, mais
» même au moindre hérétique. » Enfin pour les exciter à une plus grande vigilance, il les engageait à méditer sur les menaces terribles que Dieu leur faisait par Ezéchiel, quand il leur disait qu'il demanderait un compte terrible de ses brebis et qu'il se vengerait sur eux de leur perdition.

Se tournant ensuite vers les pères et les mères, il leur rappelait leurs obligations à l'égard de leurs enfants. Il leur conseillait de lire et de faire lire souvent dans leurs maisons les articles de foi controversés entre les calvinistes et les catholiques, avec les textes de l'Ecriture-Sainte à l'appui, afin que leurs enfants apprissent d'eux-mêmes où était la véritable religion, en démêlant la vérité du mensonge.

Aux maîtres d'école il donnait à peu près les mêmes avis. Mais ce fut surtout aux religieuses ursulines qu'il fit les plus pressantes recommandations, à cause de la profession spéciale qu'elles avaient d'enseigner chrétiennement les jeunes filles, et persuadé que leurs élèves, une fois instruites de leurs devoirs religieux, pourraient ensuite plus facilement en pénétrer leurs compagnes égarées.

Si nous ajoutons enfin les pratiques pieuses et les prières que ce missionnaire prescrivait chaque jour pour obtenir la conversion des hérétiques, avec la profession de foi qu'il exigeait des convertis pour l'abjuration de leurs erreurs et l'adhésion aux prescriptions de l'Eglise, nous aurons une idée exacte des efforts tentés dans cette ville d'Argentat pour y rétablir le règne de Dieu.

Hâtons-nous de dire que M. de Rossignac ne fut pas le seul qui ait contribué à ce retour au catholicisme. D'autres ecclésiastiques non moins remarquables vinrent continuer son œuvre et en augmenter les fruits : tels que le jésuite Fénis, de Tulle, en 1680 ; le père Victorin Pouliot, du couvent de Sainte-Valérie de Saint-Junien, près Limoges, vers la même époque.

Avec de tels adversaires, on ne doit pas être surpris que l'hérésie ait été terrassée en cette ville. On vit alors les malheureuses victimes qu'elle avait séduites, ouvrir les yeux à la vraie lumière et aller se jeter aux pieds des autels ; et là, les mains jointes, prosternées devant Dieu, en présence de mille témoins, protester publiquement, au milieu des sanglots et des larmes, de leur ferme résolution d'embrasser la la foi catholique. « Je crois et confesse, disaient-ils, tous les articles du symbole des apôtres. Je crois en Dieu le père tout puissant, créateur du ciel et de la terre et de toutes les choses visibles et invisibles. — Je crois semblablement en un souverain seigneur, Jésus-Christ, fils unique de Dieu, engendré du père avant tous les siècles, Dieu de Dieu, lumière de lumière, vrai Dieu de vrai Dieu, engendré, non pas créé consubstantiel au père, et par lequel toutes choses ont été faites ; qui, pour nous et pour notre salut, est descendu des cieux, et par le Saint-Esprit a été incarné de la vierge Marie et a été fait homme ; qui a été aussi crucifié pour nous sous Ponce-Pilate, a souffert la passion, la mort et a été enseveli ; qui est ressuscité le troisième jour après, selon les Ecritures, et est monté au ciel où il siège à la droite du père ; et qui, de rechef, viendra en sa gloire juger les vivants et les morts, et dont le règne n'aura pas de fin. — Je crois au Saint-Esprit souverain seigneur et vivifiant qui procède du père et du fils, étant avec eux également adoré et glorifié, et qui a parlé par les prophètes. — Je crois une sainte Eglise catholique et apostolique. — Je confesse un baptême pour la rémission des péchés ; j'attends la résurrection des morts et la vie des siècles à venir. Amen »

Avec un accent non moins pénétré, elles déclaraient embrasser les traditions des apôtres et de l'Eglise avec toutes leurs observances, usages et ordonnances ; — recevoir la Sainte-Ecriture selon le sens que lui donnait l'Eglise, à qui appartient le jugement de sa véritable interprétation ; — confesser qu'il y avait sept sacrements institués par Notre-Seigneur Jésus-Christ, et par lesquels la grâce de Dieu était conférée ; — approuver toutes les décisions du concile de Trente sur le péché originel et la justification de l'homme ; reconnaître qu'en la sainte messe on offrait à Dieu un vrai, propre et propitiatoire sacrifice pour les vivants et pour les morts ; que le corps, le sang, l'âme et la divinité de Jésus-Christ étaient réellement et substantiellement dans l'Eucharistie, où il était fait une conversion du pain au corps et du vin au sang ; — admettre l'existence du purgatoire où les âmes détenues étaient soulagées par les suffrages et bienfaits des fidèles ; affirmer qu'on devait honorer et invoquer les saints et vénérer leurs reliques et leurs images, à cause du bien qu'on en retirait ; avouer que l'Eglise catholique, apostolique et romaine était la mère et maîtresse de toutes les églises, et qu'elle seule avait reçu le pouvoir d'accorder des indulgences pour aider à satisfaire à la justice de Dieu ; jurer obéissance au Pape comme au vicaire de Jésus-Christ, et s'écrier en terminant : « *Oui, je veux, moyennant la grâce de Dieu, persister entièrement et inviolablement jusqu'au dernier soupir de ma vie dans cette vraie foi sans laquelle nul ne peut être sauvé, et m'efforcer de faire qu'elle soit tenue, prêchée et enseignée de mes sujets et de tous ceux qui sont sous ma charge. Ainsi je le promets, le voue et le jure. A cette fin, Dieu me veuille aider, et ses saints évangiles.* »

Tels étaient les nobles sentiments qui remplissaient le cœur de ces nouveaux convertis. C'est ainsi que, après quelques jours d'égarement, ils revenaient à la religion de leurs aïeux avec un redoublement de ferveur, qui promettait pour la ville d'Argentat des jours plus calmes et un état plus prospère. — Bientôt on pourra revoir, sans danger, les bannières et les étendards sacrés flotter dans les airs, le long des rues et des chemins. — Désormais, unis dans une pensée commune de religieuse piété, les fidèles pourront se presser plus nombreux dans les églises de Saint-Pierre, de Sainte-Catherine et dans les chapelles des diverses communautés. — Affranchi, le zèle des pasteurs pourra se vouer plus librement au service des âmes, à la restauration des sanctuaires, à l'établissement des pieuses associations, à la fondation des œuvres de charité : Jean-Joseph Ceyrac érigera la confrérie des pénitents bleus et obtiendra du vicomte de Turenne des lettres patentes pour poser les fondements d'un hôpital auquel il fera lui-même des legs importants ; Jean-Joseph Combret instituera les pénitents blancs, et fera prêcher une mission au père Bridaine; Pierre Pourty de Lisle transférera l'hôpital au Bastier, et, avec les libéralités de son frère et de sa sœur, fournira assez de ressources à cet établissement pour secourir tous ses pauvres. — Tous les samedis, il sera donné d'entendre la grave psalmodie des pénitents; et tous les ans, le 8 septembre, de les voir défiler sur deux rangs, pour aller invoquer Notre-Dame de Bon-Secours dans la chapelle de l'hospice. — Quelques restes précieux des saints et saintes, Pierre, apôtre, Jean-Baptiste, Clair, Poliska, Agnès et Anne, sauvés probablement de l'incendie et recueillis dans de modestes reliquaires pourront être rendus à la vénération des fidèles.

En même temps les nombreuses et nobles familles de Bar, de Pesteil de Lachapelle, de Montal, de Lavigerie, d'Escars, de Saint-Hilaire de Neuville, de

Saint-Martial de Comros, du Bac, de Lagaye, de Lamerlie, de Rédenar, de Testut, de Combarel, de du Laurent, de Dusser de Lavergne, de Négraval, pourront jouir plus tranquillement de tous leurs droits seigneuriaux dans leurs propriétés respectives. — La juridiction ordinaire du prieur, dont les appels relevaient du juge d'appeau de Turenne et du sénéchal de Tulle, pourra s'exercer sans entrave; et par les nombreuses affaires portées à ses audiencees, par les procès-verbaux et sentences de ses juges, les intérêts des particuliers, de la propriété, de la famille, de la société et de la religion, continueront à être protégés à la satisfaction de tous. Les rapports entre les individus, les droits d'hospitalité, la vente des marchandises y seront réglés équitablement ; et la police saura y corriger les scandales et les abus d'autorité, on n'aura pas à craindre que la faculté de porter des sentences arbitraires, laissée, par l'ancienne législation, porte atteinte à la liberté commune. Lorsque la conscience des juges les obligera de recourir aux punitions supplémentaires, à titre de réparation vis-à-vis la partie civile, ce seront toujours l'hospice et les pauvres qui profiteront de cette pénalité accessoire, quand le plaignant d'ailleurs n'aurait pas éprouvé de dommage.

Ainsi, désormais on verra les habitants d'Argentat, stimulés par une religieuse rivalité, se payer mutuellement le tribut du dévouement fraternel, source de bonheur et de prospérité pour une ville. Tel était le but que nous nous proposions d'atteindre. En parcourant, d'étape en étape, à travers les âges, cette belle et riche contrée de la vicomté de Turenne, nous ne voulions que nous y convaincre par nous-même de l'influence exercée tour à tour ou simultanément par ses seigneurs temporels et spirituels. Après avoir consulté avec soin ses monuments historiques, ses traditions orales et écrites; après avoir rappelé sommairement les plus grands souvenirs de ses annales ecclésiastiques et profanes, depuis ses plus glorieuses conquêtes jusqu'à ses humiliantes défaites; après avoir assisté avec douleur à l'écroulement de son édifice religieux et social, nous avons eu le bonheur d'assister aussi à sa complète restauration, au triomphe de la bonne cause, à la victoire enfin sur les ennemis du Christ! — Notre tâche est remplie; reposons-nous un instant pour reprendre notre course ailleurs. — Que d'autres maintenant nous racontent les souffrances des fidèles de cette paroisse au temps agité de la fin du dernier siècle; leurs consolations ou leurs luttes au temps présent, nous accueillerons toujours avec plaisir ce qui nous rappellera leur attachement au catholicisme.

CINQUIÈME PARTIE

SAINT-CÉRÉ.

Origines de la ville. — Seigneuries. — Consulat et syndicat. — Incursions des religionnaires. — Causes de l'introduction et de la suppression du culte calviniste. — Calvinistes et catholiques au parlement de Toulouse. — Extirpation de l'hérésie.

I

ORIGINES DE LA VILLE.

Armes de la ville. — Sa description. — Investigations sur les antiquités du pays; camps de Césarines. — Tours de Saint-Laurent; leur architecture. — Famille qui commanda la première dans ce fort. — Son occupation par les vicomtes de Turenne. — Luttes autour de cette forteresse; démêlés entre Sérénus et Elidius; guerre implacable entre Clarus, fils de Sérénus, et Elidius; réconciliation entre les antagonistes; martyre de sainte Espérie; à ce sujet, confiscation de cette terre seigneuriale à la famille de Sérénus. — Monument élevé par les chrétiens sur le tombeau de la vierge-martyre; culte qui y est rendu. — Construction d'une église sur cet emplacement.

Cette ville, qui compte une population de quatre mille habitants, est, incontestablement, une des plus élégantes du diocèse de Cahors. Derrière les belles allées d'arbres qui l'entourent, on la voit se déployer gracieusement dans une vallée cernée de riches collines. La Bave, qui, sortie des hauteurs de la Tronquière, semblait devoir préférer les gorges des montagnes où vont la visiter deux beaux ruisseaux, abandonne tout à coup brusquement les bois et les ravins solitaires pour venir réclamer ici le droit de cité, s'offrant d'y payer le tribut par la fraîcheur de ses eaux, avant d'aller répandre ses bienfaits dans les vastes prairies qui s'étendent au-dessous. Ses promenades animées, l'activité de ses habitants, ses rues souvent larges et toujours propres, la forme de ses édifices lui donnent un aspect des plus agréables. De quelque côté d'ailleurs, que l'on y arrive, on n'aperçoit que des terres fertiles, qui fournissent de bonnes plantes céréales et des fruits très estimés. Et, comme s'il avait manqué quelque chose à ce tableau admirablement circonscrit où se confondent les teintes dorées, vertes et empourprées, qui se détachent de la vallée, des montagnes et de l'horizon, on voit du côté de l'Orient, se dresser dans un fond grisâtre deux tours hardies et brunies par le temps. Un énorme rocher calcaire, au front nu, qui repose sur un cône revêtu de vignobles, leur sert de piédestal, et c'est de là, comme d'une pyramide de verdure, qu'elles s'élancent dans les airs avec leurs contre-forts, leurs machicoulis et leurs plates-formes. Non, rien n'avait été négligé ici par le pinceau du divin paysagiste et par la main de l'homme, pour embellir et abriter ce séjour.

Mais, à côté de l'éclat naturel et physique de cette localité, nous devons placer le lustre moral acquis par un passé glorieux. Sans doute nous n'avons pas la prétention de rapporter tous les faits qui se déroulèrent autour d'elle ou dans son enceinte. Nous continuerons à rester dans les limites que nous nous sommes tracées d'avance, notre but étant de nous occuper uniquement de ce qui touche à la question religieuse. Voilà pourquoi nous ne suivrons pas les divers chroniqueurs et archéologues dans leurs savantes investigations sur les antiquités du pays, que quelques-uns voudraient faire remonter au-delà du christianisme. L'engouement pour cette époque, nous paraît, sinon exagéré, du moins mal fondé, attendu que la période gallo-romaine qui la suit et où se perpétuèrent ses coutumes et ses mœurs, peut donner lieu à beaucoup de méprises. En fait de travaux, de vestiges de construction et de fortification, on peut tout aussi bien les rapporter aux premiers temps du christianisme qu'à ceux qui le précédèrent. Nous croyons que la terre des Gaules, destinée par la Providence à devenir le théâtre des grandes œuvres catholiques, ne devait garder du paganisme que de faibles traces de sa domination, afin de rendre plus sensible le bienfait de la civilisation chrétienne. — Si donc nous sommes heureux d'apprendre que la vallée de Saint-Céré, au-dessous de Saint-Médard, possédait une ou deux places fortes des Cadurkes, que les Romains auraient occupées après la conquête de la Gaule, au dire de Malleville, de Delpon et de l'abbé de Faulhiac, nous accueillons, avec non moins de plaisir, l'opinion récente, qui attribue le camp des Césarines aux Gaulois, vers le ixe siècle, au moment où les Normands faisaient irruption dans nos contrées (1). On connait trop les ravages que faisaient ces barbares dans les abbayes et les églises, pour ne pas supposer qu'une pensée religieuse avait seule présidé à la construction des redoutables fortifications élevées en cet endroit.

Quant à ce qui concerne les tours de Saint-Laurent, nous voudrions pouvoir assigner l'époque où remonte leur construction; mais, ici, comme à Turenne, on est déconcerté par des marques certaines de réparations faites en divers temps. Les architectures ogivales et romaines semblent s'y être données la main. Tandis que les deux tours paraissent se rapporter, la plus mince au xiiie siècle et l'autre au xive, les remparts et la terrasse elliptique qui les supportent, présentent des traces d'une époque plus reculée. C'est ce qui a fait dire à Aymeric de Saint-Céré, que les troupes romaines y avaient établi un camp sous le règne d'Auguste.

Mais nous ne saurions mieux faire, à ce sujet, que de faire connaître l'opinion du savant archéologue,

---

(1) E. Castagné, congrès archéologique de France, XLIVe session, excursion dans le département du Lot.

M. de Caumont. « Les tours construites en grès bigarré, dit-il, se trouvent l'une à droite, l'autre à gauche de l'enceinte, en prenant pour centre l'entrée principale de la place : chacune d'elle paraît avoir en ses dépendances particulières et commander ainsi à deux groupes distincts compris dans la même enceinte générale. La tour de l'est, garnie de contre-forts jusqu'à une certaine hauteur, me paraît la plus ancienne; elle a vingt-huit mètres d'élévation. La tour occidentale à quarante-un mètres de hauteur et renferme six étages dont un souterrain. Cette tour à dix mètres de largeur, elle se termine par une plate-forme entourée de créneaux : il est impossible de lui attribuer une date antérieure au xive siècle. Cette belle construction, d'une admirable solidité, est accessible à tous les étages par un bel escalier. — Ce n'est pas la première fois que je trouve deux tours, en apparence indépendantes, dans la même enceinte castrale. J'ai fait plusieurs hypothèses pour expliquer le fait. J'ai pensé que la surveillance de deux vallées pouvait quelquefois nécessiter l'érection de deux hautes tours, mais que peut-être plutôt le seigneur, possédant plusieurs fiefs, divisait sa garnison, attribuant ainsi une cour et une enceinte distinctes aux habitants de chacun des fiefs qui lui devaient le service en temps de guerre. — On fait remonter jusqu'au viiie siècle l'origine du château de Saint-Céré, et quelques parties des murs de l'enceinte extérieurs montrent, il est vrai, des pierres en arêtes de poisson, mais la plus grande partie ne me paraît pas aussi ancienne, et pourrait bien avoir été refaite à l'époque où les tours ont été élevées » (1).

On n'est pas mieux renseigné sur la famille qui commanda la première dans ce fort. Quelques-uns affirment qu'il fut occupé par Sérénus, duc d'Aquitaine,

---

(1) Abécédaire d'archéologie, architecture militaire, page 573.

qui vivait sous le règne de Dagobert. D'autres, et la tradition se range de ce côté, disent que ce fut un autre Sérénus, personnage très puissant en Aquitaine, et qui vivait au commencement du vnre siècle : d'où le nom de mont Sérénus donné à cette butte, et que nous retrouvons sous cette même désignation parmi les terres que Pépin-le-Bref donna au monastère de Figeac.

Plus tard ce fort devint la propriété des seigneurs de Turenne. Ils en firent un des principaux remparts de la vicomté, et ils y résidaient souvent pendant les guerres continuelles que faisait naître l'organisation du système féodal. De là, ils communiquaient avec leur forteresse par une ligne de tours, dont on voit les vestiges à Montvalent, Creisse, Martel, Cazillac, Cavaignac, d'où l'on répétait les signaux convenus. Ce château fut compris avec le reste de la vicomté dans la vente qui fut faite à Louis XV. Postérieurement il fut cédé à la famille de Noailles, qui elle-même le revendit. Enfin le dernier acquéreur vient de le donner au département (1), qui fera respecter, pour l'honneur du pays des Cadurcks, les imposantes ruines d'un de ses plus anciens édifices.

On devine aisément que de grands évènements durent se dérouler autour de cette forteresse, désignée aujourd'hui sous le nom de Saint-Laurent, patron titulaire de la paroisse. Isolées l'une de l'autre à une distance de quatre-vingts mètres, comme deux sentinelles toujours debout chargées de surveiller les pas de l'ennemi, ces deux tours ont dû être témoins souvent de luttes sanglantes soulevées par des intrigues, des rivalités ou des haines politiques et religieuses.
— Dès les premiers temps nous voyons, en effet, que de fréquents démêlés eurent lieu entre Sérénus et un

---

(1) Delpont, statistique du département du Lot.

autre seigneur de Loubressac, nommé Elidius, qui était maître de toute la partie septentrionale de la province de Quercy. La haine qu'ils avaient conçue l'un contre l'autre fut si acharnée qu'elle se transmit à leurs enfants, comme un héritage de famille. — Clarus, fils de Sérénus, et Elidius, nous dit l'historien de sainte Espérie, se firent une guerre d'extermination, où furent compromis souvent les intérêts et la sécurité des habitants. Les protestations qui s'élevèrent de ce côté, furent si vives, la contrée étant fatiguée d'être constamment victime des atroces représailles des deux antagonistes, que l'on songea à les réconcilier en faisant épouser à Elidius, Espérie, sœur de Clarus. Ce projet qui devait terminer la lutte fut déjoué par le refus que fit la jeune fille d'y accéder. Espérie avait promis secrètement à Dieu de garder sa virginité, et elle ne crut pas devoir briser son vœu. Mais comme elle ne voulait pas, non plus, rompre la trêve survenue à cette occasion entre les deux seigneurs, elle quitta furtivement la maison paternelle et se réfugia dans une épaisse forêt, près du lieu où fut bâtie depuis l'abbaye de Leyme. Elle y fut découverte, quelque temps après, cachée dans le tronc d'un vieux chêne, et comme elle répondait par un refus obstiné à toutes les supplications faites en vue de terminer par un hymen des dissensions qui n'avaient fait verser déjà que trop de sang, Elidius irrité lui trancha la tête. La légende ajoute que la sainte martyre reprit aussitôt sa tête dans ses bras et la porta, en face de la ville de Saint-Céré, près du lieu où se jette, dans la Bave, le cours d'eau qu'on a nommé depuis le ruisseau des barbares. — Ce crime ne pouvait rester impuni. Les officiers de justice d'Eudes, duc d'Aquitaine, poursuivirent le meurtrier de la jeune fille, et firent payer à Clarus lui-même, par la confiscation de ses terres, sa coupable lâcheté à l'égard du meurtrier de sa sœur. On pense que ce fut à la suite de cet évènement que Pépin-le-Bref donna le mont Sérénus à l'abbaye de Figeac, vers l'an 760 (1).

Mais si cette illustre famille fut dépouillée des honneurs et des richesses de ce monde par la faute d'un de ses enfants, elle acquérait, en revanche, dans toute la contrée, des titres immortels à la piété et à la confiance publique par la mort glorieuse d'un autre. Comprenant de quel prix pourrait être auprès de Dieu, dans toutes les nécessités et tribulations de la vie, l'intercession d'Espérie, les chrétiens s'empressèrent d'élever un oratoire, au pied de la butte où s'était formée sa vertu, près d'une fontaine et autour du tombeau où son corps avait été enseveli. — C'était là que, tous les ans, ils célébraient le jour de son martyre, et qu'ils venaient constamment implorer les grâces spirituelles et le soulagement dans leurs maux. L'éclat des prodiges qui s'y opéraient sans cesse se répandit bientôt au loin, et on vit alors accourir, de toute part, au tombeau de la sainte, des foules recueillies et empressées. Ce nombreux concours de pèlerins étrangers obligea bien vite les habitants à construire des hôtelleries pour les recevoir. Ce fut là, croyons-nous, d'accord avec la tradition locale, l'origine de cette ville de Saint-Céré, qui, jusqu'au xviie siècle, a voulu porter le nom de sa sainte protectrice, en même temps que ses armes.

C'était l'époque, en effet, la plus favorable à ce développement. Du viiie au xiie siècle, quelle ardeur dans la foi des chrétiens ! Quel goût pour les œuvres de pénitence et de charité ! Riches et pauvres, souverains et sujets, tous étaient heureux d'essuyer les fatigues de longs voyages, pour aller baiser les reliques des martyrs et déposer sur leurs tombeaux de précieuses offrandes. Aussi ne sera-t-on pas surpris, qu'en peu de temps, on ait pu recueillir sur le tombeau de sainte Espérie assez de dons pour oser entre-

---

(1) Delpont, statistique du département du Lot.

prendre, sur le même emplacement, la construction d'une vaste église, afin de contenir les fidèles qui s'y pressaient. Mais plus l'espace s'élargissait autour de ce tombeau, plus les foules s'y accumulaient. A plusieurs reprises, ses voûtes furent prolongées et ses fondements reculés, et néanmoins, elle était toujours insuffisante. Tantôt on perçait les murs latéraux pour y ajouter quelques nouvelles chapelles, tantôt on coupait l'une des extrémités pour l'agrandir sans la déparer; on ne pouvait jamais assez calculer l'étendue de la dévotion qui s'augmentait de jour en jour et remplissait toute la nef. C'est ce qui fait qu'on retrouve ici, comme dans beaucoup d'autres églises, la marque d'une archéologie se rapportant à plusieurs époques, et qui tout en nous faisant regretter l'unité de style, nous oblige à rendre un éclatant hommage à la sainteté de la vierge martyre.

Nous reviendrons encore sur cette église et sur les reliques de la sainte. En attendant, nous nous contenterons d'avoir énuméré les diverses circonstances qui donnèrent lieu aux origines de la ville de Saint-Céré. — Puissions-nous être aussi heureux pour faire connaître les institutions qui s'y partagèrent l'autorité.

II

SEIGNEURIES.

Transfert de la châtellenie de Saint-Sérénus à Sainte-Espérie ; sa double dénomination. — Domination des comtes d'Aurillac ; aventure d'Arland ; magnanimité de saint Géraud à l'égard de son prisonnier. — Suzeraineté incontestée des vicomtes de Turenne ; duel dans l'île de Beaulieu. — Les vicomtes à la croisade ; serment de fidélité à saint Louis pour le château de Saint-Céré. — Attachement du vicomte au roi ; refus de se ranger sous la domination anglaise ; médiation du roi de France et succès de son entremise. — Confirmation des franchises de la vicomté par Philippe-le-Bel — Édouard Ier respecte le traité fait avec son père. — Ratification par plusieurs rois de France des immunités de Saint-Céré. — Plaintes contre les Anglais pour des déprédations. — Prétentions des comtes de Toulouse ; protection des rois de France en faveur du vicomte de Turenne. — Douce administration des seigneurs de Turenne.

Nous ignorons à quelle occasion cette terre seigneuriale fut cédée à la famille de Turenne. Après avoir été arrachée brusquement des mains de Clarus, et donnée ensuite à l'abbaye de Figeac par Pépin-le-Bref, nous pensons qu'elle fut d'abord mise sous la protection des vicomtes de Turenne, au temps des invasions des peuples du Nord, à cause sans doute de l'impossibilité où étaient les religieux de la protéger contre les barbares, et qu'elle leur fut plus tard complètement abandonnée. Dans tous les cas, nous savons qu'à l'époque de cette transmission, le château était le siège d'une châtellenie, qui comprenait une certaine étendue de pays sous la juridiction de l'abbé de Figeac. — Mais la ville de Sainte-Espérie avait acquis une telle importance que les seigneurs de Turenne se hâtèrent d'y transférer le siège de la justice (1), pour régler les disputes et les affaires intérieures, se réservant de faire du château une place de défense contre les attaques du dehors. C'était un moyen de s'attacher une population qui grossissait très vite sous l'impulsion des sentiments religieux, et d'y fortifier son autorité. Aussi voyons-nous que Saint-Céré fut, avec Beaulieu et Argentat, une des villes les plus fortes et les plus soumises de la vicomté. Toutefois il est à remarquer que les vicomtes, craignant peut-être de voir un jour les habitants de cette localité élever des prétentions contre leurs droits seigneuriaux au sujet de cette justice, voulurent lui maintenir la dénomination de son premier siège. Ils exigeaient seulement que les actes judiciaires et notariés portassent les noms réunis de Sainte-Espérie-les-Saint-Sérénus. Ce ne fut que longtemps plus tard, vers l'an 1700, qu'on retrancha le premier mot, et qu'on fit du second, par corruption et abréviation, Saint-Céré (2).

Il paraît cependant que la châtellenie de Sainte-Espérie avait relevé, pendant un temps, des comtes d'Aurillac, s'il faut en croire le baron d'Elsons, dans son histoire de la vie de saint-Géraud. Cet auteur rapporte qu'en l'an 901 un certain aventurier, nommé Arland, s'était cantonné dans le château de Saint-Sérénus, d'où il se permettait, avec une troupe de gens sans aveu, toutes sortes d'exactions dans les terres du voisinage, lorsque saint Géraud, poussé par le sentiment du devoir à l'égard de ses vassaux maltraités, se hâta de leur porter secours. Avec ses troupes, il cerna Arland dans Saint-Céré. Quelques jours après il força

---

(1) L'abbé Paramelle, chronique de Saint-Céré.
(2) Vie de sainte Espérie.

les portes de la ville, y rentra l'épée à la main, saisit lui-même ce misérable; et, après lui avoir reproché ses crimes et réveillé les remords dans son cœur endurci, lui accorda la liberté sans rançon, n'exigeant de lui ni serment ni otages. On assure que ce malheureux, vaincu par la magnanimité du comte, rentra en lui-même, renonça à la vie aventureuse qu'il avait menée jusqu'alors et qu'il ne mérita plus aucun reproche. Ce trait admirable de la vie de saint Géraud doit être gardé précieusement, ne servirait-il qu'à marquer l'époque de la domination des comtes d'Aurillac en ce pays; ce qui d'ailleurs ne saurait en rien contredire ce que nous avons dit sur celle des vicomtes de Turenne. Cela prouverait seulement que Saint-Sérénus et Sainte-Espérie étaient alors deux localités indépendantes l'une de l'autre, obéissant chacune à leur seigneur respectif. Nous pourrions même trouver là l'explication du transfert du siège de la châtellenie : n'était-ce pas un moyen sage et prudent de prévenir des conflits qui pouvaient naître incessamment du voisinage trop rapproché de deux fortes autorités laïques, en les plaçant sous une commune juridiction? Dans tous les cas Saint-Céré ne tarda pas à dépendre entièrement des vicomtes de Turenne, et ses seigneurs eux-mêmes à se reconnaître pour leurs vassaux, comme l'ont prouvé, depuis, de nombreux faits.

Un duel autorisé par Raymond II, en 1178, ne ne nous permet plus d'en douter. A la suite de quelques différends qui s'élevèrent, nous dit-on, entre Hugues et Aymeri de Saint-Céré, eurent lieu quelques hostilités, dans lesquelles ce dernier fut accusé d'avoir tué par trahison Astory, frère dudit Hugues. La noblesse du pays intervint pour demander justice de cette déloyauté, et s'adressa au vicomte de Turenne, seigneur suzerain des deux parties. Celui-ci tint, en présence de ses vassaux, un plaid dans lequel il permit un duel solennel, et choisit pour champ-clos, l'île de Beaulieu. A ce combat, assistèrent les vicomtes de Limoges, de Comborn et de Gimel, les seigneurs de Lastours, de Taleyran, de Castelnau, de Gourdon, et un grand nombre d'autres barons. Pour éviter l'effusion du sang, l'abbé de Beaulieu s'efforça de négocier la paix, mais il ne put y parvenir. Il rentra dans son abbaye, dit la chronique, tout chagrin de son insuccès, réunit les moines, et psalmodia avec eux les psaumes de la pénitence, pendant que les deux adversaires étaient en présence. C'est que, dans le moyen-âge, les guerres privées et le duel judiciaire étaient les deux bases essentielles du pouvoir féodal. Lorsqu'un juge ne pouvait régler un différend entre deux plaideurs, il les envoyait se disputer sur le terrain, laissant au juge souverain le soin de manifester la vérité ou l'innocence par l'issue du combat..... Les femmes, les malades, les jeunes gens au-dessous de vingt ans et les vieillards au-dessus de soixante étaient exempts de cette épreuve..... L'objet contesté était adjugé au vainqueur. Usage barbare contre lequel l'Eglise n'a cessé de protester, et que voulait empêcher l'abbé de Beaulieu. — Mais l'Eglise n'était pas toujours écoutée. Le duel eut lieu, et la victoire resta à Hugues de Saint-Céré qui tua son adversaire, et demanda aussitôt au juge du camp la remise pure et simple de son gage de bataille et les biens qu'Aymeri possédait à Saint-Céré. La cour du vicomte de Turenne jugea autrement, et dérogeant aux usages, décida que la confiscation des biens appartenait de droit à Raymond II, comme seigneur suzerain de la ville et châtellenie (1). Ce combat fut livré probablement le premier lundi de carême, jour auquel, nous dit l'historien Justel, les habitants de Saint-Céré adorèrent la relique de la vraie croix apportée tout récemment de Jérusalem, afin d'arrêter sans doute l'effusion du sang — unis en cela d'intention et de prière avec les religieux de Beaulieu.

---

(1) L'art de vérifier les dates. — Marvaud, *Histoire du Bas-Limousin.*

Un siècle environ s'écoula, depuis ce temps là, sans que personne nous ait rapporté de cette ville un évènement remarquable. Le cri de guerre poussé par les seigneurs croisés, en attirant tous les regards vers l'Orient, dut être, pour l'Occident, le signal d'une trève générale, qui profita peut-être, ici comme ailleurs, aux œuvres de la foi, auxquelles le repos et l'union des cœurs sont toujours si utiles. Il faut donc attendre la fin des croisades pour reprendre l'histoire de cette localité. — Arrivons à une des dernières périodes de cette lutte contre l'islamisme. C'était en 1250, Raymond VI de Turenne, accompagné de trente chevaliers armés de toutes pièces, avait pris part à tous les combats engagés autour de saint Louis, lorsqu'il fut témoin du grand désastre qui livra aux infidèles la personne du roi. Touché de la résignation et de la grandeur d'âme que l'illustre prisonnier montrait dans cette pénible et cruelle circonstance, il voulut, par des déférences et des témoignages d'amitié, si précieux dans le malheur, adoucir les maux de sa captivité et calmer la honte de sa défaite. C'est alors qu'il lui renouvela la promesse, qu'il lui avait déjà faite pour lui et pour ses successeurs, de lui remettre ses forteresses à grandes et à petites forces, lui faisant un nouveau serment de fidélité pour les châteaux de Turenne et de Saint-Céré (1).

Cet attachement n'était pas seulement provoqué par le spectacle des sublimes vertus qui faisaient l'étonnement et l'admiration des Musulmans eux-mêmes. Le saint roi avait pu remarquer, depuis longtemps, l'affection du vicomte pour sa personne, et il put s'en convaincre de nouveau après son retour dans son royaume. — Pour mettre un terme à la rivalité naissante de la France et de l'Angleterre, saint Louis restitua à Henri III, le Périgord, l'Agénois, le Limou-

---

(1) Justel. — Marvaud, *Histoire du Bas-Limousin.*

sin, une portion de la Saintonge et du Quercy, lui demandant en retour de renoncer pour toujours à ses prétentions sur la Normandie, la Touraine, le Poitou, le Maine et l'Anjou. Par ce traité, Raymond VI se voyait, tout à la fois, exilé du pays et du cœur du roi qu'il aimait. Aussi, s'empressa-t-il de réclamer le privilège accordé à sa famille de ne pouvoir jamais être séparé de la couronne de France. Il refusa même longtemps de reconnaître Henri III pour son suzerain. Ce ne fut que, vaincu par les prières et les ordres de saint Louis qu'il consentit, en l'an 1263, à faire hommage, au roi d'Angleterre, des châteaux de Turenne et de Saint-Céré ; encore fallut-il se contenter, de sa part, d'une simple soumission qui lui permettait de se considérer comme indépendant de cette suzeraineté, ou du moins, libre comme auparavant dans l'exercice de ses droits et privilèges. C'est à ce titre seulement qu'il se reconnut vassal d'Henri III dans les termes suivants : « En signe de soumission au roi d'Angle-
» terre, le vicomte lui rendra les clefs des châteaux
» de Turenne et de Saint-Céré. Deux ou trois hom-
» mes d'armes y entreront au nom du prince anglais,
» et monteront avec la bannière anglaise sur les rem-
» parts de la place, en présence du vicomte et de sa
» cour tenue de rester dans le château. La bannière
» sera arborée sur le point le plus élevé. Pareille cé-
» rémonie aura lieu sous chaque roi anglais, à la pre-
» mière réquisition qui en sera faite. Après ces trois
» signes de possession, les rois d'Angleterre ou leurs
» officiers se retireront, en rendant au vicomte les clefs
» des châteaux, et le laisseront jouir de tous ses pri-
» vilèges, terres et fiefs, de la même manière que lui
» et ses prédécesseurs en ont joui sous les rois de
» France. Il est convenu aussi, que nous, ni nos suc-
» cesseurs ne connaîtrons des procès qui auront lieu
» dans les fiefs du vicomte que dans les cas d'appel
» ou de négligence à rendre la justice ; nous ne ferons
» construire aucune nouvelle forteresse dans la vi-

» comté ; la monnaie du vicomte aura cours dans le
» Limousin, le Périgord et le Quercy ; chacun de nos
» sénéchaux, avant d'entrer en fonctions, fera serment d'observer toutes ces conventions (1). »

Les termes dans lesquels est conçu ce traité font connaître toute la peine et l'humiliation qu'éprouvait le vicomte de Turenne à rendre cet hommage. Voilà pourquoi les deux souverains qui y étaient intéressés, s'efforcèrent-ils d'atténuer la mauvaise impression qu'il produisait sur son esprit et de ménager son orgueil, aimant mieux faire des concessions et lâcher des droits, plutôt que de renoncer à l'immense avantage qui résultait, pour chacun d'eux, de la convention passée sur la nouvelle délimitation de leurs provinces respectives. Mais le vicomte ne fut pas le seul à être mécontent de cette domination anglaise. Ses enfants et successeurs héritèrent de ses antipathies, et ne courbèrent le joug qu'à contre cœur devant ces suzerains ; encore qu'ils s'intitulassent ducs d'Aquitaine. A peine Raymond VI avait-il pris possession de la vicomté de Turenne, sous la tutelle de Gilbert-Aubain, qu'il s'adressait au roi de France, Philippe-le-Bel, pour réclamer son haut patronage, le priant de confirmer les titres des franchises et immunités accordées à ses prédécesseurs par les ducs d'Aquitaine, et l'exemption, pour les habitants vicomtains, de toute imposition ou subside exigés sous prétexte de guerre. Les rois de France, qui ne demandaient pas mieux que de placer sous leur sceptre tout le pays compris entre les Pyrénées et la Manche, se gardaient bien de perdre une occasion favorable d'y établir l'esprit de nationalité. Au mois d'août 1288, il partait de Paris une déclaration royale, en réponse à la supplique du vicomte, qui validait et confirmait pour lui, pour ses

---

(1) Justel, preuves de la maison de Turenne. — Baluze, *Historia Tutellensis*. — Paramelle, chronique de Saint-Céré.

successeurs et ses sujets, toutes les libertés et franchises désignées :

« Vu lesdits titres et les nombreux services que
» les vicomtes ont rendus à nous et à la couronne de
» France, est-il dit, et désirant augmenter plutôt que
» diminuer lesdites franchises et immunités, nous
» les confirmons toutes par ces présentes, et les dé-
» clarons sauves et hors d'atteinte (1). » Par cette
sanction royale, il était donc interdit aux ducs d'Aquitaine d'élever aucune forteresse nouvelle autour de Saint-Céré et de frapper ses habitants de nouveaux impôts ou subsides, présents ou réels, personnels ou mixtes. De son côté, le roi d'Angleterre, Edouard Ier, écrivant à son sénéchal en Guienne, Elie de Caupène, lui défendait d'exercer aucune juridiction, tant au lieu de Saint-Céré que dans les autres endroits de la vicomté de Turenne, mais de faire exécuter la forme de l'hommage convenu entre Raymond VI et Henri III (2).

Toutes ces immunités et franchises ont été reconnues et ratifiées bien des fois par les rois de France. C'est ainsi que l'exemption de toutes tailles, collectes, subsides, gabelles et autres impositions, est déclarée par lettres patentes de Philippe-de-Valois, en 1332; de Jean II, en 1350; de Louis XI; d'Henri II, etc., dans la vicomté et toutes ses dépendances. Mais malgré toutes ces garanties et précautions pour assurer le repos des sujets de la vicomté de Turenne, Saint-Céré ne fut pas toujours à l'abri des empiétements et des vexations, sinon de la part des rois d'Angleterre, du moins de la part de leurs soldats ou représentants. Par une pièce inscrite aux archives nationales, et datée du 19 juillet 1409, nous voyons qu'un procès-

---

(1) Inventaire du trésor des chartes. — Cathala-Coture, *Histoire du Quercy*. — Dominici, manuscrit.

(2) Première lettre d'Edouard Ier.

verbal fut dressé par les juges et les habitants de cette ville pour signaler les déprédations commises par les Anglais et en demander la répression et la réparation. — Enfin, quand la Guienne fut rendue aux rois de France, les mêmes privilèges furent maintenus dans la vicomté de Turenne. Sur la requête de monseigneur le duc de Bouillon, le conseil d'Etat, en 1639, rendit un arrêt dans lequel il était dit, que les fiefs et arrières-fiefs situés dans la vicomté, soit qu'ils appartinssent à ses propres habitants ou à des étrangers seraient exempts de la taxe de francs-fiefs envers le roi.

Telles sont les diverses seigneuries auxquelles fut soumise la ville de Saint-Céré. D'autres y ont ajouté, à tort, celle des comtes de Toulouse. Cette famille, en effet, disputa aux vicomtes de Turenne, au xe siècle, les droits de suzeraineté sur cette partie du diocèse de Cahors, et elle les exerça même à l'égard de la terre de Presques et de l'église de Saint-Médard, qui sont autour de Saint-Céré, mais ces droits étaient acquis trop violemment pour qu'il y ait lieu de les regarder comme légitimes. Aussi voyons-nous qu'ils en furent dépossédés. Bernard de Turenne, est-il dit, dans les chroniques de l'abbaye de Beaulieu, voulant se maintenir contre la force et la puissance des comtes de Toulouse qui avaient usurpé le comté de Quercy sur ses prédécesseurs, rechercha l'amitié et la protection des rois de France. Dans ce but il leur soumit sa personne et ses biens, à la condition d'être conservé aux dignités, droits et franchises, libertés, prérogatives et privilèges sur les fiefs de sa vicomté, voulant leur rendre un hommage de fidélité, mais non de subjection (1).

Ce fut donc la maison de Turenne qui posséda, presque exclusivement jusqu'au dernier siècle, les

---

(1) Manuscrit d'Armand Valest, prieur de l'abbaye de Beaulieu.

droits de suzeraineté sur la châtellenie de Saint-Céré. Rien ne nous dit qu'elle ait fait peser sur cette population un joug dur et odieux. Nous savons au contraire, par certains actes soigneusement recueillis par l'abbé Paramelle, qu'elle usait de modération et d'une extrême indulgence pour la perception des impôts, qui étaient payés, tantôt en partie, et souvent pas du tout. Nous verrons bientôt comme elle savait protéger les intérêts matériels et religieux, et s'employer pour l'utilité et le bonheur de tous.

III

CONSULAT ET SYNDICAT.

L'idée d'une organisation municipale. — Privilège d'élire des consuls accordé par le vicomte de Turenne; cette dignité relève de celle du sénéchal. — Différends entre les habitants de la châtellenie et le vicomte au sujet des libertés nouvelles; assemblées des notables; convention réglant les droits de chacun. — Efforts réunis des grands en faveur des petits. — Commune industrielle. — Nomination des syndics; leurs pouvoirs. — Confiance qu'ils gagnent par leur dévouement. — Leur esprit religieux. — Les syndics substitués aux consuls. — Rétablissement du consulat. — Administration des consuls. — Associations religieuses. — Confréries. — Communauté de prêtres; leur syndic; leur prieur; leurs rentes; leurs œuvres.

Saint-Céré dut ressentir le contre-coup des idées d'organisation municipale, qui avaient germé dans les villes pendant les croisades. Privées de leurs seigneurs temporels et laïques, les populations urbaines avaient appris à se passer de leur direction; et, en se plaçant sous la tutelle de leurs seigneurs spirituels et ecclésiastiques, elles s'étaient groupées plus étroitement sous les bannières du Christ, pour s'y fortifier dans l'union des cœurs, selon les belles maximes de la charité fraternelle. Le principe des associations politiques et religieuses était posé. Raymond VI n'eut pas à s'en plaindre parce qu'il n'y voyait qu'un progrès social, qui s'opérait sans altération de la foi, et qu'il pouvait attribuer d'ailleurs à l'adoucissement des mœurs et aux besoins nouveaux du temps.

Ne nous étonnons donc pas, si, à l'exemple des autres villes de la vicomté, celle de Saint-Céré fut prise, en ce temps-là, de la passion de liberté. L'esprit d'indépendance que le vicomte lui-même avait laissé percer, dans son traité avec le roi d'Angleterre, pour conserver sa suzeraineté effective, avait relevé considérablement la dignité de ses habitants et préparé leurs formules d'affranchissement, prélude des institutions communales. Si Raymond avait pu s'y méprendre, les cris d'émancipation que la ville de Brive avait fait entendre sous l'étendard de saint Martin, l'auraient complètement désillusionné. Il s'empressa donc d'accorder aux protégés et serviteurs de sainte Espérie, le privilège de nommer des consuls, tout en conservant sur eux les droits de principauté (1). — A partir de ce moment, l'administration de la ville, la garde des remparts et des fossés, appartinrent aux magistrats choisis par la commune. Ces magistrats, réunis aux propriétaires notables, formèrent ensuite l'assemblée des Etats vicomtains, où l'on réglait la perception de l'impôt et les dons à faire au vicomte. C'était une autorité forte et menaçante qui s'interposait, tout de suite, entre les sujets et le seigneur. Heureusement que ce pouvoir était tempéré par un autre non moins puissant. Il y avait un sénéchal particulier et un prévôt qui rendaient la justice dans toute l'étendue de la vicomté. Lors même que les seigneurs vassaux avaient dans leurs fiefs des prévôts particuliers ou lieutenants pour rendre la justice, les appels étaient toujours portés au juge d'appel de Turenne, et plus tard devant le sénéchal de Martel.

Quoique les droits du seigneur fussent, en apparence, sauvegardés, néanmoins ils ne tardèrent pas à être menacés par l'importance que prenaient ceux des bourgeois. Dès l'année 1292, il s'éleva des différends

---

(1) Marvaud, *Histoire du Bas-Limousin*.

entre Raymond VII et les habitants de la châtellenie de Saint-Céré, justement au sujet des privilèges, libertés et franchises qui leur avaient été accordés. Comme on ne s'entendait pas sur l'interprétation à donner à certains titres, le vicomte convoqua deux notables de chaque paroisse voisine, pour discuter et vérifier les droits respectifs de chacun. Après un mûr examen il fut reconnu et statué, entre autres choses, que le vicomte de Turenne aurait le haut domaine pur et mixte sur toute la châtellenie de Saint-Céré; que les sujets de la châtellenie seraient tenus de le suivre dans toute la vicomté, toutes les fois qu'ils en seraient requis, pour l'aider dans toutes ses guerres, en marchant, le premier jour à leurs frais, et les autres jours aux frais de son trésor; qu'ils prêteraient serment de fidélité à lui et à ses successeurs; et, qu'à leur tour, eux feraient serment d'observer tous les privilèges, libertés et franchises de la châtellenie (1). — La commune politique était donc irrévocablement fondée, puisque les habitants, après quelques années, réclament si impérieusement leurs prérogatives, et que les vicomtes sont forcés de les reconnaître et d'y condescendre.

On pourrait dire que l'histoire de cette localité entrait dans une phase nouvelle. Désormais un vaste champ sera ouvert aux institutions chrétiennes sous la féconde inspiration de l'Eglise. Unis dans une pensée commune de foi et poussés par un élan généreux et irrésistible, prêtres, seigneurs et magistrats rivaliseront de zèle pour témoigner de leur paternelle et charitable sollicitude aux pauvres et aux infirmes, aux vieillards et aux enfants, aux cultivateurs et aux artisans, à tous ceux enfin qui veulent être secourus et dirigés. A l'exemple de Beaulieu, les diverses associations d'hommes, indispensables pour l'organisation du

---

(1) L'abbé Paramelle, chronique de Saint-Céré.

travail et de la prière, ne tarderont pas à surgir dans ces murs, si souvent abrités par la dépouille sacrée d'une vierge martyre, et constamment parfumés de l'odeur de ses vertus et de son sacrifice.

La commune industrielle va suivre la commune politique. L'ouvrier veut, comme le bourgeois, mettre en commun toutes les ressources de son talent et de son travail. Sans rêver des projets d'émancipation, et, avant tout, attaché aux traditions religieuses de ses pères qu'il voudrait perpétuer dans sa famille, il veut marcher sous la bannière du saint qui fut son modèle et qui sera son patron. Etranger aussi aux sentiments étroits et égoïstes que fait naître l'envie, il ne voit, dans la réunion de toutes les forces individuelles, que le moyen d'entretenir entre tous les frères une louable émulation, d'honorer sa profession, d'en bannir les vices qui le dégradent et de se procurer une plus grande aisance. Les corporations de métiers furent donc établies. On vit alors les ouvriers se grouper par catégories d'état, nommer des syndics pour la surveillance des ateliers, faire des statuts, fixer le prix du travail, poser les conditions de l'apprentissage, régler la moralité et marquer les jours de fête et de repos. — Nous regrettons de ne pouvoir désigner l'époque précise de l'institution des jurandes à Saint-Céré. Il est probable qu'elles suivirent le mouvement général imprimé par l'Eglise, et qu'elles s'établirent du XIIIe au XIVe siècle. Ce qu'il y a de certain, c'est que nous trouvons des actes du XVe siècle, dont la formule rappelle parfaitement le mode d'administration de ces associations, avec une précision de détails et de précautions qui ne pouvaient être que le fruit de l'expérience et du temps.

En 1464, les habitants de Saint-Céré adressent une requête au très haut et puissant seigneur, Agne de La Tour, comte de Beaufort, vicomte de Turenne, à l'effet d'obtenir l'autorisation de clore et de fortifier ladite ville, « *de clôturer de pierres, pals et fossés,*

LES DEUX DONJONS DU CHATEAU DE SAINT-CÉRÉ (LOT).
(Extrait de l'*Abécédaire archéologique* de M. de Caumont.)

porteaux et tourelles, là où seront nécessaires pour la conservation d'eux et de leurs biens. » Ils lui demandent, entre autres choses dignes de remarque, de leur octroyer quatre syndics de la localité, afin de diriger et conduire ces travaux. Pourquoi donc cette spéciale autorisation de nommer quatre syndics dans l'endroit même, alors qu'il y avait trois consuls pour les affaires politiques?... N'est-ce pas reconnaître implicitement la distinction des pouvoirs, et, partant, l'institution des corporations ouvrières sous la surveillance d'un syndicat, comme l'était déjà celle des corporations bourgeoises avec le consulat. Mais ce qui paraît plus affirmatif, c'est la façon avec laquelle il est fait droit à la requête. Le vicomte leur permet premièrement de bâtir autour de la ville un mur haut et épais, accompagné, en dehors, d'un *pilus* ou chemin circulaire; d'un fossé profond, qu'on pourrait à volonté remplir d'eau courante; enfin de quatre portes surmontées de tourelles et pourvues de ponts-levis et de herses. — Puis il les autorise à choisir entre les habitants quatre syndics qui seront nommés pour trois ans; et passé ce temps-là, à en nommer deux chaque année le jour de Notre-Dame de mars, jusqu'à la fin des travaux. — Lesquels syndics feront, devant le vicomte ou son commandant, et, en leur absence, devant le bailli ou procureur de Saint-Céré, serment sur les saints Évangiles de bien et loyalement s'acquitter de leur charge et d'être dévoués aux intérêts de leur seigneur et de la ville. Moyennant quoi les clefs de la ville leur seront délivrées. — Que si lesdits commandant, bailli ou procureur, ne voulaient pas recevoir leur serment, après avoir été suffisamment requis, les vieux syndics pourraient le recevoir. — Qu'enfin ces syndics pourraient commettre quatre habitants de la ville pour conseillers, et traiter de ses affaires; qu'ils pourraient même mettre des tailles sur le commerce et les produits industriels, dont leur rendrait compte un percepteur nommé par eux (1).

Le dévouement et le zèle que mirent ces délégués du peuple à défendre les intérêts de l'ouvrier et à soulager l'indigence, leur gagnèrent bientôt la confiance du vicomte, heureux de trouver en eux des témoins probes et fidèles de la misère publique. Aussi voyons-nous, que François de La Tour, en 1490 ne fit pas difficulté, sur leur demande, d'accorder aux pauvres de Saint-Céré le droit de faire paître leurs animaux jusqu'à la mi-mars dans les propriétés privées ; de prendre le bois sec ; d'extraire la pierre des carrières pour leurs constructions, et de lever les tuiles pour la couverture de leurs maisons, moyennant une indemnité à fournir aux possesseurs de fonds (2).

Ajoutons que ces corporations se ressentirent longtemps de la pensée qui les avait inspirées. La religion qui avait entouré leur berceau les soutint durant le cours de leur longue existence. Pendant plusieurs siècles elle sanctifia le travail de l'artisan et contribua par là au bonheur de sa famille. Qui pourrait nous dire les joies et les contentements du cœur aux saints jours de dimanche et de fête, lorsque le corps reconnaissant les droits et les besoins de son âme allait se retremper avec elle dans les sources de la vie ! Quoi de plus attrayant et en même temps de plus édifiant pour la jeunesse, à certains jours de l'année, que ce spectacle d'hommes de tout âge, distribués par compagnies de métiers et rangés autour de leurs étendards, défilant pieusement au chant des hymnes sacrés ! Sans doute, il fallait parfois modérer l'ardeur de ces ouvriers chrétiens et régler entre eux les points de préséance dans les cérémonies, afin d'éviter le choc des sentiments religieux, qui s'enflamment si facilement

---

(1) Acte déposé au notariat de Canteloube, et vérifié par l'abbé Paramelle.

(2) Archives de Picamil et de Fabro, anciens notaires.

pour des questions de détail et de forme. Mais, mon Dieu ! c'était là un mince inconvénient, surtout si on le compare aux abus scandaleux et incorrigibles qui éclatent, à chaque instant, dans les sociétés formées d'autres éléments. Dans tous les cas, il faut aller jusqu'au dernier siècle, pour trouver, à Saint-Céré, l'exemple de ces sortes de contestations fâcheuses. Les vieux registres de fabrique, en effet, nous font connaître une délibération faite par le conseil, en 1765, et qui réglait le rang que devaient occuper les corporations ouvrières dans les processions. On y voit figurer les tisserands, les chapeliers, les tailleurs, les bouchers, les cordonniers, les menuisiers, selon la place qu'ils avaient occupée par le passé. Derrière eux devaient se tenir les confrères de Saint-Eloi, de Saint-Mathurin et du Très-Saint-Sacrement. Ce règlement fut fait à l'occasion d'une scène tumultueuse qui avaient eu lieu pour la sortie des confréries le jour de la Fête-Dieu. Ah ! ce qui doit bien nous étonner ici, ce n'est pas tant d'entendre cette dispute entre des chrétiens pour le rang qu'ils voulaient occuper, que de trouver encore tant d'enthousiasme religieux à une époque si tourmentée par la philosophie voltairienne et si pervertie déjà par la doctrine du libre-examen !

Nous pouvons nous rendre compte maintenant de l'extension et de l'importance que cette institution eut bientôt acquises dans cette localité. Protectrice du travail, gardienne de la foi et de la moralité, elle préserva longtemps l'atelier des vices qui le corrompent et l'appauvrissent. Loin de le rendre odieux et suspect à l'autorité par des tendances anarchistes et d'arrogantes prétentions, elle sut l'en faire aimer par de grandes déférences et de continuelles marques de respect. — Il n'en était pas ainsi, nous l'avons déjà insinué, des corporations bourgeoises qui, à peine instituées, avaient opposé leurs privilèges aux droits de leurs bienfaiteurs et seigneurs. Aussi ne faut-il pas s'étonner que ceux-ci aient cherché, depuis quelque temps, à leur retirer les libertés qu'ils n'avaient accordées qu'à regret. Et s'ils avaient toujours retardé d'en arriver là, c'était afin de ménager une douce transition pour ne pas risquer leur popularité. Mais quand la commune industrielle fut bien organisée, alors ils ne craignirent pas de s'appuyer sur elle pour effacer la commune politique. Il est probable, d'ailleurs, qu'ils n'avaient pas été les seuls à se plaindre de cette administration locale, et que la classe ouvrière elle-même en avait été fatiguée. Ce qu'il y a de bien certain, c'est que la ville de Saint-Céré, au xve siècle, fut placée, sur la demande des habitants, sous la direction de quatre syndics qui, après avoir prêté serment de fidélité au vicomte de Turenne et à leurs délégués, étaient chargés de veiller à la construction des fortifications pour *la conservation d'eux et de leurs biens*, et de diriger *tous les autres actes et négoces de ladite ville*. Les clefs de la ville leur furent même confiées, et ils ne devaient les remettre, qu'à lui et à ses successeurs ou délégués *toutes et quantes fois leur semblera bon* (1).

Les choses en restèrent ainsi jusqu'en l'année 1642, où le duc de Bouillon, par lettres patentes du 23 avril, permit aux habitants de Saint-Céré, *jusqu'alors administrés par des syndics*, d'élire trois consuls annuels qui désigneraient leurs successeurs. Ces consuls furent chargés de l'entretien des murailles, portes, ponts et fossés, de la taxe de la viande, etc..... Ils pouvaient aussi appliquer jusqu'à soixante sous d'amende, mais pas davantage. Ils étaient assistés de neuf conseillers et de quelques notables, avec qui, chaque année ils nommaient ceux qui devaient les remplacer. Les bourgeois furent si contents d'avoir reconquis le pouvoir, qu'ils en témoignèrent leur re-

---

(1) Archives d'anciens notaires, Picamil et Fabro.

connaissance au vicomte par un don gratuit de dix-huit cents livres. De plus, quand il fit son entrée dans la ville avec sa mère, ils lui offrirent « des sucreries, des confits, des flambeaux de cire blanche, des raisins de Corinthe et un tonneau d'excellent vin clairet, etc. (1). »

A partir de ce moment-là, la commune sembla vivre de sa vie propre, tout en respectant les droits de son Altesse le duc de Bouillon, vicomte de Turenne, et des officiers de la justice de la châtellenie. Elle avait son sceau et sa maison de ville. — Nous n'entreprendrons pas de rappeler tous les actes de son administration : il nous suffit de savoir que, dans ces actes, la cause de la religion ne fut pas séparée de celle des habitants et du seigneur. Si elle faisait des règlements pour empêcher le vagabondage, pour taxer le prix de la viande et la journée de l'ouvrier, pour fixer le traitement des employés et la perception de la taille, pour organiser les ressources et l'octroi de la ville, nous savons aussi qu'elle prescrivait la propreté des rues pour les dimanches, et qu'elle instituait des processions annuelles en exécution d'un vœu fait pour la cessation d'une épidémie qui décimait la population.

Pour terminer cet article sur l'organisation municipale de Saint-Céré, il nous resterait à parler de la commune religieuse, si nous ne craignions pas de nous servir d'une expression impropre et incompatible avec l'unité de l'Eglise romaine. La religion qui se mêle si intimement à la vie privée et aux affaires, ne pouvait rester étrangère et demeurer en dehors de la solidarité générale dans une société dont toutes les parties étaient si étroitement liées. S'il était bon de s'unir pour conquérir des libertés, pour protéger le travail, il ne l'était pas moins pour assurer le salut. D'où les associa-

---

(1) Album historique, par M. Gluck. — Abbé Paramelle, chronique de Saint-Céré.

tions religieuses dans les communes par l'institution des confréries, des reclusages et des monastères pour l'organisation de la prière et des bonnes œuvres.

Examinons donc ce qui se fit ici à ce sujet. Quoiqu'on ait à déplorer le passage des calvinistes toujours acharnés contre les archives des sacristies, on peut encore y retrouver, sinon les statuts et l'étendue des bienfaits de ces associations, du moins la preuve de leur existence. On ne comprendrait pas, d'ailleurs, qu'en plein moyen-âge, une localité ait dû tant d'agrandissement et de prospérité aux restes si vénérés d'une vierge martyre, sans lui témoigner aussi de sa particulière vénération. Comment croire que tant de pélerins étrangers soient venus pendant tant de siècles déployer leurs bannières autour de son tombeau, et que les fidèles du lieu n'aient pas songé à se parer de sa livrée et de son image? Ah! si les confréries de Saint-Eloi, de Saint-Mathurin et du Très-Saint-Sacrement, s'étaient formées, comme nous l'avons dit, à côté des corporations ouvrières, nous ne croyons pas être trop téméraire de supposer que celle de Sainte-Espérie avait été érigée longtemps avant les autres, et que toute la population était fière de se ranger sous son étendard comme sous les armes de son blason.

Nous voudrions voir encore au pied de l'autel de la vierge-martyre une association d'hommes graves, ermites ou moines, prêtres et ministres du Seigneur, priant en commun jour et nuit, recevant les offrandes des pélerins et leur donnant le pain eucharistique. Si les âmes généreuses, oubliant les amertumes de la vie, parfois aspirent au ciel et songent à réclamer les consolations spirituelles, certes, c'est bien sur le lieu même du sacrifice où coule un ruisseau du sang le plus pur; mais faut-il, au moins, qu'elles y rencontrent le représentant de Dieu pour les accueillir et leur communiquer les célestes bénédictions. Or, nous apprenons, qu'à l'exemple d'Argentat, les religieux bénédictins de Carennac, en l'an 1074, prirent possession de l'église de Sainte-Espérie (1). Depuis lors, ajoute-t-on, l'abbé de ce monastère fut prieur et décimateur de la paroisse de Saint-Céré, à la charge de payer au curé et à ses deux vicaires une pension convenable. Les derniers termes de cette citation semblent détruire la présomption que nous avions conçue de voir ériger, en cette paroisse, non pas seulement un bénéfice séculier avec une juridiction double sous la direction d'un curé, mais un bénéfice régulier avec un prieur claustral placé sous l'autorité immédiate de l'abbé de Carennac. Nous étions d'autant plus autorisé à présumer ainsi, que les vicomtes de Turenne avaient favorisé partout ailleurs ces grandes institutions, y trouvant un moyen de perpétuer leur autorité par l'appui qu'ils en recevaient. — D'ailleurs, cette opinion n'est pas tout à fait sans quelque vraisemblance ; et, en supposant que les deux bénéfices aient pu exister l'un à côté de l'autre, on pourrait la tenir pour certaine. C'est ce qui ressort d'un hommage rendu au vicomte, en 1643, par le curé de Saint-Céré et le syndic des prêtres.

« Les sieurs, Pierre Lavaur, recteur de la ville, et
» Jean Canteloube, syndic de la communauté des
» prêtres de l'église, est-il dit, étant au château de
» Turenne, en présence du très haut et très puissant
» prince, Mgr Frédéric de La Tour, duc de Bouillon,
» lui ont très humblement remontré que ladite com-
» mune tient et possède en fief relevant dudit sei-
» gneur, plusieurs cens et rentes dans l'étendue de
» la châtellenie de Saint-Céré, comme ils le lui ont
» fait voir par deux hommages rendus en 1475 et
» 1519. Lesdits sieurs curé et syndic se mirent alors
» à genoux pour renouveler cet hommage, mais ils
» furent obligés de se relever, le seigneur ne voulant
» pas les recevoir dans cette position, par égard pour

---

1) Abbé Paramelle, chronique de Saint-Céré.

» leur caractère sacerdotal ; il permit seulement que,
» étant sans chapeau, ceinture ni éperon, et tenant
» leurs mains jointes dans ses mains, ils se soient
» reconnus ses tributaires pour lesdits cens et rentes,
» s'engageant à lui payer la redevance de six deniers
» et à dire annuellement une messe le premier jour
» d'avril (1). »

En outre du curé, il y avait donc dans la paroisse de Sant-Céré, au xviie siècle, une société de prêtres attachés à l'église de Sainte-Espérie, et qui, depuis très longtemps possédaient en fief, relevant des seigneurs de Turenne, plusieurs cens et rentes compris dans l'étendue de la châtellenie. Or qu'était-ce que cette communauté de prêtres présidée par un syndic et dont le prieur résidait à Carennac, sinon un vieux monastère de bénédictins ? Peut-être les vicomtes avaient-ils voulu lui conserver ce caractère de simple association municipale, pour ne pas laisser s'établir, en cet endroit, une seigneurie ecclésiastique avec laquelle un jour il aurait fallu compter, comme à Beaulieu; d'autant mieux, qu'à cette distance de leur forteresse, leurs droits de suzeraineté pouvaient être facilement compromis par le soulèvement du patriotisme quercinois. — Dans tous les cas, si ce fut leur but, il fut bien réalisé. Tandis que par leur bon exemple, ces bons religieux maintenaient l'esprit de docilité dans cette population, ils lui communiquaient les fortes et saines croyances par l'enseignement chrétien. Rien n'était négligé par eux, et leur sollicitude s'étendait sur tous les objets dignes d'intérêt, trop heureux de répandre partout les flots de lumière et les plus douces consolations. Tout ce qui pouvait élever l'âme et anoblir le cœur, ils l'offrirent à la piété des fidèles. Aux enfants frêles et débiles, ils donnèrent saint Blaise

---

(1) Acte passé devant Pélazet, notaire et régisseur de la vicomté de Turenne. — Abbé Paramelle.

pour protecteur dans le ciel; aux jeunes étudiants, sainte Catherine; à ceux qui militaient pour le salut, l'archange saint Michel; aux amis de la solitude, saint Antoine, et saint Jacques aux pèlerins qui allaient visiter les sanctuaires vénérés, sans oublier le culte à la Mère de Dieu qui leur était si cher. Des autels furent dressés à chacun de ces glorieux patrons autour du tombeau de sainte Espérie, et ce fut seulement après avoir terminé cette brillante auréole que les religieux en firent consacrer les murs, en l'année 1454, profitant de cette occasion pour faire donner les saints ordres aux jeunes lévites qu'ils avaient formés pour le sacerdoce (1).

C'est ainsi que l'Eglise accepta le plan d'organisation de la commune de Saint-Céré, jalouse de contribuer au bonheur de tous par les associations pieuses et charitables de ses fidèles et de ses prêtres. Sans doute on voudrait voir de plus nombreux documents de l'époque pour bien reconnaître et glorifier ces belles et grandes institutions religieuses. Mais attendons, laissons partir tous les préjugés, et tout nous reviendra. Pour le moment, n'aurions-nous que la preuve de l'acharnement que mirent les calvinistes à détruire la foi en cette ville, cela devrait nous suffire.

---

(1) Archives de l'église de Saint-Céré.

IV

INCURSIONS DES RELIGIONNAIRES.

Le tombeau de sainte Espérie attire les calvinistes. — Première incursion; le capitaine Bessonie arrive par Rocamadour. — Deuxième incursion; le capitaine de Maucastel arrive par Saint-Médard et Autoire; emprisonnement des prêtres; saisie de tous les ornements des églises; rançon pour otages. — Troisième incursion; pillage de l'église de Sainte-Espérie; incendie des meubles et ornements; même ravage dans les autres églises; violation du cimetière; profanation des tombeaux; l'horloge et la cloche conservées. — Quatrième incursion; siège du château; résistance des catholiques; Esme de Gimel dégage le fort et reprend la ville. — Reconnaissance des habitants; indemnité promise à Esme de Gimel pour ses frais; retard et contestation pour le paiement. — Départ des troupes du vainqueur; installation à Saint-Céré du culte calviniste; dégradations à l'église paroissiale. — Translation du corps de sainte Espérie à l'abbaye de Lesterps en Limousin; il est la proie des flammes.

Entre toutes les places de la vicomté de Turenne, Saint-Céré eut l'honneur d'essuyer les premiers outrages des farouches disciples de Calvin; car on sait que ces ennemis du Christ se portaient de préférence sur les lieux où le catholicisme avait établi de plus profondes racines et élevé des édifices plus somptueux et plus durables. Déjà le sanctuaire vénéré de Rocamadour avait reçu leur visite et n'avait pu que la déplorer. Il était juste, sans doute, que la Mère de

Dieu s'empressât d'offrir ses plus riches parures à ceux qui voulaient dépouiller les autels de son Fils. Mais ensuite c'était le tombeau de sainte Espérie qui devait exciter le plus leur convoitise et leur rage.

Or, le 26 du mois de septembre 1562, nous est-il raconté par un prêtre contemporain, dans un langage simple et original, tout empreint du cachet de la vérité, les huguenots, arrivant par Gourdon et Rocamadour, où ils avaient pillé les églises, renversé les statues et les tableaux, dépouillé les autels et poursuivi les prêtres, pénétrèrent avec trente chevaux, sous la conduite du capitaine Besssonie, dans la ville de Saint-Céré, au moment que l'on y pensait le moins. Ils ne firent point de tort aux habitants, mais ils brisèrent la croix de Roubinet, brûlèrent l'image qui était sur le pont de Peyra, et entrèrent dans les maisons d'Arnal-Montron, de Savary et du prêtre Jean Montfort où ils passèrent trois jours.

Ils revinrent, le 1ᵉʳ octobre, avec un renfort de trois cents cavaliers, des fantassins et le capitaine de Maucastel, après avoir dévasté les églises de Saint-Médard et d'Autoire, et jeté au feu leurs objets de piété. Plus hardis que la première fois parce qu'ils se sentaient plus forts, ils commencèrent par déclarer qu'ils en voulaient aux prêtres. Ils furent les prendre dans l'église et les firent prisonniers. En attendant, ils firent descendre les cloches, ouvrirent les coffres et les armories pour emporter les linges, les vases sacrés et les ornements qui y étaient renfermés. La stupeur était partout, et quoique les habitants eussent reçu la promesse de n'être pas inquiétés, ils paraissaient peu rassurés. Ils étaient d'ailleurs très ennuyés des exigences des soldats qui s'étaient logés chez eux et y vivaient à leurs dépens. De leur côté, les religionnaires avaient pu s'apercevoir que leurs mauvais procédés dans les églises révoltaient la conscience des habitants ; et, craignant surtout que les profanations commises dans celle de Sainte-Espérie ne fissent éclater leur indignation, ils aimèrent mieux se contenter d'une somme d'argent, en échange du butin qu'ils auraient pu y faire. Ils entrèrent donc en marché avec leurs prisonniers qui furent bien aise, moyennant une rançon, d'obtenir leur délivrance et de préserver leur église de la dévastation. Ce qui fut arrêté au prix de 400 écus (1).

Hélas! on n'obtenait qu'un ajournement, et on le payait bien cher. On pouvait supposer, en effet, que ces implacables ennemis du Christ ne s'en tiendraient pas là ; qu'un jour viendrait, où tous les objets précieux du culte, et entre tant d'autres, le tombeau et le corps de leur grande protectrice ne seraient pas épargnés. C'est ce qui arriva, les 12, 13 et 14 du mois d'octobre 1566. L'église de Sainte-Espérie fut livrée complètement au pillage et à l'impiété des soldats huguenots, nous dit toujours le même prêtre. Ils brûlèrent et déchirèrent toutes les images et emportèrent tous les vases sacrés et ornements qu'ils avaient laissés la première fois. De là, ils se portèrent dans toutes les chapelles de la ville, où ils exercèrent les mêmes ravages. Ils ne craignirent même pas de violer l'asile des morts et, de leurs mains sacrilèges, de toucher aux tombeaux des familles. Il y avait, paraît-il, dans ce cimetière, les plus beaux sépulcres qui fussent en France. Mais qu'avaient-ils à faire de l'art, ces vandales, du moment que ces monuments funèbres pouvaient servir à nourrir la piété des vivants! Non, rien de ce qui rappelait le catholicisme dans la ville de Saint-Céré ne devait rester debout. C'est ainsi que tous les autels furent renversés ; les vitraux, les cloches, les croix et les oratoires furent impitoyablement arrachés et brisés. Ils rançonnèrent tous les prêtres, même ceux qu'ils n'avaient pu saisir, prélevant sur eux du blé, du vin et de l'argent. Ils n'épar-

---

(1) Manuscrit de l'abbé Tremeille.

gnèrent que deux choses : l'horloge et la grande cloche ; et on est heureux qu'ils en aient eu besoin eux-mêmes (1).

Si nous en jugeons par ces dispositions et ces mesures, il est facile de comprendre que les religionnaires voulaient fixer leur résidence dans cette localité, pour y détruire la prépondérance de la maison de Turenne et y ruiner l'esprit religieux. Ils avaient fort à faire pour atteindre leur but. On peut combattre, mais il est bien difficile de renverser ce que les siècles, avec l'aide de Dieu, ont édifié sur les fondements de l'Eglise. Aussi croyons-nous qu'ils firent preuve, pendant longtemps, de leur impuissance à corrompre cette population et à y insinuer leurs pernicieuses doctrines et leur trop commode morale. Bon nombre d'entre eux se retirèrent ; et ceux des plus ardents qui voulurent rester à leur poste, durent accepter un rôle secondaire, et renoncer à tout espoir de succès dans leur propagande. — Cependant, du côté des catholiques, se précipitaient des évènements graves et défavorables à la politique du vicomte de Turenne ; et le moment n'était pas éloigné où l'ambition de ce seigneur lui-même le pousserait à accepter le parti de la réforme. Ce serait alors pour les calvinistes l'heure du triomphe. — Ce fut en l'an 1574 qu'eut lieu pour ce parti la reprise des armes dans toute la vicomté. Saint-Céré dut se préparer bien vite à repousser les plus vives attaques des hérétiques, qui ne pouvaient se méprendre sur l'importance de cette place au point de vue stratégique et religieux. Quelques catholiques bien disposés à se défendre, au prix de tous les sacrifices, s'empressèrent de gagner le château qui commande la ville. Ils le garnirent de vivres et de munitions, et appelèrent à leur secours, Esme de Gimel, seigneur de la Paujade, qui s'y rendit

---

(1) Manuscrit de l'abbé Fremeille.

en diligence avec quelques soldats. — Tous ces apprêts militaires ne purent déconcerter les calvinistes. Dans la même année 1574, ils s'emparèrent de la ville, et furent mettre ensuite le siège devant le château, ne s'attendant pas sans doute à y recevoir un échec. Mais les assiégés, sous les ordres d'Esme de Gimel, firent si bien leur devoir et montrèrent tant de bravoure qu'ils repoussèrent leurs ennemis, brisèrent leur ligne et dégagèrent le fort. Le sieur de Montal profita de ce moment pour y faire arriver de nouvelles munitions afin de ravitailler les assiégés. Avec ce secours, Gimel continua de se défendre, et attendit qu'on eût organisé dans les environs de nouvelles forces qui, pouvant agir simultanément avec lui dans une attaque combinée à la fois des deux côtés, lui assurerait sur les assiégeants une victoire complète. Il tint bon, en effet, jusqu'au 6 juin, jour auquel, aidé du sieur de Montal et des habitants qui avaient été chassés de chez eux, la ville fut reprise (1).

Mais après cet exploit, il restait aux catholiques qui rentraient en possession de leurs droits et du libre exercice de leurs associations, à payer leur dette de reconnaissance aux vainqueurs. Ils s'assemblèrent donc dans la maison de M. de Maynard, afin de régler l'indemnité et la récompense qu'ils avaient à donner pour les diverses dépenses et les frais occasionnés par la défense du château et la reprise de la ville. Les deux comptes réunis de Gimel et de Montal firent une grosse somme que les habitants ne purent solder tout de suite, à cause des grandes réparations qu'ils avaient dû faire pour rentrer dans leurs maisons désolées et pillées. Ils s'engagèrent seulement, par acte passé devant un notaire de Laroquebrou, à leur donner plus tard mille écus. — Mais la reconnaissance pèse, surtout si on laisse affaiblir l'impression produite par

---

(1) Abbé Paramelle, chronique de Saint-Céré.

le bienfait. — On arriva jusqu'en l'an 1582 sans avoir fourni d'à-compte, les uns et les autres se déchargeant mutuellement de cette dette publique. Enfin les syndics de la ville, plus spécialement chargés des affaires des corporations, ne voulurent pas remettre plus longtemps ce payement. Cependant, avant d'en venir là, voulurent-ils obtenir du sieur de Gimel une réduction de la somme, à titre de dédommagement pour les dépenses considérables que ses troupes avaient faites en continuant de rester à Saint-Céré. Comme il ne fut pas possible de s'entendre avec lui, ils portèrent la cause au parlement de Toulouse, et le 26 août 1583, il intervint un arrêt de la cour qui obligeait les syndics à donner six cents écus à Gimel pour les services, frais et fournitures faits à la garde et conservation de la ville et du château de Saint-Céré (1).

Les troupes du sieur de Gimel se retirèrent probablement alors pour ne pas trop surcharger les habitants. Seulement nous nous demandons ce qu'il advint après leur départ. Les catholiques s'armèrent-ils eux-mêmes pour la défense, et se sentirent-ils assez forts pour garder leurs portes et leurs murailles? Les religionnaires, au contraire, soutenus ou conduits par le vicomte de Turenne, firent-ils de nouveau irruption dans la ville en y promenant l'incendie et la destruction? Nous ne pouvons rien affirmer de positif sur ces deux points. Mais nous savons, d'une part, que les ministres de Calvin, avant l'édit de Nantes qui fut donné en 1588, avaient établi leurs prêches et autres exercices de leur religion dans une des églises de Saint-Céré, appelée chapelle de Notre-Dame, malgré l'opposition et la résistance des autorités locales (2). D'autre part, nous voyons que l'église paroissiale de Sainte-Espérie fut ravagée et dépouillée,

---

(1) Arrêts de Maynard, livre III, chapitre LXXIII.
(2) Archives nationales.

comme nous l'attestent les nombreuses et grosses réparations qu'on fut obligé d'y faire après l'interdiction de l'exercice de la religion prétendue réformée. — En 1692, le conseil municipal traita avec deux architectes de Carennac pour refaire la voûte, pour le prix de 150 livres. — En 1720, il entreprit de faire reconstruire le clocher sur les quatre piliers qui sont au portique de l'église, établissant pour cela un impôt et prescrivant une quête (1). En 1760, l'abbé de Fénelon, seigneur doyen de Carennac et prieur de Saint-Céré, accorda 200 livres pour refaire les vitres de l'église. Nous omettons de parler des autres réparations intérieures, en particulier de celles des autels et des chapelles, qui dénotaient dans cette église le dénûment le plus complet. Son état extérieur et celui des murs seuls suffisent pour nous faire reconnaître la main impie qui avait commis toutes ces destructions sacrilèges.

Certes, l'Église ne saurait bénéficier des révolutions qui ensanglantent non-seulement les rues mais encore les pavés de ses temples. Si, après la réforme de Luther et de Calvin, on eût cherché vainement ici les traces des bonnes mœurs et des sages coutumes qui avaient maintenu dans la famille et la société le respect de l'autorité et la vertu, il n'eût pas fallu davantage y chercher le souvenir des objets religieux qui pouvaient entretenir la piété des fidèles. C'est pour cela évidemment que l'on ne retrouve plus, sur l'autel de Sainte-Espérie, la plus petite parcelle du corps de sa glorieuse patronne. Quelques-uns, sans doute, ont mis cette disparition sur le compte des Anglais. Mais nous croyons que les conquérants, quels qu'ils soient, ne sont jamais aussi profanateurs que les ennemis de l'Église, des choses qui rehaussent son culte. Après toutes recherches

---

(1) Archives de la mairie de Saint-Céré.

faites, on est même forcé d'avouer l'erreur de la tradition populaire qui faisait aller cette relique en Espagne, à la fin de la domination anglaise. Toutes les principales secrétaireries ecclésiastiques de ce pays ont déclaré ne l'avoir jamais possédée. Seuls les savants bollandistes ont fait savoir, en 1869, que les calvinistes, allant à Poitiers en 1569, s'emparèrent de l'abbaye de Lesterps, en Limousin, où étaient les chanoines réguliers de Saint-Augustin, et qu'ils brûlèrent l'église avec la relique de sainte Serène. Vous voyez tout de suite quelle révélation dans le simple énoncé du mot de Serène, si analogue à celui de Sérénus, qui était le nom de famille de la vierge-martyre. Il est probable, d'après cela, que son corps, pour échapper aux ravages des hérétiques, fut transféré dans l'abbaye de Lesterps, où il n'aurait pu même être préservé (1).

Ainsi disparut cette précieuse relique qui, pendant tant de siècles, avait fait la fortune, la consolation et la suprême ressource des habitants de Saint-Céré. On devine l'indignation que dut soulever dans toute la ville, contre les calvinistes, cette révoltante impiété. Après cela, ne soyons pas surpris que les hérétiques y aient fait peu de prosélytes et qu'ils y aient rencontré tant d'opposition.

---

(1) Commentaire sur les actes de sainte Espérie, par Cornélius Byens, bollandiste de Bruxelles. — L'abbé Paramelle, chronique de Saint-Céré.

V

CAUSES DE L'INTRODUCTION ET DE LA SUPPRESSION DU CULTE CALVINISTE.

L'apostasie du vicomte de Turenne. — Moyens employés pour empêcher l'application de l'édit de Nantes. — La longue vie du vicomte fait prendre racine au calvinisme. — Protestation de l'évêque de Cahors; cessation de l'exercice de la religion prétendue réformée dans l'église de Saint-Céré. — Règlement provisoire sur les sépultures dans le cimetière des catholiques. — Dispositions pour un temple dans la ville. — Autres dispositions pour l'acquisition d'un cimetière. — Abjuration du duc de Bouillon; exercice du culte calviniste défendu dans la ville; contravention à l'arrêt du parlement de Toulouse; nouvelle interdiction de la maison de l'Arnal et du cimetière. — Pourvoi en cassation à Castres; partage d'avis des juges. — Appel fait au parlement de Toulouse; ratification du premier jugement. — Recours au conseil d'Etat; production des pièces contradictoires; arrêt du roi réservant l'avis du duc de Bouillon. — Repos et paix de dix ans. — Ordonnance du marquis de Saint-Luc après les troubles en Guyenne. — Cassation de cette ordonnance par le parlement de Toulouse; requête des consistoires du Languedoc; violation du domicile par les calvinistes; mauvaise humeur du gouverneur; sa bonne foi surprise. — Assignation des parties devant lui; réclamation des religionnaires; réponse des catholiques. — Dernière résolution du gouverneur. — Dernier appel interjeté au parlement de Toulouse.

Comme nous l'avons insinué déjà plusieurs fois, le culte des novateurs ne se serait pas introduit dans la vicomté de Turenne, sans l'appui formel et la volonté expresse du vicomte, après sa coupable apostasie. Les calvinistes auraient pu forcer la porte de ses places; ils ne seraient jamais parvenus à y fixer tranquillement leur résidence et y installer leurs ministres. Or nous sommes fondé à dire que la ville de Saint-Céré partagea le sort des autres localités, et qu'elle dut supporter dans ses murs l'exercice de la religion prétendue réformée. Les registres du conseil d'État nous en avertissent... Le 7 septembre 1577, est-il dit, parut une ordonnance d'Henri Ier de La Tour d'Auvergne, prescrivant, pour l'entretien du ministre Barthélemi Lafon, la somme de 200 livres, à prendre sur la dîme du vin. Et comme si ce traitement n'avait pas suffi, il y ajouta des dons personnels, attestant par un certificat, daté de la même année, qu'il avait payé la somme de 100 livres pour ce ministre.

Les hérétiques étaient trop intelligents pour ne pas profiter promptement d'un avantage si considérable qui pourrait plus tard leur manquer. Après la promulgation des édits de Nantes, ils se voyaient exclus des villes dont le seigneur justicier était catholique, et où ils ne réunissaient pas une trentaine de personnes. Atteints par ces édits royaux, à cause du petit nombre de leurs adeptes, ils ne pouvaient se maintenir ici que par l'appui du vicomte. Persuadés alors que les habitants de Saint-Céré ne feraient rien qui pût déplaire à leur seigneur, ils chercheront à tromper la vigilance des commissaires chargés de l'exécution de ces règlements, en exagérant l'importance de la secte dans cette ville. — Ils produisent alors, en leur faveur, des actes du syndic provincial du Haut-Languedoc et de la Haute-Guyenne : l'un fait en la ville de Sainte-Foy, l'an 1593; l'autre à Castres, au mois de mai 1617, avec l'état des places et lieux, ordonnés par Sa Majesté à Nantes, les 12, 14, 17 et 18 mai 1588, pour sûreté et otage à ceux de la religion prétendue réformée. Ils donnent trois extraits du livre du consistoire des habitants de Saint-Céré, des années

1575, 1595, et un acte du colloque du Haut-Quercy tenu dans leur ville, le 8 mai 1619 (1). On eût dit, tout de suite, une place entièrement livrée à l'hérésie.

Si maintenant on réfléchit que le vicomte vécut jusqu'en l'an 1623, et que l'abjuration de son fils, Frédéric-Maurice, se fit encore attendre quelques années, on jugera facilement du danger que courut la cause des catholiques dans cette contrée. Qu'il était difficile, hélas! après un si long temps de guérir le mal fait par la pernicieuse doctrine de Calvin, et de reprendre les droits usurpés sur les édifices de la commune, sur l'asile sacré des morts et sur la maison de Dieu! Cependant rien ne fut négligé pour faire lâcher pied à la secte aussitôt que cela fut possible. Les autorités locales et diocésaines, les parlements et les conseils du roi s'y employèrent avec un dévouement et une persistance qui n'avaient d'égal que l'obstination des hérétiques à s'y maintenir.

A peine Henri de la Tour était-il mort, que l'évêque de Cahors adressait au roi des protestations énergiques contre l'exercice de la religion prétendue réformée dans l'église de Saint-Céré. Il faisait remarquer que le culte de Calvin, établi par le vicomte dans cette ville comme dans toutes les autres de son vaste domaine avant la publication de l'édit de Nantes, ne s'y était maintenu après, contre toutes les règles, que par la volonté formelle de ce seigneur, à qui les habitants portaient trop de respect pour oser faire une démarche qui lui fût désagréable. Mais les motifs de cette coupable tolérance n'existant plus, et les catholiques de l'endroit se trouvant dispensés des égards qu'ils rendaient à leur seigneur défunt, l'évêque insistait pour obtenir la cessation de ce culte dans

---

(1) Archives de M. Victor de Seilhac, extrait des registres du conseil d'État.

ladite église, conformément à l'édit de Nantes. Cette réclamation était légitime et on se hâta d'y donner raison (1).

Dépouillés subitement d'un droit qu'ils avaient exercé pendant longtemps, les calvinistes se voyaient menacés encore de perdre tous ceux qu'ils avaient usurpés. Il était évident que les commissaires, députés par Sa Majesté pour l'exécution des édits de pacification, ne s'en tiendraient pas là. Et voilà qu'une ordonnance de leur part, du 25 février 1624, nous apprend qu'ils voulurent régler aussi la question des sépultures dans le cimetière des catholiques, afin d'éviter des conflits et des scandales inévitables. Ils portèrent donc, entre autres choses, que les habitants de ladite religion prétendue réformée jouiraient provisoirement du cimetière dont il s'agit, jusqu'à ce qu'ils se fussent pourvus ailleurs; mais qu'ils s'abstiendraient d'y enterrer leurs morts pendant la célébration de l'office divin dans l'église paroissiale (2).

L'heure des concessions était passée, et les religionnaires n'avaient qu'à rentrer résolument dans la légalité, s'ils voulaient éviter les coups de la justice. Ils le comprirent et prirent leurs mesures à cet effet. Ils recoururent alors à la vicomtesse de Turenne qui était calviniste et, partant, très disposée à les appuyer, et lui demandèrent l'autorisation de bâtir un temple dans l'intérieur de la ville. — Le 14 janvier 1626, ils obtenaient de cette dame des lettres de cachet, portant permission de faire construire un temple pour l'exercice de leur religion au lieu qui serait choisi le plus propre et le plus commode. Ils étaient exaucés au-delà de leurs espérances. Aussitôt

---

(1) Archives nationales, mémoire au sujet de la question des religionnaires à Saint-Céré.

(2) Archives de M. Victor de Seilhac, extrait des registres du conseil d'Etat.

ils firent l'acquisition, pour le prix de 1,000 livres, d'une partie de maison sise dans l'intérieur de la ville et appartenant à messire Paul de Lafargue. Toutefois comme l'édit de Nantes s'opposait à ce qu'ils établissent là l'exercice de leur culte, ils durent prendre de nouvelles dispositions, et obtinrent enfin des habitants, par une délibération du 11 novembre 1630, le délaissement de la chapelle de l'hôpital. Cette cession fut faite probablement pour calmer leur colère ou bien encore pour complaire à la duchesse de Bouillon. Dans tous les cas, cette dame n'en parut pas suffisamment satisfaite, puisque quelques jours après, le 23 novembre 1630, son conseil accordait à ses coreligionnaires la permission de s'assembler par provision dans la maison de l'Arnol, qui lui appartenait, pour y continuer l'exercice de la religion prétendue réformée, conformément aux édits (1).

Mais si les calvinistes de Saint-Céré étaient empressés de se choisir un local qui pût convenir à l'exercice de leur culte, ils le paraissaient moins pour faire l'acquisition d'un cimetière. Les délais et les ajournements leur ont toujours convenu. Il y avait déjà sept ans que les commissaires du roi leur avaient signifié de se pourvoir d'un terrain pour cet emploi, et ils ne s'en étaient guère préoccupés, à cause de l'autorisation provisoire qui leur avait été accordée de se servir de celui des catholiques. Ce fut alors que l'évêque de Cahors, à bout de patience, et persuadé que les hérétiques n'agissaient ainsi que pour mieux troubler le respect dû à ce saint lieu, et diminuer, par leurs railleries et leurs indécences, la piété et le culte envers les morts, enjoignit au recteur de la paroisse, par une ordonnance du 8 mai 1631, de reprendre entièrement le cimetière dans lequel ceux de la religion prétendue réformée faisaient enterrer leurs morts.

---

(1) Registres du conseil d'État.

— Il fallut donc en venir à l'observation des règlements ; et à cette occasion, on fut de nouveau témoin de cette charité désintéressée dont les catholiques savent donner l'exemple, à l'égard même de leurs frères égarés. Le 7 juin 1631, ils prirent une délibération portant qu'on devait choisir un lieu convenable pour servir de cimetière à ceux de la religion prétendue réformée. Ils renvoyaient, en même temps, à l'évêque, la copie d'un contrat d'acquisition faite par tous les habitants avec Antoine Montanier-Savary, moyennant la somme de 200 livres, d'une étable et d'un petit pâtis adjacent pour servir de cimetière aux religionnaires. Enfin un acte du 23 mai 1632 nous apprend encore que le syndic de la ville leur donna un autre pâtis pour ce même emploi (1).

Malgré toutes ces complaisances de la part des catholiques, les hérétiques ne se souciaient guère de renoncer aux droits qu'ils tenaient du défunt vicomte de Turenne. Mais voilà que, sur ces entrefaites, son fils, le très haut et très puissant prince monseigneur Frédéric-Maurice de La Tour d'Auvergne, rentra dans le giron de l'Eglise. Le procureur général au parlement de Toulouse, voyant alors que le motif de l'introduction de ce culte cessait, et que l'effet devait cesser aussi, demanda et obtint, par un arrêt de la cour du 23 septembre 1641, qu'il fût fait défense aux habitants de continuer l'exercice de ladite prétendue religion dans la ville de Saint-Céré, et au ministre de la Tronquière d'y venir faire le prêche, sous peine de quatre mille livres d'amende. Mais que pouvaient les menaces et les défenses du parlement de Toulouse auprès des religionnaires qui se voyaient encore fortement soutenus par la duchesse de Bouillon ? Installés dans sa maison de l'Arnol, où ils se croyaient à l'abri de toute poursuite, ils y continuèrent l'exercice de

---

(1) Registre du conseil d'Etat.

leur culte. — Le procureur général fut informé de cette contravention par le curé de la paroisse, Pierre de Lavaur, et obtint de la cour un nouvel arrêt, par lequel il fut fait inhibition et défense au ministre Bonnefons, de faire aucun exercice de ladite prétendue religion dans la maison de l'Arnol, ni de faire enterrer ses morts dans le cimetière des catholiques (1).

Il ne fallait rien moins, on le suppose bien, qu'un pareil interdit pour exciter la rumeur dans le camp des religionnaires et les faire sortir de leur inaction. Ils se pourvurent aussitôt en la chambre de l'édit du Languedoc, établie à Castres, par requête en cassation dudit arrêt, comme rendu par une chambre incompétente. Mais ils ne furent guère plus heureux devant cette cour que devant celle de Toulouse, quoique les juges leur fussent bienveillants. Sur les requêtes respectives des parties, il intervint un partage d'avis, par lequel les uns voulaient laisser aux calvinistes la liberté qu'ils avaient avant la publication de l'édit de Nantes, et les autres, au contraire, voulaient la retirer, sous prétexte que l'exercice de ce culte était défendu là où les catholiques étaient seigneurs hautjusticiers, comme à Saint-Céré. Ce qui fut arrêté le 23 mars et signifié le 29 (2).

Avant de recevoir la signification de ce fait, qui remettait tout en question, et laissait en vigueur les arrêts précédemment portés, les religionnaires auraient dû faire vider ledit partage d'avis d'après les termes des édits royaux; mais comme ils ne pouvaient espérer d'en obtenir une décision plus favorable, ils aimèrent mieux s'en tenir là, heureux encore d'avoir provoqué dans cette chambre des avis contraires. — En attendant, le ministre Bonnefons continuait ses exercices dans la maison de ville; ce qui lui valut de

---

(1) Archives nationales. — Registres du conseil d'Etat.
(2) Archives nationales. — Registres du conseil d'Etat.

la part de la cour un arrêt d'ajournement, du 6 mai, qui défendait tant à lui qu'à d'autres de prêcher ni de faire aucun exercice ou assemblée dans la maison de ville et au parquet des audiences. — Il ne fut fait nul cas de cet arrêt, au grand mécontentement de la cour qui chargea le juge de Saint-Céré de constater les contraventions. L'information faite et transmise, le 7 juin 1642, le procureur général obtenait du parlement, le 16 juillet, un arrêt déclarant que les parties s'en tiendraient au jugement porté le 6 mai, avec injonction aux consuls de remettre le crucifix au lieu destiné à rendre la justice. — Ensuite, sans avoir égard au partage d'avis de la chambre de l'édit de Castres, la cour cassait cet arrêt, le 12 septembre 1642, et en rendait un autre contre les religionnaires représentés par un procureur, où il leur enjoignait de cesser le prêche dans la maison de ville, et d'établir leur cimetière et leur temple hors des murs. — Mais comme les contraventions continuaient, le curé de la paroisse s'en plaignit au parlement, le 26 décembre, disant que le ministre avait fait les exercices dans une autre maison de la ville. Le juge s'y étant transporté pour les reprendre de cette violation des arrêts et des édits, ils méprisèrent ses reproches, et poussèrent la témérité jusqu'à se pourvoir au même parlement de Toulouse, par requête en interprétation des arrêts qui avaient été portés, y faisant assigner tant le curé, Pierre de Lavaur, que le procureur général. Espéraient-ils que la cour se déjugerait ou voulaient-ils seulement gagner du temps ? On ne sait. Dans tous les cas, le 15 janvier 1643, il y fut rendu un autre jugement qui confirmait pleinement le précédent (1).

Il ne restait plus aux religionnaires d'autres ressources que de recourir au conseil d'Etat, et, le 8 mai 1643, le sieur Jacques de Moustoula, leur syndic, y

---

(1) Archives nationales. — Extrait des registres des parlements.

demandait la cassation de l'arrêt du parlement. Le roi consentit à évoquer à son conseil le procès et les différends pendant entre les parties, tant audit parlement qu'en la chambre de l'édit de Castres; et le 23 décembre suivant, il signifiait au syndic d'avoir à produire dans trois jours, tout ce qu'il croirait bon pour lui être fait droit. Les catholiques aussi eurent à préparer leur défense. — A cet effet, le 11 août, il avait déjà été rédigé par le juge de Saint-Céré un procès-verbal relatant les contraventions des calvinistes de l'endroit. — Les 17 et 22 du même mois, il avait été donné une attestation devant le même juge, comme quoi, n'étant qu'au nombre de douze, ces hérétiques faisaient en sorte de se maintenir par la violence.

De leur côté les religionnaires ne négligèrent rien pour appuyer leur cause. Ils se fondaient principalement sur l'approbation tacite du duc de Bouillon, qui, disaient-ils, aurait choisi un consul parmi eux comme témoignage de la protection et de l'amitié qu'il leur donnait. — Cette présomption leur valut de la part de Son Altesse, le prince Frédéric-Maurice, deux lettres, écrites, l'une au juge, l'autre aux consuls de Saint-Céré, les 22 et 29 août 1643, dans lesquelles il leur mandait de ne pas permettre qu'on se servît de son autorité pour contrevenir aux arrêts du parlement, à l'exécution desquels il exhortait de tenir la main. — Enfin comme l'arrêt de cette cour devait être définitif et irrévocable, il y eut de part et d'autre une telle production de pièces contradictoires fournies par de hauts personnages, que le roi, avant de faire droit en ladite instance, voulut se réserver d'entendre le duc de Bouillon lui-même (1).

Cette mesure qui était toute en faveur des catholiques, déconcerta les calvinistes et les apaisa. Voyant

---

(1) Archives nationales.

que le sort de leur affaire dépendait entièrement de la volonté de leur seigneur le vicomte de Turenne, dont ils connaissaient les intentions, ils se conformèrent exactement à l'arrêt du parlement de Toulouse sans attendre leur condamnation. Ils cessèrent les cérémonies de leur culte dans la ville de Saint-Céré, et transportèrent leurs morts au lieu de Terson, où ils firent depuis lors leurs exercices. Dix ans se passèrent ainsi pendant lesquels on put vivre en paix à côté d'eux, et être témoin souvent de leurs conversions. Au bout de ce temps-là, on comptait à peine cinq ou six familles entières qui fissent profession de l'hérésie.

Mais ces sectaires avaient trop la haine de l'Eglise pour ne pas voir avec déplaisir une pareille désertion tourner à son profit. Forcés au repos, ils étaient prêts à chaque instant à le rompre, si peu qu'une circonstance semblât favoriser leur prosélytisme et autoriser leurs prétentions. Or ils crurent en avoir trouvé l'occasion dans les désordres qui étaient survenus naguère dans la Guienne. Ayant appris par les ministres de Montauban, que le marquis de Saint-Luc, lieutenant du roi dans la haute région de cette province, cédait facilement aux importunités des calvinistes qui ne cessaient de l'obséder, ils lui portèrent leurs plaintes sur les arrêts qui les avaient frappés, sans lui en expliquer les motifs, et obtinrent de lui subrepticement une ordonnance les maintenant en la possession du cimetière qu'ils avaient acheté dans la ville de Saint-Céré.

Cette manière de procéder sans discussion préalable était trop déloyale, et une nouvelle protestation de la part du procureur général ne pouvait manquer de s'élever dans le parlement de Toulouse. La cassation de cette ordonnance y fut donc demandée et obtenue ; ce qui en arrêta l'exécution. — Mais alors les consistoires du Languedoc réunis demandèrent pour cette localité l'application pure et simple de l'édit de Nantes, nonobstant tous les arrêts contraires intervenus. — Cela suffisait pour relever les espérances de nos religionnaires. Persuadés tout de suite que leur cause était gagnée, ils rétablirent leur chaire dans la maison qu'ils avaient achetée précédemment; et, la veille de Noël, ils jetèrent dehors les meubles de leur locataire afin de pouvoir y faire leurs cérémonies. Cet acte d'inhumanité indigna les habitants qui, à leur tour, usant de représailles, jetèrent la chaire ministrale par la fenêtre, rentrèrent le mobilier du pauvre locataire et se seraient portés probablement à d'autres excès, si les officiers et consuls ne fussent intervenus. — Informé tout de suite de ce fait par les religionnaires, le marquis de Saint-Luc irrité leur rendit de nouveau le cimetière par une ordonnance qui fut encore cassée dans le parlement de Toulouse, et somma les officiers et consuls de comparaître devant lui, s'ils ne voulaient pas voir arriver un détachement de soldats. Fort maltraités d'abord, ces officiers se présentèrent une seconde fois à Montauban devant le le gouverneur qui, après avoir reçu leurs explications, avoua qu'on avait surpris sa bonne foi, et assigna les deux parties ensemble devant lui pour être entendues contradictoirement.

Cette détermination gênait les religionnaires. Ne pouvant plus se réfugier dans le mensonge, ils ne comptaient que sur le talent et les subtilités de leur avocat. Ils déléguèrent les sieurs Boutel et Lafargues pour leurs procureurs, et choisirent pour leur défenseur le sieur Albussy, homme hardi et entreprenant, et un des principaux ministres de Montauban. — Celui-ci réclama pour eux le rétablissement du prêche et la possession de leur cimetière, ayant soin d'appuyer ces demandes sur certains prétendus articles de l'édit de Nantes et sur des interprétations gratuites de la volonté du roi. — Les catholiques s'appliquèrent à montrer que ces demandes étaient mal fondées; et, les examinant séparément, ils en firent ressortir tous les défauts. « Ils établirent d'abord qu'il ne pouvait y avoir un corps d'église protestante à Saint-Céré, n'y étant que six ou sept familles entières qui fissent profession de cette religion, tandis qu'aux termes d'un arrêt du conseil d'Etat, il devait y en avoir vingt-cinq ou trente. Si donc, il ne pouvait y avoir un corps d'église, dirent-ils, il ne pouvait y avoir davantage ni la cène, ni l'administration du baptême, ni les prêches, selon les règles de cette discipline ecclésiastique. En outre, ajoutent-ils, il n'y avait jamais eu, en cette ville, ni prêche ni prétendu corps d'église avant l'apostasie du vicomte de Turenne. Ce fut en sa considération et par son autorité, que fut établi cet exercice qui, depuis, a été supprimé par son fils, après son abjuration. » Sur ce, le parlement de Toulouse qui interpréta l'édit de Nantes très formel sur cette question, ayant conclu à la suppression de cet exercice, et le roi, dans son conseil, l'ayant ainsi préjugé, il n'appartenait à aucun autre pouvoir de le rétablir. — Quant à la seconde demande, continuent les catholiques, « la permission donnée par l'édit de Nantes de faire des cimetières réservés pour les calvinistes, n'exclut pas un autre édit de l'an 1563 qui prescrit absolument de les faire hors des villes et des faubourgs. » D'où l'interdit porté contre celui de Saint-Céré.

Tel était le véritable état de la question qui mettait à néant toutes les raisons des adversaires, et ruinait toutes leurs prétentions. On pouvait, après cela, leur renvoyer l'épithète de séditieux, qu'ils avaient adressée aux officiers et consuls de Saint-Céré, en criant hautement à l'infraction des édits et ordonnances du roi.

Voilà donc les religionnaires acculés au pied du mur, et serrés de près par des arguments irréfutables. Que vont-ils faire pour y échapper, sinon invectiver contre les pouvoirs? Le sieur Albussy ne manqua pas de déclamer contre les parlements, et de faire peu de cas de leur juridiction dans les affaires qui concernaient ceux de leur parti. Il contesta principalement la valeur de l'arrêt de la cour de Toulouse, et fit ressortir au contraire l'article de l'édit de Nantes, qui rétablissait l'exercice du culte dans toutes les villes où il existait dans les années 1616 et 1617 (comme dans celle de Saint-Céré). Et, comme le réformé Boutet, député présent, avait reconnu le parlement, il ne craignit pas de le désavouer « sous prétexte qu'il avait agi de son propre chef, et que l'Église, restant toujours mineure, pouvait être relevée du consentement donné par son représentant. » Quant au dissentiment du duc de Bouillon, Frédéric-Maurice, il ajouta « que cela importait peu, attendu qu'il ne dépendait nullement des seigneurs catholiques que ledit exercice fût rétabli dans leurs villes, s'il y avait existé avant l'édit de Nantes. » A ce propos, il se récriait fortement contre les abus et les dangers de l'arbitraire en matière de religion, alléguant certain préjugé du parlement de Bordeaux, et se prévalant de la liberté de conscience que le roi leur avait accordée. Autant de subtilités de langage et de tournures captieuses. — Mais voyons comment il défendit la question du cimetière? Ah! il se gardera bien ici d'en appeler à l'édit de Nantes. Il se fondera plutôt sur le consentement indirect donné par les catholiques pour l'achat du terrain qui lui était réservé et pour les sépultures qu'on y avait tolérées, se livrant alors à une digression pathétique sur les devoirs envers les pauvres morts, et sur l'inhumanité de ceux qui voulaient empêcher leur sépulture.

Si perfide que fût cette éloquence, les catholiques ne s'y laissèrent pas prendre et y opposèrent une vive réplique, malgré les interruptions continuelles du ministre. Il fallait surtout bien établir la compétence des parlements dans leur ressort, et ils ne manquèrent pas de leur attribuer aussitôt le droit incontestable de connaître de toutes les causes entre tous les sujets du roi. « La liberté donnée à chacun, disaient-ils, d'en appeler aux chambres supérieures de l'édit, ne pouvait enlever au juge inférieur la juridiction sur tous ceux qui recourraient volontairement à son tribunal. Et attendu, que ledit sieur Boutel, syndic des religionnaires, avait porté sa cause au parlement de Toulouse, ils ne pouvaient plus désavouer son jugement, puisqu'ils l'avaient approuvé par la procédure faite depuis au conseil d'Etat et tendant à la cassation de son arrêt... Qu'il n'y avait pas de meilleurs interprètes des édits que les cours souveraines qui vérifient les mêmes édits et les modifient... Que d'ailleurs l'article dixième de l'édit de Nantes interdisait formellement l'exercice du culte calviniste dans les lieux et places où il aurait été introduit seulement par l'autorité des seigneurs protestants, quand ces dits lieux et places étaient possédés ensuite par d'autres seigneurs catholiques. »

Finalement le marquis de Saint-Luc déclara que la cause était trop importante et qu'il engageait les parties à se pourvoir au conseil d'Etat. Ce qui fut volontiers accepté par les catholiques, au grand désappointement des religionnaires déjà trop bien fixé sur les dispositions du roi. — Puis comme le sieur Lafargues, insistant auprès du gouverneur, lui présentait une lettre de cachet du roi qui lui mandait de tolérer l'usage du cimetière contesté, par provision et sans préjudice du droit des parties, et que ledit seigneur de Saint-Luc semblait lâcher sur ce point, les consuls lui représentèrent « qu'une lettre de cachet, d'ailleurs facile à obtenir, ne pouvait détruire des arrêts contradictoirement donnés par une cour souveraine. Ils ne réussirent pas néanmoins à le convaincre ; et quelques jours après, une ordonnance de sa part accordait aux religionnaires de Saint-Céré le droit de se servir de leur cimetière dans les conditions susdites.

Un nouvel appel fut interjeté contre cette ordonnance au parlement de Toulouse, où la question fut replacée sur le véritable terrain, en se basant toujours sur l'édit de Nantes. — Du moment qu'il n'y avait eu dans cette ville, ni corps d'Eglise, ni prêche, avant l'apostasie du vicomte de Turenne, par l'autorité seule duquel ce culte protestant avait été imposé, il n'y avait pas de raison de l'y maintenir depuis qu'il était défendu par l'autorité du nouveau vicomte, prince catholique. Et ce raisonnement était d'autant plus fondé que les calvinistes, du vivant d'Henri de La Tour, n'avaient eu à Saint-Céré d'autre temple que les églises des catholiques et d'autre cimetière que le leur, et que la plupart des familles, qui alors étaient sorties du giron de l'Eglise, s'étaient empressées d'y rentrer, sitôt que le roi, dans sa sagesse, avait cru devoir se conformer à la volonté du prince Frédéric-Maurice (1).

Telle était la situation des calvinistes, après bien des démêlés avec les autorités locales et diocésaines, judiciaires et administratives. Pour en donner une idée plus exacte et plus complète, il suffira d'entendre leurs discussions avec les catholiques devant le parlement de Toulouse.

---

(1) Archives nationales, mémoire au sujet de la question des religionnaires à Saint-Céré.

VUE DE LA TOUR PRINCIPALE DU CHATEAU DE TURENNE

(Dessin de M. le baron de Meynard, extrait du *Bulletin de la Société archéologique de la Corrèze*, siège à Brive).

VI

CALVINISTES ET CATHOLIQUES AU PARLEMENT DE TOULOUSE

Appel interjeté entre le curé de Saint-Céré et le procureur général du parlement de Toulouse. — Demande d'interprétation des arrêts de la cour. — Choix de maître de Parisot pour défenseur du syndic ; exposition des motifs en faveur de l'exercice du culte protestant et du cimetière. — Raison de l'opposition faite aux arrêts de la cour. — Preuve de l'exercice de ce culte avant la publication de l'édit de Nantes pour conclure à son maintien. — Réplique de Barrade, avocat du curé. — Considérations sur la mise en cause de sa partie. — Citation inadmissible contre le ministère public. — Explication de l'ordonnance de M. de Séguier. — Possession contestée du temple et du cimetière. — Plaidoirie du sieur de Maniban pour le procureur général. — Exposé sommaire de toute la question. — Réfutation successive des arguments des adversaires. — Arrêt de la cour.

Nous avons déjà vu rapidement ce qui s'était passé au parlement de Toulouse, au sujet de l'appel qui avait été interjeté par le syndic des religionnaires de Saint-Céré, contre le procureur général du même parlement et le curé de la paroisse. Mais il convient d'y revenir, avec de bonnes pièces justificatives, pour bien nous pénétrer de l'état de la question.

Or, voici que, par une requête du 22 octobre 1642, le sieur Etienne Condamine, syndic des religionnaires de la ville, demandait à ce que la cour, interprétant son arrêt du 12 septembre précédent, déclarât n'avoir pas voulu priver les habitants de la religion prétendue réformée de la jouissance de leur cimetière et de la liberté de faire le prêche dans l'endroit. En même temps, il choisissait pour avocat le sieur de Parisot, qui ne craignit pas de mettre un beau talent au service d'une mauvaise cause, ne se faisant pas scrupule de détourner le sens des faits, d'affirmer le mensonge et de nier la vérité, comme on peut s'en convaincre par son plaidoyer.

« Il faut demeurer d'accord, disait-il, que depuis
» quatre-vingts ans l'exercice de la religion préten-
» due réformée a été continuellement fait dans la
» ville de Saint-Céré. Cette vérité se prouve claire-
» ment par un mandement du vicomte de Turenne,
» de l'année 1577, par lequel il veut que la somme
» de 100 livres soit délivrée pour le payement de la
» rançon de Barthélemi Lafon, ministre de Saint-
» Céré. Depuis ce temps-là ce même exercice s'y est
» toujours continué sans aucune interruption. Et, de
» fait, en l'année 1624, le roi ayant député des com-
» missaires pour l'exécution des édits de pacification,
» les catholiques de la localité leur auraient présenté
» une requête, pour qu'il fût défendu aux calvinistes
» d'enterrer leurs morts dans le cimetière appelé des
» Claustres, situé derrière l'église paroissiale. Sur
» quoi, par ordonnance desdits commissaires, parmi
» lesquels était M. de Séguier, aujourd'hui chance-
» lier de France, il fut ordonné que ceux de la reli-
» gion prétendue réformée jouiraient par provision
» dudit cimetière. Nonobstant cette ordonnance, l'é-
» vêque de Cahors, faisant la visite de son diocèse,
» défendit au curé de Saint-Céré de permettre aux
» calvinistes d'ensevelir leurs morts dans ce cime-
» tière. De là, on le comprend, des mesures sévères
» qui vinrent troubler ces derniers dans l'usage d'un
» droit acquis, tant par une si longue possession que
» par l'autorisation desdits commissaires. Ce fut pour
» éviter les graves désordres qui auraient pu s'en
» suivre, qu'ils achetèrent un pâtis avec une étable,

» dans l'intérieur de la ville, pour y enterrer leurs
» morts.
« L'évêque de Cahors ayant ensuite renvoyé un
» commissaire à Saint-Céré pour reprendre une cha-
» pelle où l'exercice de la religion prétendue réformée
» s'était fait jusqu'alors, les calvinistes se pourvurent
» au conseil du vicomte de Turenne, et en obtinrent
» la permission de se servir de la maison du sieur
» de l'Arnol, où l'on tenait les assemblées de la
» commune et les audiences du juge. Ils continuè-
» rent donc leurs réunions et cérémonies dans ce
» local, jusqu'au mois d'août 1642, qu'ils auraient
» acheté une maison pour cet usage, avec l'agrément
» de la duchesse de Bouillon. Cette dame même leur
» faisait don, à cette occasion, de son droit de lods,
» comme il se justifie par deux de ses lettres qui ont
» été communiquées. — Toutefois, au préjudice de
» tout cela, il a été poursuivi divers arrêts en la cour
» par lesquels les habitants de ladite religion préten-
» due réformée sont privés, non-seulement du cime-
» tière qu'ils avaient dans la ville et de la liberté d'y
» enterrer leurs morts, mais encore de faire aucun
» exercice de leur culte dans la même ville. C'est ce
» qui les a obligés à y faire opposition, en se basant
» sur l'article neuvième de l'édit de Nantes, par
» lequel il est permis aux religionnaires de faire
» l'exercice de leur religion dans tous les lieux où il
» était déjà établi et exercé publiquement pendant
» les années 1596 et 1597, nonobstant tous arrêts et
» jugements qui y seraient contraires. »
Partant de là, l'avocat montra que l'exercice de
cette religion était établi dans la ville de Saint-Céré,
non-seulement dans les années 1596 et 1597, mais
encore vingt ans plus tôt, puisqu'en l'année 1577, il
y avait un ministre pour prêcher, à qui on faisait un
traitement. On ne pouvait donc pas, disait-il, aux
termes de cet article, empêcher ledit exercice, d'autant mieux que cette permission était confirmée par

d'autres édits donnés depuis celui de Nantes. Il cita, en particulier, celui de pacification, du mois d'octobre 1622, et l'ordonnance de M. de Séguier député pour l'exécution de ces édits, pour constater le maintien par provision de l'usage du cimetière des Claustres. « Que si l'on juge, ajoutait-il, qu'il faille
» déposséder les calvinistes de Saint-Céré du lieu où
» ils faisaient leur prêche, à cause que c'était la salle
» d'audience réservée pour la justice, doit-on au
» moins, leur laisser la liberté d'enterrer leurs morts
» et d'exercer leur culte religieux dans la ville où ils
» l'ont continuellement exercé; au pis aller, leur
» laisser la grange et l'étable avec la maison qu'ils ont
» achetée pour cet usage, vu qu'il est toujours meil-
» leur que celui pour lequel il était destiné. »

S'autorisant ensuite de l'article septième de l'édit de Nantes, où il est permis de faire ledit exercice dans les lieux où les seigneurs justiciers font profession de cette religion prétendue réformée, il faisait remarquer, non-seulement que les vicomtes de Turenne en faisaient profession avant l'édit et après, mais qu'ils avaient permis et voulu le libre exercice de leur religion dans leur ville de Saint-Céré; ce que le seigneur actuel, le duc de Bouillon, avait autorisé lui-même par divers actes, notamment quand il prit, dans la ville, un bourgeois de cette religion pour en faire un des trois consuls. Et après avoir observé que les arrêts du parlement ne pouvaient subsister puisqu'ils étaient portés contre des parties qui avaient pour eux le droit et la possession, il ajoutait que ces arrêts avaient été lancés contre des particuliers qui ne pouvaient, à aucun titre, défendre l'intérêt public de leurs coreligionnaires. Aussitôt, croyant avoir mis le doigt sur une de ces objections subtiles et irréfutables, qui impressionnent des juges et déterminent une conclusion favorable, il déclarait que ses clients n'avaient fait opposition aux arrêts de la cour, que pour n'y avoir pas été compris... Qu'alors elle voulut bien considérer l'intérêt qu'ils avaient à conserver la liberté de l'exercice de leur religion, qu'il avait plu à nos rois de leur accorder; et, qu'ayant égard à leurs lettres et requête, elle daigna les maintenir dans la possession de ce droit avec la faculté d'enterrer leurs morts dans l'intérieur de la ville (1).

Si perfides et si habilement présentées que fussent les raisons alléguées par maître de Parisot, elles furent victorieusement réfutées par l'avocat du curé de la paroisse, maître Barrade. Et d'abord il s'étonna qu'on voulût s'en prendre à sa partie et lui réclamer les dommages et intérêts, attendu que ledit Pierre de Lavaur n'avait été ni nommé ni compris dans les arrêts de la cour. De ce que, par les ordres et le mandement de son évêque, il avait intimé l'application de ces arrêts contre les religionnaires de Saint-Céré, cela ne le rendait pas partie pour avoir pu être assigné sur le fait de l'interprétation, puisque ce n'était pas réellement lui qui avait poursuivi l'affaire et obtenu les susdits arrêts.

Et quoique ces arrêts aient été poursuivis et obtenus par le procureur général, il ne s'expliquait pas non plus que le sieur Etienne Condamine en eût demandé raison à cet officier de la justice, qui par sa charge était tenu de rechercher et de poursuivre tous les délits. Aussi, comme il le fit remarquer, maître de Parisot l'avait si bien reconnu lui-même qu'il n'avait rien dit ni conclu contre lui.

Venant ensuite aux diverses raisons alléguées pour obtenir, soit l'exercice de la religion prétendue réformée, soit la jouissance du cimetière des Claustres, il trouva fort mal à propos qu'on se fût fondé sur une certaine ordonnance de M. de Séguier. Outre, disait-il, que cet acte de complaisance n'était que provisionnel, on aurait dû considérer qu'il n'avait été donné

---

(1) Archives nationales, extrait des registres de parlement.

qu'avec peine, en considération du vicomte de Turenne, calviniste, sous la dépendance duquel se trouvait la châtellenie de Saint-Céré. On a vu que c'était par la permission du conseil de ce vicomte que cet exercice s'était établi dans la maison de l'Arnol, comme avait été contraint de l'avouer maître Parisot. Mais du moment que le duc de Bouillon actuel était catholique et opposé à cet exercice, et que, d'ailleurs, la ville de Saint-Céré n'était pas comprise parmi les lieux nommés par l'édit de Nantes ou autres édits précédents pour y exercer le culte protestant, les lettres et requête dudit syndic n'avaient ni raison ni fondement, aux termes mêmes des articles de l'édit de Nantes, d'après lesquels les arrêts de la cour avaient été portés.

Quant à la prétendue possession du temple et du cimetière, c'est frustratoirement qu'on a voulu en parler, attendu que les religionnaires n'avaient nul besoin de faire des acquisitions pour cet usage, du vivant du vicomte de Turenne. Ils avaient toute liberté de faire l'exercice de leur culte là où ils voulaient et quand bon leur semblait; et on ne voit pas qu'ils aient eu, en ce temps-là, dans la ville, un lieu qui leur fût propre et particulier pour remplir ces devoirs. S'ils ont usé de certains droits, soit pour la sépulture de leurs morts, soit pour leur prêche, ce fut toujours par usurpation. « Au moyen de quoi, conclut l'avocat, la cour
» faisant droit sur la requête dudit Lavaur, recteur
» de l'église de Saint-Céré, doit, s'il lui plaît, le re-
» laxer de l'assignation à lui donnée comme indis-
» crètement, avec tous dépens, dommages et inté-
» rêts. »

A cette calme et irréfutable réplique, vint s'ajouter la brillante plaidoirie du sieur de Maniban, procureur général, qui, voulant se défendre de l'accusation de partialité et de sévérité excessive dans l'exercice de sa charge, ne trouva rien de mieux que de rappeler tous ses actes dans cette circonstance.

« Le 22 novembre 1641, dit-il, il aurait donné
» requête à la cour, et obtenu d'elle une ordon-
» nance portant inhibitions et défenses à tous minis-
» tres de prêcher ni faire nuls exercices de la reli-
» gion prétendue réformée, tant aux lieux de Saint-
» Cirgues, dépendant de l'abbaye d'Aurillac, et de
» Latronquière, dépendant de la commanderie de
» Saint-Jean, que dans les autres lieux et villes dont
» les ecclésiastiques sont seigneurs haut-justiciers,
» conformément aux édits et règlements de Sa Ma-
» jesté, sous peine de 4,000 livres d'amende en cas
» de contravention. Cette ordonnance fut signifiée aux
» officiers de Saint-Céré et au ministre de Bonnefons,
» qui n'en tint aucun compte et continua ses fonc-
» tions comme auparavant. — Averti de cette con-
» travention par ledit de Lavaur, recteur, le juge de
» la châtellenie procéda à l'information, de laquelle il
» appert que, le 23 du mois de mars 1642, il fut fait
» l'exercice de la religion prétendue réformée, et le
» prêche fut dit dans la maison de ville dudit lieu,
» nonobstant les défenses ci-devant faites et rappelées
» par le recteur. Le ministre aurait répondu qu'il
» n'avait pas eu assez de temps pour pouvoir avertir
» ceux du consistoire, tandis que le syndic des reli-
» gionnaires donnait requête à la chambre de l'édit
» de Castres, en cassation desdites ordonnances et infor-
» mations. — Sur cette requête, le 28 du mois de
» mars, il intervint un partage d'avis : les conseillers
» calvinistes ne voulant pas empêcher l'exercice de ce
» culte à Saint-Céré, et les catholiques ne voulant
» l'empêcher que dans les lieux dont les ecclésiasti-
» ques étaient seigneurs justiciers. — Et comme
» ledit Bonnefons, sans avoir fait juger ce partage
» d'avis au conseil d'État, continuait ses exercices
» dans la maison de ville, le 6 mai de la même année,
» la cour, sur une requête dudit procureur général,
» donnait un arrêt d'ajournement personnel contre le
» ministre, et défendait, tant à lui qu'à d'autres, de

» prêcher ni de faire aucun exercice ou assemblée
» dans la maison de Ville et au parquet des audiences,
» mais seulement dans les lieux permis par les édits
» et arrêts. — Mais les contraventions ayant continué,
» le juge de Saint-Céré, sur la dénonciation qui lui en
» fut faite par le curé, dut faire un procès-verbal pour
» constater l'infraction et les dispositions des contre-
» venants. Sur les observations qu'il avait cru devoir
» présenter aux sieurs Bonnefons, Condamine, Consul,
» Longueval, Lascalin et autres, assemblés dans la
» maison de ville, il lui avait été répondu, qu'on
» n'était pas tenu d'obéir audit arrêt du parlement
» de Toulouse, attendu que cet arrêt avait été cassé
» par un autre de la chambre de Castres, seule compé-
» tente dans les matières de cette nature, et qu'ils
» prenaient à partie le procureur général. Le sieur
» Lascalin avait été jusqu'à dire que le prétendu
« arrêt n'était qu'une ordonnance de cheville, en pro-
» nonçant, à ce sujet, des paroles pleines de mépris
» et d'irrévérence. — De quoi la cour, ayant fait
» informer par un arrêt du 16 juillet suivant, fit
» défense aux religionnaires de la ville de contrevenir
» de nouveau à l'arrêt du 6 mai, et enjoignit aux
» consuls de remettre le crucifix au lieu destiné à
» rendre la justice. Ensuite les ayant fait assigner et
» représenter par un procureur, le 12 septembre 1642,
» elle rendit un arrêt qui cassait celui de la cham-
» bre de Castres, et leur défendait de recourir ailleurs
» qu'en cette cour, leur enjoignant de cesser le prê-
» che dans la maison de ville et d'établir leur cime-
» tière et leur temple hors les murs. — De rechef, le
» curé ayant dénoncé, le 26 décembre suivant, le
» ministre et autres habitants calvinistes pour s'être
» assemblés et avoir fait leurs exercices dans une mai-
» son qu'ils avaient achetée, le juge s'y transporta et
» leur reprocha leur faute ; mais on méprisa ses
» reproches, et ce fut alors que le syndic, partie de
» maître de Parisot, présenta la requête en interpré-

» tation des arrêts, et impétra les lettres en opposi-
» tion envers ceux que la cour avait entendus. »

Après avoir ainsi repris dans un exposé sommaire tous les fils et les aboutissants de cette affaire, le brillant orateur s'écria que cette cause était entièrement résolue par l'édit de Nantes, encore qu'il contînt plusieurs passe-droits en faveur des religionnaires. Mais si malgré cela, il fut religieusement respecté et observé par les catholiques, fallait-il qu'il le fût encore par les autres. Le prétexte de la religion, disait-il, fut la cause d'une guerre civile, qui sembla, un instant, devoir renverser cette monarchie. Il ne fallut rien moins alors qu'un trait de la Providence divine pour susciter le grand roi Henri, d'heureuse mémoire, qui, après avoir dompté la rebellion par la force invincible de ses armes, voulut établir, entre tous ses sujets de diverses religions, les liens de la concorde et de la paix par la promulgation des édits de Nantes. Or, par l'article huitième, il était porté que l'exercice de la religion prétendue réformée ne pouvait être fait dans les maisons et lieux appartenant aux seigneurs hauts justiciers catholiques. Et quoiqu'il fût permis de le faire là où les seigneurs hauts justiciers étaient calvinistes, il faisait observer que c'était seulement pour le temps où ils faisaient profession de cette religion, et nullement pour celui, où, abjurant leurs erreurs, ils redevenaient catholiques. Voilà pourquoi le roi avait accordé l'exercice de cette religion à Saint-Céré pendant que le défunt vicomte de Turenne et son fils étaient protestants. Mais le duc Frédéric-Maurice ayant abjuré l'hérésie, il n'y avait plus de raison pour tolérer cet exercice qui était formellement défendu par les édits royaux. Vainement voudrait-on s'autoriser d'une certaine approbation tacite, surprise à l'occasion du choix d'un consul, cela inférait peu à la question ; car autre chose était d'accorder à un sujet la liberté de conscience permise dans tout le royaume, et autre chose d'accorder dans certains lieux le libre exercice du culte défendu par les édits de Nantes.

Quant aux sépultures dans les cimetières, il est vrai, ajoutait-il, qu'on avait toléré, de la part des religionnaires, certains empiètements, par égard pour le vicomte de Turenne, et qu'en cette considération une ordonnance de l'an 1624 les avait maintenus, par provision, dans la jouissance de ces droits usurpés; mais la cause de cette autorisation ayant cessé, il fallait en revenir aux termes de l'édit. D'où il concluait, « que la cour, sans avoir égard aux lettres et requête
» dudit syndic, devait faire inhibition et défense aux
» sujets faisant profession de la religion prétendue
» réformée, de faire l'exercice de ladite religion en
» d'autres lieux qu'en ceux qui leur sont permis par
» l'édit de Nantes. »

La cause était suffisamment instruite, on n'attendait plus que le jugement. Or, la cour, après avoir délibéré et pesé sérieusement toutes les preuves et raisons apportées de part et d'autre, déclara « qu'elle avait démis et
» démettait ledit syndic impétrant et suppliant de
» l'effet et entérinement de ses lettres et requête, et
» le condamnait aux dépens envers la partie de Bar-
» rade, qu'elle avait taxés et modérés à vingt-cinq
» livres, faisant inhibitions et défenses auxdits syndics
» et religionnaires de Saint-Céré de contrevenir aux
» édits et arrêts de la cour sur ce donnés et aux pei-
» nes y contenues. » Fait et dit à Toulouse, en parlement, le 15 janvier 1643.

Les calvinistes de Saint-Céré furent donc condamnés par le parlement et le conseil d'Etat. Qu'importe maintenant, que des coreligionnaires, siégeant à la chambre de l'édit de Castres, aient voulu les soutenir; qu'un gouverneur de Montauban, fatigué de leurs importunités, ait voulu s'en débarrasser par une lâche condescendance, il nous suffit que des juges sérieux, désintéressés et compétents aient prononcé contre eux une sentence de blâme pour régler notre opinion.

Ajoutons d'ailleurs que leur cause avait été suffisamment condamnée par le sentiment public de la population, puisque pendant près d'un siècle de prosélytisme ardent, ces implacables ennemis du Christ et de son Eglise, avaient pu à peine y gagner douze familles à l'hérésie.

VII

EXTIRPATION DE L'HÉRÉSIE.

Ruine de l'édifice religieux. — Sa reconstruction par le prêtre; érection d'une confrérie de pénitents; leur chapelle. — Franciscains; leur prise de possession; leurs œuvres. Sollicitude pour la femme. — Couvent de la Visitation; sa bienfaitrice; encouragements donnés par les notables; installation des religieuses; bénédiction de leur chapelle; dons qu'elles reçoivent. — Confrérie du Saint-Rosaire; ses ressources. — Instruction des jeunes filles; choix des demoiselles de l'école chrétienne; achat d'une maison par la commune; éloges qui leur sont décernés. — Hôpital Saint-Jacques; premières fondatrices; donations; construction d'un vaste bâtiment; son ameublement; sœurs grises de la Charité. — Justice royale; zèle de ses officiers.

Forcés de chercher un refuge hors des murs de cette place de la vicomté de Turenne, les calvinistes, croyons-nous, durent peu s'en éloigner, afin de pouvoir continuer leurs attaques contre la religion des habitants. Ce qui nous fait penser ainsi, c'est seulement l'état déplorable dans lequel se trouvait cette paroisse au xviie siècle, mais cela devrait nous suffire : car le mal doit avoir une cause comme tout autre effet. A cette époque, tout était ruiné autour de l'édifice religieux, sinon le germe et le principe même de la foi qu'on n'avait pu extirper du fond des consciences, du moins le sentiment du devoir et l'esprit de sacrifice, qui alimentent les œuvres et suscitent les dévouements. Aussi cette vieille paroisse, formée sous les auspices d'une vierge martyre, qui aurait dû garder tant de traces de son glorieux passé, conservait-elle à peine le souvenir de ce temps-là. Il n'en restait nul vestige, nulle belle tradition. C'était à peine si l'on retrouvait dans son église quelque parcelle de reliques échappées à la destruction, comme des épaves sauvées du naufrage. On eût cru voir ici une ville moderne peuplée par une nouvelle colonie, à qui la préoccupation des soins matériels avait fait oublier entièrement les sages institutions qui firent toujours le bonheur des peuples chrétiens.

Seul, le prêtre s'y était maintenu; et encore, qui pourrait nous dire à quelles épreuves fut soumise sa vocation? Nous l'avons vu, pasteur vigilant, se dévouer pour son troupeau à la persécution des hérétiques; nous le verrons, habile médecin, fermer toutes les blessures qu'il avait reçues, et repousser les traits nouveaux qui pourraient les rouvrir. Sa sollicitude se porta constamment sur l'homme, ordinairement si imbu de préjugés contre l'Eglise, dont l'oreille s'ouvre trop facilement à la prédication de l'erreur, et le cœur aux leçons du désordre et de l'immoralité. Comme le relâchement s'était introduit dans sa conduite par suite de la révolte du calviniste contre les lois ecclésiastiques, et que le dégoût de la prière et des pratiques religieuses lui avait été inspiré chaque jour par les dangereuses maximes de ce frère égaré sur les sacrements et le culte des saints, il fallait commencer par l'arracher à cette funeste influence, et le fortifier par la vue des bons exemples. Mais qui pouvait mieux remplir cette tâche que le pasteur, responsable des âmes? — Dans ce but, il établit, en l'an 1609, dans l'église paroissiale, sous le patronage de saint Jérôme, une confrérie de pénitents bleus, dont les statuts devaient rappeler constamment à ses membres les œuvres salutaires de la pénitence. On avait vu les corporations de métier, conserver, sous le toit paternel, l'attachement aux traditions locales, et entretenir parmi les cultivateurs et les artisans le culte religieux du passé...

On verra cette association nouvelle, soumise aux prescriptions de l'Eglise, reprendre les pratiques austères de l'abstinence et de la mortification de la chair, et rétablir les exercices de la prière. Le chant des hymnes, le soin des malades, l'assistance aux offices, la réception des sacrements, la célébration des fêtes, tout y était réglé, pour ainsi dire, jour par jour, heure par heure. Aussi la ferveur devint si grande, que tous les pieux associés, tant ceux qui avaient persévéré dans la foi que ceux qui avaient eu le malheur d'y être infidèles, s'appliquaient avec une sainte émulation à la réparation du scandale et à l'édification de leurs frères. Bientôt leur nombre fut si considérable, qu'on dut songer à construire une église spéciale, pour leur donner la facilité d'y faire librement les cérémonies religieuses. Une chapelle fut bien vite érigée dans la rue Saint-Cyr, appelée depuis rue des Pénitents, et lorsqu'elle eut reçu sa consécration, en l'an 1629, la confrérie s'y installa (1).

En même temps on voyait accourir en cette ville, pieds nus, revêtus du froc, et la corde nouée autour des reins, les humbles et débonnaires fils de saint-François. Pour consolider et affermir ce retour vers le bien, qui s'opérait parmi les hommes, on eut besoin, en effet, de donner au clergé paroissial trop surchargé d'ardents auxiliaires. Tout le monde en comprenait la nécessité ;... et c'est alors que le conseil municipal prévenant le vœu de la population, demanda l'établissement d'un monastère de récollets, et promit de leur fournir l'emplacement d'un local, par une délibération du 1er avril 1621, qui fut approuvée par lettres patentes du duc de Bouillon (2). Et, ce qu'on voyait rarement ailleurs, à peine ce projet d'institution était-il conçu et arrêté par les autorités locales, qu'il

---

(1) Abbé Paramelle, chronique de Saint-Céré.
(2) Archives de M. Debray, notaire.

recevait son exécution. Il fallait approprier ou construire des bâtiments pour recevoir ces moines,... les catholiques ne feront pas attendre ces travaux. Soit qu'ils redoutassent des lenteurs de la part de l'administration municipale, ou des entraves de la part des religionnaires, ils manifestèrent une telle impatience à ce sujet, qu'on dut faire savoir à ces religieux de venir prendre possession de leur maison avant qu'on en eût terminé les réparations. Ils ne se firent pas attendre longtemps : le 11 mai de la même année, ils entraient dans la ville et s'installaient provisoirement aux frais de la commune dans l'habitation de Farval, sise au faubourg de la Cabane. En attendant on prit des mesures pour l'acquisition d'un terrain ; et, les ressources venant s'adjoindre aux dons des habitants, quelque temps après on donnait à un ouvrier l'entreprise d'une vaste construction qui ne devait pas avoir moins de dix-huit toises de longueur, de vingt-trois pieds de largeur, et de vingt-quatre pieds de hauteur sur trois d'épaisseur de mur. Ce fut seulement en l'an 1640 que ce bâtiment fut achevé ; et nous voyons, par un procès-verbal déposé chez un notaire de l'endroit, que les récollets y furent installés cette année-là par les consuls, le clergé paroissial, le père provincial et l'évêque de Cahors (1). — Il nous resterait maintenant à connaître la vie de ces religieux. D'autres nous la retraceront plus tard ; mais nous sommes persuadés qu'ils répondirent parfaitement au but qu'on s'était proposé en les appelant en cette ville,... s'employant avec un zèle infatigable à l'extirpation de l'hérésie et à la réparation des désordres qu'elle y avait introduits. Les témoignages unanimes de sympathie dont ils furent entourés de la part de la population attestent à la fois, de leurs vertus, de leur dévouement et de

---

(1) Acte de M. d'Estival, notaire.

leurs succès. Cet hommage leur fut rendu en 1729 par un curé de la paroisse, M. de Maussac du Bousquet, qui déclarait, non-seulement de vive voix, mais par écrit, qu'ils rendaient de très grands services au public, que leur communauté était très régulière, et que les vingt religieux qui la composaient, tous exemplaires et doctes, y formaient de bons aspirants au sacerdoce par l'enseignement de la théologie (1).

L'Eglise n'avait donc rien négligé, à Saint-Céré, pour refaire la conscience de l'homme, et mettre la pratique de ses devoirs en harmonie avec ses principes religieux. Mais cette sollicitude ne pouvait pas lui faire oublier les soins particuliers dont elle devait entourer les cœurs les plus généreux et malheureusement les plus faibles. Elle savait les égards et les attentions qu'elle devait à la femme chrétienne, si docile à l'enseignement de la foi, et si fière des sentiments qui lui procurent la faveur de son Dieu. Pour lui conserver cet apanage de la piété, elle fera donc pour elle ce qu'elle avait fait pour l'homme. Elle mettra dans ses mains une bannière de confrérie et lui ouvrira les portes d'un monastère. Elle l'associera même, pour ainsi dire, à son sacerdoce, en lui confiant le soin des malades et l'éducation chrétienne de la jeune fille, la regardant comme l'ancienne vestale qui était chargée d'entretenir un feu perpétuel sur l'autel de la déesse romaine. Et si maintenant, on s'étonne qu'elle fût servie la dernière, cela doit nous prouver du moins qu'elle avait le mieux affronté les attaques de l'ennemi et persévéré dans ses pieux engagements.

Or, voilà qu'une femme admirable, dame Madeleine de Farval, se dévouait tout à coup pour ses sœurs et compagnes de Saint-Céré, qu'elle voulait guérir entièrement du poison de l'hérésie. En 1670, elle partait

---

(1) Manuscrit de M. de Maussac.

pour Aurillac, et, dans le parloir des religieuses de la Visitation, elle faisait donation entre-vifs, pour l'établissement d'un monastère du même ordre dans sa ville natale, de la somme de dix mille livres qu'elle s'engageait à payer dans un an (1). Ce don généreux, agréable à toute la population, fut autorisé par une délibération signée à l'unanimité par les notables, conseillers et consuls de la commune. Le duc de Bouillon, en qualité de seigneur temporel, et l'évêque de Cahors, comme seigneur spirituel, tous deux par des actes publics, adhérèrent pleinement à l'institution de cette règle. — Le 22 décembre 1683, la ville de Saint-Céré vit donc accourir dans son sein quatre sœurs de la Visitation de la maison d'Aurillac auxquelles s'adjoignirent quatre autres religieuses du couvent de Tulle, conduites par leur aumônier respectif. — Le 23 janvier suivant, un délégué de l'ordinaire bénissait la chapelle de cette nouvelle communauté qui était définitivement fondée sous la direction de la sœur Angélique du Pourrat. — Cet établissement devait prospérer vite dans une ville aussi catholique. A peine était-il formé que le vicomte de Turenne en ambitionnait la qualité de fondateur et de bienfaiteur. Il s'empressait de donner aux religieuses les droits d'indemnité et d'amortissement qui lui étaient dus dans les acquisitions qu'elles feraient jusqu'à concurrence de mille livres de rente (2). Un peu plus tard, en 1728, Sa Majesté Louis XV confirmait et autorisait ce monastère, ses acquisitions présentes ou futures, les dons reçus ou à recevoir, et l'exemptait expressément de tout droit d'amortissement pour le bâtiment, le jardin et la clôture (3). On aurait dit que tous, à l'envi, voulaient avoir part à ce concert

---

(1) Minutes de M. Delzon, notaire.
(2) Papiers du greffe de la juridiction de Saint-Céré.
(3) Archives du parlement de Toulouse.

de louanges et d'hymnes sacrés qui s'échappaient continuellement du cœur et des lèvres de ces anges du cloître et montaient vers le ciel en gerbes étincelantes.

Mais à l'office divin qui se faisait en commun dans cette maison, à des heures précises de la journée, devait répondre, dans la ville, une autre prière commune capable d'entretenir, entre toutes les pieuses femmes, les liens de la charité mutuelle avec la pensée continuelle du devoir. Avant cette époque, on ne voit pas qu'il ait existé à Saint-Céré, pour les jeunes filles et les mères, ni dévotion spéciale ni association chrétienne. Cependant, comme il n'est pas probable qu'elles aient été privées des grâces et des indulgences qui étaient accordées à leurs frères et à leurs époux, nous supposons qu'elles étaient autorisées à marcher derrière eux sous la bannière du Saint-Sacrement. — Dans tous les cas, leur curé, M. Dubousquet, voulut établir pour elles particulièrement la confrérie du Saint-Rosaire qui, par une ordonnance de monseigneur de la Luzerne, du 20 août 1710, fut érigée canoniquement dans son église paroissiale. Des statuts réglaient les exercices à faire, et des dignitaires excitaient le zèle des associés. Sous cette sage organisation, cette confrérie devint très importante et donna de grandes consolations au clergé paroissial. Bientôt l'autel et la chapelle qui lui avaient été réservés se firent remarquer dans l'église de Sainte-Espérie par la propreté et les belles décorations, et les offrandes et les dons vinrent chaque jour augmenter ses ressources. Aussi, lorsqu'en 1771, on eut démoli, à cause du danger qu'il offrait, le vieux clocher qui s'élevait sur cette chapelle, les confréresses réclamèrent-elles avec empressement l'honneur de cette reconstruction (1). Ah! on était loin, déjà, du temps où les cal-

---

(1) Papiers de M. Degouzon, notaire.

vinistes avaient insulté au culte de la Mère de Dieu; nous croyons qu'ils auraient vainement essayé alors d'empêcher celui qu'on lui rendait dans cette belle confrérie !

Il restait à pourvoir à l'éducation des petites filles, après avoir relevé l'esprit religieux de leurs mères et de leurs sœurs. Ce soin fut rempli, dit-on, avec un zèle irréprochable par les dames de la Visitation. Mais elles ne pouvaient suffire entièrement à cette tâche. Outre qu'elles n'étaient pas encore assez nombreuses, elles auraient eu de la peine à faire asseoir sur les mêmes bancs les enfants des diverses classes de la société. En ce temps-là surtout, où le respect de l'autorité et la distinction des rangs étaient si bien marqués, où la conscience et la raison présidaient au conseil de famille, le pauvre et l'inférieur savaient se tenir en garde contre les prétentions orgueilleuses de l'ambition, et ils connaissaient tout le danger, pour leurs filles, d'une éducation trop brillante. Alors même qu'on leur eût offert gratuitement le bénéfice d'un enseignement élevé, ils l'auraient refusé. Non, ce qu'il leur fallait, c'était une instruction élémentaire et chrétienne qui laissât au cœur de leurs enfants l'amour de leur village et de leur clocher. — L'Eglise, toujours pleine de respect pour la volonté des parents, et trop soucieuse de la tranquillité des familles, ne pouvait que respecter un sentiment aussi légitime. Elle s'empressa donc de s'y conformer, faisant appel au dévouement des demoiselles de l'école chrétienne, connues sous le nom de Mirepoises. Sous leur direction, les élèves faisaient de si rapides progrès, que la commune, cédant au vœu général de la population, voulut leur donner un éclatant témoignage de sa satisfaction. En 1734 elle décrétait pour elles l'achat d'une maison, et recevait, pour cela, l'approbation du duc de Bouillon et de l'évêque de Cahors. Entre autres motifs énumérés dans sa délibération, elle faisait valoir l'utilité et l'importance des services rendus par ces religieuses (1). Elles avaient déjà reçu d'autres éloges non moins précieux. Voici ce que disait d'elles, en 1729, M. de Maussac du Bousquet, leur curé, dans son mémoire paroissial : « L'école chrétienne est un bel ornement de cette » ville ; les demoiselles qui régissent cette maison » sont au nombre de huit à dix, et par leur solide » piété et leur grande exactitude à remplir les devoirs » de leur état, elles ont acquis une vénération géné- » rale. Elles enseignent deux cents filles auxquelles » elles apprennent toutes les notions de la gram- » maire, de l'arithmétique et même du blason, sans » négliger l'instruction religieuse. » Ce manuscrit nous apprend aussi que ces religieuses recevaient les jeunes filles de bonne condition, celles sans doute à qui les parents voulaient rendre eux-mêmes les soins assidus de la santé, laissant alors aux visitandines l'enseignement exclusif des pensionnaires. Dans tous les cas, nous croyons que, sous les efforts réunis de telles maîtresses, le levain de l'hérésie ne devait plus fermenter dans le cœur de cette nouvelle et intéressante génération.

Enfin, comme il n'est rien dans le monde qui puisse tourner les âmes vers le bien et leur faire accueillir sans défiance les sages conseils de l'Evangile, comme les œuvres de miséricorde, et en particulier l'assistance des pauvres et des infirmes, l'Eglise dut porter aussi de ce côté une attention toute spéciale. Seulement il faut s'attendre à voir languir, dans leurs débuts, ces sortes d'œuvres charitables, à l'exemple de celles qui sont les plus saintes et les plus utiles. On vit ici d'abord deux pieuses filles se dévouer au service des malheureux privés de secours, se bornant à leur distribuer les ressources qu'elles pouvaient recueillir dans leurs quêtes : car alors les

---

(1) L'abbé Paramelle, chronique de Saint-Céré.

personnes pieuses et fortunées étaient heureuses de répandre sur les pauvres les dons de leur libéralité. — En 1651, ces bonnes servantes des infirmes reçurent par testament d'Antoinette Roudette une maison et d'autres legs particuliers qui leur permirent d'avoir un hôpital provisoire. — Devenu bientôt étroit, cet établissement fut revendu par la commune qui se chargea elle-même, en 1685, de faire bâtir à neuf, à l'extrémité du faubourg Robinet, un grand bâtiment auquel on donna le nom d'hôpital Saint-Jacques, et qui pouvait recevoir jusqu'à quarante personnes, enfants ou vieillards. En même temps, il s'organisait une commission de notables chargés de la comptabilité, afin d'établir les dépenses et les revenus de la maison. Mais il semblait que les misères augmentaient en proportion des ressources. — En 1690, les membres du bureau furent obligés de faire une quête pour ajouter à l'ameublement des dortoirs; et, à cette occasion, ils décidèrent qu'on en ferait une de publique, chaque semaine, pour secourir à domicile les pauvres qui ne pourraient être reçus à l'hôpital. — L'assistance publique était donc définitivement fondée à Saint-Céré, et il avait suffi à peine d'un demi-siècle pour l'établir sur des bases solides et durables. Les deux pieuses filles qui l'avaient longtemps dirigée avaient reçu leur récompense dans le ciel. D'autres femmes admirables, les sœurs grises de la charité, en 1712, étaient venues continuer aux malheureux ces soins charitables (1). Ah! si les souffrances du corps avaient été soulagées, nous sommes assurés que les souffrances de l'âme n'en avaient pas ressenti un moindre soulagement!

Disons, en finissant, que le clergé paroissial fut secondé aussi, dans cette œuvre de réparation, par les hommes graves et intègres, qui sont chargés partout

---

(1) Abbé Paramelle, chronique de Saint-Céré.

de défendre les droits lésés de la justice. Nous savons qu'il y avait à Saint-Céré une justice ordinaire qui relevait, au premier appel, du juge d'appeau de Turenne, et au second appel, du sénéchal de Martel. Cette justice qui comprenait huit paroisses dans son territoire, et qui, en dernier lieu, était en la main du roi, avait toujours été exercée par un juge et un procureur fiscal (1). Nous avons déjà vu ces officiers s'opposer aux empiétements des calvinistes et dénoncer leurs contraventions soit au parlement de Toulouse, soit au conseil d'Etat. Depuis lors, ils ne furent pas moins zélés pour maintenir l'ordre, pour punir les infracteurs des lois, et protéger les droits et les biens des particuliers.

Avec un tel concours d'efforts généreux et persévérants, on comprend que les calvinistes turbulents et insubordonnés, aient été mal à l'aise dans cette belle et gracieuse cité quercinoise. Non, cette paroisse, qui était un des plus grands fiefs de la maison de Turenne, un des bénéfices les plus importants des abbés de Carennac, un des plus beaux fleurons de la couronne épiscopale de Cahors, n'était pas faite pour l'hérésie.

---

(1) Le procureur prenait la qualité de procureur du roi avant même que la justice ne fût déclarée royale; le greffe appartenait à Sa Majesté. — Archives départementales du Lot.

SIXIÈME PARTIE

MARTEL.

Son origine. — Gouvernement de ses seigneurs. — Associations municipales. — Administration des consuls. — Sénéchaussée de Martel. — Calvinistes et royalistes. — Eglise de Saint-Maur.

I

SON ORIGINE.

Armes de la ville. — Préambule. — Site. — Fondation. — Circonstances qui amènent Charles-Martel ; les Sarrasins dans le Quercy ; le duc d'Aquitaine et les Francs ; victoire sur les Maures à Poitiers. — Retour des armées africaines dans le Quercy ; les Francs les arrêtent et leur livrent combat à Murlat, près Martel ; autre bataille à Combes-Sangui ; dispersion complète de l'ennemi à Condat. — Monuments commémoratifs des victoires remportées par les Francs ; ermitage de Moradène ; couvent de Barbaroux. — Église de Saint-Maur. — Formation de la ville de Martel. — Vieux-Martel. — Voie du Haut-Limousin à Rocamadour.

Armes de la ville : De gueule à trois marteaux d'argent au manche d'or, posés 2 et 1. (*)

S'il est un devoir pour tout écrivain occupé à fouiller dans les vieilles archives afin d'y découvrir les belles traditions locales, de s'enquérir minutieusement des mœurs et de l'esprit des populations, de connaître les généreux sentiments et les nobles passions qui leur servirent de mobile ;... c'est pour nous une douce satisfaction, après bien des recherches, de publier les efforts constants que tentèrent à diverses époques les habitants de Martel, afin de préserver

---

(*) Bibliothèque de Grenoble, manuscrit de Guton de Malleville.

leur sol et de conserver leurs franchises et leurs coutumes religieuses.

Leur ville est située sur un petit plateau calcaire qui sert de trait d'union entre deux collines allant du levant au couchant. Sans s'appuyer sur elles, pour paraître trop rechercher leurs bienfaits, elle les reçoit néanmoins gratuitement et avec bonheur, surtout lorsque la rosée du ciel daigne venir vivifier ses terrains et ses fontaines trop vite desséchées. Assez élevée pour être préservée des brouillards qui éprouvent souvent les santés les plus robustes, elle est encore suffisamment abritée contre les vents glacials du nord et les chaleurs brûlantes du midi. Légèrement inclinée vers l'orient, ses places et ses rues semblent se tourner, comme son église, du côté où se lève le soleil bienfaisant qui ranime la nature, et où se leva splendidement le vrai soleil de justice qui brilla pour notre salut. Enfin on sent ici une atmosphère capable de développer les fortes constitutions et les caractères énergiques, à l'aide desquels, sous l'influence du christianisme, grandirent et se fortifièrent les sentiments patriotiques auxquels nous aurons occasion de rendre hommage.

Il est difficile de découvrir l'origine des localités importantes de la vicomté de Turenne, mais il l'est moins pour celles de Martel. Tous les historiens du Quercy s'accordent à rapporter sa fondation à la première moitié du VIIIe siècle, à l'occasion du passage de Charles-Martel en ce pays. Il paraît certain, en effet, que ce conquérant, en revenant de combattre les Sarrasins fit bâtir en ce lieu une église qu'il plaça sous le vocable et la protection de saint Maur, en souvenir ou reconnaissance des succès qu'il avait remportés tour à tour sur les barbares africains, vers l'an 734.

Mais ce fait est trop important pour cette localité, pour qu'on ignore les circonstances dans lesquelles il se produisit. — Les Sarrasins, après avoir conquis l'Espagne, voulaient également s'emparer de la Septimanie, c'est-à-dire de la province de la Gaule qui était comprise dans le comté de Toulouse, comme faisant partie des Etats des Goths qu'ils avaient vaincus. Ils se répandirent dans le Quercy qu'ils dévastèrent. Tout ce qui portait surtout l'empreinte du christianisme fut sacrifié à leur fureur et à leur brutalité. On trouve encore des traces de leur séjour dans le pays, notamment à Luzech, où sont deux vieilles tours appelées *Castel-Sarrasis*, et à Cahors où se voit la porte *del Morou*. Tout près de Cardaillac, on découvre, sur le sommet de la montagne nommée *Pech-las-Martres*, plusieurs auges de pierre, taillées en forme de bière, que la tradition dit avoir servi à mettre les corps de plusieurs chrétiens martyrisés en ce temps-là. — Eudes duc d'Aquitaine, touché de l'état pitoyable dans lequel ces barbares laissaient les contrées où ils passaient, voulut aller au secours des malheureux quercinois; mais ne se sentant pas assez fort pour les soutenir, il se lia successivement d'abord avec un général arabe, auquel il donna sa fille en mariage, et puis avec Charles-Martel. Ce fut avec ce dernier qu'il engagea contre les Sarrasins une action décisive, au-delà de Poitiers sur le chemin qui conduisait au tombeau de saint Martin de Tours. Abdérame étant tombé mort sur le champ de bataille, ses troupes s'enfuirent en désordre dans la Septimanie, où les poursuivirent les vainqueurs. — Quoique Eudes, dit un historien, eût tout l'honneur de la victoire, ce fut Charles-Martel qui voulut en avoir tout le fruit, en vertu d'un traité qu'il avait fait signer au duc. Et s'il lui avait vendu cher son secours, c'était dans l'espoir de réunir plus tard à sa couronne les belles provinces du Midi. C'est pourquoi il profita de cette occasion pour en chasser les Sarrasins.

C'est en poursuivant les débris de leur armée, qu'il arriva jusqu'à Martel, où il leur aurait livré plusieurs combats meurtriers et décisifs. Nous donnerons là-dessus des renseignements détaillés qui ont échappé à l'histoire et qu'a bien voulu nous fournir un sincère et très digne prêtre de l'endroit, l'abbé Larnaudie, après avoir consulté la tradition orale et exploré lui-même les lieux qui lui étaient désignés. — Il paraîtrait que le vainqueur, arrivant par Turenne et désirant se tenir sur les hauteurs qui dominent le pays, afin de n'être pas surpris par l'ennemi et de pouvoir suivre ses mouvements, se serait dirigé vers l'Hôpital-Saint-Jean. S'étant aperçu de là que les musulmans s'étaient engagés dans un défilé formé par le ruisseau du Vignon, pour y faire désaltérer leurs chevaux et leurs soldats et peut-être aussi pour se dérober à la vue des Francs, il fut les y attaquer. Il rencontra leurs détachements à Murlat, près de l'emplacement où fut bâti le vieux château de Murel, et leur fit subir des pertes sérieuses. Les nombreux ossements qu'on trouve encore en cet endroit et le nom de Moradène qu'on donne à une vieille église qui s'élève tout à côté sur une petite élévation, rappellent ce fait d'armes et disent assez toute l'importance qu'il dut avoir. — Après cet exploit qui ouvrait au conquérant la route et la porte du Quercy, il fallait épuiser les dernières forces de l'ennemi, et l'obliger constamment à se battre, afin de l'empêcher de reformer ses troupes. Mais qui était plus prompt et intrépide que Charles-Martel et qui mieux que lui savait profiter de la victoire? Or voilà qu'au lendemain de ce glorieux combat, se livrait entre les mêmes combattants, dans le vallon de Combe-Sangui (1), près de Louchac, une autre bataille sanglante dont le souvenir est resté vivant dans le pays et que perpétuera le nom de Maurétie *(Maure tué)* donné au village bâti depuis en cet endroit. — Chassés des hauteurs calcaires et délo-

---

(1) Cet endroit est situé dans le canton de Martel, à l'est, et à la distance d'une heure du chef-lieu.

gés des épais bois taillis de chêne, derrière lesquels ils s'étaient retranchés, les Maures, en désordre, descendirent dans la magnifique plaine de Condat qui se déroule au sud-est de Martel et au-devant de Combe-Sangui. Ils y furent rejoints immédiatement par les armées victorieuses, qui, après avoir achevé de les disperser, s'arrêtèrent dans les marais de Cavaignac pour s'y fixer. Elles construisirent là, dit-on, une ville à laquelle elles auraient donné le nom de Mormartel, en souvenir des victoires qu'elles avaient remportées en cette contrée.

Selon son habitude, Charles-Martel ne crut pas devoir s'éloigner de ces champs de bataille où il s'était couvert de gloire, sans y laisser d'immortels et pieux souvenirs de son passage. Soit qu'il doutât de la fidélité de l'histoire pour en léguer la mémoire à la postérité, soit qu'il voulût témoigner plus spécialement sa reconnaissance au Dieu des armées, et, par ce moyen, achever de gagner les sympathies du clergé, il fit ériger des monuments religieux là où le catholicisme, par ses soldats, avait remporté un triomphe éclatant sur l'islamisme. — La vieille église, dont nous avons déjà parlé, qui domine le vallon de Murlat, et au milieu de laquelle est creusé un tombeau, (sans doute celui d'un pieux serviteur de Dieu), fut construite très probablement pour publier le succès des Francs en cette mémorable journée ; et elle dut être confiée aux soins des reclus qui, chaque jour, faisaient monter vers le ciel des prières ardentes en faveur des héros de la foi, dont le sang avait été répandu en ce lieu pour la cause de la religion. Ce qui l'avait fait appeler : l'ermitage de Moradène. — A côté de Combe-Sangui, sur le pic élevé d'Issendolus, on découvre un ancien prieuré qui dépendait des maltaises de l'Hôpital-Beaulieu, où des saintes femmes ne cessaient de remplir de leurs cantiques l'air que les barbares africains, en mourant, avaient rempli de leurs blasphèmes. La vieille légende qui donne à ce monastère le nom de Barbaroux, raconte qu'il fut visité par le conquérant, et vraisemblablement comblé de ses bienfaits, sinon fondé par lui (1).

Mais s'il ne reste que des présomptions pour attribuer ces deux institutions à une fondation royale, il n'en est pas de même de l'église de Martel. L'historien des évêques de Cahors, Jean Vidal, nous dit que le vainqueur des Musulmans l'avait fait construire et l'avait dédiée à saint Maur, en souvenir de la victoire qu'il avait remportée sur eux en cet endroit. Il ne fallait rien moins, on le comprend, qu'une origine aussi glorieuse, avec un nom aussi célèbre, pour flatter l'orgueil des habitants de la contrée et profiter vite au développement et à la prospérité de cette localité naissante. Nous voudrions connaître maintenant les privilèges et les immunités qui lui furent octroyés, à cette occasion, par son illustre fondateur, et qui ne favorisèrent pas peu son extension, mais la charte qui devait en faire mention n'est pas arrivée jusqu'à nous. Il est à présumer cependant que le souverain n'avait mis aucune borne à ses libéralités, et que Martel jouissait dès lors de toutes les garanties qui pouvaient assurer et affermir ses institutions.

Dans tous les cas, nous ne voyons rien, depuis cette époque jusqu'au XIIe siècle, qui soit venu entraver l'œuvre de sa formation. Pendant cette période si agitée elle ne crut pas devoir se mêler aux intrigues politiques qui se dénouaient sous les remparts de Turenne, ne voulant pas troubler la tranquillité de ses habitants par des querelles interminables et des luttes sanglantes. Tout occupée à régler ses mœurs et ses coutumes religieuses, on eût dit qu'elle ne songeait qu'à réunir le plus grand nombre de fidèles autour de son clocher, d'où étaient bannis le tumulte et les

---

(1) Tradition locale.

combats. C'est là ce qui fit sa force, et lui permit plus tard de jouer un si grand rôle et de tenir un rang si important parmi les autres places de la vicomté. Profitant de la paix qui lui était accordée, elle put s'étendre à son aise et se munir de fortes murailles sans exciter la jalousie des seigneurs voisins.

Il nous resterait maintenant à expliquer la dénomination de Vieux-Martel, donnée à la vallée qui part du Puy-de-Labastide jusqu'aux landes de Louchat. Quelques-uns ont pu penser que cet emplacement avait d'abord été choisi de préférence à l'autre pour y élever un monument commémoratif de la délivrance des Sarrasins ; mais cette opinion ne peut guère être acceptée. Il faudrait supposer que deux villes furent formées presque en même temps et à une distance très rapprochée l'une de l'autre, et alors comment expliquerait-on le nom de Vieux-Martel donné à la première ? Il serait bien plus simple de supposer qu'une ancienne ville avait été bâtie en cet endroit ; qu'elle avait été ensuite assiégée et ruinée, dans cette guerre, par les Francs, pour en chasser les barbares qui s'y étaient retranchés, et qu'après le vainqueur avait fait construire une nouvelle ville tout à côté de la première, pour rendre aux malheureux habitants les demeures qu'ils avaient perdues et ne pas les obliger à s'expatrier.

Nous ne croyons pas d'ailleurs que Charles-Martel ait pu trouver dans cette contrée une position plus avantageuse pour y asseoir une ville. Placée sur la grande voie qui conduisait du Haut-Limousin à Rocamadour, elle devait servir en même temps de station pour faire reposer les pèlerins et les soldats fatigués : toutes conditions favorables pour le commerce et l'industrie. Il fallait de nombreuses hôtelleries et de grandes provisions de vivres pour recevoir les voyageurs qui arrivaient chaque jour. Aussi, en peu de temps, malgré la richesse de la végétation qui réclamait la présence du cultivateur dans la campagne environnante, une nombreuse population eut-elle pris place des deux côtés de la route qui conduisait au sanctuaire vénéré de la reine du ciel, sous l'autorité de ses maîtres et seigneurs respectifs.

CHATEAU DE TURENNE (TOUR CYLINDRIQUE).

(Extrait de l'*Abécédaire archéologique* de M. de Caumont.)

II

GOUVERNEMENT DES SEIGNEURS.

Exercice des pouvoirs temporel et spirituel. — Révolte contre le vicomte de Turenne; son emprisonnement; son élargissement; châtiment infligé au révolté. — Ferment de discorde. — Douce administration des seigneurs de Turenne; privilèges accordés par eux. — Effet de la prédication des croisades; amélioration apportée dans les vieilles coutumes. — Charte de Raymond IV; articles basés sur la vertu chrétienne. — Autorité ecclésiastique. — Intervention de l'évêque de Limoges; l'évêque de Cahors auprès d'un prince d'Angleterre; querelle terminée par le pape. — Religieux bernardins d'Obazine; leurs propriétés et leurs couvents entre Brive et Martel. — Sentence arbitrale rendue par l'abbé d'Obazine; charte qui en fait foi. — Confiance absolue des habitants.

Ici, comme à l'origine de toutes les localités importantes du moyen-âge, on voit apparaître le double pouvoir temporel et spirituel entouré du prestige qui lui donnait auprès de la population une grande influence morale et civilisatrice. Les vicomtes de Turenne, les bernardins d'Obazine et le clergé paroissial, rivalisant de zèle, prirent en main le gouvernement de cette ville, pour y établir des lois sages et paternelles capables de former les mœurs sauvages des habitants, d'élever leur esprit et leur cœur, et de les conduire doucement et sans secousse à se gouverner eux-mêmes. Dans cette œuvre lente et pénible de l'éducation du peuple, on ne sera pas surpris, connaissant l'humeur inquiète et turbulente des hommes, de voir jaillir, de certains chocs violents, des étincelles qui allumaient parfois des incendies et des querelles regrettables entre les sujets et leurs chefs. Si nous remontions au berceau de toutes les institutions, nous verrions qu'il a fallu, de part et d'autre, une grande dose de patience et de charité que le christianisme seul a pu donner.

C'est ainsi qu'après quatre siècles de formation et de paix, sous la domination constante et soutenue des vicomtes de Turenne, une révolte éclata contre ces seigneurs dans l'intérieur de la ville, en l'an 1178, à l'occasion d'une famine qui faisait de nombreuses victimes (1). « Une très grande sécheresse, nous dit-on, avait fait périr les récoltes dans les champs qu'on avait à peine eu le temps d'ensemencer. » Accablés de misère, les malheureux habitants s'attendaient à certains égards de la part des hauts barons et en particulier du vicomte, suivant le conseil de l'Eglise et le précepte évangélique de la charité fraternelle. Mais ceux-ci ne tinrent compte de rien, et, peu contents d'affliger le pays par les maux de la guerre, ils ne craignirent pas de faire peser sur le peuple une odieuse tyrannie, allant jusqu'à lui ravir ce qui lui était nécessaire pour sa subsistance. L'exaspération fut grande parmi les plus pauvres, et leurs colères trouvèrent bientôt un écho dans la classe aisée. « Un jour, nous raconte l'auteur de la chronique de Saint-Martin de Limoges (2), un bourgeois de Martel, nommé Jean de Cuzance, aidé de sa famille, s'empara du vicomte de Turenne en plein jour, et, le couteau à la gorge, *lo costro à la gola*, le conduisit au sommet d'une tour, comme en avaient à leurs maisons les bourgeois du Midi, et l'y enferma. » La nouvelle de cette arrestation se répandit

---

(1) Chronique Vosienvis. — *Histoire du Bas-Limousin*.
(2) Bernard Ithier.

promptement et causa une vive sensation. Le lendemain, plusieurs barons et l'évêque, Sebrand Chabot, tout récemment promu au siège de Limoges, vinrent réclamer le prisonnier et promirent par serment à Jean de Cuzance qu'on lui restituerait tout ce qui lui avait été enlevé. Le vicomte fut rendu à la liberté, mais il crut pouvoir se dégager de sa parole pour venger les droits du seigneur indignement violés, en faisant arracher les yeux au bourgeois téméraire, ainsi qu'à sa famille.

On ne saurait excuser ni la révolte du sujet ni la vengeance du seigneur. De part et d'autre il y eut excès. Constatons seulement, tout de suite, la fierté et l'indépendance de caractère des Martellois, que nous trouverons aussi énergiques dans d'autres circonstances. Disons également que les vicomtes avaient conscience de leur autorité et savaient la faire respecter. Nous croyons, néanmoins, que le germe du mécontentement qui s'était manifesté alors, dut fermenter bien davantage après cet acte de barbarie. Les habitants de Martel durent chercher une occasion de s'affranchir de cette domination, et, en attendant, réclamer des garanties contre le retour de pareilles atrocités.

Il faut reconnaître, cependant, que la domination des vicomtes de Turenne fut généralement douce et paternelle. S'ils étaient jaloux de leurs droits, ils ne l'étaient pas moins de ceux de leurs sujets, et partout et en toute circonstance, ils défendaient leurs intérêts avec un dévouement sans égal. A cette époque ils avaient établi pour eux, et fait confirmer par les rois de France, des franchises et des libertés inconnues aux autres provinces. C'est ainsi que les habitants de Martel étaient exempts, envers le roi, « de taille, de subsides, d'emprunts et de toutes sortes d'impôts, comme aussi de toute recherche et taxe de francs-fiefs. Ils n'étaient pas non plus obligés de fournir des francs-archers, et les sergents royaux ne pouvaient délivrer aucune assignation ni faire aucune saisie dans leurs terres (1). » En un mot, ils étaient dispensés de toutes les charges auxquelles étaient soumises les populations des autres contrées de la France : ce qui les rendait plus libres et plus heureux. Aussi se gardaient-ils de se plaindre de ce joug, et chaque année, à la fête du vicomte, s'empressaient-ils de marquer leur contentement par des vivats et des danses autour du feu de joie, comme nous l'avons déjà dit à propos d'Argentat (2).

Sous cette bienveillante administration, la ville de Martel pouvait s'appliquer utilement à son œuvre d'organisation intérieure. Persuadés que la prospérité et la force d'un peuple se donnent la main quand elles sont cimentées par la religion, les vicomtes ne cessaient de l'exhorter à se pourvoir d'institutions sages et chrétiennes. Eux-mêmes leur en avaient facilité les moyens par leurs nombreuses et larges concessions. Mais il était réservé à la prédication des croisades de créer un véritable enthousiasme religieux, et d'imprimer un élan tout particulier pour les œuvres saintes et moralisatrices. Après avoir entendu le cri généreux et spontané de : *Dieu le veut*, poussé par des milliers de gentils-hommes, Raymond IV de Turenne n'attendit pas d'être en Palestine pour suivre son inspiration. Regardant autour de lui, il apprécia, tout de suite, les dangers que faisaient courir dans ses États, les abus d'une législation imparfaite; et, avant son départ, il voulut y mettre remède. — Les coutumes et les règlements établis par ses ancêtres ne pouvaient se prêter assez aux transformations réclamées par les exigences du temps ;... il les améliora par de nouvelles ordonnances, auxquelles il jura de se con-

---

(1) Copie d'un extrait vidimus des registres du conseil d'État, par Brieule, notaire royal ; Bombal.

(2) Archives de M. le docteur Morélie, d'Argentat.

former et de faire observer par tous les habitants de Martel. La charte qu'il fit, à cette occasion, est un monument remarquable de la foi et de la sagesse d'un croisé, et restera gravée comme un souvenir impérissable dans l'histoire du Midi.

« Quiconque, est-il dit, étranger ou autre, aura imputé faussement un crime à une personne, dans la ville de Martel, paiera sept sols au vicomte, et il sera fait droit à sa plainte : *Quicunque extraneus aut privatus, in villâ Martelli, objiciet in aliquam aliquod crimen mortale, quod rerum non esset, septem solidos dabit vicecomiti, et fiet jus clamanti.* »

« Quiconque se rendra coupable de délation, de larcin ou de faux témoignage, sera mis, lui et tous ses biens à la disposition du vicomte : *Si proditionem, aut furtum, aut falsum testimonium, aliquis fecerit, ipse et omnia bona sua in voluntate vicecomitis sunt.* »

« Quiconque aura été surpris, dans la ville, en adultère avec une femme mariée, sera saisi et traîné en prison avec sa complice dans l'état d'infamie : *Quicunque habitator villæ Martelli, cum aliquâ uxuratâ, in eâdem villâ captus esset, et probatus adulter, trahetur per genitalia nudus, et adultera nuda.* »

« Quiconque ne se rendra pas à l'appel du vicomte quand il convoquera les milices pour une guerre qui lui sera propre, donnera soixante sols pour la justice, s'il n'est excusé par aucun cas de maladie. S'il est infirme il sera non-seulement exempt, mais il ne devra même pas fournir de remplaçant : *Si quis habitator villæ non sequitur vicomitem quando mandat sequitiones suas, pro propriâ guerrâ, si sanus est, sexaginta solidos pro justitiâ dabit ; infirmus non ibit, neque hominem locabit.* »

« Si, dans l'expédition, les Martellois prennent quelque chose dans la terre des ennemis, cela leur appartiendra, à moins cependant qu'ils n'aient agi en fraude à la manière des voleurs, parce qu'alors ils tomberaient dans les mains du vicomte : *Et si in secutioni homines Martelli, de terrâ inimicorum aliquid ceperint, totum suum erit ; nisi dominus guerræ fuerit vel latro vel muntrarius, qui debent incidere in manus vicecomitis.* »

« Quiconque voudra vendre un homme devra le publier auparavant et faire connaître le prix qu'il en veut, mais une fois ce prix fixé, il ne devra ni l'augmenter ni le diminuer : *Qui virum habent ad vendendum, clament illud et dicunt pretium, et posteaquam dictum fuerit, non augeatur nec mensura minuatur.* »

« Quiconque se fera accepter dans la commune de Martel, ne devra servir et reconnaître d'autre seigneur que le vicomte : *Omnis homo qui in communitate Martelli se dederit, non debet sequi servitium domini sui neque habere dominum, nisi vicecomitem* (1). »

Ce simple énoncé suffit à nous faire comprendre le cas que faisaient les vicomtes de la probité, de la vertu et de la réputation de leurs sujets ; l'horreur qu'ils avaient du mensonge, du vol et de l'infidélité conjugale ; le soin qu'ils prenaient pour maintenir la discipline du soldat, la dignité de l'homme et la soumission pour les chefs. Ne sont-ce pas là les bases d'une bonne administration? Aussi eurent-ils le mérite d'avoir conservé intacts, au milieu de cette population, l'esprit religieux et la moralité chrétienne, jusqu'au jour où ils abandonnèrent aux habitants le soin de se gouverner eux-mêmes, tout en se réservant le droit de veiller au maintien des privilèges de la ville.

Mais la maison de Turenne n'était pas seule chargée de l'éducation religieuse de ce peuple. L'Eglise,

---

(1) JUSTEL. — MARVACD.

ordinairement si jalouse de ses droits sur les consciences, voulut lui disputer ce mérite et cette gloire. A celle qui sait apprécier la valeur des âmes, il appartient de les garder, de les préserver des écueils et de leur fournir de salutaires aliments. A elle d'inspirer les dévouements, et de préparer les institutions qui peuvent assurer leur salut et leur bonheur. Elle ne saurait manquer à sa vocation, et lors même qu'elle s'effacerait et se tiendrait dans l'ombre, ou que son œuvre germerait entre les mains des laïques, il faudrait toujours reconnaître son souffle créateur.

Ce n'est donc pas sans raison que nous placerons, à côté de l'autorité des vicomtes, celle non moins respectable de l'Eglise. Eh! quelle douce et bienveillante autorité!... Déjà nous avons vu un évêque de Limoges intervenir dans un conflit regrettable entre le seigneur et un sujet révolté, et user de conciliation pour sauver les droits de l'un et de l'autre. — Un peu plus tard nous verrons un évêque de Cahors presser contre son cœur Henri-au-court-Mantel, ce jeune prince d'Angleterre insoumis et agonisant, lui faire comprendre ses torts à l'égard de son père, recueillir ses larmes et ses regrets, lui donner l'absolution de ses fautes et lui fermer les yeux, en lui tenant lieu de parent et d'ami. — Enfin, vers le milieu du xiv° siècle, le pape lui-même, averti par une députation des Martellois des démêlés qui existaient entre eux et les vicomtes, termina la querelle par un traité qu'il fit signer aux parties, et où étaient réglés les droits respectifs des uns et des autres (1).

Mais l'autorité spirituelle qui s'imposa le plus fréquemment dans cette ville fut celle des religieux et abbés d'Obazine. Nous savons, en effet, que les disciples de saint Bernard, dès les premières années du xiii° siècle, y vivaient en communauté, s'efforçant d'y

---

(1) Archives départementales du Lot.

propager le culte de la reine du ciel avec les pratiques austères de la pénitence. Nous regrettons de ne pouvoir donner la date de sa fondation et les noms de ses bienfaiteurs. S'installèrent-ils sur les ruines d'un autre monastère ou d'une maison militaire, comme il y en avait tant dans cette contrée?... Nous ne pouvons absolument rien affirmer. Il nous plairait de penser que le vainqueur des Sarrasins avait établi des reclus ou des moines près de son église de Saint-Maur pour y publier les louanges du Dieu des armées ; ou bien que la maison de Turenne avait brigué l'honneur d'y déposer, comme à Sarrazac et à Beaulieu, un grand témoignage de sa piété et de sa libéralité. Mais nos conjectures ne peuvent servir, tout au plus, que de jalons sur la voie des investigations. — Ce qu'il y a de certain, c'est que l'autorité des abbés d'Obazine était reconnue dans tous le pays compris entre Brive et et Martel ; étant échelonnées çà et là, ou des maisons de leur ordre, ou des propriétés seigneuriales. Ils prélevaient le tribut à Noailles, à Cressensac, à Giniac, et à Nespouls, et y possédaient plusieurs établissements, en guise d'hôtelleries, qu'ils avaient eu soin de placer aux abords des chemins. Au village de Baudran, dès le xiie siècle, ils nourrissaient une grande quantité de pauvres près de l'église de Sainte-Marie (1) ; à celui de Belveyre, un peu plus tard, ils remplaçaient les chevaliers du Temple, et enfin à la Vacherie, on voit encore l'allée dite des Dames, par où défilaient en procession les religieuses bernardines de la maison de Coiroux. Confiant en la tradition populaire, nous pourrions encore placer un de leurs monastères sur le plateau de la Vaysse, à Turenne. — Si donc les religieux d'Obazine s'étaient dispersés dans toute cette contrée déjà si distante de leur abbaye, c'est apparemment qu'ils avaient au-delà un établis-

---

(1) Cartulaire de l'abbaye d'Obazine.

sement important qui leur permettait d'y maintenir leurs droits et leur règle. D'où la croyance pour nous que les vicomtes de Turenne les avaient appelés de bonne heure à Martel, et leur avaient donné la seigneurie spirituelle et une partie de leurs revenus pour en faire bénéficier leurs sujets, fidèles en cela à la pratique des grands qui faisaient des monastères les dispensateurs de leurs aumônes.

Il va sans dire que l'influence de ces religieux se fit sentir très vite et contribua à la paix publique en formant ou corrigeant les mœurs des habitants : ce qui leur valut tout de suite la confiance du peuple et l'estime des chefs. Ils étaient les conseillers des familles, et les seigneurs recourraient à eux ou à leur abbé dans tous leurs différends. Nous en avons un exemple dans la sentence arbitrale qui fut rendue à Martel, le 10 mai 1204, entre l'abbé de Beaulieu, Pierre de Saint-Céré, et son subordonné, Gaulfret de Curemonte, prieur de Friac, d'une part... et les seigneurs de Saint-Michel, d'autre part... au sujet de la propriété du marais de Fontial, dans la paroisse de Condat. Géraud de Gourdon, abbé d'Obazine, et Robert, seigneur de Cavagnac, furent nommés arbitres, et les termes de ce compromis sont remarquables en ce qu'ils reproduisent, à peu de choses près, les formules employées par les modernes, et sembleraient écrites de nos jours. Chacune des parties expose à son tour ses prétentions ; puis elles déclarent composer sur leurs débats et s'en remettre à la décision des arbitres :

« Et nous, arbitres, après avoir entendu les raisons
» de part et d'autre, et les avoir pesées, en vertu du
» pouvoir qui nous a été donné, nous jugeons et
» ordonnons par les présentes, que pour tout droit
» juste ou injuste que les seigneurs de Saint-Michel
» ont et peuvent avoir sur la troisième partie du
» marais de Fontial, le seigneur abbé de Beaulieu et
» le prieur de Friac leur donneront vingt-cinq francs
» d'or ou leur valeur, moyennant quoi les seigneurs

» de Saint-Michel renonceront à tout droit qu'ils
» pourraient avoir sur le marais de Fontial. Et nous,
» seigneurs de Saint-Michel, déclarons par les pré-
» sentes, avoir reçu du prieur de Friac la somme de
» vingt francs d'or. Et enfin nous, les susdites parties,
» louons, par ces présentes, les décisions portées, et
» voulons les fortifier et sceller de notre sceau. Donné
» dans notre maison de Martel dépendant de l'abbaye
» d'Obazine, le dixième jour du mois de mai, l'an du
» Seigneur mil deux cent quatre. Témoins Adémar,
» Folroal, Adémar de Vayrac, Bertrand de Saint-
» Amant et Bernard de Chaumars, moines de l'abbaye
» d'Obazine, et Ugon de Cornil, Pierre Feydet et
» Etienne de Tudel. »

Universis præsentes litteras inspecturis, tam præsentibus quam futuris, notum sit quod nos Petrus de Sancto Sereno, abbas Bellilocensis, et Gaufredus de Curamonta, prior de Friaco, ex una, et Guillelmus de Sancto Michaele et Guitardus, frater noster, ex alia; cum esset debatum inter nos, prædictas partes, ex eo quia nos dicti de Sancto Michaele, dicebamus tertiam partem indivisam maresis de Fondial, parrochiæ de Condato, Caturcensis diœcesis, juridictionis et justiciæ monasterii Bellilocensis, ad nos pertinet, prout metæ lapideæ ibidem appositæ faciunt divisionem mares deux Folcoaux et maresi de Fondial, et confrontantur cum prato del Batut, morente de feudo domini præpositi de Veyrac, itinere intermedio, et cum itinere quo itur de Branceilhas ad fontem Dial et hinc ad molendinum del Sostre, et cum aliquibus metis lapideis, quarum una est a parte de Fondial et nemoris Long, ex alia parte morent a domino priore de Friac ; quæ bodulæ faciunt divisionem maresis deux Falcoaux et deux Choulforus et de Fondial. Et nos prædictus prior de Friac, dicebamus contrarium totum dictum maresium ad nos pertinere. Tandem nos de prædictis

*debatis compromissimus, et per præsentes compo-
nimus atque compromittimus, in dominum Geral-
dum de Gordonio, abbatem Obasinæ et nobilem
Bernardum Rotbert dominum de Caranhaco, pro
parte sud. Et nos arbitri, dictum omnis compro-
missionis suscipientes, et virtute potestatis nobis
attributæ, visis omnibus, hinc et indè, arbitramus
et per præsentes ordinamus, quod pro omni jure
justè vel injustè, quod ipsi de Sancto Michaele
habent et habere poterant in dictâ tertiâ parte,
idem dominus abbas et prior tradant eisdem de
sancto Michaele viginti quinque francos auri seu
eorum volorem, et iidem de sancto Michaele cum
præmissis quittent totum jus, ut dictum est, quod
habent in dicto marcsio de Fondial. Et nos
de Sancto Michaele, per præsentes recognos-
cimus habere à dicto priore dictam summam
viginti francorum auri, et demùm nos, partes
prædictæ, laudamus præmissa per præsentes, et
ad majorem roboris firmitatem, volumus sigillis
nostris has præsentes muniri. Datum in domo
nostrâ de Martello dictæ abbatiæ Obasinæ, die
decimâ mensis maii, anno Domini millesimo du-
centesimo quarto. Præsentibus Ademaro Folroal,
Ademaro de Veyrac, Bertrando de Sancto Amantio
et Bernardo de Chammars, monachis dictæ nostræ
abbatiæ Obasinæ, et Ugone de Cornilh, Petro
Feydit, Stephano de Tudel, Testibus* (1).

Avec quels ménagements et quels sentiments d'impartialité et de religieuse équité ne fut pas rendue
cette sentence arbitrale? Aussi, loin de diminuer,
l'influence de ces religieux ne fit que grandir dans
toute la contrée. Ce n'était pas seulement les possesseurs de fiefs qui avaient recours à eux pour faire
régler leurs différends, c'étaient encore les serfs et

---

(1) Cartulaire de l'abbaye de Beaulieu, M. Deloche.

tous les habitants de Martel. Ceux-ci en fournirent une preuve dans une circonstance bien remarquable, qui donne la mesure de leur confiance. Au moment où ils entraient en possession des franchises communales et du droit de s'administrer eux-mêmes, ils firent acte de dépendance envers les abbés d'Obazine par un compromis passé en l'an 1264, et par lequel il était stipulé que leurs différends avec les consuls seraient soumis à leur arbitrage comme à celui du vicomte (1).

Tel était le gouvernement des seigneurs temporels et spirituels de cette ville. Tempéré et guidé par l'idée chrétienne, il ne pouvait être que paternel et contenu. Aussi pendant qu'il faisait régner la justice autour de lui, il donnait un grand essor aux institutions qui firent le bonheur de ses habitants, comme nous pourrons bientôt nous en convaincre.

---

(1) Archives départementales du Lot.

III

ASSOCIATIONS MUNICIPALES.

Circonstances favorables à l'organisation municipale. — Commune politique et mixte. — Son affranchissement. — Députation des habitants à Avignon. — Effet de l'entremise du pape; les parties conviennent de faire un traité; choix des mandataires de la commune; conditions du traité demandées par les habitants de Martel au vicomte de Turenne; traité avorté. — Commune industrielle. — Assistance publique; hospice. — Corporations ouvrières soumises à l'autorité seigneuriale. — Garanties réclamées contre l'autorité consulaire. — Commune religieuse. — Confrérie de Notre-Dame. — Confrérie du Saint-Sacrement. — Confrérie des pénitents bleus de Saint-Gérôme; leur réunion à celle du Saint-Sacrement; leurs offices séparés. — Pèlerinages à Rocamadour; supplique des pénitents à l'évêque de Cahors pour l'accomplissement d'un vœu à ce sanctuaire. — Autre forme d'association religieuse. — Bernardins. — Cordeliers. — Maltaises. — Demoiselles de l'école chrétienne.

Il semble que la Providence avait ménagé les circonstances les plus favorables pour faire de Martel une ville forte et indépendante. Les forteresses matérielles et spirituelles lui servaient de défense, et, sans la menacer, contribuaient étrangement à maintenir et à fortifier ses institutions, en modérant l'ardeur de ses habitants. Presque à égale distance des fortifications et redoutes de Montvalent, de Creisse, de Mirandol, de Casillac, de Cavaignac, de Tersac, de

Chauzenége et de Turenne, elle ne l'était pas davantage des grandes abbayes bénédictines de Souillac, de Carennac et de Sarrazac, sans parler des couvents et prieurés qui formaient autour d'elle une double enceinte, pour les abriter contre les divisions du dedans et les attaques du dehors.

Disons qu'elle sut en profiter pour entreprendre sérieusement son œuvre d'organisation municipale. Déjà nous avons vu les encouragements et les appuis que lui donnèrent les seigneurs de Turenne, surtout à l'époque où ils s'apprêtaient à partir pour la Terre-Sainte. Ils avaient posé les bases d'une sage et puissante administration ; et, après cela, il fallait s'attendre à voir surgir l'association politique et bourgeoise de la commune, qui, alors, n'avait d'autre but que de procurer le bien commun, en se servant des moyens utiles qui lui étaient offerts. — Mais il est donné au temps de mûrir toutes les idées. Le XIII° siècle seul devait voir établir les véritables franchises de la ville de Martel. Comme nous l'avons fait remarquer pour Argentat et Saint-Céré, les institutions municipales durent être attribuées aux efforts désespérés que fit la cité de Brive pour se débarrasser des bandes de guerriers que le Nord avait lancés sur le Midi contre les hérétiques Albigeois, et enfin pour échapper aux prétentions des hauts barons du voisinage. C'est alors que Raymond VI, vicomte de Turenne, craignant une ligue entre les villes soumises à sa domination et voulant la prévenir, fit des concessions aux habitants de Martel et leur permit, en l'an 1256, de se nommer eux-mêmes des consuls, tout en conservant sur la ville ses droits de principauté. « Dès lors, les Martellois furent appelés à élire leurs conseillers, parmi lesquels, tous les trois ans, ils choisissaient quatre consuls. Ces magistrats réunis aux propriétaires notables, formaient l'assemblée des états vicomtains, où l'on réglait la perception de l'impôt et les dons gratuits à faire au vicomte qui, en retour, jurait de maintenir les privilèges de la ville (1). »

Toutefois on se tromperait si on croyait trouver ici l'installation d'une commune complète. Les associations municipales des petites localités affectaient ordinairement des formes si variées, qu'il était difficile de déterminer le genre de la commune à laquelle elles appartenaient. Etant à leur naissance resserrées et circonscrites par le pouvoir seigneurial des vicomtes de Turenne, il y eut nécessairement des restrictions apportées à l'exercice de la souveraineté des consuls de Martel, et, partant, la commune ne fut qu'incomplète ou mixte. C'est ainsi que l'intendant de Montauban ayant voulu, à une certaine époque, établir sur la ville une imposition de 423 livres, les vicomtes seuls s'y opposèrent et l'empêchèrent (2). Mais, à part cette restriction, il y avait tout ce qui constituait l'essence du gouvernement d'une ville, c'est-à-dire la maison commune, le sceau et le trésor, que l'on retrouve dans tous les actes constitutifs.

Certes, c'était déjà bien assez, et même, croyons-nous, trop de libertés accordées à la fois aux habitants d'une ville. Aussi malgré les précautions prises par les seigneurs pour restreindre leur autonomie et empêcher la prépondérance de leur autorité, ces habitants parvinrent-ils à s'affranchir, sinon complètement, du moins assez pour étaler sans crainte leurs arrogantes prétentions. Cet esprit d'indépendance se fit jour surtout à l'occasion des réclamations des vicomtes pour le maintien de leur suzeraineté. Dès ce moment, il s'éleva de vives contestations contre la légitimité de ces droits, de la part de la population qui, peu à peu, finit par s'affranchir de la domination seigneuriale. Il est pénible de le dire, mais tel a été de tout temps le rôle des communes, de

---

(1) Archives départementales du Lot.
(2) Archives départementales du Lot.

disputer le pouvoir aux seigneurs, de l'arracher de leurs mains par des concessions continuelles pour en déchirer ensuite, par plaisir, les derniers lambeaux. C'est ce que nous voyons dans celle de Martel. A peine avait-elle été dotée de tous les droits qui pouvaient garantir ses libertés, qu'elle retournait tous ses priviléges contre ses bienfaiteurs.

Enfin, après plusieurs tentatives plus ou moins fructueuses d'émancipation, elle ne craignit pas d'affronter le jugement du grand tribunal ecclésiastique pour secouer complétement le joug et la tutelle des vicomtes de Turenne. Nous voyons qu'en l'an 1355 il fut ordonné, par une délibération municipale, que « Aymar de Bessa et P. Karti iraient à Avignon faire leur révérence au pape, au nom de la ville, et imploreraient pour elle sa protection, en le suppliant de demander au vicomte s'il entendait qu'elle gardât ses priviléges : *Item fo ordenat que moss. Aymar de Bessa et P. Karti ano a vinho far reverensa al papa per nom de la vila eque l'hi recomendo la vila. E quelh fasso supplicacio quelh plassa far am los rescomte se bol que nos garde nostres previlegis* (1). »

Nous ignorons quel fut l'effet de cette démarche, et si la cause fut complétement instruite devant ce tribunal suprême. Le vicomte de Turenne dut y renvoyer sans doute ses représentants et fournir des explications satisfaisantes sur tous les points en litige. Quoiqu'il en soit, nous croyons que cette entremise du souverain Pontife aboutit à une conciliation et à une première entente entre les parties. Ce qui nous le prouve, c'est une nouvelle délibération de la commune de Martel, faite l'année suivante, 1351, « où il fut ordonné que l'on ferait un traité avec les seigneurs sur les différends qui les divisaient au

---

(1) Archives communales de Martel déposées à la préfecture du Lot.

sujet de leurs privilèges qu'on s'efforçait constamment de leur retirer, et que messire Aymar de Bessa s'entendrait avec eux pour convenir du jour et du temps où ils pourraient passer ce traité en bonne forme : *Item fo ordenat que hom prendra tractamen am los senhors de las causas que arem affar am lor de nostres precilegis ques s'efforsso de trencar. E que moss. Aymar de Bessa, loquals ha jornada am lor solits, pusca am lor empenre jorn e luce per far e per tractar am lor en la melhor forma que hom poyria.* » — « Et au cas que l'on conviendrait du temps et du jour de la réunion, le conseil élut pour ses mandataires les sieurs Aymar de Bessa, Taillefer et Agulhie, qui firent serment de n'arrêter aucune clause de ce traité sans avoir pris l'avis et le consentement du conseil : *Item el cas que lo luces el jorns sera pres am lor, foro elegit affar lo tractamen lodigz moss. Aymar de Bessa en B. Talhaffer e M° W. Agulhie lhi qual deuran jurar que elh no passo neguna cauza en lo digz tractamen si no agut e retengut lo cossentimen e la voluntat dels cossols et del cosselh dels savis.* »

Enfin, pour éviter des malentendus fâcheux et de nouvelles disputes, le conseil voulut, prudemment, avant la réunion, s'entendre avec les vicomtes sur les bases du traité. Voilà pourquoi il décida que « messire Aymar de Bessa irait le lendemain à l'Hôpital-Saint-Jean, pour demander aux seigneurs leurs intentions au sujet des privilèges qu'ils entendaient reconnaître aux habitants de Martel : *Item fo ordenat que moss. Aymar de Bessa ane demo à l'Hospital per tener la jornada am los senhors e per aver parlament am lor del tractamen que volem far e penre am lor de nostres privilegis.* »

Il nous resterait à connaître les conditions qui furent imposées par lo vicomte de Turenne; mais nous ne les voyons mentionnées nulle part, pas plus que lo traité qui devait les sanctionner. Il est à croire que l'entente définitive ne put s'établir à cause des exigences qui s'élevèrent de part et d'autre, et que les choses en restèrent là. Nous prenons acte seulement de ces délibérations pour constater l'existence et l'étendue des franchises municipales, ou légitimement obtenues ou usurpées par la ville de Martel, et qui constituaient la commune politique et bourgeoise.

Mais à côté de cette association municipale et chrétienne qui, composée d'une bourgeoisie instruite et aisée, devait contrebalancer le pouvoir des grands et atténuer les effets de leur despotisme, devait se placer tout naturellement une autre association non moins chrétienne qui, remise aux mains de l'artisan, devait protéger le travail et l'industrie contre le caprice et l'absolutisme des parvenus des honneurs et de la fortune. Nous voulons parler des corporations de métiers qui, sous le nom de jurandes, constituaient la commune industrielle. — Nous pourrions nous passer de preuve à ce sujet. Il nous est permis de supposer, avant toute production de titres authentiques, que cette ville de Martel, d'ailleurs si importante, ne fût pas privée des institutions et des améliorations introduites dans d'autres localités moins considérables. Le catholicisme qui s'inspirait toujours du bien public et du soulagement des classes souffrantes ne pouvait refuser lui-même son inspiration aux œuvres de bienfaisance et de charité, surtout dans cette catégorie de travailleurs où l'esprit de foi et de sacrifice font naître tant de dévouements.

Ne voyons à Martel que la manière dont s'exerçait l'assistance publique à l'égard des malades et des pauvres, et nous serons fixé sur l'existence des jurandes; car on sait que le service charitable, au moyen-âge, fut organisé par les associations ouvrières, qui, tout imprégnées de la pensée chrétienne et des préceptes évangéliques, avaient établi entre leurs membres, à l'instar des confréries, des cotisations annuelles et des dons volontaires pour secourir leurs frères malheureux. — On voyait, en effet, à Martel, au xiv° siècle, une maison fondée et entretenue par les offrandes des fidèles, sous la direction des religieuses maltaises, où l'on donnait non-seulement l'hospitalité aux voyageurs, mais encore aux infirmes et aux indigents, comme nous l'apprennent les archives de la ville. Il est dit, en particulier, « que l'on y distribuait du pain aux pauvres les jours de fêtes, et que l'on y admettait gratuitement ceux des deux sexes, surtout les jeunes filles (1322 à 1326) ;... que le conseil municipal y faisait don de quarante aunes de draps pour le vêtement des invalides, et y faisait admettre une fille moyennant une redevance annuelle de blé (1337 à 1340) ;... que l'on y procédait à la nomination d'un syndic pour s'occuper des intérêts de la maison (1577); ... que le trésorier de la commune y rendait compte de cinq sols pour trois pèlerins lyonnais revenant de Saint-Jacques-de-Compostel, et d'autant pour un moine qui venait du même pays (1653). » On voit tout de suite quel discernement intelligent et chrétien était apporté dans la distribution des aumônes et des secours. Toutes fatigues morales et physiques trouvaient ici un soulagement. Il était donné à ceux qui n'ont d'autre fortune que le travail et qui sont souvent visités par la souffrance et la privation, de comprendre et de soulager toutes les douleurs et les besoins de leurs frères !

Nous voudrions connaître les statuts de ces corporations de métiers, leurs saints patrons, leur sceau, leurs pratiques religieuses. Tout cela, nous l'espérons, nous sera révélé un jour. En attendant, contentons-nous de constater leur bon esprit et le respect qu'ils portaient à l'autorité seigneuriale. Tandis que les consuls et les notables de la commune lui disputaient le pouvoir, leurs syndics et prud'hommes lui rendaient les premiers devoirs, comme aux premiers dépositaires de l'autorité locale. Redoutaient-ils l'intolérance de leurs seigneurs bourgeois, ou comptaient-ils plus sur l'expérience des autres, ils aimèrent mieux rester sous la tutelle de ces derniers. Voilà pourquoi ils stipulèrent par un traité « que les différends qui pourraient survenir entre les consuls et eux seraient soumis à l'arbitrage du vicomte de Turenne et de l'abbé d'Obazine. » Soutenus et encouragés par ces seigneurs, ils réclamèrent ensuite des garanties contre les abus de l'autorité consulaire. Ils obtinrent d'abord « que le renouvellement des consuls se ferait chaque année, et puis ils firent régler la prestation sur les Évangiles du serment par lequel les nouveaux élus s'engageaient de loyalement administrer la commune (1). » On reconnaît là cette préoccupation constante des classes laborieuses à se choisir des protecteurs puissants et vertueux, pour se défendre contre l'égoïsme et le caprice des officiers municipaux. Non moins jalouses que les autres de leurs privilèges, les corporations ouvrières de Martel affectèrent des allures indépendantes, et voulurent à tout prix conquérir leurs libertés et le droit au travail qui constituaient la commune industrielle. Sans doute leurs règlements ne furent pas écrits ou arrêtés dès le principe. Obligées de s'organiser et de se former lentement, elles durent les ajouter peu à peu l'un à l'autre, à mesure que l'expérience en révélait le besoin. Mais enfin leurs coutumes industrielles, croyons-nous, se complétèrent avec le temps, sur le modèle des associations bourgeoises. Il me semble voir leurs syndics et prud'hommes fixer avec un soin scrupuleux toutes les conditions du commerce et de l'industrie, visiter les ateliers, régler les rapports entre les patrons et les apprentis, prescrire les heures et les jours de repos, et, tous ensemble, aux jours de fête de leurs saints patrons, prendre place à côté de leurs étendards, et mêler leurs voix à celles de leurs prêtres, pour appe-

---

(1) Archives départementales du Lot.

ler les bénédictions du ciel sur leurs familles et sur leur travail. Ah! qui n'envierait le bonheur de ces populations vivant d'une telle vie commune, où se confondaient les sentiments de religion et de dévouement fraternel!

Nous ne serons pas surpris maintenant que, dans une société dont toutes les parties étaient si étroitement liées, la religion ne voulût pas rester en dehors de la solidarité générale; à la commune politique et industrielle, il fallait pour couronnement la commune religieuse qui se résumait dans l'institution des confréries et des monastères. Nous avons eu occasion, dans le cours de notre ouvrage, de faire connaître le but de ces sortes d'associations municipales; nous nous bornerons ici à constater leur organisation, en les faisant dater de l'époque où se formulaient les autres éléments constitutifs de la commune.

La première étincelle qui jaillit du cœur des fidèles et la première flamme de leur amour furent pour la Mère de Dieu; et il ne pouvait en être autrement. Nous serions bien surpris en effet, connaissant la piété des religieux bernardins envers l'auguste vierge Marie, de ne pas trouver son culte à l'origine de ces associations de prières. Les pieux pilotes qui dirigeaient, à travers les flots, la barque de cette petite église, pouvaient-ils souhaiter voir à l'horizon d'autre astre plus lumineux que l'étoile brillante du matin, vers laquelle ils tournaient toutes leurs espérances. Il nous serait difficile de marquer le moment précis de sa première apparition, mais nous pourrons du moins en fixer une des secondes heures. — C'est ainsi que nous voyons, dès l'an 1517, l'existence d'une confrérie qui fut placée sous le vocable et le titre de Notre-Dame, et dont l'origine déjà ancienne nous est attestée par les consuls de la ville, dans une délibération qu'ils firent pour la réparation de leur chapelle (1).

---

(1) Archives communales de Martel.

Nous y trouvons ensuite l'institution de la confrérie du très Saint-Sacrement, quoique des dates authentiques semblent lui assigner une époque plus reculée.

Le divin Fils nous pardonnera cette sorte de préférence pour sa Mère, quoique nous réunissions dans un culte commun la double expression de la piété et de l'amour des fidèles, les devoirs que nous devons envers la sainte Eucharistie étant inséparables de ceux que nous devons à l'auguste vierge Marie. D'ailleurs nous n'avons que des présomptions pour l'origine ancienne de cette confrérie, obligé de nous baser sur le texte équivoque d'une délibération du conseil municipal. Nous trouvons, en effet, dans les registres de la commune, divers comptes qui furent rendus, de 1349 à 1382, pour la confection des torches à employer pour la fête et procession du très Saint-Sacrement. Évidemment il ne pouvait être fait allusion qu'à cette confrérie; d'autant mieux que la bourgeoisie de Martel, à l'esprit éminemment positif, avait donné une grande extension au culte religieux, en le mêlant intimement à la vie privée et aux affaires publiques.

Dans tous les cas, si nous avons des doutes sur son ancienneté, nous ne pouvons en avoir sur son existence en des temps plus rapprochés, comme nous le voyons par une requête adressée à Mgr l'Evêque de Cahors, en 1699, pour demander la réunion à la confrérie du très Saint-Sacrement de celle des pénitents bleus de Saint-Jérôme. Etablie à l'époque des calvinistes pour combattre l'influence pernicieuse de leur doctrine et de leur morale, celle-ci ne pouvait se maintenir et atteindre son but, à côté de celle du très Saint-Sacrement qui absorbait toutes les ressources et les dons des fidèles. Et comme d'ailleurs elle pouvait nuire à cette dernière, en lui retirant quelques-uns de ses membres, les prieurs et confrères de l'une et de l'autre, d'un commun accord, demandèrent à être réunis ensemble, s'engageant mutuellement à observer leurs divers statuts ; ce qui fut accordé par

une ordonnance épiscopale, du 1ᵉʳ novembre 1699. — Nous ferons remarquer, à cette occasion, la manière sage et prudente dont les affaires se traitaient dans ces associations de prière, la déférence et le respect que l'on avait pour tous les membres et le cas que l'on faisait de leurs avis. Les questions importantes étaient soumises à la libre discussion en assemblée générale, et arrêtées par l'opinion du plus grand nombre. « Ladite requête, voyons-nous, ayant
» été portée par le sieur Pierre Morlet à l'assemblée
» faite au son de la cloche, dans la chapelle de la
» Magdeleine, il aurait été arrêté par la majeure
» partie des confrères du très Saint-Sacrement qui
» désiraient l'accroissement et l'augmentation du culte
» et service divin, qu'ils acceptaient avec joie ladite
» union des deux confréries, et que les fonds de l'une
» et de l'autre seraient employés conjointement pour
» la plus grande gloire de Dieu. »

Par cette alliance, les deux confréries augmentaient leurs obligations en acceptant réciproquement leurs divers statuts, et ne devaient plus faire qu'une seule association. Mais soit par attachement aux vieilles traditions ou par esprit de corps, quelques pieux confrères du très Saint-Sacrement semblèrent tenir à faire séparément leurs exercices et leurs prières, objectant que leur église de la Magdeleine était trop petite pour contenir tant de monde, et que d'ailleurs, pour augmenter la confrérie, on ne devait pas la détruire. C'est alors que le prieur des pénitents et d'autres confrères demandèrent aux consuls la permission de faire une tribune dans l'église de Saint-Maur. « Qu'il
» vous plaise de vos grâces, disaient-ils, permettre
» auxdits confrères pénitents de Saint-Jérôme d'édi-
» fier et faire construire dans la chapelle de Sainte-
» Catherine de l'église de Saint-Maur une tribune
» pour y faire leurs offices et prières, laquelle tribune,
» loin d'être incommode au public, ne fera qu'em-
» bellir l'église et, au surplus, permettra aux sup-

» pliants d'y passer avec un plat pour prendre la
» charité des fidèles, dont le produit sera employé
» aux frais du luminaire et autres nécessités de ladite
» confrérie (1). »

Qui nous dira maintenant tout le bien que retireront les familles de ces pieuses associations, et le concours qu'elles prêtèrent aux prêtres pour étendre à Martel le règne de Dieu dans les âmes ? — Leurs statuts pourraient nous en donner la mesure ; mais qu'est-il besoin de les connaître ? Il nous suffit de savoir qu'elles réunissaient un nombre très considérable d'hommes pour comprendre le rôle et la mission de l'Eglise auprès d'eux. C'était là, assurément, croyons-nous, le foyer où s'inspiraient tous les sacrifices, d'où partaient tous les élans généreux de la foi, où s'organisaient toutes les bonnes œuvres.

Sans vouloir nous étendre sur cette matière, qu'il nous soit permis du moins de donner un exemple des sentiments religieux qui animaient les membres de ces confréries. Il paraît que tous les deux ans le jour de l'Assomption de la Sainte-Vierge, les habitants de Martel avaient coutume d'aller en procession à Rocamadour pour accomplir une promesse qu'ils avaient faite afin d'être préservés des maladies contagieuses et des autres calamités. C'est ce qui nous est attesté dans une supplique adressée, en 1704, par les pénitents à l'évêque de Cahors, pour obtenir l'autorisation d'aller à Rocamadour afin d'accomplir un vœu qu'ils avaient fait après plusieurs années d'affreuses tempêtes. « Suppliant
» humblement monseigneur l'illustrissime et révérendissime évêque baron et comte de Cahors, M. Fontanel, prêtre et curé de Saint-Sosy et prieur de la confrérie des pénitents bleus de la ville de Martel établie par Votre Grandeur, et M. Bazile, avocat sous-prieur de ladite confrérie ; et vous remontrent que depuis

---

(1) Archives de M. Marc de Maynard, de Copeyre.

» un temps immémorial les habitants dudit Martel
» ont accoutumé d'aller, de deux en deux ans, en
» ou procession à Notre-Dame de Rocamadour pour
» satisfaire à un vœu qu'ils ont fait, afin d'implorer
» le secours de la Sainte-Vierge en les préservant des
» maladies contagieuses et autres calamités. Mais
» comme par un très grand malheur, la grêle a abimé
» leur pays depuis quelques années, et surtout en
» celle-ci, leur ayant enlevé le vin, le grain et les
» raves, et l'inondation ayant entièrement gâté leurs
» terres et prés, ce qui cause la désolation et la
» ruine de plus de vingt paroisses circonvoisines, ils
» ont recours à Votre Grandeur, Monseigneur, et la
» supplient très humblement d'accorder auxdits
» pénitents la permission de s'en aller en procession
» à Notre-Dame de Rocamadour pour satisfaire au
» vœu qu'ils ont fait, afin que par l'intercession de
» la Sainte-Vierge, Dieu veuille plus facilement
» exaucer leurs prières et les garantir à l'avenir de
» semblables malheurs (1). » Laquelle permission
leur fut accordée, pour une seule fois, avec la condition expresse de revenir dans le même jour et de se comporter avec toute la modestie convenable, en évitant toute sorte d'irrévérence. Il ne faudra pas être surpris maintenant qu'avec de telles associations et une telle discipline, les calvinistes n'aient pu inoculer à Martel le poison de leurs maximes et de leurs vices.

Mais là ne se bornait pas la commune religieuse. Il y manquait la véritable association de prière dans la solitude et la retraite. Ah ! il faudrait entrer dans les couvents et les cloîtres et entendre la douce mélodie des hymnes et des chants liturgiques pour se rendre compte des avantages et de la condition de la vie commune. Si quelque part on est entraîné par la force de l'exemple, certes c'est bien là où l'union sainte et

---

(1) Archives de M. Marc de Maynard, de Copeyre.

une douce fraternité enchaînent les cœurs. Voilà pourquoi l'institution des monastères occupe dans le moyen-âge une place si honorable, un rang si distingué dans les associations municipales où elle constituait une sorte de magistrature religieuse. La société des laïques y trouvait elle-même un moyen de suppléer à ses devoirs de conscience. Constamment retenus par les occupations de la politique et des affaires domestiques, les hommes se déchargeaient sur des personnes vertueuses du soin de prier pour eux. Nous pouvons donc supposer, sans trop de témérité, que la bourgeoisie de Martel, aidée des vicomtes de Turenne, avait cédé à cette impulsion du système général, en appelant auprès d'elle des religieux afin de leur confier leurs intérêts spirituels et l'œuvre de leur salut.

Nous avons déjà rapporté au XIIe siècle la fondation d'un couvent de bernardins d'Obazine, à propos de la seigneurie ecclésiastique de l'endroit. Ce serait ici le cas de faire connaître leurs œuvres et les moyens qu'ils employèrent pour former les mœurs du peuple, mais tout cela nous est inconnu. Il est probable que leur dévouement et leur zèle se plièrent à toutes les exigences, prirent toutes les formes pour faire le plus de bien possible, et qu'ils joignirent l'enseignement des belles-lettres à celui de l'Évangile. Ce qui semblerait surtout révéler leur influence, c'est la grande dévotion que les habitants avaient gardée pour la sainte Vierge Marie et le sacrement de l'Eucharistie qui étaient l'objet d'un culte spécial de la part de ces religieux. Et enfin la grande autorité seigneuriale qu'ils avaient conquise dans cette paroisse, ne saurait être attribuée qu'aux éminents services qu'ils lui avaient rendus.

Nous trouvons à Martel une autre grande institution religieuse d'hommes austères, retirés et zélés, autant pour le salut de leurs frères que pour la gloire de Dieu : nous voulons parler des cordeliers. Nous avons vu comment l'ordre des franciscains, fondé en

Italie en 1223, et introduit peu après en France, s'était étendu, tout de suite, dans la vicomté de Turenne. Ces religieux de la primitive observance ne tardèrent pas, en effet, à s'établir dans cette ville, puisque leur maison était en pleine prospérité, dès la première moitié du xiv° siècle (1). Ici encore nous sommes peu renseignés sur les œuvres auxquelles ils se dévouèrent. Nous pensons néanmoins que, fidèles à leur vocation et au but pour lequel leur saint fondateur les avait institués, ils furent les ardents auxiliaires du clergé paroissial pour détruire les vices et former le peuple à la vertu. D'ailleurs la sympathie générale qu'ils avaient acquise à Martel justifie pleinement de leurs efforts dans la chaire et le confessionnal, en même temps qu'elle témoigne du succès de leur ministère. En outre des libéralités dont ils étaient comblés de la part des habitants, nous trouvons mentionnés dans les archives communales, de 1339 à 1525, des dons en froment, en vin et en argent, que la municipalité leur faisait, à titre de reconnaissance, pour les avantages signalés qu'elle en retirait. C'est ce qui fit que leur monastère s'agrandit considérablement, comme l'attestent encore l'église et les bâtiments que la révolution a remis à d'autres mains, en les dépouillant de leur première et religieuse destination.

Qui nous parlera maintenant du dévouement de ces femmes admirables que le christianisme façonna de tout temps pour l'éducation de la jeune fille et pour l'assistance des malheureux ? Ne remontons pas au-delà de l'époque des croisades, puisque nous nous occupons uniquement de l'institution des communes. Les maltaises furent les premières religieuses que l'Eglise renvoya dans cette localité, pour y remplir, croyons-nous, ce double office. En même temps

---

(1) Archives départementales du Lot.

qu'elles donnaient leurs soins aux infirmes et aux voyageurs, elles consacraient leurs loisirs à la prière et à l'instruction de la jeunesse. Que de plaies elles durent fermer à la douleur, et que de leçons de morale elles durent faire pénétrer dans les jeunes cœurs, à l'exemple de leurs héritières, les modestes filles de Saint-Vincent-de-Paul?

Après elle, et plus près de notre temps, apparurent les demoiselles de l'école chrétienne, du xviie au xviiie siècle. Jusqu'alors il semble que la femme du peuple, à Martel, avait pu se passer de tout autre enseignement que de celui du catéchisme, que le prêtre seul pouvait leur apprendre, en lui conservant son bel idiome patois. Mais quand la doctrine du *libre examen* eut été introduite par les disciples de Calvin, on dut augmenter son instruction pour l'affermir contre les sophismes de l'impiété. Or, quelles maîtresses plus habiles et plus dévouées pouvait-on choisir pour remplir ce devoir que les religieuses mirepoises qui, placées sous la direction immédiate de l'évêque de Cahors, se pénétraient mieux de son esprit et des besoins du diocèse? Aussi comment apprécier tout le bien qu'elles firent aux habitants pour l'instruction solide et gratuite qu'elles donnèrent aux filles du pauvre et du riche. On eût dit qu'elles avaient reçu du grand et souverain Docteur le don de former et leur esprit et leur cœur.

Telles furent les associations municipales de Martel qui, dirigées toujours par l'idée chrétienne, prospérèrent pendant de longs siècles en faisant le bonheur des habitants.

IV

ADMINISTRATION DES CONSULS.

Souveraineté du pouvoir des consuls à Martel. — Leur élection; condition d'éligibilité. — Investiture du consulat; serment des consuls; serment des habitants. — Reddition de compte de gestion des consuls; initiation de leurs successeurs aux affaires communales. — Vêtement des consuls. — Pouvoir judiciaire des consuls. — Modération de ce pouvoir par le conseil municipal; délibérations de ce conseil. — Organisation financière de la commune; ressources ordinaires; ressources extraordinaires. — Pouvoir militaire; milice de Martel. — Dangers de l'autorité des consuls; leurs démêlés avec les seigneurs de Turenne; conflits avec les prêtres de la paroisse. — Luttes avec les Anglais; horreur des Martellois pour cette domination; séjour et mort du prince Henri. — État de défense de la place; compagnie des habitants à la bataille de Poitiers. — Rançon de leurs prisonniers; nouvel essai de résistance; capitulation; contribution de guerre. — Dévouement des consuls récompensé par les rois.

Dans la vicomté de Turenne, ainsi que dans presque tout le midi de la France, où les traces des institutions romaines s'étaient plus particulièrement conservées, la magistrature municipale la plus élevée, celle d'où procédaient toutes les autres, qui constituait en quelque sorte le souverain de ces petits États connus sous le nom de commune, se nommait le *consulat*, et les hommes qui en étaient revêtus *consuls*. Mais nulle part dans les autres villes de la vicomté, cette institution n'apparaissait au même degré de force et d'indépendance comme à Martel.

A peine établie par le vicomte Raymond VI, elle fonctionnait avec une régularité parfaite, possédant toutes les améliorations qu'une longue expérience savait seule donner. Comme à Beaulieu, le nombre des consuls était de quatre, et leur élection se faisait avec liberté et impartialité, étant débarrassée des systèmes qui pouvaient favoriser la brigue ou l'influence des parents et des grands. D'abord nommés pour quatre ans, puis pour un an, ces magistrats étaient choisis parmi les conseillers municipaux qui, eux-mêmes, étaient élus par tous les habitants de la commune.
— Encore réclamait-on d'eux des garanties pour le maintien des privilèges et des coutumes religieuses, comme l'indiquent clairement les conditions d'éligibilité. Ne pouvaient être élus : celui qui avait un procès pendant avec les consuls; deux frères ou deux personnes demeurant ensemble et ayant les mêmes intérêts; ceux qui ne professaient pas la religion catholique; ceux qui avaient exercé la charge consulaire depuis moins de cinq ans; et enfin les officiers du roi (1), tant que les institutions municipales ne furent pas entamées par la royauté.

Suivait ensuite l'investiture des consuls au nom du seigneur de Turenne, qui s'était réservé sur la ville le droit de principauté, en retour de la protection qu'il lui offrait. Nous ignorons le jour et la formule indiqués pour cette investiture, mais les renseignements que nous avons tirés des archives communales de Martel nous font penser que la cérémonie se faisait chaque année dans l'église de Saint-Maur, avec une grande solennité. — Les quatre élus se présentaient devant un autel, et, la main sur les Evangiles, juraient de tenir et de garder cette ville sous la vraie et bonne

---

(1) Archives départementales du Lot.

sujétion, de l'administrer loyalement et de défendre ses franchises, d'y faire de tout leur pouvoir la garde, la police et la justice, d'y procurer le bien et d'y éviter le mal. A cette occasion, nous pensons qu'ils faisaient foi, cavalcades et autres redevances au roi de France, à titre *d'hommage*, comme à leur premier souverain, retenant pour le vicomte *la fidélité*, avec le droit du seigneur à toute justice et à tout émolument. Après cela ils étaient institués consuls et gouverneurs de la ville pour une année, de la volonté et du consentement des habitants qui, après les avoir mis en possession de ce pouvoir, priaient Dieu de les en faire jouir par sa grâce. — L'élection ainsi terminée par la mise en possession et le serment des magistrats, les membres de la commune étaient requis, à leur tour, de promettre obéissance aux nouveaux élus, de se présenter à leur mandement et de reconnaître leur juridiction, sauf en toutes choses le droit du seigneur et du suzerain.

Les consuls n'étaient donc mis en fonctions que pour un an; et au bout de ce temps, ils devaient rendre aux délégués de la communauté un compte exact de leur gestion (1). C'est ainsi que deux jours avant l'expiration de leur mandat, un certain nombre de bourgeois choisis par les habitants, étant rassemblés dans la maison commune, devaient recevoir et vérifier les comptes des consuls sortants; lesquels comptes, discutés et apurés, lesdits délégués en faisaient connaître le résultat à tous les conseillers municipaux.

Mais là ne finissait pas la mission des anciens consuls. Il leur restait à faire entendre à leurs successeurs l'état des affaires publiques pendant leur administration (2); car si les consuls changeaient, le consulat

---

(1) Archives départementales du Lot.
(2) Archives départementales du Lot.

était permanent, et de même que les magistrats anciens restaient toujours responsables de leur gestion, les magistrats nouveaux devenaient solidaires de tous les actes de leurs prédécesseurs.

Enfin, après toutes les formalités remplies, il rentraient en possession de cette autorité locale, et alors ils étaient revêtus des ornements consulaires. L'usage de ce vêtement ne paraît remonter qu'au xvie siècle dans d'autres localités importantes ; mais il était établi à Martel dès le xive, car il était question, en l'an 1340, d'un costume particulier qui distinguait les magistrats municipaux. Nous voyons, en effet, dans une délibération des conseillers de la commune, une certaine somme émise pour l'achat de huit aunes de drap pour la robe d'un consul.

Il nous reste maintenant à connaître les attributions du consulat. — Tout d'abord, nous n'hésitons pas à lui attribuer la puissance judiciaire. Quoique nous n'ayons pas connaissance du sceau qui la représentait, les preuves surabondent pour établir que les consuls jouissaient des droits à toute justice, exerçant non-seulement la police, mais connaissant de toutes les causes civiles et criminelles. — Vers l'an 1350, on les voit rendre plusieurs jugements contre les voleurs, les espions et les criminels, ordonner la torture, prononcer le bannissement, le fouet et la pendaison. — En l'an 1370, ils prétendent avoir un droit exclusif de connaître des faits de police ; et lorsque, à une certaine époque, on voulut conférer à un particulier la fonction de lieutenant de police, ils s'opposèrent à sa réception, prétendant que cet office avait été réuni à leur corps par un arrêt du conseil (1).

Mais si une ville doit se former, acquérir ses franchises et coutumes avant d'avoir des tribunaux, nous croyons que le pouvoir législatif des consuls, à Martel,

---

(1) Archives départementales du Lot.

avait précédé le pouvoir judiciaire. C'était là, comme on le sait, un des éléments constitutifs de tout gouvernement organisé. Pour administrer une commune, il fallait que les magistrats eussent le droit de faire des règlements et de fixer toutes les questions d'intérêt public. Il est vrai qu'ils s'attribuaient souvent un pouvoir souverain, touchant non-seulement aux points les plus importants du droit civil, mais s'arrogeant le droit d'imposer et de lever des tailles, qui était l'un des attributs de la souveraineté ; ce qui rendait les suzerains extrêmement jaloux. Quoiqu'il en soit, les consuls de cette ville jouissaient de ce privilège, et nous ne voyons pas que les rois aient cherché à y mettre des restrictions. Au contraire, ils leurs donnèrent des approbations et des encouragements pour leur bonne administration. C'est ainsi que le roi Jean II, vers l'an 1355, confirma, par lettres patentes, les privilèges qui leur avaient été octroyés par ses prédécesseurs, et en particulier le droit du *souquet*, sorte d'impôt dont personne n'était exempt, et qui consistait en la douzième partie de tout le vin vendu en détail, à brandon ou autrement, prélevé au préjudice du vendeur et au profit de la communauté (1).

Il est vrai que ce pouvoir des consuls était modéré par celui du conseil municipal, dont les membres, imbus de principes religieux, étaient constamment guidés par les lois de la conscience et de la charité. Tout ce qui touchait aux intérêts privés et généraux : les droits des particuliers, les rapports entre les individus, l'assistance publique, l'entretien des établissements, la garde de la ville et la conservation des édifices religieux, faisaient l'objet de leurs délibérations, et témoignaient en toute circonstance de leur dévouement et de leur sagesse. Nous les voyons, à diverses époques, faire des règlements pour la bonne

---

(1) Archives départementales du Lot.

administration intérieure, pour la conservation des propriétés communales et individuelles, pour l'assainissement de la ville et pour le service divin. — Du XIIIe siècle et au-dessous, ils établissent un droit de mesurage sur le blé et le sel ; prononcent des amendes au profit de l'Eglise ; adjugent le monopole de la vente du sel ; créent quatre fonctions de commissaires pour veiller à ce qu'il soit vendu de bonne viande ; défendent de porter les armes dans la cité pendant la nuit ; ordonnent la distribution du pain aux pauvres les jours de fêtes ; déterminent les relations qui doivent exister entre les consuls, le bailli du roi et le sénéchal. — Du XIIIe au XIVe siècle, ils restaurent diverses propriétés communales ; prennent des mesures relatives aux papiers des notaires décédés, envoient un message à Milhac et à Gourdon, pour prier le seigneur de Thémines de faire cesser les dégâts, que les compagnons de Jean Vanal, résidant au château de Belcastel, faisaient sur le territoire de Martel. — De 1510 à 1518, ils s'entourent de précautions pour que la peste qui régnait à Bétaille et à Turenne ne pénétrât pas dans la ville ; établissent un gardien à chaque porte, leur allouant à chacun vingt-sept sols et six deniers par mois. — De 1521 à 1595, ils font prêter serment aux vicaires de la paroisse, rétribués par eux, de bien tenir leur église et de dire exactement la messe aux époques accoutumées ; font acquitter une messe tous les vendredis pour le repos des âmes du purgatoire ; ordonnent la sonnerie des cloches le 30 mai, depuis le milieu des vêpres jusqu'aux vêpres suivantes (1).

Ce qui prouvait surtout l'étendue du pouvoir législatif des consuls et du conseil de la commune, c'était l'organisation des finances, qui était en pleine prospérité, comme on pourra s'en convaincre bientôt par

---

(1) Archives communales de Martel.

l'état des revenus et par l'emploi qui en était fait. Il était donné seulement aux associations bourgeoises, constituées en espèces de seigneuries et tenues comme en fiefs par leurs magistrats, d'imposer et de percevoir de si fortes redevances. Les deniers communs et patrimoniaux, ainsi qu'on les nommait dans un vieux traité financier, existaient à Martel, et composaient ses ressources ordinaires, avec les recettes d'octroi, les produits d'amendes judiciaires et de police, les lots et ventes, les cens, les revenus des biens appartenant à l'association et autres droits de seigneurie. Ces revenus considérables nous sont attestés par l'emploi qui en était fait et par les œuvres charitables auxquelles ils étaient répartis, dont nous avons eu occasion quelquefois de parler ou dont nous parlerons : à savoir, aux frais d'admission et d'entretien à l'hôpital des pauvres des deux sexes, aux traitements des vicaires, aux grosses réparations des murailles du clocher ou de l'église, aux salaires des prédicateurs et directeurs d'écoles communales, aux pensions allouées à d'anciens consuls ou conseillers, aux feux de joie prescrits pour saluer la naissance d'un fils du vicomte de Turenne, et enfin pour les torches qui devaient brûler devant le Saint-Sacrement. Ces revenus étaient encore augmentés des ressources extraordinaires qui se formaient de la taille, des dons gratuits, des taxes sur les étrangers mariés à des femmes étrangères, des droits d'entrée ou de sortie établis sur les denrées nécessaires pour la subsistance de la ville, parmi lesquels on remarquait le droit de vinage prélevé sur chaque tonneau vendu en détail dans l'intérieur des murs, et le droit de souquet dont nous avons déjà parlé (1).

Mais tous ces grands privilèges de la commune de Martel n'auraient été rien, s'ils n'avaient été sauvegar-

---

(1) Archives communales de Martel.

dés par le pouvoir militaire. Aux entreprises des seigneurs bien remparés et bien défendus dans leurs châteaux, il ne fallait pas seulement que les habitants opposassent des murailles, comme ils l'avaient fait depuis longtemps; mais une milice devait exister dans l'intérieur de leur ville, toujours prête à repousser en pleine campagne comme derrière les remparts les agressions des barons ou des aventuriers. C'est pourquoi les consuls s'étaient entourés d'une force armée qui complétait leurs grands priviléges, quoiqu'ils fussent d'ailleurs protégés par les vicomtes de Turenne qui avaient juré de défendre les franchises de la commune. C'est ainsi que Etienne de Lestrade et Aimeric Besse, furent nommés gouverneurs et capitaines de Martel, en 1346, comme en fait foi un brevet de Jean, comte d'Armanhac, lieutenant du roi Philippe VI de Valois. — Vers la même époque eut lieu l'organisation des compagnies chargées de la défense de la ville. — En 1389, nous trouvons dans une délibération des consuls et conseillers municipaux la nomination au commandement des compagnies de Martel, des capitaines Aymar de Syronha, Pons de Tornamira et autres. Et enfin, lorsque François Ier fut obligé de se défendre à la fois contre les rois d'Angleterre et d'Espagne, les Martellois lui renvoyèrent une compagnie de francs-archers, en attendant qu'ils se préparaient à réparer leurs portes et murailles pour résister eux-mêmes à ces ennemis (1).

Les consuls, on le voit, jouissaient d'une autorité souveraine; et la réunion dans leurs mains du double pouvoir judiciaire et législatif, du droit d'établir des impôts et d'organiser la force armée n'auraient pas été sans danger pour la liberté, si l'existence d'un conseil permanent n'était venu tempérer ce que cette accumulation de pouvoirs avait d'exorbitant. Il ne

---

(1) Archives départementales du Lot.

faudra pas s'étonner cependant, si parfois, ils commirent quelques actes de despotisme;... il est si difficile aux chefs d'administration de modérer toujours l'impétuosité de leurs désirs. — Les vicomtes furent les premiers à subir les boutades de leur orgueil, le jour où ces magistrats voulurent trop affirmer leur autorité. De 1350 à 1490, divers actes établissent les causes de querelles au sujet de leurs priviléges qu'ils voulaient conquérir aux dépens de ceux de leurs seigneurs. Mais soit qu'ils n'aient pu atteindre leur but ou qu'ils aient craint de compromettre leurs intérêts, en perdant l'appui de si grands défenseurs, ils ne cessèrent de leur rendre leurs hommages et de leur payer le tribut. C'est ainsi qu'en 1361, ils fournirent du vin au vicomte et à ses gens lorsqu'ils vinrent à Martel. — En 1493, ils envoyèrent un délégué aux états de Turenne. — En 1530, ils payèrent au trésorier du vicomte, Jean de Monfort, 14 livres et 16 sols pour la partie de la rente consentie par la commune. — En 1549, ils donnèrent à leurs députés 22 sols et 4 deniers, pour se rendre à Turenne dans le but de conférer sur les besoins de la vicomté. — Enfin en 1599, ils donnaient 37 livres et 10 sols pour acquitter leur redevance au vicomte (1). — Mais ce n'étaient pas les seigneurs de Turenne seuls qui devaient ressentir les fâcheux effets de la prépondérance des consuls. Les prêtres de la paroisse eurent à en souffrir bien davantage. Les intérêts religieux sont trop mêlés ordinairement à ceux de l'administration publique, pour ne pas voir surgir, dans une même localité, des conflits entre les représentants des deux autorités, à moins de supprimer entre eux les rapports obligés et de les rendre exempts des petites passions. Les curés furent donc obligés quelquefois, dès le xvi° siècle, de plaider pour le maintien de leurs droits. Tan-

---

(1) Archi

tôt on voulait leur enlever le produit des quêtes qui étaient faites dans leur église pour les services des âmes du purgatoire, et tantôt leur contester la propriété de leur clocher (1). Cette conduite des consuls était d'autant plus surprenante qu'elle était en opposition avec celle qu'ils avaient tenue jusqu'alors, accoutumés à donner à leurs prêtres des témoignages du plus grand respect et d'un dévouement qui multipliait les sacrifices pour l'entretien et la réparation des autels. On ne saurait l'attribuer qu'à l'esprit d'insubordination que les parlements avaient soufflé contre l'Eglise, en se permettant de réformer les ordonnnaces apostoliques et en appelant des sentences du pontife de Rome au jugement des conciles. Fort heureusement que l'acquisition, vers ce temps-là, de la seigneurie de Turenne par François III de La Tour, vint débarrasser le clergé de ce despotisme consulaire, et des obstacles qu'il aurait pu susciter aux œuvres catholiques.

A part ces quelques abus de pouvoir, nous devons rendre justice à la bonne gestion des consuls. Leur sollicitude se portait partout où le réclamaient les intérêts publics et privés de leurs administrés. Et si l'on veut avoir la mesure exacte de leur dévouement, il faut les suivre dans la lutte ardente et désespérée qu'ils soutinrent contre les Anglais, afin de se soustraire à leur domination. Leur patriotisme alors n'avait d'égal que leur antipathie contre ce joug étranger, et certes ils ne devaient rien négliger pour en garantir leur ville; d'autant plus que leur haine pour ces conquérants du Nord, déjà ancienne, s'était grossie de celle de plusieurs générations. Depuis le xii° siècle, des bruits de guerre partis de ce camp ennemi n'avaient cessé de troubler la paix des habitants de Martel et d'entraver leurs projets d'organisation. En l'an 1183,

---

(2) Archives départementales du Lot.

pendant que de nombreux aventuriers, à la solde du roi d'Angleterre, ravageaient les terres d'Issandon, de Comborn et de Pompadour, enlevant les troupeaux et tuant les malheureux qu'ils rencontraient, d'autres bandes aussi indisciplinées que les premières et rangées sous la bannière du fils de ce roi, le révolté Henri-au-court-Mantel, venant par deux points différents, pillaient les églises dans le Quercy. Le désordre causé par ces pillards était si grand que le peuple indigné courait aux armes pour se défendre. Quoique le jeune Henri eût éloigné de ce pays les armées de son père, personne n'avait songé à s'en réjouir, car il était le premier lui-même à commander le pillage et à faire parade d'impiété. C'est ainsi qu'après avoir rançonné les religieux de Dalon, de Vigeois et d'Obazine, il se dirigeait vers Rocamadour, en cachant d'infâmes projets sous l'apparence d'un pieux pèlerinage. Mais la Providence l'attendait à Martel pour le frapper. Le jour de l'Ascension, il y fut atteint de douleurs très vives dont il mourut quelques jours après, ayant imploré le secours de saint Martial, obtenu le pardon de Dieu et signé un traité de paix avec son père (1).

Si la mort de ce prince avait préservé la ville de Martel de grandes calamités, elle n'en avait pas moins appris aux consuls à se tenir en garde contre les nouvelles invasions de ces armées anglaises. C'est pourquoi ils profitèrent de la paix conclue pour réparer leurs murs et leurs fossés et organiser des compagnies de vigoureux défenseurs. Ces précautions ne furent pas vaines, car, en 1346, en même temps qu'ils chargeaient de la défense de leur place, avec un brevet de confirmation du roi Philippe VI de Valois, les capitaines Etienne de Lestrade et Aimeric Besse, les conquérants d'outre-mer avaient de nouveau foulé le sol de la France, et ils jetaient un regard de

---

(1) Chronique de Geoffroy, prieur de Vigeois.

convoitise sur les riches provinces méridionales. Les consuls alors redoublèrent d'activité et mirent tout en œuvre pour préparer une résistance énergique. Ils songèrent d'abord à préserver les objets religieux de la profanation et placèrent leurs reliques dans des cachettes. Ils enfermèrent ensuite soigneusement les titres qui établissaient leurs privilèges. Et enfin, pour empêcher dans leurs rangs la trahison et la désertion, ils menacèrent des peines les plus sévères les espions qui se mettraient au service de l'ennemi. D'ailleurs, des ordres leur avaient été signifiés à ce sujet ; car il existe des correspondances et mandements du vicomte de Turenne, du sénéchal de la vicomté, du comte d'Armanhac, lieutenant du roi, du connétable de France, Bertrand du Guesclin, touchant la reprise des hostilités avec les Anglais et les mesures à prendre par la commune de Martel pour repousser les attaques(1). Ah ! c'est que malheureusement la lutte, engagée entre Edouard III et Philippe VI, n'avait pas tourné au profit de nos armes. La désastreuse journée de Crécy lui avait déjà coûté trente mille hommes et douze cents princes, seigneurs ou chevaliers. Aussi lorsque la trêve de six ans, qui avait été conclue par la médiation du pape, fut expirée, notre pays ne put-il se défendre de vives inquiétudes. On avait beau y réveiller l'instinct national, on était peu rassuré sur l'issue de la guerre, d'autant plus que le nouveau roi de France, Jean, avait mécontenté la noblesse par deux exécutions arbitraires sur de hauts et puissants personnages. — Edouard III sut tirer partie de cette fermentation des esprits. Affectant de venger la mort du roi de Navarre, il envahit l'Artois pendant que son fils, le prince de Galles, surnommé le prince Noir, envahissait le Midi à la tête d'une faible

---

(1) Archives départementales du Lot.

armée. Ce dernier avait successivement ravagé l'Auvergne et le Limousin lorsqu'il entra dans le Poitou. Le roi Jean marcha contre lui avec cinquante mille hommes, au nombre desquels se trouvaient tous les habitants valides de Martel, sous la conduite de leurs capitaines. Surpris auprès de Poitiers, et n'ayant sous ses ordres que huit mille soldats, le prince Noir offrit de céder toutes ses conquêtes et de signer une trêve de sept ans. Ces conditions furent repoussées, et la bataille, engagée imprudemment sur un terrain désavantageux à nos soldats, fut déshonorante pour la France. Il semblait que la noblesse française fût déchue de son antique renom ; jamais on ne l'avait vue plier devant un ennemi aussi faible, et montrer tant de pusillanimité après avoir fait preuve de tant de jactance. Le roi Jean fut fait prisonnier, et avec lui, son fils et la plupart des seigneurs.

Cette déroute de Poitiers et la captivité du roi répandirent la consternation par toute la France, et on se demandait partout comment on pourrait racheter les prisonniers. Le prix auquel Edouard III avait mis la délivrance du roi Jean, faisait prévoir à quelles conditions il faudrait mettre celle des autres captifs. Les consuls de Martel furent donc obligés de payer une forte rançon pour faire relâcher leurs soldats. C'était le sort du vaincu auquel ils furent obligés de se soumettre ; mais ils se gardèrent bien d'accepter d'autre humiliation. Malgré cette défaite qui paraissait décisive, ils ne se barricadèrent pas moins dans leur ville, demandant au vicomte de Turenne une compagnie d'arbalétriers pour s'y défendre contre l'ennemi. Mais ce patriotisme devait leur coûter cher... une garnison anglaise vint bientôt s'établir à Mont-Vallent, et ils durent voir tous leurs efforts anéantis par elle. Après quelques assauts, ils furent forcés de capituler et de subir les dures conditions de l'ennemi. Les capitaines anglais, Buat Dorat, Noli Barbe et Bos de Baynat, imposèrent à la ville une forte contribution de guerre, pour laquelle ils frappèrent chaque habitant d'un denier de taxe extraordinaire (1).

Tant d'humiliations, on le comprend, laissèrent au cœur des Martellois un grand levain d'irritation. Leurs enfants gardèrent la haine des Anglais, et ils ne durent négliger aucune circonstance pour leur faire opposition. Aussitôt que ces ennemis arrachaient une pierre de leurs fortifications, ils s'empressaient de la replacer. Et si cette ville subit leur joug, elle leur résista plusieurs fois avec assez de succès pour que les rois de France crussent devoir récompenser leur dévouement à la couronne par des privilèges et des immunités, dont il existait encore des traces au commencement de la révolution (2). C'était en même temps un hommage rendu aux sentiments patriotiques et religieux des consuls et nous sommes heureux de le constater. On n'aime tant sa patrie que parce qu'on aime son clocher.

---

(1) Archives départementales du Lot.
(2) Delpont, statistique du Lot.

V

SÉNÉCHAUSSÉE DE MARTEL.

Pouvoir judiciaire dans l'association municipale. — Organisation de la justice à Martel; justice communale; justice seigneuriale; justice royale; traité avec Henri III d'Angleterre pour la tenue des assises à Martel. — Sénéchaussée organisée par les rois de France. — Sa composition. — Circonscription et étendue de son territoire; sa dépendance des parlements de Toulouse et de Bordeaux. — Inconvénient de ce système de recours; les députés quercinois aux états de Tours demandent la suppression de la sénéchaussée de Martel; lettres patentes de Charles VIII la supprimant; refus des officiers de ce siége de s'y soumettre; ordonnance royale rapportée. — Jurisprudence suivie dans cette cour; droit d'aubaine.

Il n'est pas de question dont on se soit si peu préoccupé que de celle du pouvoir judiciaire dans l'association municipale ; et cela pour la raison bien simple que tout ce qui touche à l'organisation intérieure des communes est fort incomplètement connu. Or, pour arriver à des notions tant soit peu précises sur ce point, il ne suffit pas de dépouiller le volumineux *recueil des ordonnances des rois de France*, de compulser le *Coutumier général*, il faut encore, il faut surtout pénétrer dans les archives particulières des communes, et recueillir sur les lieux mêmes les débris de ce monument judiciaire du moyen-âge. C'est ce que nous allons entreprendre ici ; et sans prétendre être complet sur la matière, nous fournirons aussi exactement que possible les renseignements que nous avons su recueillir sur l'origine, le caractère, l'étendue et la force de ce pouvoir judiciaire que l'on appelait sénéchaussée et qui avait son siège dans la ville de Martel.

Nous avons déjà signalé l'organisation d'une justice dans la société bourgeoise de cette ville, en montrant le droit exclusif des consuls de connaître de toutes les causes civiles et criminelles. Mais cette justice ne fut pas complétement maîtresse du terrain ; elle ne s'exerça pas seule et sans partage dans les enclaves de la communauté. Il y avait aussi, comme nous l'avons fait remarquer, les juridictions particulières des seigneurs de Turenne et des abbés d'Obazine, à l'arbitrage desquels se soumettaient les habitants de Martel. De sorte qu'à côté du juge commun, représentant la municipalité se trouvaient les juges seigneuriaux chargés de rendre la justice entre les vassaux de leurs maîtres respectifs. De plus, nous devons mentionner l'institution d'une justice royale que nous rapporterons au XIII° siècle. On sait qu'à cette époque, les rois avaient une grande tendance à usurper la juridiction bourgeoise dans les villes ; et cette prétention que l'on attribue seulement à Philippe-le-Bel, s'était manifestée avant lui dans la vicomté de Turenne. — Nous voyons notamment qu'elle fut réservée par le roi d'Angleterre, Henri III, et comprise dans le traité que ce souverain passa, le 22 avril 1223, avec Raymond VI, en recevant l'hommage de ce vicomte pour le pays qui lui était soumis. Il est dit dans ce traité, « que les officiers anglais n'exerceraient aucune juridiction dans la vicomté, attendu que leur souverain s'était contenté des signes de prise de possession ; qu'ils ne reconnaîtraient d'autres causes que de celles de second appel, ou de déni de justice ; qu'ils ne tiendraient pas d'assises dans le pays, excepté dans la ville de Martel, et avec le consentement du vicomte qui aurait toujours le droit de défendre par la force des armes sa personne et ses terres, d'attaquer ses ennemis particuliers, et de retenir les fiefs nobles, aliénés aux roturiers ou aux gens de main-morte. Il était dit aussi que le vicomte pourrait, en cas de résistance de la part des tenants de fiefs, requérir le sénéchal anglais de Martel de lui prêter main-forte, même lorsqu'il voudrait contraindre ses sujets par les armes de répondre à sa cour (1). »

Que conclure de ce traité sinon que la sénéchaussée fut établie dans cette ville par le souverain d'Angleterre ; et loin d'y contredire, nous sommes heureux de pouvoir constater cette origine. C'est une preuve pour nous de l'importance de cette place et de l'ancienneté de ses institutions, car le pouvoir judiciaire ne dut s'y établir qu'après le pouvoir législatif. C'est une preuve encore plus convaincante de l'empressement que durent mettre, dans l'organisation de cette justice, les rois de France redevenus les souverains de cette contrée. Ils étaient trop fiers de leur autorité et trop jaloux de leurs droits, pour ne pas chercher à former, dans tout le royaume, une concentration de pouvoirs, qui mettrait dans leurs mains une autorité unique et formidable composée d'une foule de petites souverainetés. Dès le milieu du XIIIe siècle, la royauté française eut en effet, sur les divers points du pays, des mandataires qui, successivement sous les noms de sénéchaux, de prévôts et de baillis, recueillirent les revenus de la couronne, et jugèrent en même temps les contestations survenues entre les vassaux. Nous voyons, en 1280, qu'à l'exemple d'Henri III, Philippe-le-Hardi portait une ordonnance par laquelle il renonçait à tenir des assises dans la vicomté de Turenne, excepté à Martel (2). D'autre part enfin, des notes prises aux archives départementales du Lot,

---

(1) Marraud, *Histoire du Bas-Limousin*.
(2) Delpont, statistique du Lot.

nous apprennent que la sénéchaussée de cette ville était une des plus anciennes du royaume. Si elles nous laissent ignorer le temps de son établissement, elles nous avertissent que, dès l'an 1285, les rois de France, par l'intermédiaire de Philippe-le-Bel, s'étaient réservés d'y faire exercer cette justice, et d'y établir, quoique cette place fût possédée à titre de souveraineté par les vicomtes de Turenne, le siège d'une sénéchaussée.

Or cette justice royale était subalterne ; elle n'avait aucun territoire immédiat, et ne jugeait aucune affaire en première instance, à moins que ce ne fût entre privilégiés. Elle était composée d'un sénéchal ou officier de longue robe ; d'un lieutenant-général civil ; d'un lieutenant-général d'épée ; d'un lieutenant criminel ; d'un lieutenant particulier ; d'un assesseur civil et criminel ; de cinq offices de conseillers, dont quatre étaient remplis, et le cinquième vacant entre les mains du dernier titulaire ; d'un avocat du roi ; d'un procureur du roi ; d'un greffe appartenant aux domaines et exercé par un fermier ; d'un receveur des consignations et d'un commissaire aux saisies réelles ; de deux offices d'huissiers audienciers, dont l'un était rempli, et l'autre vacant aux parties casuelles ; de deux huissiers par commission du sceau ; de dix offices de procureurs, dont cinq étaient remplis, et les autres vacants aux parties casuelles. Et tout ce corps nombreux des officiers ne payait aucune dette, ayant été déchargé des contributions municipales, en considération des services qu'il rendait à la localité (1).

Nous regrettons de ne pouvoir désigner les limites et les endroits qui relevaient de cette justice, mais on pourra s'en rendre compte, à peu près, par la position qu'occupait la ville de Martel dans la vicomté de Turenne. Placée presque au milieu du pays situé entre

---

(1) Archives départementales du Lot.

la partie quercinoise et la partie limousine, sa sénéchaussée comprenait, dans son ressort, toutes les paroisses quercinoises de la vicomté et de plus celles du territoire limousin, qui avaient été comprises dans l'ancien taillable et qui avaient été attribuées par convenance à cause de sa proximité : en tout soixante-seize paroisses. Sur ce nombre, quarante-quatre en ressortissaient immédiatement sans essuyer d'autres appels, tandis que trente-trois autres étaient obligées de comparaître devant le juge d'appeau de Turenne, avant d'être appelées au tribunal du sénéchal. Il y avait encore une particularité qu'il est bon de signaler : c'est que toutes ces paroisses qui étaient du ressort de cette justice subalterne ne relevaient pas, en première instance, de la même cour. Celles qui étaient situées au-delà de la Dordogne, étaient du ressort du parlement de Toulouse ; et celles qui étaient en deçà, de celui de Bordeaux. Mais auparavant elles ressortissaient, pour le cas de l'édit, des présidiaux de Brive et de Cahors, selon leur situation respective (1). Nous ne parlons pas ici, bien entendu, des paroisses qui étaient comprises dans les juridictions de Beaulieu et d'Argentat et qui relevaient de la sénéchaussée de Tulle.

Il restait à concilier tous les intérêts divers qui se présentaient à cette cour, et on comprend que ce mélange de paroisses appartenant à plusieurs diocèses et relevant de deux présidiaux et de deux parlements différents, devait créer des embarras et faire naître beaucoup de difficultés. Ce fut, sans doute, pour obvier à cet inconvénient que les députés de la province du Querey, assemblés aux Etats qui se tinrent à Tours en 1483, demandèrent et obtinrent la suppression de la sénéchaussée de Martel. Ils faisaient attribuer à celle de Figeac toutes les paroisses qui

---

(1) Archives départementales du Lot. — Delpont, statistique du Lot.

étaient au-delà de la Dordogne ; et, réunissant les autres à toutes celles qui étaient du ressort du présidial de Brive, ils en composaient une nouvelle sénéchaussée dont le siège devait être fixé ultérieurement par le roi. Mais les habitants et les officiers de la justice de Martel repoussèrent cette combinaison et refusèrent formellement de se soumettre aux lettres patentes du roi Charles VIII qui lui furent signifiées. Les motifs qu'ils présentèrent à l'appui de leur résistance durent se rattacher à d'importantes considérations d'ordre public, puisque, deux ans après, le monarque révoqua l'ordonnance qui supprimait ce siège (1).

Nous n'avons pas besoin d'autre attestation pour comprendre la nécessité, à Martel, d'une justice spéciale qui devait tenir compte des mœurs locales, accommodées au tempérament et au caractère des habitants et respectées fidèlement par Henri III, roi d'Angleterre. Le droit romain y avait prévalu, mais pas dans toute son intégrité. Cette législation, introduite par la conquête, y avait été modifiée par les coutumes féodales et s'était pénétrée d'un esprit tout différent de celui du droit romain. Nous ne chercherons pas à examiner quels furent les principes admis à l'égard du pouvoir paternel, de la puissance maritale, de la majorité, de l'émancipation, du mariage, etc...; outre que cet examen n'entre pas dans notre plan, nous croyons qu'il nous entraînerait trop loin. Pour donner une idée générale de la jurisprudence suivie dans cette justice royale, nous nous contenterons de dire que le droit d'*aubaine* était reconnu et appliqué dans toute la vicomté de Turenne (2). Ce droit qui réglait la succession aux biens d'un étranger qui mourait dans ce pays, prouvait peu en faveur de l'hospitalité de nos

---

(1) Delpont, statistique du Lot.
(2) Archives départementales du Lot.

aïeux, mais servait à maintenir leurs vieilles coutumes. Lorsqu'un étranger venait résider parmi eux, il était considéré à peu près comme serf et, s'il ne reconnaissait pas, dans l'an et le jour, le vicomte pour son seigneur, il était exploitable à merci par lui. Il arrivait même souvent qu'après avoir prêté serment de fidélité et s'être engagé à payer chaque année des redevances écrasantes, le malheureux *aubain* se voyait en butte à toutes sortes d'exactions, pillé et dépouillé sans miséricorde. A sa mort, ses parents mêmes étaient exclus de sa succession ; il ne pouvait ni tester ni disposer de la moindre portion de sa fortune. Cet abus fut poussé si loin qu'on finit par considérer comme aubain, non plus seulement l'étranger non régnicole, mais encore tout individu qui avait abandonné le lieu de sa naissance pour venir s'établir dans une paroisse voisine relevant de la vicomté. Assurément, ce droit était barbare et peu chrétien, et nous n'hésitons pas à le condamner, à l'exemple des rois de France qui cherchèrent constamment à le supprimer ; toutefois, comme il servait à entretenir le patriotisme des habitants et le respect pour les traditions religieuses, nous devons proclamer son utilité dans un temps surtout où l'amour du clocher et du foyer étaient la seule base de l'éducation du peuple.

Gardons-nous de blâmer les vieilles institutions dont les mœurs chrétiennes perfectionnées de nos temps, ont su elles-mêmes se débarrasser et respectons celles qui ont fait de la France la reine de la civilisation moderne.

VI

CALVINISTES ET ROYALISTES.

Nulle trace de culte calviniste à Martel. — Antipathie des associations municipales pour la réforme. — Attachement aux coutumes religieuses; efforts des habitants pour se préserver de l'hérésie; la doctrine catholique fortifiée par la prédication. — Invasion des calvinistes. — Leur départ. — Mesures prises pour empêcher leur retour; lettre du vicomte de Turenne prescrivant des moyens de défense. — Délibération du conseil municipal à cet effet. — Les calvinistes n'osent tenter une seconde attaque. — Martel obéit aux prescriptions de la ligue. — Le duc de Maine est dirigé sur la vicomté de Turenne. — Embarras et crainte des Martellois à l'approche de l'armée royale. — Envoi des consuls à Salignac pour faire changer de route au duc. — Refus de cette demande; séjour des troupes à Martel. — Un corps d'armée remonte la Dordogne; un autre la descend. — Campement à Souillac; reddition des châteaux échelonnés sur la rivière; incendie de celui de Latrayne. — Départ du duc de Maine pour Sarlat.

Nous pensions d'abord nous trouver ici, comme dans les autres villes de la vicomté, en présence de ruines spirituelles et morales causées par l'exercice de la religion prétendue réformée; mais quelle n'a pas été notre surprise de n'y découvrir aucune trace de cimetière et de temple calvinistes, nulle marque de prosélytisme exercé par les ministres de ce culte. Nous ne pouvions cependant nous déterminer à croire à tant de vertu et à tant de foi de la part des habitants de Martel, à cause de la proximité où se trouvait leur ville de la forteresse de Turenne occupée par l'hérésie. Nous sommes donc allé aux informations et, de tous côtés, il nous a été répondu qu'on ne possédait rien sur l'exercice du culte des religionnaires dans cette ville. Les archives nationales; celles de la préfecture du Lot, où sont toutes les délibérations de la commune de Martel, et enfin la tradition populaire sont muettes à ce sujet.

Il a bien fallu alors attribuer cette situation exceptionnelle à quelque cause, car on ne peut supposer que les hérétiques n'aient fait aucun effort pour se fixer en cette localité. Nous l'avons rapportée à la prépondérance qu'y avaient acquise les associations municipales et aux moyens de défense dont elles disposaient. A première vue, en effet, on est frappé de l'esprit, de la sagesse et de la force des institutions bourgeoises. Or, la bourgeoisie chrétienne qui s'y était toujours montrée sympathique à la royauté, unie de sentiments avec le prêtre et l'ouvrier, s'inspira de l'antipathie de ses rois pour la réforme et l'éloigna de ses foyers. C'est ce qui explique le peu de succès obtenu par cette religion dans un pays enclavé au milieu des contrées qui avaient accueilli les doctrines de Calvin, et soumis à un puissant seigneur dévoué aux nouvelles idées.

Ennemis de toute domination étrangère, les Martellois ne devaient pas mieux accepter celle des hérétiques que celle des Anglais. Les uns et les autres menaçaient leurs libertés et leurs coutumes locales ; et s'ils s'étaient levés pour défendre leur sol, ils n'étaient pas moins prêts à le faire pour défendre leurs croyances. Non, la cause religieuse ne saurait les trouver moins ardents que la cause politique, et, avant tout, ils devaient fermer leurs portes à ceux qui menaçaient leurs intérêts les plus chers ! — Se croyant donc suffisamment pourvus de moyens de défense au point de vue matériel, ils ne cherchèrent qu'à se fortifier au point de vue spirituel. Et pour résister sous ce rapport à l'ennemi, les consuls n'attendirent pas son arrivée. Aussitôt qu'ils purent comprendre tout le danger de la doctrine du *libre examen* proclamée par Luther, ils s'efforcèrent d'en prémunir les habitants en les pénétrant davantage de l'enseignement de l'Eglise par l'organe de prédicateurs étrangers qu'ils demandèrent aux maisons de Tulle et d'ailleurs. Ils s'appliquèrent surtout à cette œuvre de préservation, après la condamnation, en 1520, des erreurs nouvelles par le pape Léon X. Aussi voyons-nous le trésorier de la commune rendre compte, en 1529, de l'argent et du vin destiné à un prédicateur; en 1530, du salaire de quinze livres pour un autre prêtre qui avait prêché pendant le carême. — Déjà on avait eu recours aux prêtres de la localité, et quoique l'habitude d'entendre cette prédication pût en diminuer l'effet, il ne semble pas, néanmoins, qu'elle ait été moins fructueuse et moins estimée. Ce qui le prouve, c'est un don de dix livres qui fut fait par la commune, en 1525, pour un prédicateur du monastère des franciscains. Quant aux religieux du chapitre sur lesquels nous désirerions être mieux renseignés, nous savons qu'ils ne négligèrent rien pour empêcher l'introduction de cette hérésie à Martel. Et lorsque les consuls et le trésorier de la commune, découragés, se rendirent à Turenne, en 1549, pour conférer avec leur seigneur encore catholique, sur les besoins à prendre pour en préserver la vicomté, on leur recommanda de s'adresser à ces prêtres dévoués et pleins de doctrine, et de les faire prêcher pendant le carême (1).

Mais cela ne pouvait pas arrêter les novateurs qui étaient poussés par un grand parti politique, ennemi acharné du clergé, et qui surtout étaient escortés de soldats farouches, accoutumés déjà aux crimes et aux profanations sacrilèges. En 1562, après une résistance énergique de la part des habitants, la ville de Martel

---

(1) Archives communales de Martel.

tomba en leur pouvoir et subit le même sort de celles de Beaulieu et de Saint-Céré. Son église renfermait trop de trésors pour n'être pas l'objet de la convoitise de leur part (1). Comme ils avaient pillé successivement toutes celles qui étaient autour de Sarlat, celles de Souillac, de Carennac, de Puybrun et de Bétaille, ils ne devaient pas plus épargner celle de Saint-Maur. A quels actes d'impiétés se portèrent-ils à cette occasion et quels furent leurs butins !... N'ayant pas de titres, nous ne pouvons rien affirmer. Incontestablement ils durent faire main-basse sur les vases sacrés, les ornements sacerdotaux et les reliquaires, briser les statues, déchirer les images et profaner les choses saintes. Ce qui semblerait l'indiquer, ce fut l'indignation que manifesta la population après leur départ, et qui la fit se soulever tout entière, et courir aux armes, afin d'être préservé d'une seconde invasion de leur part.

Les calvinistes s'éloignèrent en effet promptement de Martel, où ils étaient mal à l'aise. Ils reprirent la vallée de la Dordogne, occupèrent les châteaux de Montvalent, de Creisse, de Montfort, s'abattirent sur l'abbaye de Souillac, et continuèrent leur route vers Sarlat en semant partout la terreur par leurs atrocités et leurs impiétés.

Délivrés de ces redoutables ennemis, les Martellois ne songèrent plus qu'à en prévenir le retour. En même temps qu'ils s'efforçaient de réparer les désastres causés dans leurs églises, ils reformaient leurs compagnies, fermaient les brèches faites à leurs murailles et consolidaient leurs portes. Et comme ils étaient occupés à préparer ces moyens de défense, ils apprirent que les villes de La Réolle et de Lauzerthe, qui avaient été tenues par les calvinistes, avaient été reprises par les catholiques; que le seigneur de Vassinhac et de Langlade avait été fait prisonnier et sa

---

(1) Abbé Paramelle.

maison volée. Cette nouvelle releva leur courage et fit renaître la confiance autour d'eux. C'est alors qu'ils reçurent une lettre du vicomte, dont il fut fait lecture au conseil de la commune, qui leur mandait de faire bonne garde pour que leur ville ne fût pas de nouveau surprise ; de requérir tous les soldats qu'ils pourraient trouver afin de faire bonne garde pendant quelques jours ; et enfin de faire exécuter partout de grandes manœuvres aux troupes, en attendant qu'ils reçussent d'autres nouvelles (1).

Il n'en fallait pas davantage pour exciter leur ardeur et stimuler leur zèle. Les consuls convoquèrent aussitôt les membres du conseil municipal, et il fut arrêté par une délibération, à l'unanimité : « que
» l'on ferait bonne surveillance ; que l'on placerait
» des sentinelles, la nuit, dans les divers postes ;
» que les habitants, à tour de rôle, monteraient la
» garde, qu'ils obéiraient exactement à celui qui
» serait chargé de les commander et qu'ils se ren-
» draient soudain à son appel ; que l'on désignerait,
» chaque jour, ceux qui seraient employés au clocher,
» et qu'enfin les deux portes seraient muraillées. »
Les divers points de cette délibération furent immédiatement mis à exécution, comme nous le démontre le compte-rendu de 1568, où sont mentionnées, entre autres choses, une dépense faite pour la réparation des portes de l'église, et une autre pour la restauration des murs de la ville (2).

Grâce à ces nouvelles dispositions, la ville de Martel fut en effet préservée d'une seconde invasion des calvinistes. Prévenus sans doute de l'exaspération des habitants, et craignant un double échec, à la fois, pour leurs soldats et pour l'exercice de leur culte, les hérétiques ne reparurent plus devant cette place,

---

(1) Archives communales de Martel.
(2) Archives communales de Martel.

tandis qu'ils ne cessèrent d'inquiéter toutes les autres de la vicomté. Peut-être aussi pensaient-ils ne devoir pas s'écarter, pour le moment, des bords de la Dordogne, comptant sur l'appui du vicomte de Turenne qu'ils avaient attiré dans leurs rangs, afin de revenir plus tard sur Martel et en être plus facilement maîtres. Quoiqu'il en soit, cette ville fut entièrement préservée de la contagion de l'hérésie, tandis que les autres en étaient complètement infectées. Non, ni les archives municipales, ni les papiers de famille ne sauraient y mentionner un seul acte d'adhésion. Ah! ne demandons pas après cela d'autre témoignage, et de la foi des catholiques de cette localité et du zèle de leurs prêtres; car s'il est glorieux pour les habitants d'avoir maintenu intact le dépôt sacré des traditions religieuses de leurs pères, il n'est pas moins admirable pour leurs pasteurs d'avoir su les préserver de l'entraînement général qui se manifestait ailleurs.

Mais voilà que, sur ces entrefaites, se formait entre un grand nombre de villes, sous la conduite d'Henri de Guise, une ligue dont le but apparent était de défendre la religion nationale contre les huguenots. Martel était trop peu important pour être rangé au nombre de ces villes confédérées, mais ses habitants n'en obéissaient pas moins aux prescriptions et aux serments des ligueurs, puisque tous avaient juré de s'employer chez eux, à tour de rôle, à la défense du catholicisme; et de suivre aveuglément les ordres de leurs chefs (1).

Cette confédération entreprit d'enlever aux calvinistes toutes les conquêtes qu'ils avaient faites à la faveur de la division des princes. Il fallait alors se diriger sur tous les points où ils s'étaient le plus fortement retranchés. Henri de Guise donna à son frère, le duc de Maine, le commandement de l'armée de

---

(1) Archives départementales du Lot.

Guyenne, et lui enjoignit spécialement d'aller combattre le vicomte de Turenne dans ses états, pour le faire repentir de son apostasie et de son dévouement au roi de Navarre. Il lui traça sa route, en lui recommandant d'aller prendre position à Périgueux, pour, de là, courir sur Montignac; et, après en avoir délogé les calvinistes, marcher droit sur Salignac, en occuper le château, et enfin entrer dans la vicomté par Martel. Tel était le plan naturel découvert et tracé par un habile stratégiste, et que suivit fidèlement le duc de Maine.

Le succès répondit à ces prévisions : les châteaux de Montignac et de Salignac se rendirent aux royalistes. Les Martellois se virent alors dans une position difficile; obligés ou de déplaire à leur seigneur et d'encourir sa disgrâce, en laissant installer dans leurs murs une armée venue exprès pour le combattre, ou bien de manquer à leur serment et d'abandonner la cause catholique, pour ménager les intérêts de celui qui l'avait indignement trahie. D'un autre côté, ils ne pouvaient se méprendre sur la résistance énergique qui serait opposée à l'armée royaliste; et, comme elle devait être isolée au milieu d'un pays conquis aux huguenots, ils devaient s'attendre à la garder longtemps chez eux, ce qui leur causerait une dépense considérable et tout à fait ruineuse. Dans ce cas, il y avait à redouter, à la fois, pour la religion, et le mécontentement des habitants obligés à de dures contributions, et le désordre avec l'immoralité qui pourraient être le résultat d'une longue occupation. — Toutes ces considérations mûrement pesées par eux, ils chargèrent leurs deux premiers consuls d'aller présenter respectueusement leur embarras au duc de Maine et de lui faire changer de route. C'est alors que maître Guillaume Lascoule, licencié en droit et avocat en ladite ville, et Gabriel Delachièze, s'acheminèrent vers Salignac, accompagnés de certains habitants de ladite ville et des environs, afin de remontrer et faire entendre au duc « que la ville de Martel était alors, comme elle avait été de tous temps, inviolablement soumise au roi et à la religion catholique ; et que, ne tombant pas sous le coup des édits royaux, on le priait d'empêcher par tous moyens que son armée ne passât pas à Martel (1). »

Le duc comprit très bien le motif louable, ou du moins excusable, qui poussait les consuls à cette démarche. Aussi, quoiqu'il ne pût accéder absolument à leur demande, les reçut-il fort humainement, heureux d'ailleurs de donner une marque de déférence au baron de Cessac qui lui avait parlé très avantageusement des dispositions des habitants. Mais il ne pouvait se détourner de sa route sans manquer aux règles de la stratégie, dont un chef d'armée ne doit jamais se départir sans avoir pris l'avis de son conseil. Il était d'ailleurs fortement sollicité par le sieur d'Hautefort, gouverneur du Bas-Limousin, à prendre position à Martel, afin de pouvoir ensuite mieux faire rendre la ville de Beaulieu qui était au pouvoir des hérétiques. — Il se décida donc à occuper cette place quercinoise de la vicomté, se réservant d'alléger autant que possible les charges des habitants, et le 13 février 1586, il y fit son entrée avec la plus grande partie de ses troupes. Il prit son logement dans la maison des vicomtes de Turenne, au palais de la Raimondie, et y resta douze jours, retenu par un froid excessif et par d'épaisses neiges qui couvraient tous les chemins. — En attendant, il organisa son plan de campagne, et distribua ses soldats en deux corps d'armée, dont l'un sous le commandement du seigneur d'Hautefort devait remonter la rivière de la Dordogne, tandis que l'autre, placé sous ses ordres, la descendrait. Comme il voulait en même temps se réserver un refuge dans cette ville, en cas de

---

(1) Archives communales de Martel.

défaite, et qu'il fallait pour cela, la garantir absolument d'une attaque de l'ennemi, il établit autour d'elle et au dehors, un cordon de fortes troupes, en défendant expressément aux officiers de ne loger ni dans ses murs ni dans les faubourgs, afin de ne pas trop surcharger ses habitants (1).

Après avoir pris ses dispositions, il donna le signal du départ, et les armées se mirent en mouvement. Or pendant que le sieur d'Hautefort allait sur Beaulieu, où nous l'avons déjà suivi, lui se dirigeait vers Souillac en marchant sur les pas des hérétiques, dont il recherchait constamment les traces. Malheureusement tout le riche pays compris entre ces deux localités et tous les châteaux échelonnés sur les rives enchanteuses de la Dordogne étaient tombés en leur pouvoir, et le roi de Navarre y comptait beaucoup d'amis et de grands partisans. — Le duc voulut d'abord dégager la voie qu'il avait à parcourir, afin de se protéger contre les surprises de l'ennemi, à travers les défilés des vallées qui se succèdent brusquement aux détours nombreux de cette rivière. « Il commença par faire jeter un pont de bois au port de Creisse, en se servant des câbles de la ville de Martel, qu'il eut soin de faire remettre, et fit braquer auprès de la croix de Soliac des pièces d'artillerie qu'il confia à la garde des soldats de Suisse. » Le but du duc était d'emprisonner dans les diverses forteresses qui étaient sur cette ligne toutes les forces dont les hérétiques pouvaient y disposer, afin de ne pas laisser entraver la marche du seigneur d'Hautefort et attaquer le derrière de son armée. Pour mieux y réussir, il fut camper à Souillac, d'où il ne cessait d'inquiéter l'ennemi, l'obligeant toujours à rentrer dans ses demeures et à s'y défendre. Cette tactique lui réussit si bien qu'il priva de secours et isola toutes les places qui étaient en amont de la

---

(1) Archives départementales du Lot.

Dordogne, au-delà de Carennac, pendant que de son côté il faisait tomber les plus forts remparts des calvinistes. Tandis que Gagnac et Beaulieu étaient battus en brèche par deux pièces de canon, les châteaux de Laroque, de Montvallent, de Brassac, de Cavaignac et autres se rendaient aux royalistes (1). Or, un jour que le son bruyant des clairons excitant l'ardeur des combattants et se répandant des collines opposées, allait en se prolongeant à travers les gorges et les vallées, avertir au loin les populations, qu'il se livrait sous les tours de Belcastel un combat acharné entre les réformés et les catholiques, les tourbillons d'une épaisse fumée que l'on voyait s'élever dans les airs au-dessus du roc imprenable de Latrayne leur annonçaient aussi que le château de Pierre de la Ramière, l'ami du roi de Navarre, était la proie des flammes. Ce malheureux seigneur donna, dans cette circonstance, une preuve éclatante de son inébranlable attachement à son prince et à sa religion; car les flammes sinistres de cet incendie qui consuma la moitié de son château ne purent ni éclairer sa conscience et dissiper les ténèbres de son esprit, ni brûler les liens de son amitié et lui faire abandonner son parti. Chassé de ses foyers, il se mit entièrement au service de son prince, et fut attaché à sa personne en qualité de gentilhomme ordinaire. Hélas! il devait être bientôt victime de son dévouement et de son ardeur!... Il fut tué au siège de Saint-Jean-d'Angély, et sa veuve, Gallienne du Cluzel, erra longtemps avec ses sept enfants, pour se soustraire à la persécution à laquelle elle était en butte comme femme d'un réformé (2).

Le duc de Maine crut devoir se contenter de ces quelques exploits dans la vicomté de Turenne, et, sans s'inquiéter du sort des catholiques après son

---

(1) Archives départementales du Lot.
(2) Archives de la maison de Kardaillac.

départ, il prit la route de Sarlat. Tout le fruit qu'il aurait pu retirer de son expédition fut perdu, et les diverses localités traversées par ses troupes furent dans un état de gêne impossible à décrire. La ville de Martel, quoique riche, n'avait pas encore, un an après, réglé complètement les frais occasionnés par leur séjour. Et certes, ce n'était pas surprenant, puisque aussitôt après leur départ elle fut obligée de s'imposer de nouveaux sacrifices pour tenir tête aux huguenots qui la menaçaient de tous côtés. Ah ! il fallait que ses habitants voulussent bien conserver le dépôt sacré de leurs traditions religieuses pour ne pas être fatigués d'une lutte si longue et si ruineuse. Aussi leurs consuls, étonnés de tant de patience, craignaient-ils sans cesse quelque trahison de leur part; et nous apprenons par des délibérations du conseil de la commune, de 1587 à 1588, qu'ils prirent des mesures à ce sujet. « Ils taxèrent d'abord de 100 sols les étrangers mariés à des femmes étrangères; puis ils les prièrent de quitter la ville pour quelque temps; et enfin ils firent faire fréquemment des visites domiciliaires dans les maisons qui tenaient aux murailles. »

Mais si bonnes que fussent ces précautions en temps de guerre, on n'eut jamais à constater un seul cas, ni de mécontentement ni de trahison. Disons qu'une population est admirable qui sait conserver sa foi au prix de tant de sacrifices !

VII

ÉGLISE DE SAINT-MAUR.

Sa fondation. — Ses caractères archéologiques; trace d'architecture latine; plan primitif; croix latine; abside. — Sa transformation au xiv° siècle. — Son plan actuel. — Inspection des murs intérieurs. — Inspection des murs extérieurs. — Son clocher; la commune se charge de sa construction; son emplacement; sa forme. — Droits qu'y revendiquent les consuls. — Dégâts faits à l'église par les Anglais; mandement de l'évêque de Cahors au sujet de sa réparation. — Mon graphie du portail. — Ouverture de la porte. — Disposition du tableau. — Description du sujet; jugement dernier; le souverain Juge entouré des instruments de son supplice. — L'éclat de sa majesté. — Séparation des élus et des réprouvés.

Nous ne pouvons nous résigner à quitter cette ville sans parler de son église de Saint-Maur, véritable monument d'architecture qui a survécu aux invasions et aux révolutions, pour attester avec orgueil de son passé religieux.

Ici d'abord nous éprouvons une grande difficulté de tracer exactement les lignes qui caractérisent son archéologie, quoique l'histoire des évêques de Cahors nous permette d'assister, pour ainsi dire, à la pose de sa première pierre. « Charles Martel, nous dit
» Jean Vidal, ayant vaincu les Sarrasins, en 735, fit
» bâtir une église à Saint-Maur, au lieu appelé depuis
» Martel, en souvenir de la victoire qu'il avait rem-
» portée en cet endroit. » Cette date nous reporte au milieu de l'époque de l'architecture latine, quoi-

que l'ensemble de son style paraisse y contredire. Nous ne devons cependant pas renoncer à cette indication avant d'avoir cherché à classer tous les signes extérieurs de cette église, afin de les rattacher, si c'est possible, à une origine si glorieuse.

Or, au premier coup-d'œil, on ne peut s'empêcher de reconnaître à cet édifice un double caractère archéologique. Malgré l'habile transformation intérieure, (bien capable de tromper l'attention de l'artiste), qui fut faite au xiv° siècle, il présente encore quelques traces des constructions religieuses du viii° siècle. Ce qui semblerait nous l'indiquer extérieurement, ce sont quelques contre-forts lourds, massifs, sans sculpture ni moulure, surtout ceux de gauche; quelques fenêtres cintrées, étroites, d'une hauteur double de leur largeur, évasées à l'intérieur, dépourvues de colonnes et de meneaux, et placées du même côté; enfin, sur certains murs, un petit appareil de maçonnerie formée de pierres cubiques de quatre pouces environ et liées ensemble par une couche épaisse de ciment. — Quant à son plan primitif, on pourrait à la rigueur lui attribuer la forme d'une croix latine, avec une tour au milieu du transept qui aurait disparu pour être remplacée par une de plus forte, et avec trois nefs, dont les deux latérales se seraient prêtées volontiers à la formation des chapelles entre les contre-forts pour le service des confréries et des corporations religieuses. Sans doute ce n'est là qu'une simple conjecture, basée sur la seule inspection de l'édifice, mais loin de la détruire, les faits subséquents semblent lui donner raison. C'est ainsi que des délibérations du conseil municipal du xiv° siècle nous expliquent, soit le motif du remplacement du clocher primitif par une tour de défense, soit la transformation des bas-côtés étroits en chapelles, comme nous aurons occasion de le dire. — Dans notre hypothèse nous voudrions voir alors la tête de la croix terminée par un abside circulaire voûté en cul-de-four, et non pas comme il l'est à présent par un mur droit. L'abîme extérieur qui est au pied de ce mur et qui reçoit toutes les eaux de la ville, se charge de nous expliquer cette irrégularité. Il eut été bien difficile de faire autrement à moins qu'on ait voulu se priver de ces eaux si précieuses dans un endroit sec et calcaire, comme celui-ci, ou bien leur donner un autre réservoir qu'il serait presque impossible de former ailleurs. Et, après tout, qui sait si ce gouffre circulaire ne s'est pas formé lui-même sur l'emplacement de l'abside ou d'une crypte, d'autant mieux que la légende populaire semble l'entourer de certains mystères. — Quoiqu'il en soit, depuis la fondation de cette église jusqu'à sa restauration, en 1322, aucune tradition ni orale ni écrite ne fait mention des travaux entrepris à son sujet. Si elle avait dû recevoir quelque construction nouvelle, c'eût été le cas de l'entreprendre après l'an mil ; mais comme elle devait être complète et en bon état, elle ne subit pas le mouvement général qui fut imprimé à l'archéologie religieuse à cette époque. C'est ce qui achève de nous convaincre qu'elle appartenait primitivement à l'architecture latine.

Dans tous les cas, au temps de sa transformation, elle reçut définitivement le style architectonique qu'elle porte aujourd'hui. C'est bien au xiv° siècle, en effet, qu'elle prit cette nouvelle forme, alors que les diverses associations municipales étaient en pleine vigueur et patronnaient les œuvres religieuses. Nous voyons que les consuls et conseillers de la commune, de 1322 à 1326, prirent des mesures pour la construction de chapelles et prononcèrent diverses amendes au profit de l'église (1). Encore leurs délibérations ont-elles soin de nous apprendre qu'il s'agit, non pas de la reconstruction totale de l'édifice, mais de sa réparation et de l'annexion de quelques appendices.

---

(1) Archives communales de Martel.

C'est donc qu'il n'aurait pas été rebâti en entier, mais seulement retouché et transformé, selon les exigences de l'art ; d'autant mieux qu'on n'aurait pas pu rebâtir en quatre ans une église si vaste et si complète. Ce qui nous confirme dans notre première idée, que cette restauration se fit sur les premiers fondements et les premiers murs, en supprimant l'abside circulaire et en transformant les bas-côtés en chapelles.

Cherchons maintenant à retrouver, dans les lignes sévères et hardies de ce monument, les traits principaux du style ogival rayonnant. Tout d'abord son plan nous apparaît sous la forme d'un rectangle terminé par des murs droits, mesurant 39 mètres de longueur sur 13 de largeur, composé d'une abside carrée et d'une large nef séparées par un transept d'une longueur totale, croisillons compris, de 20 mètres, et enfin de six chapelles rangées par trois de chaque côté de la nef. Il n'y manque, pour la parfaite régularité du style, qu'une chapelle agrandie de la Vierge, placée au chevet, derrière le chœur, et nous avons donné la raison de cette lacune.

Dans l'intérieur de l'église les proportions correspondent aux règles du style ogival et à la longueur du vaisseau, et c'est à peine si on peut y trouver quelques réminiscences d'une autre architecture. Il serait même difficile, croyons-nous, de trouver plus de rectitude dans les lignes, plus d'harmonie dans l'ensemble, plus d'élévation et d'élancement. On désirerait voir, sans doute, un peu plus amincies les demi-colonnes adossées aux pilastres qui se prolongent sur les murs, leurs socles un peu plus élevés et leurs chapiteaux plus ornementés ; mais d'un autre côté, on ne peut qu'admirer la courbe gracieuse et surbaissée des arcades qui séparent les chapelles et divisent les voûtes. — L'arc a élargi la baie de la fenêtre, et ce qu'il lui a fait perdre en hauteur, il lui fait gagner en largeur. Quoi qu'il ait choisi cette place dans les églises pour faire ressortir ses riches décorations, il sait lui-même s'en dépouiller ici pour se prêter à l'intérêt du sujet. Tantôt on le voit se voiler la face devant le grand autel du sacrifice où chaque jour s'immole la sainte victime, et tantôt se découvrir pour porter au ciel un regard d'amour. Ainsi pendant qu'il est simplement ogivé aux fenêtres placées au-dessus des corniches de la nef, il est rempli de trèfles, de fleurons et de quatre feuilles à celle qui est chargée d'éclairer le sanctuaire. Trois meneaux se partagent sa largeur où, parmi des flots de lumière, se reflètent, sous quatre rangs de vitraux, les divers évènements qui se rattachent à l'histoire de l'Eglise. — Quant aux voûtes qui s'élancent avec hardiesse, élégance et solidité, mesurant, à partir du pavé, une hauteur, sous clefs, environ de 18 mètres pour la nef, de 14 pour les croisillons du transept, et de 9 pour les chapelles, elles semblent avoir défié les marteaux des démolisseurs, parées qu'elles sont encore de larges nervures et de nombreuses ciselures comme au premier temps de leur construction.

Si maintenant nous faisons l'inspection des murs extérieurs, nous y remarquons parfois le cachet de la vétusté et d'une simplicité qui semble peu s'accorder avec l'origine des parois intérieures. Comme nous l'avons déjà déclaré, outre le petit appareil de maçonnerie de certains côtés de l'édifice, la forme des huit contre-forts y contredit le genre ogival du XIVe siècle. Les deux plus remarquables qui sont fixés aux angles du chœur, et s'élèvent à la hauteur prodigieuse des combles, forment deux tours carrées, couronnées de lanternons à jours et recouverts d'un toit, comme pour éclairer et abriter des escaliers intérieurs conduisant à une vieille coupole. Les autres qui se confondent avec les murs des chapelles ne sont saillants qu'au-dessus de leurs toits, et ne présentent, à leur sommet, ni fleurons ni arcs-boutants, comme le comporterait le style de l'époque.

Arrivons au clocher, et rappelons-nous ce que nous avons déjà dit au sujet d'une vieille tour qui aurait été posée au centre de l'église. Après la restauration générale qui fut entreprise principalement aux voûtes, on ne devrait pas être surpris de la disparition d'un dôme qui, reposant seulement sur quatre piliers, devait être trop fortement ébranlé par les reconstructions faites tout autour. Or, en supposant que ce premier clocher fût démoli, il était tout naturel qu'on le remplaçât par un autre, un si beau monument religieux ne pouvant pas se passer d'un signe extérieur qui semblât porter jusqu'au ciel la prière des fidèles. C'est pourquoi les consuls et conseillers de la commune qui avaient déjà fortement contribué pour la restauration de l'église, obéissant à un même sentiment de foi, de 1340 à 1342, réglèrent de nouveau les dépenses à faire pour la pose d'une flèche.

La difficulté était de lui trouver une place, le style ogival rayonnant ne comportant plus de dôme au-dessus d'une coupole. Et comme d'ailleurs, la ville était constamment menacée par des ennemis politiques et religieux, on résolut de construire devant la porte de l'église une tour de défense qui servirait en même temps pour le service divin. C'est ce qui explique pourquoi l'architecte dut briser un peu dans cette construction les règles de l'art pour se conformer aux exigences de la circonstance. Un clocher, qu'on devrait plutôt appeler un donjon, s'éleva donc à gauche de la partie occidentale de l'église. Supporté par quatre énormes piliers joints ensemble par des arcs-doubleaux et soutenus par d'énormes contreforts carrés, il se dresse majestueusement à une hauteur prodigieuse, de cinquante mètres environ, laissant apercevoir à peine quelques étroites ouvertures, en guise de meurtrières, pour éclairer l'intérieur et pour permettre de placer, au besoin, quelques bouches à feu. Au sommet de cette lourde tour quadrangulaire qui aurait été assez forte pour recevoir une grande flèche, se détache une autre construction plus dégagée, qui, semblant défier les traits de l'ennemi, prend alors des formes plus sveltes, et pour cela, abandonne le bord extérieur des murs. Ce couronnement ne manque pas d'une certaine grâce. On dirait une lanterne à huit pans dont quatre sont ouverts, par de larges croisées, sur l'orient, sur l'occident, sur le septentrion et le midi, et dont le toit peu élancé ressemble au diadème des anciens rois.

Cette tour construite, dans un double but, aux frais de la ville, fut considérée comme propriété communale, sur laquelle les consuls s'arrogeaient des droits absolus, à la charge de subvenir à toutes ses dépenses. C'est ainsi qu'ils se servaient de la cloche qui y était posée, pour assembler le peuple et appeler les soldats aux armes. Aussi voyons-nous, dans leurs comptes-rendus, « qu'ils fournissaient les cordes pour cette cloche et en faisaient restaurer le marteau. »

Cette belle église fut donc entièrement restaurée au xiv° siècle, grâce à la piété des habitants qui surent s'imposer de grands sacrifices. Après cela nous croyons qu'ils avaient droit de se reposer pour longtemps. Mais alors survinrent des évènements qui compromirent gravement leur œuvre. La guerre avec les Anglais qu'ils avaient soutenue avec un courage admirable leur coûta cher. Ces ennemis, pour se venger, s'abattirent sur ce nouvel et splendide édifice et y causèrent un grand dommage. Nous l'apprenons par un mandement de l'évêque de Cahors qui, en 1502, faisait appel à la libéralité des chrétiens des doyennés environnants en faveur de l'église de Saint-Maur, « ruinée, disait-il, par les guerres et autres calamités qui avaient affligé la ville de Martel (1). » Quoique nous ignorions l'effet de cette ordonnance épiscopale, il n'y a pas lieu de douter de son plein succès. Mais, quel qu'en soit le résultat, il est certain que l'on se contenta de réparer les désastres causés, en laissant à cette église tout le caractère ogival qu'elle avait déjà.

Jusqu'à présent l'iconographie chrétienne n'a pas

eu une grande part dans la description de l'église, et pourtant elle y est dignement représentée. On sait que la période ogivale avait abandonné presque entièrement l'ornementation historique et emblématique des chapiteaux, se bornant à développer sur les portails et les vitraux peints la série des grandes vérités catholiques. C'est ce qu'elle a fait ici, en réservant le tympan du portail occidental pour rappeler le souvenir salutaire du jugement dernier. Le tableau qui nous en est fait est des plus saisissants. L'expression de foi est grande, les personnages sont très distincts et bien caractérisés, le dessin est beau, le drame est bien conduit et le symbolisme y est parfait. On sent que l'artiste ne s'était pas contenté d'échauffer son imagination par la lecture du livre de l'apocalypse, mais qu'il avait prosterné le front dans la poussière du sanctuaire, et conjuré Dieu avec le Roi-Prophète, de percer sa chair de la crainte de ses jugements, afin de confier à la pierre les sublimes terreurs qui avaient agité son âme.

Cette porte s'ouvre sur l'angle gauche de l'église, vis-à-vis du clocher auquel elle est reliée par un porche étroit. Sa largeur entière, d'un mur à l'autre, est de treize pieds et demi, et sa hauteur d'un peu plus de dix-huit. Sa place naturelle eût été au milieu du mur, pour faire face à l'autel. Cette position irrégulière ne peut être expliquée que par le passage, de ce côté, de la rue principale de Martel, à moins qu'on ait eu primitivement l'intention d'en ouvrir une autre sur l'angle droit, ce que nous avons peine à croire.

Quoiqu'il en soit, c'est ici que se présente à nos regards, sous des types traditionnels, un de ces drames émouvants de notre religion, bien capables d'inspirer aux pécheurs des craintes salutaires et de les corriger de leurs vices. Nous voyons en petit ce que nous avons déjà vu en grand à Beaulieu, moins les sculptures des deux côtés du porche qui, effacé par celui du clocher, ne pouvait guère supporter la description d'un sujet. — Sous une voussure formée de trois archivoltes à pieds droits et aux arêtes évidées, dont une seule est chargée de trèfles arrondies, et toutes ensemble garnies de fortes nervures où des tores s'enroulent jusqu'aux deux tiers de la hauteur, est gravé le tableau effrayant du jugement dernier, dont le cadre est soutenu par un linteau entremêlé d'entrelacs et de rinceaux.

Au centre de cette grande page d'enseignement dogmatique est assis, sur un trône éclatant dont les appuis sont recouverts de riches étoffes blanches, le Juge suprême des vivants et des morts. *Vidi tronum magnum candidum, et sedentem super eum* (ap., C. XX, v. 11). Par son visage impassible et son maintien digne et sévère, il domine cet effrayant tableau. Il ne tient pas en sa main, comme les triomphateurs, le glorieux trophée conquis au Calvaire, et qui doit confondre les méchants en rassurant les bons. Ce signe de notre salut ne saurait plus être celui de la miséricorde d'un Dieu. Il le voile de son corps et ne s'en sert que pour couronner son front, le faisant apparaître sur le nimbe large et saillant qui entoure sa tête d'une auréole de gloire. Il est entouré d'ailleurs de tous les autres instruments qui lui aidèrent à consommer son sacrifice, et qui lui aideront, en ce jour, à confondre ses ennemis. C'est ainsi que, derrière lui, apparaissent deux anges sortant de la nue, dont l'un, celui de gauche, porte d'une main la lance et les clous, et l'autre, celui de droite, porte sur ses bras recouverts des larges plis de ses manches la couronne d'épines qu'il se regarde indigne de toucher de ses mains.

Mais ce n'est pas seulement en qualité de victime immolée pour nous, que le Christ nous apparaît, c'est surtout en qualité de souverain juge, entouré de tout l'éclat de cette majesté devant laquelle tout doit pâlir et trembler : *A cujus conspectu fugit terra, et cœlum* (ap., C. XX, v. 11). Une longue robe serrée autour des reins retombe en plis parallèles et nombreux sur ses pieds nus qui n'ont plus à redouter la morsure du dragon infernal. Une riche écharpe partant de la taille se déploie sur les genoux, remonte sur l'épaule gauche, recouvre le cœur et le bras correspondant, comme pour voiler le foyer des miséricordes, passe derrière le cou, va se fixer sur l'autre épaule en laissant complètement nus le bras et le côté de cette droite vengeresse. Sa barbe est entière, mais courte ; ses cheveux longs et divisés au milieu du front retombent sur ses oreilles et bouclent à la hauteur du cou ; son regard est fixe et immobile ; les traits de son visage sont raides et durs. Non, ce n'est plus le maître doux et souriant, ce n'est plus le père patient qui attend toujours le retour de son enfant égaré : on sent qu'on est devant un juge inexorable, duquel on ne saurait attendre le pardon. D'ailleurs vous ne voyez plus sur son corps les traces de son ancienne miséricorde... Ses mains étendues et ouvertes portent bien l'empreinte des clous, mais elles ne renferment plus une goutte de son sang expiatoire... Son cœur porte bien l'empreinte de la lance, mais la blessure complètement séchée vous montre tarie pour toujours la source de son inépuisable bonté. — Enfin l'heure suprême de la manifestation des consciences et de la fin des temps, si prédite dans les divines Écritures, est arrivée. Soudain, les préoccupations du monde s'effacent : la politique, les passions ont cessé d'agiter les hommes ; pas d'autre bruit sur la terre et dans l'air que celui causé par l'agitation de la mer et des flots, et qui, mêlé au son terrible de la trompette, fait sécher de frayeur tous les vivants : *et in terris pressura gentium præ confusione sonitûs maris et fluctuum* (Saint Luc, C.XXI, v. 25). Deux anges, placés à chaque côté du souverain juge, sont chargés d'appeler tous les mortels à son tribunal, et on les voit pencher vers leurs tombeaux le pavillon de leurs instruments pour en faire retentir la voix jusqu'au fond de leurs lugubres demeures. Levez-vous donc tous, soldats du Christ, courageux et lâches, venez vous ranger autour de votre chef qui veut vous décorer ou vous dégrader à la face de l'univers. A droite, les élus !... A gauche, les réprouvés !... *Statuet oves à dextris suis, hædos autem à sinistris* (Saint Mathieu, C. XXV, v. 33). Mais que voyons-nous?... Tandis que d'un côté, deux élus seulement, au visage rayonnant, repoussent vivement la pierre sépulcrale pour aller se revêtir de la bienheureuse immortalité, de l'autre, hélas ! trois réprouvés, tristes, effarés, soulèvent lentement ces pierres qui avaient recouvert leurs infamies pour aller entendre leur condamnation. C'est donc qu'il sera plus grand le nombre des malheureux réprouvés que celui des élus? *Multi vocati, pauci verò electi*. Pensée terrible qui ne saurait décourager le chrétien et qui a sauvé beaucoup d'âmes !

Telles sont les réflexions salutaires qui se dégagent de ce tableau. Dix personnages mis en scène ont suffi pour donner cette grande et utile leçon aux générations qui se sont succédé dans cette ville depuis le xive siècle jusqu'à nos jours.

PLAN ANCIEN DE LA FORTERESSE DE TURENNE.

ÉPILOGUE

Nous voulions montrer l'influence bienfaisante du catholicisme sur les peuples et les moyens dont il dispose pour les civiliser, et nous croyons avoir rempli notre but. La puissance des idées religieuses sur les masses est un fait incontestable ; mais nulle part, peut-être, n'apparaît-elle avec autant d'éclat que dans les étroites limites où nous avons circonscrit notre sujet. Si nous n'avons pas épuisé la matière sur la vicomté de Turenne, nous en avons dit assez pour prouver que l'Eglise, gardienne infaillible de la vérité et des saines doctrines, possède seule les notions qui peuvent établir sûrement dans le monde le droit et la justice... En pénétrant la conscience de l'homme du sentiment profond du devoir, elle le moralise et assure son bien-être dans la famille, tandis qu'elle lui procure dans la société une condition honorable... En le plaçant dans le chemin de la vertu, elle développe en lui l'amour du foyer et du clocher, et le dispose ainsi aux pieux dévouements et au sacrifice chrétien. Cette vérité ressort pleinement de notre ouvrage, et nous n'hésitons pas à lui rapporter la cause du triomphe du catholicisme sur le calvinisme.

Mais pour être juste, nous devons attribuer encore le mérite et l'honneur de cette victoire à Celle qui sait inspirer les vrais courages :... nous voulons parler de la Mère de Dieu, dont on ne saurait méconnaître ici la puissante intervention. Si aujourd'hui, après tant d'impiétés et de sacrilèges profanations commises par les hérétiques, on ne retrouve dans cette contrée nulle trace de protestantisme, ni dans les mœurs, ni dans les croyances, ni dans les coutumes, pas même dans les maximes et les préjugés populaires qui survivent ordinairement aux siècles, nous devons en rendre grâce à l'auguste Vierge Marie dont le culte y fut particulièrement menacé. Comment croire qu'ils aient pu se fixer librement et définitivement dans un pays qui lui était si attaché, ceux qui n'avaient cessé de vomir le blasphème contre elle. Nous chercherions vainement, en effet, dans toute la catholicité, un autre petit État où aient été groupés tant de sanctuaires de premier ordre à elle dédiés. Il nous suffira de citer ceux de Notre-Dame *du Salut*, de Corrèze ; de Notre-Dame *du Port*, de Servières ; de Notre-Dame *de Pennacord*, de Neuvic ; de Notre-Dame *des Miracles*, de Mauriac ; de Notre-Dame *de Belpeuch* ; de Notre-Dame *de Mayronne* et de Notre-Dame *de Rocamadour*, pour comprendre tout le culte qu'on y rendait à cette divine Mère. Oh ! non, ce beau domaine de la Reine du ciel ne devait pas rester longtemps au pouvoir de ceux qui avaient cherché à lui ravir ses plus nobles prérogatives !

Nous avons mis en regard les œuvres des enfants de lumière avec celle des enfants de ténèbres :..... l'Église et la Réforme ;... le Catholicisme et le Calvinisme. Qu'on compare et qu'on juge !

FIN.

NOTES SUPPLÉMENTAIRES

I

La vicomté de Turenne jusqu'en 1443, et même plus tard, refusa de payer les impôts au roi, prétendant en être complètement exempte ; ce qui faisait que les états provinciaux n'étendaient pas réellement leur action sur ce territoire. (A. THOMAS, *États provinciaux de la France centrale sous Charles VII*).

II

En 1451, les états de la Marche, du Limousin haut et bas et du Périgord offrirent collectivement au roi de lui payer annuellement une somme de 20,000 fr. pour que les aides n'eussent pas cours dans ces pays. Le roi accepta ce marché pour un certain nombre d'années, et le nouvel impôt s'appela *l'équivalent aux aides* : il finit par devenir définitif. La quote-part de chaque pays était ainsi fixée : Marche, 4,500 fr.; Bas-Limousin, 6,750 fr. ; Haut-Limousin, 6,750 fr. ; et Périgord, 2,000 fr. Dans la somme de 6,750 fr. supportée par le Bas-Limousin, la vicomté de Turenne était comprise pour 536 l. 10 s. ; mais les habitants de cette principauté ayant absolument refusé de rien payer, la moitié de leur quote-part fut, un peu plus tard, déversée sur le Haut-Limousin. (*Archives nationales*, k. 692^b, n° 11).

III

En 1439, au mois de mars, les états provinciaux, assemblés à Limoges en présence du roi, lui accordent une aide de 9,000 liv. pour leur part de l'aide de 300,000 liv. présentement imposée par lui en Languedoil. Arrive alors une lettre du vicomte de Turenne constatant que sa vicomté n'a rien payé de cette aide, bien que taxée par les commissaires ; 3 juillet 1443. (*Bibliothèque nationale*, pièces orig. 240, dossier Beaufort, n° 42).

IV

En 1440, au mois de juillet, les états provinciaux, à Tulle, accordent au roi la somme de 9,000 liv. pour leur part d'une aide de 100,000 liv. imposée par lui en Languedoil ; ils ordonnent, en outre, la levée de 6,742 l. 10 s. tant pour les frais que pour les affaires du pays. — Commissaires : Jean de Cluys, évêque de Tulle ; Jacques de Comborn, prévôt de Clermont ; Guillaume de Vic, conseiller en parlement, et Jean Barton, chancelier de la Marche. — A ce sujet, nous voyons une quittance de Pierre de Beaufort, vicomte de Turenne, de 1,100 liv., à lui donnée par les états ; Turenne, 20 décembre 1440. (*Bibliothèque nationale*, clair. 139, p. 2651).

V

Le Limousin eut beaucoup à souffrir des routiers. En 1435 on réussit, par l'intermédiaire du vicomte de Turenne, à faire retirer la garnison que Jean de La Roche, sénéchal de Poitou, tenait à Saint-Exupéry. Mais cela coûta 3,000 fr. que durent payer les états du Bas-Limousin, dont quittance par Pierre de Beaufort, le 4 mars 1436. (*Bibliothèque nationale*, Fr. 22420).

VI

Orléans, 9 octobre 1439. — Lettres de Charles VII chargeant le vicomte de Turenne et autres de distribuer l'aide qui sera levée en Limousin jusqu'à concurrence de 10,000 liv. pour la reprise de Thenon. *(Bibliothèque nationale,* Franc., 20407, p. 5).

VII

Tours, 1436, 8 janvier. — Don par le roi Charles VII aux Etats du Bas-Limousin d'une somme de 3,650 liv. sur l'aide de 5,000 liv. à lui par eux octroyée au mois d'août 1435, pour employer et distribuer par leurs commissaires au fait de la reprise de la place anglaise de Domme :

Charles, par la grâce de Dieu, roy de France, à tous ceulx qui ces présentes lettres verront, salut......... Naguaires à l'assemblée des dictes gens des trois estats du bas païs de Limosin par eulx tenue en la ville d'Uzerche..... ils nous ont octroyé pour subvenir à noz afferes la somme de cinq mille livres tournois,..... pour avoir et recouvrer les ville et chastel de Domme occupez par nos anciens ennemis les Anglois..

Pour quoy, nous,..... par l'advis et délibéracion des gens de nostre conseil, en faveur de ce que dessus est dit, avons octroyé et octroyons, voulons et ordonnons par ces présentes que la dicte somme soit baillée et délivrée aux personnes et par la manière qui s'ensuivent, c'est assavoir :

La somme de III^m L. t...... estre mise et baillée es mains de Pierre de Royère et de Martin de Sorrias, marchant et bourgois de la ville de Tuelle..... lesquels seront tenuz de icelle somme bailler et distribuer pour la délivrance desdiz ville et Chastel de Domme et non ailleurs.....................

Et avec ce, qu'il soit baillé, paié et délivré des deniers dudit aide à nostre amé et féal cousin le vicomte de Turenne la somme de six cens livres tournois, laquelle nous lui avons ordonnée..... en recompensation des fraiz et depens qu'il a euz et soutenuz pour avoir reddnit et mis en nostre obéissance ung chevalier tenant le party de noz anciens ennemis les Anglois, nommé Bernard de Bussières, avecques certaines places et forteresses qu'il tenoit es environs dudit païs........

Donné à Tours le huitiesme janvier l'an de grace mil cccc trente et cinq et de nostre règne le quatorziesme.

Par le roy en son conseil. — *(Archives nationales,* k, 64, n° 7).

VIII

Certificat du vicomte de Turenne constatant qu'il n'a rien laissé lever sur sa vicomté de plusieurs aides accordées au roi par les États du Bas-Limousin, sa dite vicomté étant, par privilège royal, exempte de tout impôt. — Nous Pierre, conte de Beaufort et viconte de Turenne, certifions à touz à qui il peut et doyt appartenir que comme par l'ordonnance du roy nostre sire et consentement des gens des troys Estaz du bas pays de Limosin ayt esté mis sus, assis est imposé en icelui certains aides cy après declairez, c'est assavoir l'aide octroyé en sa ville de Bourges au mois de juillet mil cccc trente huit ; *item* ung aide à lui octroyé en la ville d'Uzerche au mois de fevrier celui au pour le recouvrement du chastel de Domme, dit Commerque, et de feu Bertran d'Abzac ; *item* ung autre à lui octroyé en la ville de Limoges au mois de mars en suivant ; *item* un autre aide à lui octroyé en la ville de Tulle au mois de juillet, mil cccc quarante ; *item* ung autre aide à lui octroyé en sa ville d'Ussel au mois de fevrier celui an ; *item* ung autre aide octroyé en la ville de Tulle au mois de septembre mil cccc quarante ung ; *item* ung autre aide à lui octroyé en la ville de La Guenne au mois d'octobre mil cccc quarante deux ; *item* ung autre aide octroyé au roy nostre dit seigneur en la ville de Tulle au mois d'avril mil cccc quarante troys, de et sur touz et chascuns lesquels aides dessusdiz nostre viconté et ressort de Turenne ayt esté assise et imposée pour sa part et porcion aux sommes contenues es assiettes sur ce faictes par les commisseres ordonnez par le roy nostre dit seigneur à mettre sur et imposer lesdiz aides dessusdiz ; pour lesquelx aides recevoir et faire venir ens fut et a esté ordonné par icellui seigneur Jehan Beaupoil, lequel tant par lui que par autres ses commis et depputez par plusieurs foix nous a requis et fait requerir obeissance et nostre consentement à lever et recevoir sur les hommes de nostre dite viconté les sommes en quoy ils avoient esté tauxez à cause desdiz aides, auxquelz n'avons voulu souffrir ne consentir à riens d'icelles sommes lever ne recevoir pour causes de certains privileges que nous et noz prédecesseurs vicontes de Turenne avons de non paier ne consentir aucunes tailles, subcides ou aides quelxconques en icelle nostre viconté, comme plus a plain avons autrefoix certifflé par noz lettres signées et scellées de nostre scel et seing pour valoir à l'acquit d'icelui receveur pour certains autres aides precedans iceulx dessus nommez, et pour plus grant justificacion de son fait derechef le certifflons par ces presentes; lequel de ce nous a requis. En tesmoing de ce.............. chastel de Turenne le troyziesme jour du moys de juillet audit an mil cccc quarante troys. — Signé : le conte DE BEAUFORT et scellé. — *(Bibliothèque nationale. — Pièces originales, tome 240, dossier Beaufort, n° 22).*

IX

GOUVERNEMENT MILITAIRE ÉTABLI DANS L'INTÉRIEUR DU CHATEAU APRÈS L'ACQUISITION DE LA VICOMTÉ PAR LOUIS XV.

Les rois de France conservèrent ce gouvernement qui était confié à un capitaine de cavalerie ; cet officier, qui avait sous ses ordres un subdélégué, était gouverneur militaire, non-seulement du château, mais de la vicomté tout entière.

Le calendrier limousin de 1787 nous donne les noms des officiers qui commandaient en ce temps-là. C'étaient :

1° Le vicomte Philippe de Saint-Viance, capitaine ;

2° La Treille de Laverde, subdélégué, ancien conseiller au présidial de Brive.

LA JUSTICE A TURENNE ET SON MODE DE RENDEMENT.

A l'époque dont nous avons parlé, il y avait, « *au pied et dans l'enceinte de la forteresse*, un palais de justice où était un juge châtelain qui était en même temps juge d'appeau. — *En qualité de juge châtelain*, il connaissait, en première instance, des contestations entre un certain nombre de paroisses, parmi lesquelles on en comptait huit qui étaient situées dans la partie quercinoise et le ressort de la sénéchaussée de Martel. Les appels de ces sentences étaient portés au sénéchal de Martel pour le surplus des paroisses de la partie quercinoise de la vicomté. — *En qualité de juge d'appeau*, il connaissait tout le premier des appels des jugements rendus par les juges ordinaires vicomtins ou seigneuriaux, et, après lui, le sénéchal par appel interjeté de ses sentences, à l'exception toutefois des localités de l'ancien taillable qui ressortissaient immédiatement au sénéchal. Il y avait trente-trois paroisses qui étaient obligées d'essuyer plusieurs appels, l'un devant le juge d'appeau de Turenne, l'autre devant le sénéchal, et quarante-quatre devant le sénéchal seulement, et de là au parlement. » *(Archives départementales du Lot).*

Nous voudrions pouvoir indiquer exactement l'emplacement du palais de justice, mais jusqu'à présent les documents nous ont manqué. Cependant, à en juger par l'architecture et le symbolisme d'un portail de Turenne, se rapportant à la dernière période ogivale, de 1480 à 1550, juste au temps où Louis XII, pour affermir le pouvoir des juges, leur accordait l'inamovibilité, nous le placerions sous le château, à l'ancienne résidence des de Friac, située au levant et à quelques pas à droite, en entrant, de la lourde porte ferrée qui fermait l'enceinte de la forteresse. — Dans tous les cas le local qui lui était affecté se trouvant *au pied et dans l'enceinte de la forteresse*, on en chercherait vainement en cet endroit, un autre qui put servir à une telle destination.

Mais ce qu'il importerait bien plus de savoir, ce serait de connaître les limites dans lesquelles s'exerçait la double juridiction du juge châtelain et du juge d'appeau. La note la plus précise que nous ayons pu fournir jusqu'à présent sur cette question est celle des archives départementales du Lot, et encore est-elle incomplète. Nous l'appuierons des documents précieux puisés à la bibliothèque nationale et communiqués tout récemment à la société historique de Brive par M. Philippe de Bosredon. Nous y voyons la liste des paroisses qui relevaient en première instance du juge châtelain, et celles qui relevaient du juge d'appeau par appel interjeté des sentences des juges seigneuriaux. — « Dans la première catégorie, étaient *pour la partie limousine*: Turenne, Lignerac, Noailles, Noaillac, Lanteuil, Beynat, Dampniac, Lagarde, Jugeals, Chasteaux, Lissac, Chartriers, Saint-Sernin-de-Larche, Estivals, Nespouls, Branceilles ; et *pour la partie quercinoise :* Cressensac, Cuzance, Saint-Bonnet, Valeyrac, Sarrasac, Cavaniac, Gignac, Boursoles, Reirevignes, Beissac, Saint-Palavy, Saint-Félix, Saint-Michel. — Dans la seconde catégorie, étaient celles dont les justices ordinaires appartenaient à des seigneurs particuliers, savoir : Meyssac, *à divers co-seigneurs ;* Saint-Beausire, *à M. de Saint-Julien ;* Marsillac, à *M. le comte de Plas ;* Saint-Julien, *à M. de Saint-Julien ;* Maumon, *au même ;* Sérillac, *à divers seigneurs ;* Lostanges, *à M. de Montalembert ;* Curemonte, *à M. le comte de Plas ;* Végenes, *à M. de Cardaillac ;* Lachapelle-aux-Saints, *à divers seigneurs ;* Queyssac, *à M. de Queyssac de Corn ;* Puydarnac, *à M. le marquis de Sauceboeuf ;* Nonars, *à divers seigneurs ;* Tudeils, *à M. de Gimel ;* Saint-Genies, *à M. le comte de Plas.* »

Dans cette liste le nombre des paroisses ne correspond pas, il est vrai, exactement à celui qui est indiqué par la note des archives départementales du Lot, mais en outre qu'on doit tenir compte de la diversité des dates auxquelles se rapportent sans doute ces documents, on peut aussi attribuer cette différence aux changements qui furent opérés par suite de l'acquisition de la vicomté par le roi de France.

Lorsque Louis XV, en effet, eut déclaré royales les justices de Turenne, on sait qu'il y eût en cette ville un prévôt faisant les fonctions de premier juge, dont les appels ressortissaient aux baillages ou aux sénéchaussées. Il y avait en même temps un lieutenant civil et criminel, un procureur du roi, un substitut, un greffier en chef, un conseil d'avocats avec doyen et syndic, un conseil de procureurs avec doyen, et enfin des huissiers audienciers et des notaires.

En outre de cette juridiction, il y avait une autre sorte de justice civile composée des principaux administrateurs de la commune : du maire, de deux échevins, d'un greffier, d'un notaire et des procureurs. Ces officiers tenaient leurs audiences à l'hôtel de ville, où ils s'occupaient uniquement d'exercer la police et de faire appliquer les règlements concernant la sûreté et la tranquillité publiques.

Toutes les charges et attributions de ces divers pouvoirs

judiciaires furent conservées jusqu'à la Révolution, comme en fait foi un calendrier limousin de 1787, d'où nous extrayons les listes suivantes :

Prévôté royale de la ville et vicomté de Turenne.

Maigne, prévôt.
Valon de la Geoffrie, lieutenant civil et criminel.
Lagarigue, procureur du roi.
Roche, substitut.
Sclafer, greffier en chef.
De Fortia, avocat, écuyer, doyen des avocats.
De Tournier de la Vigourdie, avocat, écuyer.
Lagarigue, avocat.
Reyjal de Latour, avocat.
Roche, substitut du procureur du roi, syndic des avocats.
Muzac, avocat.
Chauvignac, procureur et doyen des procureurs.
Neboul, procureur.
Larue, huissier, premier audiencier.
Sclafer, notaire, garde notes de la vicomté et greffier.
Delcros, notaire.
Molinier, notaire.
Les audiences civiles et criminelles se tenaient le jeudi.

Hôtel de ville et police.

Sclafer de Chaunac, notaire.
Crozac, premier échevin.
Le chevalier de Fortia, deuxième échevin.
Molinier, notaire, procureur-syndic.
Neboul, procureur, greffier-secrétaire.

Ces officiers avaient été nommés par arrêt du conseil, du 10 juin 1786, provisoirement jusqu'à ce qu'il en ait été ordonné autrement par Sa Majesté.

Nous ne saurions terminer ce sujet sans donner à nos lecteurs une idée sommaire de la jurisprudence suivie dans les justices anciennes de Turenne, et accommodée aux mœurs, au tempérament et à la religion des habitants.

La législation romaine, introduite par la conquête y avait

prévalu, mais pas entièrement, car le droit *d'aubaine* y était reconnu et appliqué dans toute la vicomté, comme nous l'apprennent les archives départementales du Lot. Ce droit qui réglait la succession aux biens d'un étranger mourant dans le pays, avait pour but d'y maintenir les vieilles coutumes. Lorsqu'un étranger venait résider en cette contrée, il était considéré à peu près comme serf, et si, dans l'an et le jour, il ne reconnaissait pas le vicomte pour son seigneur, il était exploitable à merci par lui. A sa mort, ses parents eux-mêmes étaient exclus de sa succession, car il ne pouvait ni tester, ni disposer de la moindre partie de sa fortune. Si barbare que fût ce droit, il avait servi à entretenir le patriotisme et le respect pour les traditions locales et religieuses dont on retrouve encore des empreintes vivaces.

A ce titre, nous n'hésitons pas à proclamer l'utilité de ce droit *d'aubaine* pour les pays soumis aux puissants seigneurs de Turenne, dans un temps surtout où l'amour du foyer et du clocher était la seule base de l'éducation du peuple.

PIÈCES JUSTIFICATIVES

Le développement matériel qu'a pris à l'impression notre manuscrit nous a mis dans l'obligation de supprimer en entier le texte de certaines pièces justificatives qui sont en notre possession et viennent à l'appui des affirmations que nous avons produites au cours de cette étude; pour n'en donner qu'un simple énoncé, nous citerons entre autres, comme les plus importantes, celles qui concernent les guerres religieuses dans les quatre principales villes de la vicomté. Nous comptons bien que ces pièces ne seront pas perdues pour le public, nous proposant de les insérer prochainement dans l'ouvrage sur les calvinistes et les jésuites, qui doit faire suite à celui-ci. Et, au cas où nous ne pourrions les utiliser dans cette nouvelle publication, nous ne doutons pas que les sociétés historiques, tout à l'heure en pleine efflorescence dans notre département, ne tiennent à en tirer parti sur notre communication.

I

ANALYSE DES PIÈCES CONCERNANT LA VILLE DE BEAULIEU.

1re Pièce. (Du 14 décembre 1539). — Attestation donnée devant le juge ordinaire de la juridiction de l'abbaye de Beaulieu concernant enlèvements, tapage et sédition faite par les protestants dans le monastère et l'église abbatiale. *(Archives de la famille Mombrial de Beaulieu).*

2° *Pièce.* (Du 11 mars 1576). — Acte attestant les nouveaux ravages causés par les calvinistes dans l'abbaye de Beaulieu. *(Manuscrit d'Armand Valest).*

3° *Pièce.* (De 1573 à 1576). — Siège du château d'Astaillac par les religionnaires; résidence des religieux bénédictins dans ce château; installation du culte calviniste dans l'église abbatiale. *(Extrait des archives de l'abbaye par Armand Valest, régistres des actes de baptême des calvinistes).*

4° *Pièce.* (De 1586.) — Prise de Beaulieu par les ligueurs sous la conduite du duc de Maine et du seigneur d'Hautefort; pillage de la ville et départ de l'armée catholique. *(Manuscrit d'Armand Valest).*

5° *Pièce* (Du 6 février 1575). — Délibération du conseil municipal autorisant la construction de la halle devant la porte latérale afin de dérober au public le sujet religieux des sculptures. *(Manuscrit d'Armand Valest).*

6° *Pièce.* (De 1622). — Découverte d'une horrible conjuration des calvinistes contre les catholiques. *(Manuscrit d'Armand Valest).*

7° *Pièce.* (Du 6 septembre 1624). — Adresse des protestants à l'assemblée de la Basse-Guyenne à Monflanquin pour se plaindre des désordres de leurs coreligionnaires et surtout de la conduite scandaleuse de leur ministre. *(Archives départementales de la Corrèze).*

8° *Pièce.* (De 1627). — Séparation du cimetière des calvinistes et des catholiques, en vertu d'une convention faite par messires de Pardailhan et d'Austéry et suivie d'un arrêt réglant l'heure des sépultures des protestants. *(Manuscrit d'Armand Valest).*

9° *Pièce.* (De 1629). — Mémoire faisant foi que l'hérésie a pris de profondes racines à Beaulieu. *(Archives départementales de la Corrèze).*

10° *Pièce.* (De 1629). — Requête des catholiques à l'évêque de Limoges pour le prier de faire cesser les scandales introduits parmi eux par les hérétiques, et déclaration par eux de l'état général des esprits au point de vue de la foi et des mœurs. *(Archives départementales de la Corrèze).*

11ᵉ Pièce. (Du 31 mars 1629). — Autre lettre des catholiques à l'évêque de Limoges pour lui faire connaître les progrès de l'hérésie autour de Beaulieu et le zèle des curés pour l'arrêter. *(Archives départementales de la Corrèze).*

12ᵉ Pièce. (Du 7 septembre 1640). — Arrêt de la cour du parlement de Bordeaux, interdisant aux calvinistes d'établir le prêche dans le fond de l'église et dans la ville. *(Archives départementales de la Corrèze).*

13ᵉ Pièce. (Du 16 mars 1642). — Ordonnance du duc de Bouillon enjoignant aux calvinistes de construire un temple dans le délai d'un an et de ne pas se servir des édifices des catholiques, conformément à l'arrêt du parlement de Bordeaux. *(Archives départementales de la Corrèze).*

14ᵉ Pièce. (Du mois de mars 1646). — Signification d'un arrêt de la cour du parlement de Bordeaux à Jean Boutin, ministre protestant de Turenne, pour lui interdire le prêche et la cène à Meyssac, Collonges, etc. *(Archives nationales).*

15ᵉ Pièce. (Du 27 mai 1657). — Sommation faite au ministre Jean Boutin par les curés de Meyssac et de Collonges, de ne pas faire le prêche chez eux, en vertu des édits royaux et des arrêts de la cour du parlement de Bordeaux. *(Archives départementales de la Corrèze).*

16ᵉ Pièce. (Du 11 avril 1717). — Acte faisant connaître les moyens de séduction employés par les calvinistes pour corrompre les âmes. *(Archives de la famille Mombrial).*

17ᵉ Pièce. (De 1761). — Certificat des consuls gouverneurs et juges de police, attestant avec douleur que l'hérésie de Calvin s'est introduite dans la vicomté de Turenne et principalement à Beaulieu. *(Archives départementales de la Corrèze).*

18ᵉ Pièce. — Titres et documents sur les reliques de l'abbaye. *(Manuscrit d'Armand Valest).*

II

ANALYSE DES PIÈCES CONCERNANT LA VILLE D'ARGENTAT
ET PUISÉES AUX ARCHIVES NATIONALES.

1ʳᵉ *Pièce*. (Du 23 juillet 1665). — Partage d'avis de MM. Pellot et du Vigier, commissaires, pour les habitants d'Argentat de l'une et l'autre religion, au sujet de l'exercice de la religion prétendue réformée au dit lieu, — accompagné de pièces probantes et d'informations remontant à l'an 1604. — Cette pièce a 7 pages ; — c'est une copie de la pièce n° 3 de la même liasse. Elle porte au dos que l'exercice a été interdit le 16 may 1682.

2ᵉ *Pièce*. (Du 23 juillet 1665). — Extrait du partage intervenu entre MM. Pellot et du Vigier, commissaires, pour l'exécution de l'édit de Nantes, en Guienne, sur le fait de l'exercice de la religion prétendue réformée, en la ville d'Argentat. (3 pages et 1/2).

3ᵉ *Pièce*. (Du 23 juillet 1665). — Partage intervenu entre MM. Pellot et du Vigier, commissaires, pour l'exécution de l'édit de Nantes. — Au sujet de l'exercice de la religion prétendue réformée, à Argentat. — Au dos, la note suivante : jugé le XI mai 1682. — Interdit — Cette pièce porte les signatures de Pellot et du Vigier. (Copie pièce n° 1).

28ᵉ *Pièce*. — Inventaire des pièces produites devant Pellot et du Vigier, commissaires députés par Sa Majesté pour l'exécution de l'édit de Nantes. — Par maître Etienne Courrèze, promoteur et syndic du clergé du diocèse de Tulle, les curés, consuls catholiques, communautés religieuses et autres habitants catholiques d'Argentat. — Contre les habitants de la religion prétendue réformée de la dite ville d'Argentat. — 16 juillet 1665. — 18 pages.

29ᵉ *Pièce*. (Du 16 juillet 1665). — Requête des catholiques aux commissaires contenant la réponse à la dernière requête des habitants de la religion prétendue réformée d'Argentat, avec la signification à M. Sabaros, procureur des habitants de la religion prétendue réformée d'Argentat.

27° Pièce. (Du 25 juin 1665). — Requête responcive des habitants catholiques d'Argentat, avec la signification.

26° Pièce. (Du 23 juin 1665). — Requête de forclusion de Maschon, par les catholiques, avec la signification.

25° Pièce. (Du 3 juin 1665). — Requête de forclusion par les catholiques.

24° Pièce. (Du 25 mai 1665). — Procuration baillée par maître Estienne Courrèze, pour s'opposer à la construction du temple de ceux de la religion prétendue réformée et à l'exercice de leur religion dans toute l'étendue du dit diocèse, comme s'y étant insinué depuis l'édit de Nantes.

23° Pièce. (Du 23 mai 1665). — Autre requête de forclusion avec la signification.

22° Pièce. (Du 11 mai 1665). — Requête et ordonnance par laquelle il est permis aux catholiques de continuer l'instruction de la procédure jusques à jugement définitif avec le nommé Marshoud, soy disant avoir charge de ceux de la religion prétendue réformée.

21° Pièce. (Du 5 mai 1665). — Requête et ordonnance des catholiques portant que dans la quinxaine, les prétendus religionnaires éliront un syndic d'entre eux, pour deffendre sur les constatations des parties.

20° Pièce. (Du 4 mai 1665). — Procuration baillée par l'évêque de Tulle pour instruire en l'instance et désavouer, comme il désavoue, n'avoir jamais donné la permission aux prétendus réformés de construire aucun temple dans la ville d'Argentat.

19° Pièce. (Du 29 avril 1665). — Copie de l'inventaire de communication des pièces des parties adverses.

18° Pièce. (Du 15 avril 1665). — Requête par les catholiques que les protestants exhibent les titres en vertu desquels ils prétendent bâtir leur temple.

17° Pièce. (Du 28 février 1665). — Autre copie de requête des protestants présentée à MM. du Vigier et de Pheletin, portant que les catholiques seront assignés par devant eux pour répondre sur le contenu de ladite requête et exploit d'assignation.

16° Pièce. (Du 30 janvier 1665). — Copie de la requête prétendue de ceux de la religion prétendue réformée.

15° Pièce. (Du 28 janvier 1665). — Requête présentée à l'intendant de Guyenne par le syndic du clergé du diocèse de Tulle, pour s'opposer à la construction du temple des protestants d'Argentat.

14° Pièce. (Du 11 décembre 1664). — Acte d'opposition faite par les religieuses de Sainte-Ursule d'Argentat à la construction du temple en question dans ladite ville pour avoir été piqueté à 100 pas de leur clôture.

13° Pièce. (Manque).

12° Pièce. (Du 22 novembre 1664). — Acte d'opposition fait par la dame de Ventadour à la construction dudit prétendu temple, comme ayant été piqueté dans sa relevance et fief avec la signification aux prétendus religionnaires d'Argentat.

11° Pièce. (Du 7 octobre 1664). — Exploit d'intimation fait au procureur des religionnaires pour comparoir devant l'intendant de Guyenne pour voir régler les parties et leurs différends.

10° Pièce. (Du 29 septembre 1664). — Procuration baillée par les curé et procureur d'office d'Argentat pour demander la démolition du temple en question.

9° Pièce. (Du 30 septembre 1664). — Copie de la requête des protestants, présentée devant M. de Pelot, intendant de Guyenne, pour obtenir l'autorisation de piqueter la place du temple en question.

8° Pièce. (Du 15 septembre 1664). — Acte sur parchemin. Décret d'ajournement personnel, rendu sur l'information faite à la requête du procureur général au parlement de Bordeaux contre Beysselance, ministre d'Argentat, et ceux qui ont travaillé à la construction du prétendu temple.

7° Pièce. (Du 2 septembre 1664). — Autre arrêt de signification de la cour du parlement fait à Beysselance, ministre d'Argentat et aux autres préposés par les protestants à la construction de leur temple.

6° Pièce. (Du 3 septembre 1664). — Information faite à la requête du procureur général au parlement de Bordeaux, contre les habitants d'Argentat professant la religion prétendue réformée.

5° Pièce. (Du 18 août 1664). — Requête présentée par le procureur général au parlement de Bordeaux qui permet d'informer de la contravention à l'arrêt de ladite cour et retire les inhibitions aux prétendus religionnaires de procéder à la construction de leur temple.

4° Pièce. (Du 4 décembre 1664). — Assignation à comparoir devant Pelot, intendant de Guyenne. — Réponse des protestants.

3° Pièce. (Du 19 septembre 1664). — Assignation aux catholiques à comparoir devant Pelot, intendant de Guyenne.

1° Pièce. (Du 30 septembre 1664). — Requête des protestants, où se trouvent des renseignements sur la construction de leur temple, et deux assignations.

2° Pièce bis. (Du 1er juillet 1664). — Acte sur parchemin. Défense par le roi aux protestants de continuer la construction de leur temple. A cet acte royal est joint un autre acte sur parchemin, émané du parlement de Bordeaux, par lequel il est défendu, en date du 1er juillet 1664, aux protestants d'achever la construction de leur temple.

III

ANALYSE DES PIÈCES CONCERNANT LA VILLE DE SAINT-CÉRÉ.

1re Pièce. (Du 7 septembre 1577). — Ordonnance du vicomte de Turenne, Henri de Latour, fixant, pour l'entretien du ministre protestant à Saint-Céré, le traitement de 200 fr. à prélever sur la dîme du vin. *(Registres du Conseil d'État).*

2° Pièce. (Vers 1587). — Exercice du culte calviniste dans la chapelle de Notre-Dame malgré l'opposition des autorités locales. *(Archives nationales).*

3° Pièce. (Vers 1642). — Long mémoire au sujet de la question des religionnaires de Saint-Céré, où sont énumérées les causes de l'introduction du culte calviniste, la protestation de l'évêque de Cahors, les ordonnances et arrêts des cours, les contraventions et usurpations, les dénonciations et pourvois, les règlements et partages d'avis des juges, le recours au Conseil d'Etat, etc. *(Archives nationales* R³ 451).

4° Pièce. (Du 15 janvier 1643). — Compte-rendu extrait des registres du parlement de Toulouse sur le fait des religionnaires au sujet des sépultures, du prêche et de l'exercice de leur culte. *(Archives nationales* R³ 451).

5° Pièce. (Du 22 juillet 1644). — Copie de l'arrêt du Conseil d'Etat contre le syndic des protestants de Saint-Céré. *(Archives départementales de la Corrèze,* Jésuites, 1™ liasse R. n° 14).

6° Pièce. (Du 2-4 décembre 1652). — Copie d'un arrêt du Conseil d'Etat par lequel il est ordonné que l'exercice de la R. P. R. pourra être fait publiquement par un même ministre en divers lieux auxquels ledit exercice est permis par les édits.....; ailleurs 21 mars 1652. — Ledit arrêt signifié au sieur curé de Saint-Céré le 2-4 décembre. *(Archives nationales* R³ 451).

Au ch. I" de la V° partie du présent volume, après le sommaire, il faudrait lire les armes de Saint-Céré oubliées : *d'or à la tête de sainte Espérie.* Ces armes ont été formées sur une indication fournie par M. le comte de Lavaur de Sainte-Fortunade.

IV

ANALYSE DES PIÈCES CONCERNANT LA VILLE DE MARTEL.

1™ Pièce. (De 1577 à 1636). — Divers procès-verbaux de délibérations concernant les bruits de guerre entre les protestants et les catholiques, la garde des portes de la ville et la pose de deux sentinelles sur le clocher de l'église, la demande à Tulle d'un prédicateur *(Archives départementales du Lot).*

8ᵉ Pièce. (Du 13 février 1586). — Le duc de Maine, lieutenant général de l'armée de Guyenne, est renvoyé par le roi dans la vicomté de Turenne pour y faire exécuter les édits de Nantes contre la religion prétendue réformée, et il arrive à Martel où il arme. *(Archives départementales du Lot).*

9ᵉ Pièce. (De 1587). — Procès-verbal d'une délibération du conseil municipal proscrivant des mesures pour empêcher des trahisons dans l'intérieur de la ville. *(Archives départementales du Lot).*

1ᵉ Pièce. (De 1588). — Acte faisant connaître que la ville est menacée de toute part par les huguenots. *(Archives départementales du Lot).*

TABLE DES MATIÈRES

Avant-propos.......................... pages 5 à 7.

PREMIÈRE PARTIE

LES VICOMTES DE TURENNE ET LES ABBÉS DE BEAULIEU

Forteresse de Turenne. — Chronologie des seigneurs de Turenne. — Beaulieu. — Saint Rodulphe et son abbaye de Saint-Pierre.

I

FORTERESSE DE TURENNE

Armes de la vicomté. — Topographie du lieu. — Aspect de la forteresse. — Ancienne résidence des guerriers chrétiens. — Etablissement d'une puissante vicomté. — Ténèbres qui enveloppent le berceau de la famille de Turenne. — L'arianisme dans les Gaules. — L'empire romain impuissant à lui résister. — Les Visigoths en Limousin. — Uzerche, Tintiniac, Roc-de-Vic et Turenne tombent en leur pouvoir. — Les Franks, les Gascons, les Arabes dans la vicomté. — Pépin établit à Turenne une colonie de Franks. — Charlemagne donne une juridiction aux seigneurs de Turenne. — Louis-le-Pieux investit du royaume d'Aquitaine Charles-le-Chauve et mécontente le clergé et la noblesse du pays. — Il vient combattre Rodulphe de Turenne et s'empare du château. — Charles-le-Chauve campe devant Turenne. — Les Capétiens érigent la seigneurie de Turenne en vicomté. — Alliance des Turenne avec les Comborn. — Droits régaliens et limites de la vicomté au xi° siècle. — La bannière anglaise arborée sur le donjon de Turenne. — Etendue de la juridiction des vicomtés au xv° siècle. — Droits suzerains ; cours d'appel. — Privilège concédé par les abbés de Saint-Martial de Limoges. — Le fief de Turenne vendu et réuni à la couronne de France.................................... pp. 9 à 27.

II

CHRONOLOGIE DES SEIGNEURS DE TURENNE

Branche aînée : Turenne-Comborn-Comminges-Beaufort-La Tour. — Branche cadette : Turenne-d'Aynac. pp. 28 à 54

III

BEAULIEU

Armes de la ville. — Sa position. — Son climat. — Goût des habitants. — Richesse du sol. — Les institutions. — Vie des bénédictins consacrée à faire le bonheur du peuple. — Œuvres de bienfaisance établies par les religieux. — Hospitalières maltaises. — Instruction de la jeunesse. — Associations municipales. — Corporations bourgeoises ; corporations ouvrières. — Organisation de la prière ; confréries. — Regrets sur le glorieux passé..... pp. 55 à 67.

IV

SAINT RODULPHE ET SON ABBAYE DE SAINT-PIERRE

Armes de l'abbaye. — Naissance et enfance de saint Rodulphe. — Il embrasse le sacerdoce. — Dignités auxquelles il est élevé. — Il fait cesser les luttes et les divisions entre les seigneurs et les princes. — Il arrête les disputes théologiques sur l'erreur de Gothescale. — Il termine les différends entre l'archevêque de Sens et le roi Charles. — Il fait un capitulaire pour son diocèse. — Sa déférence pour le Pape lui mérite des félicitations. — Il refuse d'autoriser le divorce de Lothaire. — Il emploie son patrimoine à fonder des institutions religieuses. — Il veut édifier sur les ruines du vieux monde un édifice solide. — L'ordre de saint Benoît lui apparait comme l'arche de salut. — Il fonde l'abbaye de Beaulieu. — Il trace le plan d'une vaste église abbatiale. — Il ajoute d'autres legs pour achever son œuvre. — Il est imité dans sa libéralité par ses parents, les propriétaires libres, les grands vassaux et les souverains. — Il met l'abbaye sous le protectorat des archevêques de Bourges, et menace d'excommunier les usurpateurs des droits de l'abbaye. — Il organise dans le monastère l'autorité de l'abbé, et le met en possession de la seigneurie et de la justice. — Résistance qu'oppose cette autorité aux empiètements des grands. — Prétention des seigneurs de Turenne; transaction faite par le Pape. — Les consuls de la ville tentent de se dérober à la juridiction de l'abbé. — Le pouvoir ecclésiastique s'exerce pour le bonheur des habitants. — Hommages que les grands rendent à l'abbé. — Le vicomte de Turenne part pour les croisades et abandonne au monastère ses prérogatives. — L'apaisement causé par les croisades profite aux habitants de Beaulieu. — Nouvelles tracasseries après les croisades. — Protecteurs et défenseurs de l'abbaye. — Les calvinistes brisent la discipline des moines. — Désordres qui s'en suivent et qui appellent une réforme. — Expression de pieux sentiments envers saint Rodolphe.................................... pp. 68 à 94.

DEUXIÈME PARTIE

INVASION DES CALVINISTES DANS LA VICOMTÉ DE TURENNE

L'armée de Coligny. — La Réforme. — Retour de l'armée calviniste. — Occupation des autres places de la vicomté de Turenne. — Apostasie du vicomte. — L'armée royale à Beaulieu et dans la vicomté de Turenne.

I

L'ARMÉE DE COLIGNY

Prospérité des peuples protestants faussement opposée à la

décadence des peuples catholiques. — Si les protestants ont la force et la richesse, ils n'ont ni la paix intérieure ni la dignité morale. — Le bonheur de l'homme fondé sur la vertu et non sur la prospérité matérielle. — La décadence des peuples catholiques date de l'époque luthérienne. — Arrivée des calvinistes à Beaulieu. — Les trésors de l'abbaye excitent la cupidité des novateurs. — La place de Beaulieu comme position stratégique pour les mouvements de leur armée. — Pillage du monastère ; incendie des boiseries de l'église...................... pp. 95 à 103.

II

LA RÉFORME

Les calvinistes veulent dominer sur les consciences. — Leurs invectives contre l'Eglise et son chef. — Ils sont poussés par une double pensée politique et religieuse. — Les nobles et les bourgeois de Beaulieu se joignent à eux pour se soustraire à la domination des abbés. — Le peuple les imite. — Ils oublient les bienfaits reçus et aident à dévaster le monastère........................ pp. 104 à 107.

III

RETOUR DE L'ARMÉE CALVINISTE

Les habitants de Beaulieu ne songent pas à profiter de l'éloignement de Coligny pour retourner au catholicisme. — Les bénédictins se reforment dans leurs cloîtres. — Ils cherchent à ramener les égarés. — Leur zèle est paralysé par les vexations des seigneurs. — Les luttes entre les partis empêchent le relèvement des ruines spirituelles, et servent à l'hérésie. — Les calvinistes cherchent à intimider les bénédictins. — Leur armée rentre pour la deuxième fois dans la ville. — Pillage du monastère ; mort d'un religieux. — Occupation de Bort et d'Argentat. — Pourquoi les seigneurs de Turenne ne portent pas secours à Beaulieu. — Le vicomte disgracié de son souverain et exilé de sa forteresse. — Mort de Charles IX ; retour du vicomte à Turenne............................ pp. 108 à 117.

IV

OCCUPATION DES AUTRES PLACES DE LA VICOMTÉ DE TURENNE

Frayeur qu'inspire aux calvinistes le retour du vicomte de Turenne. — Motifs de leur défiance. — La noblesse et le clergé dépositaires de l'autorité divine, excitent la haine des hérétiques. — Il faut compter avec le système politique de la féodalité. — Les évêques de Tulle résistent aux calvinistes. — Le seigneur de Bort retarde la marche de leur armée. — Henri IV masse des troupes à Ségur. — Le vicomte de Turenne, formé aux habitudes de la cour, se fait une petite cour dans son château. — Respect universel dont il est entouré. — La politique fausse de Catherine de Médicis déconsidère le pouvoir royal et lui enlève la confiance des sujets. — Les religionnaires quittent Beaulieu et remontent la Dordogne. — Argentat, Saint-Céré tombent en leur pouvoir, comme les forteresses de Merle et de Cazillac. — Le vicomte de Turenne se porte sur Cazillac et s'en empare. — Les calvinistes de Beaulieu veulent l'en chasser, mais ils sont repoussés. — Ici se ferme la page glorieuse du vicomte.................. pp. 118 à 127.

V

APOSTASIE DU VICOMTE DE TURENNE

Le vicomte cesse de combattre les calvinistes. — Il opte pour l'hérésie par esprit de parti. — Cette apostasie livre les catholiques dans la vicomté. — La réforme, dès lors, se fortifie à Beaulieu et y est reconnue par les autorités civiles. — Lourdes charges créées à la ville par les exigences des ministres protestants. — Le vicomte continue à être débonnaire pour ses sujets catholiques. — Il recommande la bienveillance pour les prêtres qui n'agiraient pas contre le roi de Navarre. — Il est nommé maréchal de France par Henri IV. — Il aurait pu être un meilleur père pour ses sujets s'il fut resté catholique........... pp. 128 à 134.

VI

L'ARMÉE ROYALE A BEAULIEU ET DANS LA VICOMTÉ DE TURENNE

Les catholiques comptent peu sur le secours des troupes royales. — Mariage d'Henri IV avec Marguerite, sœur du roi. — Ce mariage excite la défiance des calvinistes et amène le massacre de la Saint-Barthélemy. — Affreuse conspiration des hérétiques avortée par suite de ce massacre. — Le parti protestant prend une nouvelle énergie. — Beaulieu appelle à grands cris un défenseur. — L'armée royale s'avance sous le commandement du duc de Maine. — La terreur la précède. — Le vicomte de Turenne la force à ralentir sa marche. — On emploie les promesses et les menaces pour gagner le vicomte et l'intimider. — Son orgueil en est blessé et il se prépare à faire une résistance désespérée. — La forteresse de Montignac se rend au duc de Maine. — Le vicomte de Turenne se voit menacé dans sa forteresse; il appelle Lamaury à son secours. — Les calvinistes de Beaulieu opposent une faible résistance aux troupes du duc. — Ils sont mis à contribution. — Lamaury tend une embuscade aux soldats royalistes; il y est tué par un des siens. — Le vicomte soutient la défense dans sa forteresse, tandis que ses commandants se défendent sur d'autres points. — Combats sous le château de Voutezac. — Les calvinistes chassés de l'église et du monastère de Saint-Robert. — Ils abandonnent Sainte-Ferréole. — Tulle se prépare à la résistance. — Le vicomte, vainqueur à Coutras, relève le courage des religionnaires. — Malheureux devant Sarlat, il n'ose attaquer Brive. — Alternative de succès et de revers. — Il réoccupe les places perdues et préside une assemblée générale à Argentat pour y dresser de nouveaux plans de campagne. — Cause des catholiques compromise. — Ils désirent la paix. — Henri III assassiné, le Bas-Limousin reconnait le roi de Navarre. — Comment l'armée royale n'a pas mieux profité de ses succès. — Reproche à ses soldats d'avoir été

inhumains. — Ils n'ont pas relevé les ruines de Beaulieu.
— Ils ont rendu les hérétiques plus insolents et plus audacieux.. pp. 135 à 156.

TROISIÈME PARTIE

FANATISME DES CALVINISTES A BEAULIEU

Incendie de l'abbaye. — Mutilation des sculptures du portail. — Conspiration contre les catholiques. — Scandales dans les cimetières. — Souffle d'insubordination. — Perdition générale. — L'hérésie autour de Beaulieu. — Profanation des reliques.

I

INCENDIE DE L'ABBAYE

La mission des hérétiques ne peut produire que de mauvais fruits. — Ils ne se conduisent pas en disciples du Christ. — Leur mot d'ordre c'est la guerre à outrance à la vieille société chrétienne. — Ils veulent l'apostasie ou la mort. — Ils cherchent à étouffer la voix des bénédictins. — Pour cela ils les chassent de leur monastère; il les poursuivent à Astaillac. — Les habitants de cette paroisse les obligent à s'éloigner; de dépit, ils ravagent les terres dépendant de l'abbaye; ils tuent un pauvre cultivateur; ils rentrent en ville le soir à la nuit et incendient le monastère... pp. 157 à 165.

II

MUTILATION DES SCULPTURES DU PORTAIL

Les nouveaux iconoclastes méprisent les objets d'art. — Portail de l'église de Beaulieu; son plan, ses symboles, sa pensée principale. — Les calvinistes veulent déchirer cette page d'enseignement catholique. — Ils redoutent la colère des habitants. — Pour surprendre leur bonne foi ils déguisent leurs projets. — Ils s'introduisent dans le conseil municipal ; obtiennent une délibération qui autorise la construction d'une halle devant le portail. — Badigeonnement qui masque les sculptures. — Les désirs des calvinistes sont satisfaits ; la figure redoutable du souverain Juge est voilée.,...................... pp. 166 à 170.

III

CONSPIRATION CONTRE LES CATHOLIQUES

On doit s'attendre à tout de la part des calvinistes. — Les bons exemples des catholiques les gênent. — Ils complotent leur extermination. — Tout est prêt pour un massacre général. — La conspiration est dévoilée. — Les portes des catholiques sont barricadées. — Ce complot reste impuni. — Plus d'énergie dans le pouvoir. — La république calviniste s'installe au sein de la monarchie. pp. 171 à 176.

IV

SCANDALES DANS LES CIMETIÈRES

Règlements ecclésiastiques pour les cimetières. — Place refusée aux hérétiques. — Respect dû à ce lieu bénit. — Profanations dans le cimetière de Beaulieu. — Les catholiques invoquent les règlements. — Querelles pour empêcher les sépultures des calvinistes. — Plaintes portées au roi. — On fait un cimetière séparé pour les protestants............................... pp. 177 à 181.

V

SOUFFLE D'INSUBORDINATION

Les calvinistes cherchent à ébranler la vertu des catholiques. — Ils sapent le principe d'autorité. — Ils diminuent le prestige du prêtre ; s'élèvent contre le célibat ecclésiastique. — Ils proclament la liberté évangélique. — Toutes les autorités ressentent l'effet de ces doctrines, autant celle du vicomte que celle de l'abbé............... pp. 182 à 187.

VI

PERDITION GÉNÉRALE

Les calvinistes introduisent la corruption des mœurs. — Ils jettent le ridicule sur les choses saintes. — Le peuple abandonne les préceptes ecclésiastiques et divins. — Les bénédictins oublient leurs devoirs. — L'évêque de Limoges veut porter la réforme dans l'abbaye. — Les religieux s'agrègent à la congrégation des Exempts. — Contrat annulé par l'évêque et maintenu par les religieux. — L'infirmier du monastère et trois autres moines dénoncent les désordres de leurs frères à la diète de Limoges ; démarche pour avoir des religieux restée sans effet. — Le supérieur général des Exempts les abandonne à leurs sens réprouvés. — Le cardinal de la Tour d'Auvergne opère la réunion à la congrégation de Saint-Maur. — Les calvinistes établissent le désordre dans le clergé et le couvent des ursulines.................................. pp. 188 à 195.

VII

L'HÉRÉSIE AUTOUR DE BEAULIEU

Les calvinistes veulent étendre l'hérésie autour de Beaulieu. — Résistance des curés. — Plaintes portées à l'assemblée de Mont-Flanquin par les calvinistes contre l'inconduite de leurs ministres. — L'assemblée n'en fait nul cas. — Ce moyen lui paraît bon pour corrompre les catholiques. — Il réussit peu hors de Beaulieu. — Dons faits pour l'entretien d'une maison de missionnaires à Beaulieu. — Mémoire adressé à l'évêque de Limoges pour garder les jésuites. — L'affaire du sieur Boutin à Meyssac et Collonges. — Arrêt du parlement de Bordeaux prohibant le prêche hors de Turenne. — Contravention à cet arrêt. — Enquête ordonnée à ce sujet. — Prise de corps ordonnée contre le ministre. — Sursis à cet arrêt. — Pourvoi du sieur Boutin. — Redoublement d'audace de sa part. — Retour à Meyssac. — Mandat d'arrêt porté contre lui et signifié au gouverneur général du Limousin. — Refus d'y obéir... pp. 196 à 203.

VIII

PROFANATION DES RELIQUES

Les calvinistes comblent la mesure de leurs scandales. — Histoire des reliques de Beaulieu. — Saint Rodulphe à Rome. — A son retour il dépose le corps de saint Satyre au château de Gondon ; celui de sainte Perpétue au monastère de Drèves ; celui de sainte Félicité en l'abbaye de Beaulieu. — Reliques de saint Emilien. — Leur disparition. — Vie du saint. — Monastère de ce nom. — Reliques des saints Prime et Félicien. — D'où furent-elles apportées. — Naissance, vie et mort de ces martyrs. — Analogie entre les martyrs romains et ceux d'Agen. — Légendes des bréviaires romains, agenais et limousins. — Rapports qui existent entre les récits des bréviaires. — Disparition des corps des martyrs de leur tombeau à Rome depuis le voyage de saint Rodulphe. — Translation des corps des martys agenais à Beaulieu. — Peut-on expliquer l'erreur faite sur ces martyrs. — Culte qu'on leur rend à Beaulieu. — Effets de leur protection. — Délivrance des Anglais et institution de la fête de la Protection. — Délivrance de la peste. — Description de la châsse des Corps-Saints. — Elle est enlevée par les calvinistes. — Invention des reliques. — Nouvelle châsse. — Autres reliques enlevées par les calvinistes. — Celles qui ont survécu aux guerres religieuses. — La révolution continue l'œuvre de destruction. — Culte rendu aujourd'hui aux reliques. — Faveurs obtenues. — Pièges tendus à la piété des pèlerins par les calvinistes. — Mauvais traitements qu'on leur fait subir ; nouveau pillage des reliques par les calvinistes et leur incendie..... pp. 204 à 224.

QUATRIÈME PARTIE

ARGENTAT

Origines d'Argentat. — Son organisation politique et religieuse. — Seigneuries et associations municipales. — Installation des calvinistes. — Efforts opposés et simultanés des calvinistes et des catholiques. — Retour au catholicisme.

I

ORIGINES D'ARGENTAT

Coup d'œil sur cette localité. — Tempérament et trempe d'esprit de ses premiers habitants. — Recherches sur son origine; conjectures; voie romaine; villa de Longor; camp romain et château fort de Monceaux. — L'idée chrétienne favorise son développement; miracle et mort de saint Sacerdos. — Reliques du saint; vénération qui s'y attache................................ pp. 225 à 237.

II

ORGANISATION POLITIQUE ET RELIGIEUSE DE LA VILLE

Argentat rentre dans le plan politique de l'époque. — Le Bas-Limousin se ressent de ce système. — Etablissement des comtés et des vicairies. — Vicairie d'Argentat. — Autorité nouvelle introduite dans le droit public des nations; la souveraineté temporelle des papes sauve la société; dévouement du clergé; ses ressources. — Bienfaits de ce nouveau système d'autorité pour cette localité; Adémar d'Escals donne à l'abbaye de Tulle plusieurs terres considérables. — Contestation entre ses héritiers et les abbés de Saint-Martin au sujet de l'église d'Argentat; recherche du bon droit dans un combat singulier. — Possessions de l'abbaye de Saint-Géraud d'Aurillac; discussion à ce sujet entre ses abbés et ceux de Tulle. — Donations à l'abbaye de Beaulieu; manse seigneuriale de Laurent; charte qui en fait foi. — Rentes de l'abbaye d'Obazine. — Les bénédictins de Carennac y établissent un prieuré claustral................................ pp. 238 à 252.

III

SEIGNEURIE ET ASSOCIATIONS MUNICIPALES

Deux seigneuries, laïque et ecclésiastique, se partagent l'autorité. — Abbé de Tulle. — Vicomte de Turenne. — Protection qu'ils donnent à la ville d'Argentat. — Etablissement du consulat. — Restriction apportée à l'exercice de cette autorité. — Satisfaction donnée aux intérêts matériels des habitants. — Intérêts spirituels sauvegardés par les associations religieuses. — Bénédictins de Carennac; leur église; les efforts de leur zèle. — Physionomie nouvelle des habitants; jurandes; assistance publique; cultes............................ pp. 253 à 266.

IV

INSTALLATION DES CALVINISTES DANS LA VILLE

Moyens employés par les calvinistes pour s'installer dans la ville. — Opposition qui leur est faite; recours au parlement de Bordeaux. — Exercice de leur culte dans l'église paroissiale; protestation des habitants. — Prêche dans la maison commune. — Expulsion de ce domicile; ordonnance des tuteurs du duc de Bouillon. — Construction d'un temple. — Arrêt du parlement contre cette construction. — Contravention à cet arrêt; l'entreprise des travaux donnée à des femmes; nouvel arrêt du parlement. — Suspension des travaux. — Protestation des religionnaires; supplique aux commissaires députés par Sa Majesté pour l'exécution de l'édit de Nantes. — Assignation aux catholiques pour y répondre. — Requêtes successives des parties. — Exhibition de faux titres par les calvinistes. — Procédure irrégulière; absence d'un mandataire des religionnaires. — Nomination d'un syndic; reprise de la procédure. — Partage d'avis entre les juges-commissaires. — Interdiction définitive du culte protestant............. pp. 267 à 280.

V

EFFORTS OPPOSÉS ET SIMULTANÉS DES CALVINISTES

— Aperçu de sa doctrine et de sa morale. — Zèle des catholiques. — Bénédictins. — Franciscains. — Récollets. — Jésuites. — Clairettes; leur vie austère et mortifiée; leurs biens. — Ursulines; but de leur institut; leur mission à Argentat............................... pp. 281 à 295.

VI

RETOUR AU CATHOLICISME

Conversion des religionnaires empêchée par la confiance dans le triomphe de leur cause. — Leur espérance déçue. — Choix d'un missionnaire pour Argentat par l'évêque de Sarlat. — Autorisation et pouvoirs donnés par l'évêque de Tulle. — Plan d'instructions. — Henri de Roffignac livre sa première attaque aux mauvais catholiques. — La seconde aux hérétiques; moyens qu'ils prennent pour résister. — Prières des calvinistes pour la conversion de ce missionnaire. — Le ministre protestant provoqué à la discussion. — Défi de baser la doctrine hérétique sur la Bible. — Réplique annoncée vainement attendue. — Moyens pour assurer le succès de la mission................. pp. 296 à 312.

CINQUIÈME PARTIE

SAINT-CÉRÉ

Origines de la ville. — Seigneuries. — Consulat et syndicat. — Incursions des religionnaires. — Causes de l'introduction et de la suppression du culte calviniste. — Calvinistes et catholiques au parlement de Toulouse. — Extirpation de l'hérésie.

I

Laurent; leur architecture. — Famille qui commanda la première dans ce fort. — Son occupation par les vicomtes de Turenne. — Luttes autour de cette forteresse; démêlés entre Sérénus et Elidius; guerre implacable entre Clarus, fils de Sérénus, et Elidius; réconciliation entre les antagonistes; martyre de sainte Espérie; à ce sujet, confiscation de cette terre seigneuriale à la famille de Sérénus. — Monument élevé par les chrétiens sur le tombeau de la vierge-martyre; culte qui y est rendu. — Construction d'une église sur cet emplacement...... pp. 313 à 322.

II

SEIGNEURIES

Transfert de la châtellenie de Saint-Sérénus à Sainte-Espérie; sa double dénomination. — Domination des comtes d'Aurillac; aventure d'Arland; magnanimité de saint Géraud à l'égard de son prisonnier. — Suzeraineté incontestée des vicomtes de Turenne; duel dans l'île de Beaulieu. — Les vicomtes à la croisade; serment de fidélité à saint Louis pour le château de Saint-Céré. — Attachement du vicomte au roi; refus de se ranger sous la domination anglaise; médiation du roi de France et succès de son entremise. — Confirmation des franchises de la vicomté par Philippe-le-Bel. — Edouard Ier respecte le traité fait avec son père. — Ratification par plusieurs rois de France des immunités de Saint-Céré. — Plaintes contre les Anglais pour des déprédations. — Prétentions des comtes de Toulouse; protection des rois de France en faveur du vicomte de Turenne. — Douce administration des seigneurs de Turenne........................... pp. 323 à 332.

III

CONSULAT ET SYNDICAT

L'idée d'une organisation municipale. — Privilège d'élire des consuls accordé par le vicomte de Turenne; cette dignité relève de celle du sénéchal. — Différends entre les habitants de la châtellenie et le vicomte au sujet des libertés nouvelles; assemblées des notables; convention réglant les droits de chacun. — Efforts réunis des grands en faveur des petits. — Commune industrielle. — Nomination des syndics; leurs pouvoirs. — Confiance qu'ils gagnent par leur dévouement. — Leur esprit religieux. — Les syndics substitués aux consuls. — Rétablissement du consulat. — Administration des consuls. — Associations religieuses. — Confréries. — Communauté de prêtres; leur syndic; leur prieur; leurs rentes; leurs œuvres..... pp. 333 à 345.

IV

INCURSIONS DES RELIGIONNAIRES

Le tombeau de sainte Espérie attire les calvinistes. — Première incursion; le capitaine Bessonie arrive par Rocamadour. — Deuxième incursion ; le capitaine de Maucastel arrive par Saint-Médard et Autoire; emprisonnement des prêtres; saisie de tous les ornements des églises; rançon pour otages. — Troisième incursion; pillage de l'église de Sainte-Espérie; incendie des meubles et ornements; même ravage dans les autres églises; violation du cimetière; profanation des tombeaux; l'horloge et la cloche conservées. — Quatrième incursion; siège du château; résistance des catholiques; Esme de Gimel dégage le fort et reprend la ville. — Reconnaissance des habitants; indemnité promise à Esme de Gimel pour ses frais : retard et contestation pour le paiement. — Départ des troupes du vainqueur; installation à Saint-Céré du culte calviniste; dégradations à l'église paroissiale. — Translation du corps de sainte Espérie à l'abbaye de Lesterps en Limousin; il est la proie des flammes.................. pp. 346 à 353.

V

CAUSES DE L'INTRODUCTION ET DE LA SUPPRESSION DU CULTE CALVINISTE

L'apostasie du vicomte de Turenne. — Moyens employés

pour empêcher l'application de l'édit de Nantes. — La longue vie du vicomte fait prendre racine au calvinisme. — Protestation de l'évêque de Cahors ; cessation de l'exercice de la religion prétendue réformée dans l'église de Saint-Céré. — Règlement provisoire sur les sépultures dans le cimetière des catholiques. — Dispositions pour un temple dans la ville. — Autres dispositions pour l'acquisition d'un cimetière. — Abjuration du duc de Bouillon ; exercice du culte calviniste défendu dans la ville ; contravention à l'arrêt du parlement de Toulouse ; nouvelle interdiction de la maison de l'Arnal et du cimetière. — Pourvoi en cassation à Castres ; partage d'avis des juges. — Appel fait au parlement de Toulouse ; ratification du premier jugement. — Recours au conseil d'Etat ; production des pièces contradictoires ; arrêt du roi réservant l'avis du duc de Bouillon. — Repos et paix de dix ans. — Ordonnance du marquis de Saint-Luc après les troubles en Guyenne. — Cassation de cette ordonnance par le parlement de Toulouse ; requête des consistoires du Languedoc ; violation du domicile par les calvinistes ; mauvaise humeur du gouverneur ; sa bonne foi surprise. — Assignation des parties devant lui ; réclamation des religionnaires ; réponse des catholiques. — Dernière résolution du gouverneur. — Dernier appel interjeté au parlement de Toulouse.......... pp. 351 à 368.

VI

CALVINISTES ET CATHOLIQUES AU PARLEMENT DE TOULOUSE

Appel interjeté entre le curé de Saint-Céré et le procureur général du parlement de Toulouse. — Demande d'interprétation des arrêts de la cour. — Choix de maître de Parisot pour défenseur du syndic ; exposition des motifs en faveur de l'exercice du culte protestant et du cimetière. — Raison de l'opposition faite aux arrêts de la cour. — Preuve de l'exercice de ce culte avant la publication de l'édit de Nantes pour conclure à son maintien. — Réplique de Barrade, avocat du curé. — Considérations sur la mise en cause de sa partie. — Citation inadmissible contre le ministère public. — Explication de l'ordonnance de M. de Séguier. — Possession contestée du temple et du cimetière. — Plaidoirie du sieur de Maniban pour le procureur général. — Exposé sommaire de toute la question. — Réfutation successive des arguments des adversaires. — Arrêt de la cour.................................. pp. 369 à 379.

VII

EXTIRPATION DE L'HÉRÉSIE

Ruine de l'édifice religieux. — Sa reconstruction par le prêtre; érection d'une confrérie de pénitents; leur chapelle. — Franciscains; leur prise de possession; leurs œuvres. — Sollicitude pour la femme. — Couvent de la Visitation; sa bienfaitrice; encouragements donnés par les notables; installation des religieuses; bénédiction de leur chapelle; dons qu'elles reçoivent. — Confrérie du Saint-Rosaire; ses ressources. — Instruction des jeunes filles; choix des demoiselles de l'école chrétienne; achat d'une maison par la commune; éloges qui leur sont décernés. — Hôpital Saint-Jacques; premières fondatrices; donations; construction d'un vaste bâtiment; son ameublement; sœurs grises de la Charité. — Justice royale; zèle de ses officiers.................................. pp. 380 à 390.

SIXIÈME PARTIE

MARTEL

Son origine. — Gouvernement de ses seigneurs. — Associations municipales. — Administration des consuls. — Sénéchaussée de Martel. — Calvinistes et royalistes. — Église de Saint-Maur.

I

SON ORIGINE

Armes de la ville. — Préambule. — Site. — Fondation. —

Circonstances qui amènent Charles-Martel ; les Sarrasins dans le Quercy ; le duc d'Aquitaine et les Francs ; victoire sur les Maures à Poitiers. — Retour des armées africaines dans le Quercy ; les Francs les arrêtent et leur livrent combat à Murlat, près Martel ; autre bataille à Combes-Saugui ; dispersion complète de l'ennemi à Condat. — Monuments commémoratifs des victoires remportées par les Francs ; ermitage de Moralène ; couvent de Barbaroux. — Eglise de Saint-Maur. — Formation de la ville de Martel. — Vieux-Martel. — Voie du Haut-Limousin à Rocamadour.................................. pp. 391 à 400.

II

GOUVERNEMENT DES SEIGNEURS

Exercice des pouvoirs temporel et spirituel. — Révolte contre le vicomte de Turenne ; son emprisonnement ; son élargissement ; châtiment infligé au révolté. — Ferment de discorde. — Douce administration des seigneurs de Turenne ; privilèges accordés par eux. — Effet de la prédication des croisades ; amélioration apportée dans les vieilles coutumes. — Charte de Raymond IV ; articles basés sur la vertu chrétienne. — Autorité ecclésiastique. — Intervention de l'évêque de Limoges ; l'évêque de Cahors auprès d'un prince d'Angleterre ; querelle terminée par le pape. — Religieux bernardins d'Obazine ; leurs propriétés et leurs couvents entre Brive et Martel. — Sentence arbitrale rendue par l'abbé d'Obazine ; charte qui en fait foi. — Confiance absolue des habitants...................... pp. 401 à 412.

III

ASSOCIATIONS MUNICIPALES

Circonstances favorables à l'organisation municipale. — Commune politique et mixte. — Son affranchissement. — Députation des habitants à Avignon. — Effet de l'entremise du pape ; les parties conviennent de faire un traité ; choix des mandataires de la commune ; conditions du traité

— 513 —

demandées par les habitants de Martel au vicomte de Turenne; traité avorté. — Commune industrielle. — Assistance publique; hospice. — Corporations ouvrières soumises à l'autorité seigneuriale. — Garanties réclamées contre l'autorité consulaire. — Commune religieuse. — Confrérie de Notre-Dame. — Confrérie du Saint-Sacrement. — Confrérie des pénitents bleus de Saint-Gérôme; leur réunion à celle du Saint-Sacrement; leurs offices séparés. — Pèlerinages à Rocamadour; supplique des pénitents à l'évêque de Cahors pour l'accomplissement d'un vœu à ce sanctuaire. — Autre forme d'association religieuse. — Bernardins. — Cordeliers. — Maltaises. — Demoiselles de l'école chrétienne .... pp. 413 à 428.

IV

ADMINISTRATION DES CONSULS

Souveraineté du pouvoir des consuls à Martel. — Leur élection; condition d'éligibilité. — Investiture du consulat; serment des consuls; serment des habitants. — Reddition de compte de gestion des consuls; initiation de leurs successeurs aux affaires communales. — Vêtement des consuls. — Pouvoir judiciaire des consuls. — Modération de ce pouvoir par le conseil municipal; délibérations de ce conseil. — Organisation financière de la commune; ressources ordinaires; ressources extraordinaires. — Pouvoir militaire; milice de Martel. — Dangers de l'autorité des consuls; leurs démêlés avec les seigneurs de Turenne; conflits avec les prêtres de la paroisse. — Luttes avec les Anglais; horreur des Martellois pour cette domination; séjour et mort du prince Henri. — Etat de défense de la place; compagnie des habitants à la bataille de Poitiers. — Rançon de leurs prisonniers; nouvel essai de résistance; capitulation; contribution de guerre. — Dévouement des consuls récompensé par les rois .... pp. 429 à 442.

V

SÉNÉCHAUSSÉE DE MARTEL.

Pouvoir judiciaire dans l'association municipale. — Organi-

sation de la justice à Martel; justice communale; justice
seigneuriale; justice royale; traité avec Henri III d'Angleterre pour la tenue des assises à Martel. — Sénéchaussée
organisée par les rois de France. — Sa composition. — Circonscription et étendue de son territoire; sa dépendance
des parlements de Toulouse et de Bordeaux. — Inconvénient de ce système de recours; les députés quercinois aux
états de Tours demandent la suppression de la sénéchaussée
de Martel; lettres patentes de Charles VIII la supprimant;
refus des officiers de ce siège de s'y soumettre; ordonnance
royale rapportée. — Jurisprudence suivie dans cette cour;
droit d'aubaine...................... pp. 443 à 449.

VI

CALVINISTES ET ROYALISTES

Nulle trace de culte calviniste à Martel. — Antipathie des
associations municipales pour la réforme. — Attachement
aux coutumes religieuses; efforts des habitants pour se préserver de l'hérésie; la doctrine catholique fortifiée par la
prédication. — Invasion des calvinistes. — Leur départ.
— Mesures prises pour empêcher leur retour; lettre du
vicomte de Turenne prescrivant des moyens de défense. —
Délibération du conseil municipal à cet effet. — Les calvinistes n'osent tenter une seconde attaque. — Martel obéit
aux prescriptions de la ligue. — Le duc de Maine est dirigé
sur la vicomté de Turenne. — Embarras et crainte des
Martellois à l'approche de l'armée royale. — Envoi des consuls à Salignac pour faire changer de route au duc. —
Refus de cette demande; séjour des troupes à Martel. — Un
corps d'armée remonte la Dordogne; un autre la descend.
— Campement à Souillac; reddition des châteaux échelonnés sur la rivière; incendie de celui de Latrayne. —
Départ du duc de Maine pour Sarlat.... pp. 450 à 460.

VII

ÉGLISE DE SAINT-MAUR

Sa fondation. — Ses caractères archéologiques; trace d'architecture latine; plan primitif; croix latine; abside. — Sa transformation au XIV° siècle. — Son plan actuel. — Inspection des murs intérieurs. — Inspection des murs extérieurs. — Son clocher; la commune se charge de sa construction; son emplacement; sa forme. — Droits qu'y revendiquent les consuls. — Dégâts faits à l'église par les Anglais: mandement de l'évêque de Cahors au sujet de sa réparation. — Monographie du portail. — Ouverture de la porte. — Disposition du tableau. — Description du sujet; jugement dernier; le souverain Juge entouré des instruments de son supplice. — L'éclat de sa majesté. — Séparation des élus et des réprouvés............ pp. 461 à 472.

Épilogue.................... pp. 473 à 474.

Notes supplémentaires............ pp. 475 à 484.

Pièces justificatives............. pp. 485 à 493.

Carte de la vicomté, avec armoiries d'Argentat, Beaulieu, Martel et Saint-Céré........ p. 1.

Gravures :

  I. Vue de Turenne.................... p. 2.
  II. Armes de la vicomté de Turenne......... p. 3.
  III. Le donjon oriental du château de Turenne. p. 129.
  IV. Les deux donjons du château de Saint-Céré............................. p. 337.
  V. Vue de la tour principale du château de Turenne........................... p. 359.
  VI. La tour cylindrique du château de Turenne p. 401.
  VII. Plan ancien de la forteresse de Turenne. p. 473.

Table des Matières........ pp. 495 à 515.

www.ingramcontent.com/pod-product-compliance
Lightning Source LLC
Chambersburg PA
CBHW070841230426
43667CB00011B/1882